親密圏と公共圏の再編成

アジア近代からの問い

落合恵美子 編

目　次

序　章　アジア近代における親密圏と公共圏の再編成
　　　── 「圧縮された近代」と「家族主義」
　　　　　　　　　　　　　　　　　　　　　　　　［落合恵美子］　1

1　「第一の近代」と「第二の近代」
　　── 人口とジェンダーに注目した再定義　3
　1-1.「第一の近代」の成立　3
　1-2. 公的領域と私的領域，親密圏と公共圏　5
　1-3. 人口転換と近代　6
　1-4. ジェンダーと近代　9
　1-5. 市民社会の双方向への拡大 ──「第二の近代」の新たな社会秩序　11
2　アジア近代の論理 ──「圧縮された近代」と「半圧縮近代」　12
　2-1. 人口転換とアジア近代　12
　2-2. ジェンダーとアジア近代　16
3　アジア近代の家族と国家　22
　3-1. 家族主義とは何か　22
　3-2. アジアの家族主義　24
　3-3.「圧縮された近代」の家族と国家　27
　3-4. アジア社会のゆくえ　29
4　本書の構成　31

第1章　個人主義なき個人化
　　── 「圧縮された近代」と東アジアの曖昧な家族危機　　［張　慶燮］　39

1　パラドックス ── 家族主義的東アジア人の個人化　39
2　圧縮された近代，家族の変容，個人化　41

i

3　家族中心的な（圧縮された）近代と脱家族化
　　　　　── 制度化された家族主義　　45
    4　第二の近代とその制度的影響 ── リスク回避としての個人化　　48
    5　家族主義的制度下での個人化傾向 ── 経験的証拠　　53
    6　比較評価 ── 日本の経験の概観　　61

第2章　東アジアの低出生率と家族主義
── 半圧縮近代としての日本　　　　　　　　　　　　［落合恵美子］　67

    1　東アジアにおける超低，極低出生率　　68
        1-1．東アジア内における多様性　　68
        1-2．低出生率の歴史的発展　　70
        1-3．「圧縮された近代」と人口転換　　72
    2　東アジアにおける婚姻の逆説　　75
        2-1．離婚，晩婚，生涯未婚　　75
        2-2．同棲と婚姻外の出生　　78
        2-3．国際結婚と高い出生性比　　81
        2-4．東アジアの婚姻とリスク回避的な個人化　　82
    3　家族主義の多様性とその失敗　　86
        3-1．家族主義の原因　　86
        3-2．日本における家族主義的改革　　87
        3-3．その他の東アジア社会における自由主義的家族主義　　91
    4　結論　　93

第3章　人口ボーナスとアジアの将来
［パチャラワライ・ウォンブーンシン，クア・ウォンブーンシン］　99

    はじめに　　99
    1　人口ボーナスとは　　100
        1-1．第一次人口ボーナス　　100
        1-2．第二の人口ボーナス　　102

2 アジアの将来　103
   2-1. 人口ボーナスの消滅　103
   2-2. スキルギャップ　107
   2-3. DINK と SINK の社会　107
   2-4. 高齢化社会　109
   2-5. 経済への影響　114
   2-6. 家族への影響　114
   2-7. 高齢社会の女性化と女性の労働参加率の低下　116
 3 公共圏　118
   3-1. 現在の人口ボーナスの利用　118
   3-2. 第二の人口ボーナスに向けて　120
 要約と結論　122

第4章　戦後日本型ライフコースの変容と家族主義
―― 数量的生活史データの分析から　［岩井八郎］　127

 1 ライフコースと家族主義　127
 2 福祉レジームの比較からみた日本　129
 3 M 字型就業パターンの定着と変容　134
   3-1. 「団塊の世代」のライフコース　134
   3-2. 「団塊ジュニア」のライフコース　136
   3-3. 就業パターンと家族形成　137
 4 高齢者の社会的地位と同居の意味の変化　139
   4-1. 高齢者の社会的地位の変化　139
   4-2. 子ども世代の不安定化と同居の意味　140
 5 若年男性の学歴と初期キャリア　142
   5-1. 初期キャリアの不安定化：無職，非正規雇用，転職の分析　143
   5-2. 初期キャリアのプロフィール　147
 6 縮小する日本型システムとその課題　151

第5章　正規／非正規雇用の賃金格差要因
——日・韓・台の比較から　　　　　　　　　　　　　　　［太郎丸博］　155

1　問題：なぜ非正規雇用の賃金は低いのか？　155
2　非正規雇用の賃金抑制要因　156
　2-1．労働力需給バランス　156
　2-2．人的資本　157
　2-3．職業の特性　158
　2-4．性差別　159
　2-5．非正規雇用そのものに対する差別　161
3　モデル：Oaxaca-Blinder 要因分解　162
4　データ　165
5　分析結果　166
　5-1．正規雇用の賃金関数の日韓台比較　166
　5-2．Oaxaca-Blinder 要因分解の結果　168
6　議論　171

第6章　ケアダイアモンドと福祉レジーム
——東アジア・東南アジア6社会の比較研究　　　［落合恵美子］　177

1　社会的ネットワークと福祉ミックス　177
2　アジア家族の比較研究　178
3　子どものケアをめぐる社会的ネットワーク　180
　3-1．親族　180
　3-2．コミュニティ　181
　3-3．施設　182
　3-4．家事労働者　183
　3-5．父親と母親　183
　3-6．地域による違い　184
4　高齢者のケアをめぐる社会的ネットワーク　185
　4-1．子どもと子どもの配偶者　185

4-2. 親族　186
　　　4-3. コミュニティ　186
　　　4-4. 施設　187
　　　4-5. 家事・介護労働者　187
　5　ケアダイアモンドと福祉レジーム　188
　　　5-1. ケアダイアモンド　188
　　　5-2. 福祉レジーム　190
　6　ケアネットワークの再編成　195

第7章　家族ケアの担い手として組み込まれる外国人家事労働者
　　　── 香港・台湾・シンガポールを事例として　　　［安里和晃］　201

　はじめに　201
　1　アジアにおける家族主義　207
　　　1-1. 台湾　208
　　　1-2. シンガポール　218
　　　1-3. 香港　227
　まとめ　236

第8章　韓国の社会投資政策　　　　　　　　　　　　［イト・ペング］　243

　1　政策の学習と移転　244
　2　韓国におけるソーシャルケアの拡大　247
　3　2000年以降の政策転換の政治経済的背景：政策規範と政策学習　250
　4　2003年以降の子育て改革プロセス：社会投資パラダイムのもとでの
　　　ソーシャルケアの進展　255
　5　結論　259

第9章　比較法の視点から見た家族法　　　　　　　　　［水野紀子］　265

　1　法のイメージと機能　265

2　日本家族法の特徴　　268
　　3　家族の観念と家族の保護　　271

第10章　フェミニズムにおける「私」と「公」のダイナミクス
　　―― ドイツと日本　　　　　　　　　　　　　［イルゼ・レンツ］　277

　1　公と私の変化する関係　　277
　2　女性運動とは何か　　279
　3　フェミニズムと近代ジェンダー秩序の変容　　286
　　　3-1.　近代新家父長制的ジェンダー秩序の発展　　288
　　　3-2.　差異に基づくジェンダー秩序　　291
　　　3-3.　フレキシブルなジェンダー秩序は現れつつあるのか？　　292
　4　「私的なるもの」の未来？　　294

第11章　アジアの市民的公共圏と市民社会
　　―― 新たな公共性に向けて　　　　　　　　　［五十嵐誠一］　297

　はじめに　　297
　1　分析の視点　　299
　　　1-1.　市民的公共圏と市民社会　　299
　　　1-2.　トランスナショナル市民社会と地域主義　　304
　2　アジアの市民的公共圏と市民社会の定量的検討　　307
　　　2-1.　ナショナル・レベル　　307
　　　2-2.　リージョナル・レベル　　312
　3　アジアの市民社会の成長と停滞　　315
　　　3-1.　ピープルパワーと市民社会　　315
　　　3-2.　弱い国家と市民社会　　318
　　　3-3.　政府管理の市民社会　　321
　　　3-4.　停滞する市民社会　　324
　4　トランスナショナルな市民社会の台頭　　325
　　　4-1.　ASEAN憲章制定過程　　325

4-2. 人権擁護　327
　　4-3. 移民労働　329
　　4-4. 環境保護　332
　　4-5. 紛争予防　334
　おわりに　337

索　引　349
執筆・翻訳者紹介　352

序章

アジア近代における親密圏と公共圏の再編成
——「圧縮された近代」と「家族主義」

落合恵美子

　1970年代以降の世界は，根源的な社会の変化を経験してきた。その変化は，当初は「脱近代（post modernity）」と呼ばれたが，やがて近代の新たな局面であると考えられるようになり，「第二の近代」（Beck），「再帰的近代」（Beck, Giddens），「リキッドモダニティー」（Bauman），「親密性の変容」（Giddens）など，この変化を言い表すためにさまざまな表現が創り出された。この変化はどのような本質をもつものであるか，一言にまとめるのは簡単ではないが，多くの論者に共通の主張は，近代社会の基本原則は継承しつつも，国民国家と産業資本主義に特徴づけられた「第一の近代」（Beck）とは区別される特徴をもつ社会が出現してきたということである。ウルリッヒ・ベックは「第二の近代」はグローバル化と個人化に特徴づけられるとしているが，それに示されるように，この社会変動はグローバル経済の発展や国民国家の相対化などマクロな社会の枠組みに関わるものであると同時に，少子化や生涯独身者の増加など人々の一生や家族関係などミクロなスケールの変化にも関わっている。私生活の変容と世界の構造転換，いわば「親密圏と公共圏の再編成」とも呼ぶべき包括的で根本的な社会変動のただなかを我々は生きているのである。

　しかしここで問うべきことがある。今述べたような社会変動は，世界のどこでも，たとえば現代のアジア社会でも，同じように起きているのだろうか。近代の新たな局面についての概念化は，1970年代以降の主に西ヨーロッパや北米の経験に基づいてなされてきた。アジアの多くの社会は，西ヨーロッ

パや北米の社会よりも遅れて近代化を経験した。そのため今もなお「アジア市民社会の成立」「ナショナリズムの勃興」「福祉国家の建設」といった「第一の近代」に関するトピックが，社会科学の主要トピックとして論じられることが多い。その一方でアジアでは西ヨーロッパや北米よりもさらに少子化した「極低出生率 (ultra low fertility)」(Straughan et al. 2008) の社会も出現している。外国人家事労働者の雇用や国際結婚の増加など，グローバル化の影響もアジアのライフスタイルの隅々にまで浸透している。

「親密圏と公共圏の再編成」がアジアでも起きているのは事実だとしても，それは西ヨーロッパや北米の経験と全く同じではない。では，何が同じで，何が違うのだろうか。また，違いの原因は何だろうか。いずれも真正面からの問いだが，まだ答えが出たとは言えない。現代アジアの社会変動を社会科学はいかに理論化することができるかという問いが，世界の，とりわけアジアの社会科学者に突きつけられている。現代アジア社会が直面する課題を明らかにし，望ましい制度設計の方向性を探るという実践的な目的のためにも，早急に答えを出さねばならない。

本シリーズ「変容する親密圏/公共圏」は，これらの問いに答えを出すために企画された。狭義の社会科学のみでなく，人文学も含め，社会に関する思索を展開する分野を広くカバーする学際的なシリーズである。また，問題のグローバルな性格に対応して，著者の構成も多様であり，多くの巻は国境を越えた共同研究の成果である。

シリーズ第1巻である本書では，現代アジアにおける「親密圏と公共圏の再編成」という課題に接近するために不可欠な，いくつかのキーコンセプトや理論的枠組，トピックを検討する。その序章である本章では，「親密圏と公共圏の再編成」という観点から「第一の近代」と「第二の近代」を捉えなおすための理論的整理を行い，とりわけアジアについて明示的に取り組むべき課題を明らかにして，本書の各章，および本シリーズの各巻をつなぎ合わせる論理の道筋を示したい。

序　章　アジア近代における親密圏と公共圏の再編成

1 「第一の近代」と「第二の近代」── 人口とジェンダーに注目した再定義

1-1.「第一の近代」の成立

　「親密圏と公共圏の再編成」という観点から「第一の近代」と「第二の近代」を理論的に位置づけるためには，近代社会哲学の祖ヘーゲルから出発するのがよいだろう。ヘーゲルの『法の哲学』(1821) は，周知のように人倫共同体の三つの段階，すなわち家族，市民社会，国家を区別する。家族は愛による統一であり，婚姻によって男女は個別の人格を廃棄し一体となり一人格を形作る。市民社会は家族を背景にもつ独立した個人から成り立ち，諸個人が自分の幸福と欲求充足を求めて活動する。そこから他者との関係が生まれ，権利と法が懐胎されて，それを制度的に保証するものとして国家という公共圏が立てられる (Hegel 1821 = 2001)。すべての個人は家族をもち，特定の国家に所属する国民であるという人間観・社会観は，少し前まで当然とされた「第一の近代」の常識であった。このような常識を確立したのが，ヘーゲルなど初期の近代市民社会論であった。これを模式化して示したのが，図序-1の左の図である。
　歴史的に見れば，ヘーゲルらは，当時生成しつつあった近代社会の構造を概念化し言語化しようとしたのだと言える。生成しつつあった社会構造とは，公的領域と私的領域との分離，家族から見ればいわゆる「近代家族」の成立である。「近代家族」とはフィリップ・アリエスに始まる家族の社会史的研究から提出された概念であり (Ariès 1960)，親密性 (intimacy)，私秘性 (privacy)，家内性 (domesticity) を兼ね備えた家族である。夫婦・親子といった狭い範囲の親族が，親類や近隣その他の外部から切り離されてプライバシーの世界に閉じこもり，情緒的絆で固く結び合って親密圏を作る。外の世界に出て行って収入を得るのは夫の役割であり，妻は家庭にあって家事と育児に専念する。少し前まで当たり前と思われていたような家族だが，このような家族はけっ

3

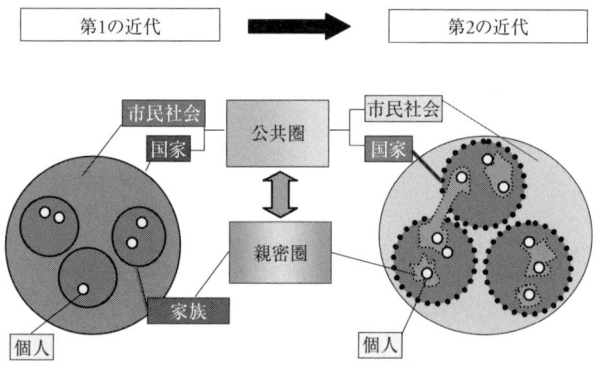

図序-1　親密圏と公共圏の再編成

して歴史を通じて普遍的ではなく，近代になって誕生した歴史的家族類型にすぎなかったことが，1960年代以降の家族史研究によって明らかにされた。

ではそれ以前の家族はどのようなものであったかといえば，オットー・ブルンナーの描く「全き家（das ganze Haus）」がよい例だろう。ブルンナーは，「家はゲゼルシャフトであると同時にゲマインシャフトでもあった」（Brunner 1968＝1974: 161-2）と書く。これは日本の「家」にもあてはまる。家が生産機能も担っていた時代には，家は職場であり，家族は仕事仲間であった（中野 1981）。奉公人などの非親族が家族に混じって働き，プライバシーは夫婦が寝る納戸の中にかすかに存在しただけだったという。

家族が公私未分離であったことの裏返しに，公共領域もまた他と截然と区切られた領域としては成立していなかった。ヨーロッパ中世においても日本の近世においても，家産制国家においては，公私関係は序列化されており，王侯貴族の家は，臣民にとっては公的意味をもっていた（三成 2004：44）。家が公であるということは，婚姻や性愛，その結果としての出産にも公的意味があったということである。婚姻による家と家との同盟（alliance）は近代初期までの政治の主要な手段だった（Delille 2009）。王妃は重臣たちの見守る中で出産した。婚姻のみならず男性同性愛が政治に果たした役割も大きかった（星乃 2005）。すなわち親密性と溶けあったエロテッィクな公共性が成立していた。しかし20世紀初頭には公共性と親密性の混同はスキャンダルと呼

ばれるようになり（星乃2005：184），せいぜいホモソーシャルな絆を残して，「無性」の空間としての公共領域が成立した（落合2005：232）。

1-2．公的領域と私的領域，親密圏と公共圏

　公的領域と私的領域という概念を用いたので，これらと家族‐市民社会‐国家という三層構造，および本シリーズのテーマである親密圏と公共圏との関係について整理しておこう。

　「公共性」とそれが顕現する社会的領域，すなわち「公共領域」ないし「公共圏」については，いくつかの異なった考え方がある。まず，国家という層に公共性を振り当てるのが第一の立場である。法学における公法と私法の区別は，この意味で「公」という概念を用いている。これに対し第二の立場は，市民社会を公共性の担い手と考え，公共性の国家による専有を許さない。むしろ国家は公共性の担い手ではないと主張する。この立場の代表は周知のごとくユルゲン・ハーバーマスであり（Habermas 1962），近年注目されているNGOやNPO，ボランティアなどの担う公共性もこの系列に属そう。さらに，近年では，市場の公共性を認めるという第三の立場も強まっている。市場は通常は国家に対して私的領域とされるが，そもそも近代市民社会は近代市場の成立を前提に誕生したのであり，市場への参加は近代社会において一人前の市民たるための条件である（経済的市民権）。さらに踏み込めば，公正な市場は効率的配分により公共善を実現する公共財と見ることもできる（須賀2010）。近年では，市場を前提にしながら，利益の最大化ではなく公共善の実現を目的とする社会的企業が関心を集めている。三成美保はこの3種類の公共性を，政治的公共性，社会的公共性，経済的公共性，となづけている（三成2005）。

　では，公共性の反対概念は，三層構造のどこに位置づくのだろうか。公共性の反対語としては，「私性あるいは私秘性（privacy）」，「親密性（intimacy）」，「家内性（domesticity）」という概念のいずれもが用いられる。前述のように「私性」は，privatizationが日本語では「民営化」と訳されるように，国家との対比で市場ないしは市民社会をさすのが一つの用法である。しかしこれを

「私秘性」と訳せば，三層では「家族」に位置づけられよう。「家内性」という概念は定義により家族に関係づけられ，「親密性」も家族の性質とされる。すなわち公共性の三つの反対概念が重なる領域が，「家族」である。

しかしここに歴史性，すなわち時間という軸を導入すると，そう簡単ではなくなる。前述のように，近代以前の家族は「私秘的」であったわけではなく，王侯貴族のみでなく，庶民の家族生活も村人や親類に半ば公開されていた。また親密な関係は家族の中だけには留まらなかった。実は近代であっても，親密性が家族の中のみで行われるというのは，誰もが知っているフィクションである。さらに歴史的時間が経過して「第二の近代」に入ってからは，ヨーロッパでは婚姻率が下がり，結婚と関係なく人々が親密な関係を結ぶのは当たり前になった。反対に家族の中でも個人のプライバシーが尊重されるように，「私秘姓」は個人に帰属するものとなった感がある。

「第一の近代」の安定した三層構造が存在すれば，公共性の3つの反対概念は「家族」という具体的な社会的な場に対応していた。公共性は国家と市民社会，および市民社会の別の側面である市場のいずれに定位されるにせよ，家族の外部にあるものとされた。しかし，ひとたび三層構造が揺らげば，公共性の反対概念をすべて引き受ける社会的な場は消失する。ギデンズが「親密性の変容」と呼んだ事態である（Giddens 1992）。この流動化は，反対概念である公共性もまた変容させずにはいられない。

本シリーズが，「公共圏」「公共性」の反対概念として「親密圏」「親密性」を選んだのは，「公」と「私」のように原義からして対立する概念ではなく，また「家内性」のように定義により家族に関係づけられているわけでもないからこそ，ときに「公共性」と両立したりしながら，歴史的な変容を映し出すことができるのではないかと考えたからである。

1-3. 人口転換と近代

人々のライフコースや家族のあり方に注目すると，「第一の近代」と「第二の近代」はそれぞれ第一次と第二次の人口転換（demographic transition）と関係づけて論じることができるとわたしは考える。ベック自身が明示的にそ

うしないのがむしろ不思議だと思ってきた。元来の意味での人口転換, すなわち第一次人口転換とは, 高出生率・高死亡率の社会から低出生率・低死亡率の社会への不可逆的転換である。産業革命が「物の (生産の) 近代」を出現させたのと同じように,「人の (再生産の) 近代」を出現させたのが人口転換であった。1 夫婦あたりの子ども数を減らす出生率低下は, 1 人の子どもに愛情と費用をかけて育てる近代家族の子ども中心主義の結果であり原因でもあった。すなわち第一次人口転換の一部をなす出生率低下は, 近代家族が大衆化して多数派になったことの指標と見ることができる。西ヨーロッパや北米では, この意味での出生率低下は, 1880 年代から 1930 年代頃までにほぼ一斉に起こった[1]。近代大衆社会の成立とちょうど同じ時期である。近代家族と近代大衆社会 ──「第一の近代」の社会構造はこのとき確立された。これを模式図として示したのが, 図序-2 の左辺である。

人口転換のもう一方の変化をなす死亡率の低下もまた, 人生や家族を大きく変えた。幼少期や成人期に死ににくくなることによって, 人生は安定性と予測可能性を増し, ライフステージを順々に踏んでいく標準的なライフコースが可能になった。学校の成立や学卒と同時に就職する慣習の始まりなどの社会制度の整備は, 標準的ライフコースをいっそう安定したものとした。人が人生の途中で死ななくなるということは, 結婚の絆が永続きするようになったということでもあった。19 世紀のイギリスでは, 離婚はほとんど認められなかったが, 結婚後 20 年までに 30-36％の夫婦が死別していたのに対し, 20 世紀前半に結婚した夫婦では, 離死別を合計しても 20 年以内に結婚生活を終えるケースは 17％程度だった (Anderson 1983)。誰もが家族に属することを前提とするヘーゲル的な「第一の近代」は, 誰もが結婚し, ほぼ生涯を添い遂げるという人口学的条件が成立して, すなわち人口転換が起きることによって, 初めて実現可能となった。

人口転換ののち, しばらく安定期が続いた。出生率は人口置換水準程度に保たれ, ほとんどの男女が結婚し, 2-3 人の子どもをもつ近代家族の体制が続いた。しかし, 1960 年代末になると, 北西ヨーロッパを皮切りに, 再び

---

1) フランスを例外として。

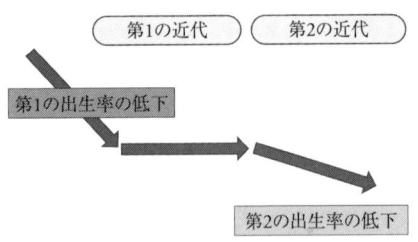

図序-2　出生率低下と 2 つの近代

出生率低下が始まった。今度は人口置換水準を割り込む水準への低下であった。図序-2 の右辺にこの局面を示している。

　これと並行して離婚率の上昇が始まった。この変化は，当初は短期的なものかとも思われたが，不可逆的と見えるほど継続しているので，「第二次人口転換 (the second demographic transition)」と呼ばれるようになった (van de Kaa 1987; Lesthaghe 1991)。同時に法的な結婚をしない人々が増加した。ヨーロッパでは結婚という制度が崩壊したとすら言われる。生涯のいつの時期にパートナーをもつか，あるいは一生もたないか，子どもをもつかもたないかはライフスタイルの問題になったと言う。結婚制度によらない同棲が増え，同性との生活を選ぶ人々も出てきた。婚外子として生まれる新生児の割合は，スウェーデン，ノルウェー，フランスなどでは 50％以上，ドイツやイタリアでさえもそれぞれ 30％，20％にのぼっている (2007 年，EUROSTAT)。

　家族をもつかもたないかが選択の問題になり，1 組の男女を生涯にわたって結びつける結婚という制度が消滅した以上，社会の基本単位はもはや家族ではなく，個人となったと言わざるをえない。そこで「家内性」に替わって前面に出てきたのが「親密性」という概念である。「親密性」は個人と個人の間の「特別な関係性」として定義できるので (Giddens 1992: 95)，家族内でも成立するが，家族という集団を作らなくとも成立しうる。ギデンズが『親密性の変容』で言うように，個人は純粋な関係性を求め続けるようになり，他者への希求は激しさを増すものの，関係は永続しない。人々は家族のような親密な関係に背を向けたのではなく，より純粋にそれを求めるがゆえに個人化せざるをえない。「個人化」と「親密性の変容」という「第二の近代」

のミクロ的特徴は，まさに第二次人口転換とその帰結であった。親密性の空間である親密圏のありかたが多様化し，親密圏をもたない個人もしばしばみられる「第二の近代」の姿を，図序-1の右の図に示している。

1-4. ジェンダーと近代

近代の局面転換のメルクマールとして，もうひとつ注目すべきなのが，ジェンダーである。ヘーゲルは，婚姻において夫婦は一人格を形作るとするが，両性に対照的な役割を与える。男性は対外関係において力強く活動的だが，女性は受動的で主観的で家族のうちに使命をもつという。家族は子どもを教育し，独立した個人として市民社会に送り出す使命を担うが，息子たちは家長として，娘たちは妻として，と特記される (Hegel 1821 = 2001)。一体となった夫婦の人格とはすなわち夫の人格であり，家族を背景にして市民社会に出ていく個人もまた夫なのである。

ではこれは，社会の実態としてはどのようなことを意味するのだろうか。西ヨーロッパやアメリカ，日本などの資本主義諸国では，近代家族の時代，女子労働力率の低下を経験した。女性の「主婦化 (housewifization)」である[2]。インドの経済学者シンハ (J. N. Sinha) は，国連の収集したデータを分析して，経済発展と既婚女性の労働力率との間にはU字型の関係があるという仮説を立てた (Sinha 1965)。発展の初期の段階では，農業やその他の伝統産業の縮小により，女性の雇用機会が減少する。また家族収入が増加するので，女性が働く必要も低下する。女性の雇用機会が再び拡大するには，近代的産業がさらに発達して，労働需要が拡大するのを待たねばならないというのである。U字パターンはILOなど他の研究でも裏づけられている (大沢 1993)。これを図示したのが図序-3である。

近代家族は，ジェンダーに関しては，男性が稼得役割を担い，女性は家事育児に専念するというジェンダー分業を特徴としていた。これを「主婦化

---

2) 「主婦化」とは，マリア・ミース Maria Mies の概念である。Mies argues that the concept of housewife was invented to remove from the concept of labor the work involved in the reproduction of life—birth, childrearing, and housework—and make it invisible (Mies 1986: 4).

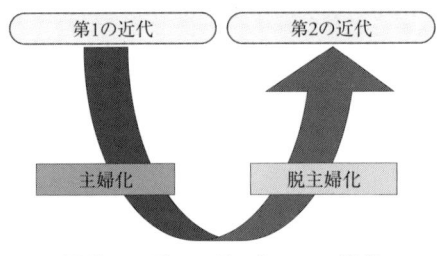

図序-3　ジェンダーと2つの近代

(housewifization)」と呼んでおこう[3]。しかし、「第二の近代」が始まった1970年代以降、西ヨーロッパと北米において、女子労働力率は急激に上昇した。上述のU字パターンの右辺の上昇が始まったのである。「主婦化」の反対の変化なので「脱主婦化」と呼んでおこう（Ochiai 2008a）。当初は地域差があり、スカンディナビアや北米に比べてドイツなど上昇が緩やかな地域もあったが、現在では南ヨーロッパを除く西ヨーロッパと北米すべての地域で女性も男性同様に中断なく台形型の年齢パターンで働くようになった。

　西ヨーロッパと北米において、ジェンダーによる分業が弱まった背景には、1973年のいわゆるオイルショックに始まる深刻かつ長期的な経済不況があったと考えられる。労働組合により雇用が守られるヨーロッパでは若年失業がとりわけ深刻であり、妻を主婦にして養うだけの経済力のある若い男性は減少した。男女とも雇用が不安定であったため、そのときに仕事のある方が働くしかなく、性別分業という贅沢をしている余裕はなかった。1976年に始まる「国連女性の10年」はジェンダー平等をコスモポリタンな価値にすることに効果を発揮したが、ジェンダー分業を緩めた主因は、このような価値的要因以上に、経済的必要だったのではなかろうか。

　人口学的条件もまた、ジェンダー分業の緩和を要請しただろう。人口転換の早かった欧米諸国では高齢化も世界に先駆けた。1970年代以降、この地

---

[3] 「主婦化(housewifization)」とは、マリア・ミースの用語である。資本主義的分業のもとで、賃労働者である夫と、再生産労働を行なっているにもかかわらずそれを労働とみなされず、夫に養われる存在とみなされる妻からなるカップルを創り出すこと、を意味する（Mies 1986: 110）。これをより単純化して、わたしは「無職」の既婚女性の増加を「主婦化」と呼んでいる（Ochiai 2008a）。

域における高齢者人口割合は10%を超え，80年代には15%を超える国々も出てきた。生産年齢人口の女性の労働力化は，高齢社会対策としても必要だったと考えられる。

1-5. 市民社会の双方向への拡大 ── 「第二の近代」の新たな社会秩序

　このように「第二の近代」は人口学的には「第二の人口転換」，ジェンダーに関しては女性の脱主婦化に特徴づけられる。ミクロな状況に注目すれば，「第二の近代」はヘーゲル的な誰もが家族をもつ時代の終焉，すなわち「個人化」を意味していた。この変化は「親密性の変容」とジェンダー平等の進展を伴った。こうした動きは人口学的変化や経済的変化に伴って自生的に起きたが，ほどなく制度的な裏づけも得た。

　法に注目すれば，近代家族の時代は，「法は家庭に入らず」という言葉に象徴されるように，家族の内と外では法の効力が違うということがあった。一般的には傷害事件や窃盗事件とみなされるケースが，家族間で起これば事件とされないというように。これに対し，近年多くの国々で制定されているドメスティック・バイオレンス防止法は，「家庭に入る法」の典型である。

　西ヨーロッパや北米では，個人が社会の単位であることを前提とした法改正や制度変更が進んだ。家族を作るか作らないか，人生のどの時期に家族をもちどの時期にもつのをやめるかといった選択によって，個人の社会的権利がなるべく影響を受けないような制度設計がなされたのである。公共領域の侵入を阻む家族という壁が無くなり，個人が直接に公共領域に曝されるようになったと言おうか。わたしはこれを「市民社会のミクロ方向への拡大」と呼んでいる（落合2007）。これに伴ってジェンダー平等は少なくも欧米圏では国境を越えた価値となり，その実現の障害となるような制度や慣習は撤廃されていった。

　他方，マクロ方向の変化を見てみると，冷戦の終結とソ連邦の崩壊，アメリカへの一極集中，グローバル市場の発展という流れは，グローバル市場を支えるものとして，国家の領域を超えたなんらかの共同性の成立を促した。発展途上とはいえ，「市民社会のマクロ方向への拡大」と呼んでもいいだろ

う（落合 2007）。「グローバル平等」という人権概念を伴う「コスモポリタン近代 (cosmopolitan modernity)」(Beck) へと向かう変化と言えるのではないだろうか。

このように，「第二の近代」はハーバーマスが名づけたのとは別の意味での「公共性の構造転換」を引き起こす。それは，マクロ方向には国家を超え，ミクロ方向には家族の壁を突き破る，マクロとミクロ双方向への市民社会の拡大である。「グローバル化」と「個人化」とはそうした変化の別名でもあった。「第二の近代」は親密性と公共性の双方の構造転換を起こしながら，新たな社会秩序のありかたを模索しているのである（図序-1 の右の図）[4]。

② アジア近代の論理 ──「圧縮された近代」と「半圧縮近代」

2-1. 人口転換とアジア近代

以上では，「第一の近代」と「第二の近代」における近代社会の構造変化をとらえるための理論的枠組みを示した。しかしそれは具体的には西ヨーロッパと北米の歴史的経験に基づく理論化であった。では，アジアに目を転じたとき，そこで起きている変化をいかに理論化することができるだろうか。

まず，アジア諸社会における人口学的変化に注目してみよう。図序-4 に，ヨーロッパと米国および日本を含めたアジアの数ヵ国における合計特殊出生率 (TFR) の変化を示した。まず注目すべきなのは，わずかな例外を除き，ヨーロッパ，あるいはアジアという地域ごとにまとまって，出生率低下が起きているということである。出生率がいったん下げ止まった時点，あるいは人口置換水準まで低下した時点[5]を，第一次人口転換の一部を構成する第一の出

---

[4] 図序-1 の右の図では，国境を跨ぐトランスナショナルな親密圏（家族成員が異なる国に居住している場合など）の出現も図示している。

[5] 後述のように出生率の第一の低下と第二の低下が切れ目なく連続している社会があるので，このような定義をする必要がある。

序　章　アジア近代における親密圏と公共圏の再編成

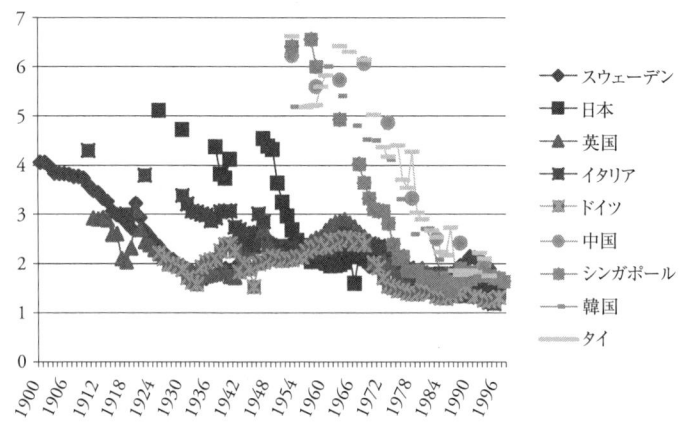

図序-4　アジアとヨーロッパにおける出生率低下

生率低下の終了と考えれば，多くのヨーロッパ諸国では1880年代から1930年頃までの間に第一の出生率低下が起きた。多くのアジア諸国では，それが1960年代から1980年代に起きた。二つの地域における出生率低下の時期には，約半世紀の隔たりがある。例外となるのが，ヨーロッパではフランス，アジアでは日本である。フランスでは，フランス革命の直後から世界に先駆けて出生率低下が始まったことが知られている。日本では，多くのヨーロッパ諸国と多くのアジア諸国のちょうど間の時期，1950年代に第一の出生率低下を経験した。この時期の違いが，日本と他のアジア諸国におけるその後の社会変動の性質に大きく影響したとわたしは考えている（本書第2章，第6章参照）。

　では，第二の出生率低下はいつ起こったのだろうか。ヨーロッパと米国では，前述のように，1960年代末から第二の出生率低下が開始した。この地域の中でも，微妙な時期の違いが存在する。北ヨーロッパが先行し，西ヨーロッパがこれに続き，南ヨーロッパでは1970年代中頃になった。この1970年代中頃から，日本でも出生力低下が始まった。第一の出生率低下については，ヨーロッパの多くの国々と日本の間には四半世紀の開きがあったのに，第二の出生率低下については数年の違いしかない。韓国の社会学者チャン・キョンスプ（張慶燮）は，ヨーロッパでは長期間かかって進展した近代を短

13

期間に「圧縮」して追体験したということで，韓国の近代を「圧縮された近代 (compressed modernity)」として分析しているが，日本の近代もまさに「圧縮」されている (Chang 1999, 2010; 本書第 1 章)。

それでは日本以外のアジアの諸社会では，第二の出生率低下はいつ起こっただろうか。こう考えながら図を見ると，当惑せざるを得ない。アジア諸社会では，出生率低下はひと続きであり，ヨーロッパ・米国や日本で見られたような第一の出生率低下と第二の出生率低下との境目が見えない。人口置換水準以下への低下が第二の出生率低下であると操作的に定義すれば，シンガポールでは日本に数年遅れただけの 1970 年代半ば，韓国では 80 年代初め，タイでは 80 年代後半，中国では 90 年代に第二次出生力転換が始まったことになる。

二つの出生率低下の間の，出生率が人口置換水準付近で安定した時期が「第一の近代」の盛期，すなわち「大衆近代家族」の時代と考えると (落合 1994＝2004)，この期間の長さは，ヨーロッパやアメリカでは約 50 年，日本では 20 年，他のアジア諸国ではほとんど無い。アジア諸国は安定した「第一の近代」を経験することなしに，「第二の近代」へとなし崩し的に突入している。このように比較してみると，日本の近代を表すには，韓国等アジア諸国の近代を指す「圧縮された近代」とは区別できる用語をあてるべきだと思われる。そこでわたしは日本の近代を「半圧縮近代」と呼ぶことを提案したい (落合 2011)。図序-2 で示した近代と出生率低下についての模式図に，日本の「半圧縮近代」と他のアジア諸国の「圧縮された近代」を加えてみたのが，図序-5 である。

20 世紀末の経済危機以降，東アジアのいくつかの社会は，ヨーロッパでも未だかつて経験したことがないほどの「極低出生率 (ultra-low fertility)」の領域に踏み込み始めた (Straughan et al. eds. 2008)。最新の年次の合計特殊出生率は，台湾 1.03 (2009)，香港 1.06 (2008)，韓国 1.19 (2008)，シンガポール 1.28 (2008)，日本 1.37 (2008) である。これはもはや「持続不能社会 (unsustainable society)」と言うべきだろう。極端な時間的圧縮の効果は，単なる「遅れ」には留まらず，「ヨーロッパ近代」とは質的にも異なる特殊「アジア近代」的現象を生み出しつつあるようだ (Ochiai 2011b; 本書第 2 章)。

序　章　アジア近代における親密圏と公共圏の再編成

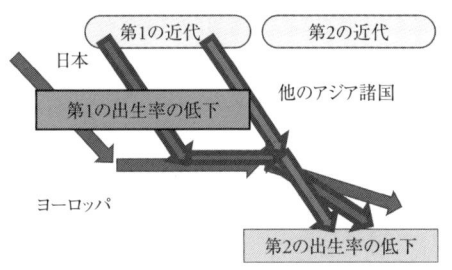

図序-5　出生率低下と「圧縮された近代」

　第一次人口転換は，前述のように結婚にも影響を及ぼした。死亡率の低下が結婚の絆の安定化をもたらしたのである。しかし，伝統的結婚慣習は社会による違いが大きい。ヨーロッパではキリスト教による離婚の禁止という著しい文化的特色があったので，死亡率のみが結婚の安定性に影響を与える要因だったが，アジアはヨーロッパより文化的多様性の幅が広いので，近代を同じ方向への変化と捉えることはできない。

　結婚慣習に関して，アジアの社会は大きく二つのタイプに分けられる。離婚や再婚を嫌った韓国や中国，インドのような東（北）アジア・南アジア社会と，離婚・再婚や婚前性交渉が自由だったタイなどの東南アジア社会である（Reid 1993; 坪内・坪内 1970）。前者は父系親族集団の存在，後者は双系的な親族組織と女性の労働が重要な農業形態に関係づけられる。近代以前の日本は，結婚や性慣習を見る限り，明らかに東アジアより東南アジア的だった（Ochiai 2011a）。18-19 世紀の東北日本における離婚率は今日の合衆国並みの高さであり，離死別者の多くは 3 年以内に再婚した（落合 2000：72-75）[6]。しかし明治維新以降 1940 年頃まで離婚率は傾向的に低下し（Fuess 2004），これが死亡率低下と重なって，日本の結婚の安定性は（ヨーロッパ以上に）飛躍的に高まった（落合 2000）。それに対し，韓国・中国・ベトナムなどでは離婚は少なく，「貞女二夫にまみえず」という儒教の教えのように，女性の再婚しないことが推奨された[7]。インドではさらに甚だしく，女性の再婚はヒ

---

[6]　近代以前の日本の結婚の歴史人口学的分析として，Kurosu, Tsuya and Hamano (1999) 参照。
[7]　夫の死後，再婚しなかった女性は称えられ，国家により「烈女」として顕彰されることもあった。

15

ンドゥー法により禁じられていた（横山 2013 刊行予定）。これらの社会では近代化はむしろ離婚や再婚の増加と結び付けられている。

では第二次人口転換は，アジアの結婚にいかなる変化をもたらしたのだろうか。出生率の劇的な低下に比べて，現代アジアにおける結婚に関する変化は単純でない。離婚率，初婚年齢，生涯未婚率は東アジアを中心に多くの社会で上昇しているにも拘わらず，同棲の増加は緩やかであり，婚外出生は極少に留まっている（Lesthaeghe 2011, Ochiai 2011b, 本書第 2 章）。現代アジアの結婚は，ある面では激変しているが，別の面では固く変化を拒んでいる。文化的共通性から説明できないとすれば，現代のアジアにおける結婚にヨーロッパと異なる傾向を与えている要因は何なのだろう。この問いには，章を改めて立ち戻ることにしよう（本書第 2 章）。

2-2. ジェンダーとアジア近代

ジェンダーに関しては，さらに伝統や文化による多様性が大きい。そのみならず，近代化の経路によっても違いが生じる。

ジェンダーの関する伝統文化については，結婚慣習について見たのと同じ地域区分 —— 東（北）アジア・南アジア／東南アジア —— がほぼ適用できる。東南アジアは，16-17 世紀の大航海時代のヨーロッパ人も書きのこしているように，伝統的に女性がよく働き財産権も強い社会だった（Reid 1993）。アジア南部の米作地帯では一般的に女性の労働が重用されてきたからである（瀬地山 1996）。男女の服装の分化も小さく，たとえば近代初期のタイでは男女を服装で区別するのは難しかったという（Hashimoto 2003）。結婚前の性関係も広く見られ，離婚も多かったのはすでに見たとおりである。これに対し，畑作で牛耕を行う東北アジアは男性の労働中心の社会であった。男女の分業も明確にあった。ただし「女性の仕事は家事」と言っても，家事とは具体的には「人や家畜の世話をすること」であり，野菜作りも含まれるというように，近代の「家事」の概念とはかなり異なるのだが[8]。性規範は厳しく，

---

[8] 2004 年，撫順市近郊農村における 90 代の女性の聞き書きより。首藤明和氏にお世話になり，筆者自身がインタヴューを実施した。

序　章　アジア近代における親密圏と公共圏の再編成

女性の財産権は弱かった。

　近代以前の日本は，この分類では東南アジア型に属し，国際的に見ても女性がよく働く社会だった。明治維新後まもない 1880 年には 20 代から 40 代の女性の労働力率は 70％台後半を保ち続け，結婚や出産による中断も見られない（今日のアメリカやスウェーデンなどと同じ）台形型を描いていたと推定される（梅村 1988）。2 世代の夫婦の同居を規範とする直系家族制が，世代間の家事労働と農業労働の分業を可能にし，若い世代の女性（多くは嫁）の労働力率を高めていた（斎藤 1991）。そこから戦前期には全年齢層を通じたレベルの低下が起こり，戦後になると結婚・出産を機会に退職し子どもの成長後に再就職する，いわゆる M 字型就労が成立した。近代日本では，近代ヨーロッパと同様に，女性の「主婦化」が観察されたのである（図序-6.1）。

　これに対して地理的にも東南アジアに位置する国々では，近代化後も，都市部においても，女性たちは小商店や工場，オフィスで働き続けた。たとえばタイでは女子労働力率に時代的変化がほとんど無く，女性は一貫して生涯働き続けている。1960 年も現在も台形型を示し，学校教育の普及による 10 代での低下が見られる程度である（図序-6.2）。

　他方，東北アジアに主要地域がある中国では，儒教道徳が発達し，家父長制と男女の分業がイデオロギーとして制度化された。しかし，1949 年の革命後，生産力重視のために女性の労働力化を推進する社会主義政策をとったので，「主婦化」ではなく「脱主婦化」が起こった。近代化の経路がジェンダーに重要な影響を及ぼした例である（図序-6.3）。シンガポールもまた，社会主義ではないけれど，国家主導の経済発展を優先する開発主義政策をとり，1970 年代以降，女性の労働力化を政策的に奨励してきた（図序-6.4）。

　韓国は，17 世紀以降，儒教の影響を強く受け，家屋の中でも男女の部屋が分けられ，女性は一人で外出しないなど，男女の空間分離が規範となった。現在の女子労働力率は，日本とよく似た M 字型パターンを描くが，それ以前に日本のように女性の労働力率の低下があったことは確認できない（Park 2008）。すなわち伝統的な女性の労働力率は日本のように高くはなかったようだ（図序-6.5）。台湾でもまた，政策が牽引したのではない，緩やかな上昇が見られる。しかし，その結果として到達したパターンは，韓国のような

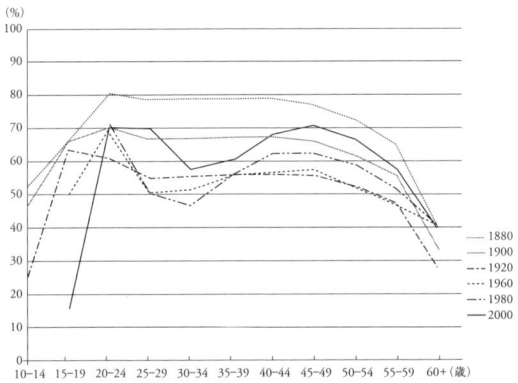

図序-6.1 日本における年齢別女子労働力率の変化
出典：梅村（1988），国立社会保障人口問題研究所（2000）

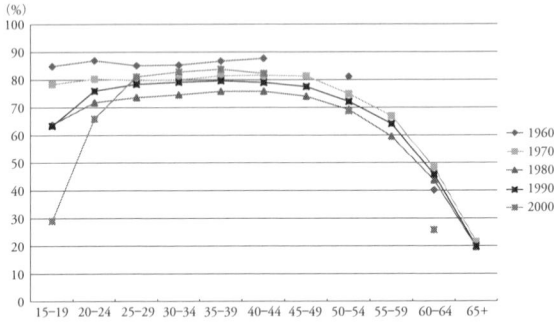

図序-6.2 タイにおける年齢別女子労働力率の変化
出典：NSO, Population and Housing Census.

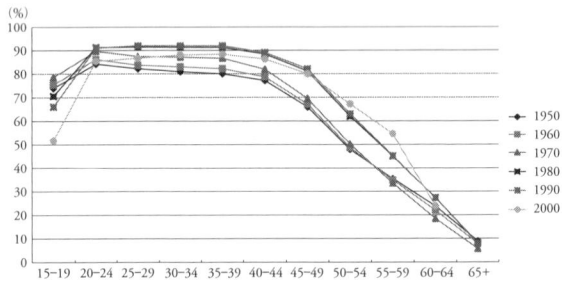

図序-6.3 中国における年齢別女子労働力率の変化
出典：2000: China's Ntional Bureau of Statistics, 2000 Census.
1990: State Statistical Bureau, Population Statistics of China.
1950-80: ILO, Economically active population: Estimates and Projections, Geneva, 1986. (Estimated)

序　章　アジア近代における親密圏と公共圏の再編成

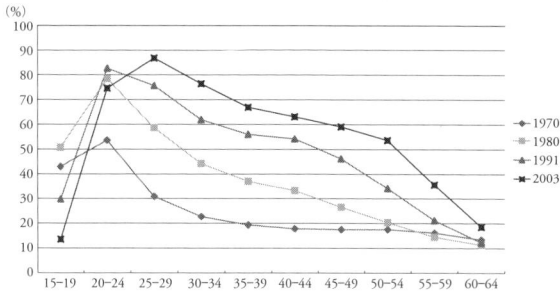

図序-6.4　シンガポールにおける年齢別女子労働力率の変化
出典：Singapore Dept. of Statistics, Yearbook of Singapore, 2002.
　　　Quah, Stella, 1998, Family in Singapore, Singapore: Times Academic Press.
　　　Saw, Swee-Hock, 1984, The Labour Force of Singapore, Singapore Dept. of Statistics.

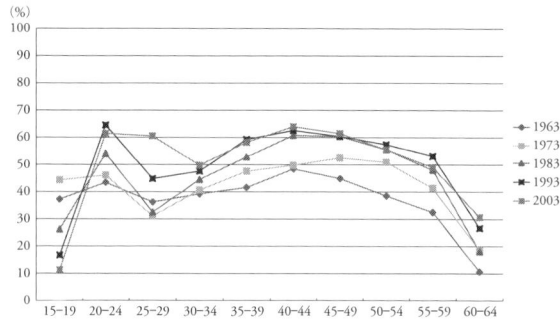

図序-6.5　韓国における年齢別女子労働力率の変化
出典：Statistics Bureau, Anual Report of Economically Active Population.

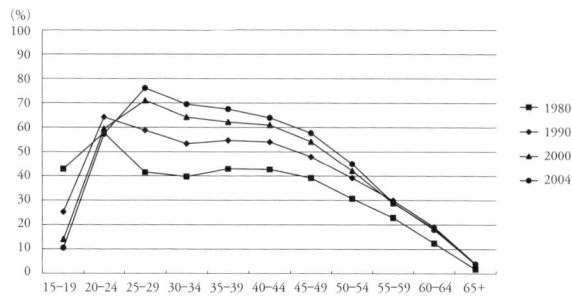

図序-6.6　台湾における年齢別女子労働力率の変化
出典：Statistics Bureau, Council of Labor Affairs, Executive Yuan Taiwan, 2001, *Labor Statistics Indices of the Principal States*.

19

M字型ではなく，シンガポールに近い形になった（図序-6.6）。

　以上見てきたように，アジアにおいて近代はジェンダーに何をもたらしたのかという問いへの答えは，伝統的ジェンダーパターンの違いによって，また近代化の経路によって，さまざまである。今挙げた例では，タイと日本は伝統的に女性が男性並みに生産労働に従事する社会だった。そのうち日本は近代になって主婦化を経験したが，タイはしていない。これに対して，中国，シンガポール，韓国は，伝統的に女性の生産労働参加が低い社会だった。しかしこのうち中国とシンガポールは政策的に女性の労働力化を促進し，韓国では緩やかな変化が起きている。

　さらに近年，新しい動きが見られる。タイ，中国，シンガポールのように，現在多くの女性が育児期に共働きを続けている社会で，主婦になる女性が出現しているのである。失業や保育所不足のためにやむなくそうするケースがある一方，子供の教育に専心するために高学歴女性が自ら進んで選択するケースもある（Wongboonsin 2004; Hashimoto 2008; Ochiai 2008b; 鄭 2012）。ハルビンでインタビューした「好太太倶楽部」（よい奥さんクラブ）のメンバーは，キャリアを捨てて子どもの勉強をつきっきりで見るようになったら，低迷していた子どもの成績がクラスでトップクラスになったと，誇らしげに語った[9]。

　近い将来の社会の姿を占うためには，意識調査がある程度参考になるかもしれない。「男は仕事，女性は家庭」という性別分業に賛成するかどうかという意識調査の結果を見ると，アジアの多くの国は欧米諸国と明らかに異なる傾向を示す。欧米では性別分業は時代遅れになった印象が強いのに対し，アジアでは現実に女子労働力率が高いタイ・中国・フィリピンのような社会ほど，反対に性別分業を肯定する意識が強い。逆に韓国のように労働力率の低い社会で意識は欧米並みという，ねじれ現象が見られる。日本はちょうどその中間で揺れている（図序-7）。タイと日本のテレビ広告を比較した分析によると，日本では働く女性が多く登場するのに対し[10]，タイでは主婦や母

---

[9]　2007年にハルビン市で調査実施。詳細は鄭（2012: 168）参照。
[10]　ピヤによる調査は2003～2006年に実施された。より最近の日本の広告では，2009年あたりを転換点に，家庭的な女性像が再び憧れの対象として描かれるようになったようだ（Ochiai

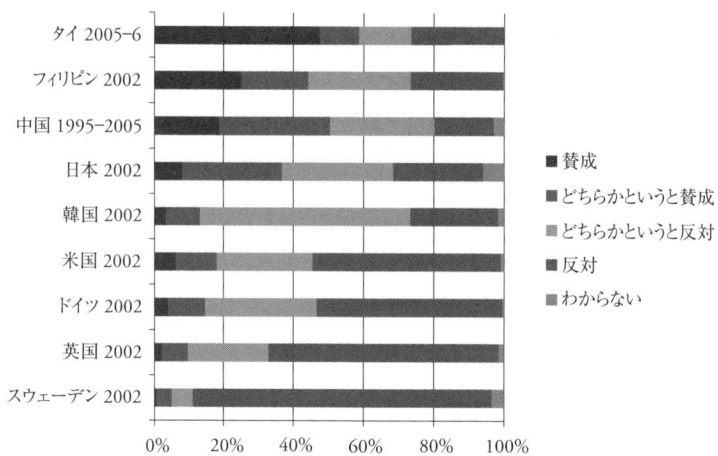

図序-7 「男性は外で働き,女性は家庭のことをするべきだ」という考えに対する女性の意見
出典:中国は「中国性別平等与婦女発展報告 1995-2005」,タイは「家庭教育に関する国際比較調査」(国立女性教育会館),他は「男女共同参画社会に関する国際比較調査」(内閣府男女共同参画局)。

親らしい女性像が多く,現在の現実との乖離が見られる(ピヤ 2008)。これも理想や願望の表れであろうか。

では今後,タイ,中国,シンガポールなどで女性の主婦化が現実のものとなり,ヨーロッパや日本が経験したような性別分業的近代家族をつくるのかといえば,そう単純ではなさそうだ。なぜならこうした社会はすでに「第二の近代」になし崩し的に入ってしまったようであり,低出生率などの人口学的変化と共に,非正規労働の増加,失業率の上昇,子どもへの教育投資の価値上昇など,第二の近代に特有のさまざまな現象にも曝されているからである。1960 年代に一世を風靡した近代化論(modernization theory)のように,後発国は何十年か遅れて「先進国」と同じ経験をするという仮定はおそらくもはや成り立たない。ヨーロッパでは異なる歴史的時代に起きた変化が「圧縮された近代」ではしばしば同時並行して起こり,「極めて複合的で流動的な

2010: 10)。

社会システムが形作られる」(Chang 2010: 24; 本書第1章) とチャン・キョンスプが書いているとおりである。アジア社会におけるジェンダー変容の複雑な軌跡は，まさに「圧縮された近代」の現象なのである。

3　アジア近代の家族と国家

3-1．家族主義とは何か

　では，家族-市民社会-国家という近代社会の三層構造は，アジア近代ではいかなる展開を見せているのだろうか。
　アジアの社会の特質について，しばしば「家族主義 (familialism, familism)」という言葉が使われる。しかしその意味は多義的である。
　第一に，家族をすべてに優先して考えること，という意味が挙げられよう。しかしこの「すべての」で含意されるものは，二つの方向に分かれる。ひとつは，会社や近隣社会など他の社会集団に比べて，という意味である。この意味での家族主義に対する価値評価は，なにものにも勝る家族愛を称えるという肯定的評価がある一方で，「マイホーム主義」や「縁故主義」と呼んで否定的な面を強調する場合もあり，両面的である。もうひとつは，個々の家族成員の個人としての意思より集団としての家族の利益を優先する，という意味である。こちらも価値評価は両面的であり，家族のための犠牲や無私の奉仕を称える見方がある一方，個を抑圧する家族への呪詛も絶えない。
　第二に，ある特定の社会の規範的家族像を称揚することも，家族主義と言われる。この立場はしばしば保守主義と結びつき，家族を社会の良き伝統の核とみなして守ろうとする。他方，この家族像から逸脱する者に対しては，容赦ない攻撃を加えるという面ももつ。しかし，守られる規範的家族像は社会によって異なる。北米の保守派は，父親と母親およびその子どもたちからなる核家族が守るべき社会の基本単位であるとみなし，ひとり親や同性婚を批判する。他方アジアではしばしば老親と同居する拡大家族を伝統と考え，核家族はすでに家族崩壊の始まりではないかと疑惑の目を向ける。儒教文化

序　章　アジア近代における親密圏と公共圏の再編成

圏では「孝」が制度的規範にまで高められている。他方，儒教の影響が薄いベトナム以外の東南アジアや，全くない南アジアでも，親への尊敬や孝養が家族規範の中核に置かれる。

　第三に，家族内に見られる人間関係や意識を，家族外のさまざまな社会関係にも拡大して適用することを，家族主義と言うこともある（中野 1984）。日本では，川島武宜の『日本社会の家族的構成』(1948)，中根千枝の『タテ社会の人間関係』(1967)，土居健郎の『甘えの構造』(1971)，村上泰亮・公文俊平・佐藤誠三郎の『文明としてのイエ社会』(1979) など，この論法で日本社会の特性を説明することが「日本人論」の主流であった。戦前の日本では国民は「天皇の赤子」とされていたという家族国家観，日本の会社に家族的性格を見る日本的経営論も，この意味での家族主義的な日本社会論である。しかし，このような社会の構成のしかたは，実は日本固有のものではない。そもそも家族国家観は中国に起源をもつと言われる。また国家を大きな家族にたとえる表現は古代ギリシャにも見られ，近代初期のヨーロッパの絶対君主制でも君主はしばしば父にたとえられた。中国，日本，欧米における「国」と「家」，「公」と「私」の関係の異同については論ずべきことが多々あるが，第三の意味の家族主義も世界の各所に見られることは認めておいてよいだろう。

　さらに近年では，福祉国家の類型論に発する第四の家族主義概念が急速に広まっている。社会民主主義，保守主義，自由主義という『福祉資本主義の3つの世界』(1990) を定式化したエスピン - アンデルセンは，その後，保守主義に含めていた南欧地域の特性をより明確にするため，また東アジアに勃興しつつある福祉国家の性質を論じるため，福祉レジームの一類型としての「家族主義」について言及するようになった。彼によれば，家族主義 (familialism) とは，所得分配とケア供給の両面について家族がその成員の福祉に対する責任をもつことを前提とした福祉レジームである。この前提に立つ福祉国家は，(1) 社会保険および雇用保険制度により男性稼ぎ主型の世帯を保護する，(2) 所得保障に重点をおき，家族に対する社会的サービスの供給は最小限に留める，(3) 財政的に税よりも社会保険に依存する，という特徴をもつ (Esping-Andersen 2001, 2009)。1960 年代まではすべての福祉国家が

家族主義的傾向をもっていたが、その後に分化が起きたという（Esping-Andersen 2009: 80）。その後も顕著な家族主義的傾向を示しているのが南欧と東アジアだが、これらは超低出生率地域でもある。「"強い家族"の低出生率」と逆説的に言われる現象である（Dalla Zuanna and Micheli 2004）。家族主義的福祉レジームでは女性の雇用が進まず、女性の就労と育児を両立させる制度が未整備である。そのため、それぞれの家族は子どもをもつことを諦めるか、母親が就労を諦めるかという究極の選択に直面し、社会全体としては低出生率と貧困家庭の増加という好ましくないシナリオに至ることとなる。エスピン・アンデルセンも「家族主義は家族を亡ぼす」という逆説的表現を使って警告している（Esping-Andersen 2001）。

3-2. アジアの家族主義

このように家族主義の異なる定義を見てくると、いずれの定義によっても、家族主義はアジアの専有物とは言えないことがわかる。ヨーロッパにも北米にも家族主義がある。にもかかわらず、しばしば「アジアの家族主義」が強調されるのはなぜだろうか。

社会史研究に答えを求めれば、むしろヨーロッパの家族が弱められたことこそが特筆すべきことであるということが見えてくる。この点に関してひとつの有力な説は、英国の社会史家ジャック・グーディが『ヨーロッパにおける家族と婚姻の発展』（1983）において展開した説である。中世ヨーロッパにおいて、教会が家族の相互扶助機能を肩代わりするかわりに養子を禁じ、跡取りをもたない者の財産を教会に寄付させたことにより、ヨーロッパでは親族のつながりが弱くなったという。また、フランスの家族史家ジェラール・ドゥリールは、より後の時代に焦点を当て、公会議での婚姻規制が、婚姻による姻族の同盟を弱めたとする（Delille 2009）。すなわちキリスト教の存在がヨーロッパの家族の範囲を狭め、同居集団の範囲を超えた親族組織の制度化を阻んだという説である。各社会における社会成員の登録方法を見ても、ヨーロッパの教区簿冊は個人のライフイベント（出生、婚姻、死亡）の記録であったのに対して、中国や韓国ではリネッジごとに族譜が、日本では「家」を単

位とする宗門改帳が作られた（落合 2006）。アジアでは，ヨーロッパの教会のような代替者が存在しなかったため，社会組織としての家族の重要性が高く，比較的大きな範囲の「家族」が社会の基本単位として制度化される傾向があったようだ[11]。

しかし「アジアの家族主義」という認識が定着するには，他のメカニズムもはたらいた。オリエンタリズムと「逆オリエンタリズム」(酒井 1996)，ないしは「自己オリエンタリズム」(落合 2012：14) とでも呼ぶべきメカニズムである。小さくなった家族をもったヨーロッパ人が世界に進出して，各地の社会を目の当たりにしたとき，多くの親族を含んだ大きな家族を異質なものと感じたのであろう，各地の家族は植民者のオリエンタルな視線の対象となった。また視線を受けた側も，それを自分たちの社会の特徴と意識して，文化的アイデンティティの核とするイデオロギーを作り上げた。インドを植民地にした英国がインド家族の家父長的性格を強調した法律を作る一方，インド人自身の間でも寡婦が夫の亡骸と共に焼身自殺するサティーという風習が近代にかえって盛んになったように。植民地化はしていないが，日本でも「民法出て忠孝滅ぶ」という穂積八束らの批判を受けてフランス法をもとにした草案が撤回され，ドイツ法をもとに「家」を強調した明治民法が制定されたのはよく知られている。実はヨーロッパでも，フランス革命後のフランスが（国内の地域的多様性にもかかわらず）核家族を前提とした民法を制定したのに対抗して，周辺のスペインやドイツでは拡大家族を国民的アイデンティティとする論調が強まり，それを前提とした法律も作られた（Douglas 1993; Schlumbohm 2009)。より近代的な側が核家族や個人を強調する一方，近代に対抗する側は自らの社会の比較的大きな家族をアイデンティティの核とするという構図は，地理的範囲を広げながら近代史を通じて繰り返されて

---

11) とはいえ，中国や韓国で単位とされたリネッジと日本で単位とされた「家」とは，まったく異なるものである。リネッジは同じ祖先をもつ子孫が末広がりに広がっていく構造をもつ。「家」は，レヴィストロースが maison もしくは house と呼んだものであり（Lèvi-Strauss 1982），各世代ひとりだけが跡取りとなって一系的に続き，他の子どもたちは新たな「家」を創設する。この両方を「家族」と呼び，さらに欧米圏で単位とされる核家族もまた「家族」と呼ぶことに，そもそも無理があろう。単純化した家族しかもたない社会の言語である英語の family という概念を学術用語としていることの限界と言うべきだろう。

きた[12]。

　では，アジアにおいては，ヨーロッパと対照的な大きく伝統的な家族を揺るがぬアイデンティティの拠りどころとしてきたのかといえば，そうとも言えないところが難しい。例えば日本の「良妻賢母」，中国の「賢妻良母」，韓国の「賢母良妻」は儒教的な古風な女性像のように思われがちだが，元来はヨーロッパにおける母親の教育役割の強調を受けて成立した近代的な女性像だった。近代以前の儒教規範では女性は愚かな者とみなされていたので，教育役割は期待されていなかった（小山 1991，陳 2006）。しかし次第にその成り立ちは忘れられ，男性と対等な個人としての「新女性」という女性像が登場するや，そちらを西洋的女性と呼び換えて，「良妻賢母」は東洋の伝統であったとみなす転倒が起きた（小山 1991; 陳 2006）。家事や育児やケアという近代的主婦役割と結びつけられた家庭的なアジア女性像は，このようにして誕生した。これを「近代的性役割の伝統化」（落合 2012; Ochiai 2013 forthcoming），あるいはさらに一般的に，アジアにおける「近代の伝統化」（Ochiai and Johshita 2013 forthcoming）と呼んでおこう。

　1970 年代以降，欧米圏の家族が第二次人口転換により大きな変容を遂げると，この傾向はいっそう顕著になった。離婚や同棲の増加，ジェンダーの変容，個人による自由なライフスタイルの選択といった，欧米圏の「第二の近代」における「親密性の変容」（Giddens 1992）を批判して，「第一の近代」の生涯添い遂げる性別分業型の家族を，自国の伝統と見なし守ろうとする動きがアジア各国で起きている。たとえば 1980 年代に日本型福祉社会の建設を推進した中曽根康弘首相は，日本の家族の伝統を強調しながら，実際には夫はサラリーマンで妻は主婦である世帯に対する優遇税制を強化した（Ochiai and Johshita 2013 forthcoming; 本書第 2 章）。

---

12) このロジックを過去に投影して，近代以前のヨーロッパの家族は拡大家族だったという通念があったが，ピーター・ラスレットやジョン・ハイナルなど英国の歴史人口学者は，英国を中心とする北西ヨーロッパでは近代以前から核家族社会であったことを歴史資料から実証した（Hajnal 1983 等）。

3-3.「圧縮された近代」の家族と国家

　しかし，さらに考えると，アジアの家族主義を伝統とイデオロギーだけから説明するのは不十分ではないかと思い至る。日本型福祉社会という看板のもと，家族主義的な政策を選択した日本の政治家が伝統を引き合いに出したのは，主要には福祉国家建設に伴う政府の財政支出を抑えるための口実であったろう（宮本・ペング・埋橋 2003）。すなわち実際には第四の意味での家族主義を政策的に選択しているのだが，その正当化のためにイデオロギー的な第二の意味での家族主義を意図的に援用したということである。しかもそこで想定されている規範的家族像は，アジアの伝統の香りを加味されているとはいえ[13]，本質的には「第一の近代」の家族像であった。

　こうしてみると，前節では「圧縮された近代」としてアジア近代をとらえる枠組を提案したが，アジアの家族主義もこの枠組みで説明できるのではなかろうか。「圧縮された近代」では福祉国家を発展させるのに十分な時間や富の蓄積が得られない。その条件のもとでの政策的選択として，意図的に選び取られたのがアジアの家族主義ではないかという仮説である。アジアの伝統やそれについての言説は，その政策的選択を正当化する根拠として使われる。

　では，日本以外のアジア諸国はと言うと，1980 年代に「アジアの奇蹟」と呼ばれた経済成長に自信をつけ，90 年代に入ると独自の主張を表明し始めた。1993 年の国連人権会議では，人権や民主主義の普遍性を主張する欧米諸国と，秩序維持やコンセンサスを重んじる「アジア的価値」を強調するアジア諸国，とりわけ中国とシンガポールが対立した。これが「アジア的価値」論争である（田村 1999）。この論争は価値やイデオロギーをめぐる対立ではあるが，これらの国の「国内問題」を「人権」や「民主主義」をかざして介入しようとする欧米諸国の批判をかわそうという政治的意図が背後にあるのは明らかである。自己オリエンタリズムを梃子に，文化がここでも口実

---

13) たとえば中曽根首相は，幸せな家族の典型として，帰宅したサラリーマンと共に食卓を囲む家族の中に，孫を膝に載せたお年寄りの姿を加えている（Ochiai and Johshita 2013 forthcoming）。

にされている。

　「アジア的価値」の中核には「家族の価値」が置かれる。シンガポールのリー・クアンユー上級相は，94年に「家族の絆 —— 東洋が成功した要因」と題する演説を行っている（田村 1999）。「家族の価値」とは，高齢者と子どものケアの担い手としての専業主婦役割強調という近代家族的側面と，高齢者の家族による扶養をうたう「伝統的」側面とを結合した家族理念である。このような流れの中，シンガポールと中国は親孝行を法律化した「両親擁護法（Maintenance of Parents Act）」（1996），「老年人権益保障法」（1996）をそれぞれ制定した（篠崎 1999）。「ルック・イースト（日本を見よ）」というスローガンにも示されるように，アジア諸国は日本をモデルと見ていた。1980年代に中曽根政権が進めた家族主義的改革がひとつのモデルとなったのは間違いない。しかし，これらの国々では日本以上にあからさまに，老親扶養の責任を法的義務とした[14]。近頃の中国では「未富先老」という表現をよく見かける。豊かになる前に年老いてしまったという意味だが，この表現を社会全体について用いるときには，明らかに「圧縮された近代」の危機感がある。

　他方，韓国はいささか異なる道を進んでいる。韓国が1990年代末に直面したアジア通貨危機の影響は深刻であり，IMFの介入を招いて新自由主義政策が導入され（韓国では「IMF危機」と呼ばれる），失業率，自殺率，離婚率が急上昇したほどだが，その処理と並行して金大中政権は福祉国家建設を進めた。このときに唱えられたのが「生産的福祉」である。経済発展と福祉国家建設は矛盾しない，むしろ福祉こそが経済を支えると考える（本書第8章参照）。

　「家族主義」と並んで，アジア社会の特質を示す言葉として用いられるのが，「開発主義」である。後進国に見られる国家主導の経済発展をさす。韓国の「生産的福祉」は，開発主義的経済発展の続きとも見える。上述のようにこの時期の韓国はIMFの指導のもとに新自由主義の方向に舵を切ったが，それすらも国家主導の新自由主義という，語義矛盾のような政策であった。「圧縮された近代」は，国家主導の経済発展と福祉建設との同時並行という，

14）さらに中国では，官制のコミュニティ（社区）に高齢者福祉の役割を担わせている（長田 2008，本書第6章参照）。

困難な戦略を韓国に強いた。

　家族 - 市民社会 - 国家という近代社会の三層構造はアジアではいかなる展開を遂げたのかという本節の最初の問いに戻れば，現時点に至るまで家族も国家も重要な存在であり続けていると言わざるをえない。欧米圏の「第二の近代」が引き起こしたような構造転換は明確には見られない。とはいえ，「第一の近代」の三層構造が堅固に維持されているわけでもない。離婚率の上昇や急速な高齢化はこの地域の家族を追いつめている。アジアの家族は揺らいでいるが，福祉国家建設のような制度的対応が進まないため，新たなかたちへ踏み出せないのである。アジアの文化的アイデンティティという観念が「第一の近代」の固定化に一役買っている。また，グローバル化はアジアの国家にも協調を促し，ASEAN 地域では EU を遠い目標にした動きが始まっている。しかし同時に「第一の近代」的な昂揚するナショナリズムに突き動かされ，あるいは隣国のそうした動きへの反作用で，地域一帯のナショナリズムはむしろ強まっている。1970 年代以降，欧米の人々と共にジョン・レノンの「イマジン」[15]（「国家など無いと想像してごらん」という歌詞）を口ずさんでいたような日本社会の気分も，今日ではすっかり「第一の近代」に引き戻されてしまった。「圧縮された近代」は，「第一の近代」が大きく揺らいでいる現在でも，アジアの社会がそこから踏み出すことを妨げているのである。

3-4. アジア社会のゆくえ

　ではアジア社会は，経済や人口面においてはすでに「第二の近代」に突入した感のある現在にあっても，家族と国家をむしろ強化することにより，「第一の近代」の再構へと向かうのだろうか。そうすることで，ヨーロッパやアメリカと区別される，独自の「アジア近代」を作り上げていくのだろうか。

　しかし，そうした将来展望には，いくつもの疑問がある。そもそも「アジア」は，この序章でも繰り返し論じてきたように，共通の伝統を基盤にして

---

[15]「対抗文化」と呼ばれた 1970 年前後の若者文化が生みだした新しい価値観は，欧米圏の「第二の近代」の方向づけに大きな役割を果たしたと言えるだろう。

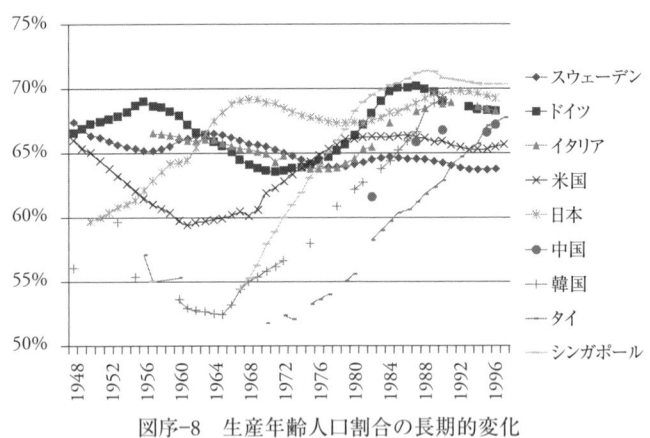

図序-8　生産年齢人口割合の長期的変化

いるわけではない。儒教の浸透度は国によって違い，仏教やイスラム教の国もある。「アジア」という地域的まとまりは，伝統に支えられた必然ではなく，政治的・政策的な手法として強調されたり，内部対立により揺らいだりする，不確かな存在である。

　また，「第二の近代」に入って多かれ少なかれ個人単位モデルによる社会設計に向かいつつあった欧米圏の諸社会でも，高齢化の圧力と財政支出の増大に音を上げて，揺れ戻しも生じている。たとえばブレア政権以降の英国では「偉大な社会（big society）」という標語により，コミュニティとその中での別居拡大家族の相互扶助を推奨した。ヨーロッパにおける福祉削減と，アジアにおける困難の中での福祉建設は，収斂と言うには差が開きすぎているとはいうものの，双方の社会を近づけるという予想も成り立とう。

　最後に，人口構造のマクロな変動を国際比較した図序-8を見てほしい。ヨーロッパとアジアのいくつかの国々について，生産年齢人口割合の年次変化を示したものである。人口転換が20世紀初頭に終了しているスウェーデンは戦後すぐから低下傾向に入っているのに対し，日本は60年代から70年代前半にかけて圧倒的な高率を保ち，70年代以降のアジア諸国はまさに日の出の勢いだった。この割合の高い時期が，いわゆる「人口ボーナス」あるいは「人口学的配当（demographic dividend）」である（Wongboonsin and Guest

2005; 本書第 3 章)。

　人口ボーナスは，経済のみならず，家族形成のためにも有利な条件である（落合 2004：第 4 章）。老親の世話や子育てのために，大勢の兄弟姉妹で助け合うことができる。日本家族は高度成長期からオイルショックの少し後まで，そうした好条件に支えられていたが，アジア家族はまさに現在それを享受している。家族主義はこうした有利な人口構造に支えられて初めて可能となるのではなかろうか。とすると，ヨーロッパにおける福祉国家の建設は，人口構造の変化への避け難い対応だったのではなかろうか。

　現在の日本は 60 年代とは違う。親族の数が減少してしまった現在，60 年代と同じ仕組みが機能するわけはない。現在は最強の親族ネットワークに支えられているアジア諸社会の家族も，1 世代後には現在の日本と同じ困難に直面する。

　ガリバー旅行記に長寿国の逸話がある。人類が憧れてきた長寿の実現は良いことばかりでもないという，21 世紀を見通したような皮肉な結末である。しかし現実にそうした社会に到達した私たちは，皮肉を言うより知恵を出して，長寿という恩恵を活かせる社会の仕組みを考えねばならない。社会革新（social innovation）が各所で話題になるのはそのためである。「圧縮された近代」を駆け抜けてきたアジア社会は，欧米圏の社会と共にこの人類の課題に立ち向かう位置に立った。「圧縮」という経路を辿ってきた過去が，アジアの未来をどれだけ拘束するのかは，今後の現実的課題である。

4　本書の構成

　シリーズ「変容する親密圏／公共圏」の第 1 巻である本書は，この序章で述べてきたような「アジア近代」への社会科学的接近のための着眼点や理論的枠組を提案するような論考を集めてある。

　第 1 章（張慶燮）では，本書の，また本シリーズを通じて「アジア近代」にアプローチするにあたってのキーコンセプトとなる「圧縮された近代」について，この概念の提唱者本人が論じる。「圧縮された近代」の帰結として

「個人主義」を伴わない「個人化」が起こる，すなわち家族が互いに支え合う「家族主義」があるがゆえに，かえってリスク回避のために家族からの逃走が起こり，結果として人々が「個人化」するという逆説を，韓国を例として説得的に描き出す。

第2章（落合恵美子）は，第1章での「圧縮された近代」というコンセプトの提案を受けて，近年の東アジアの極端な人口学的変化を例にとり，この枠組による解釈の有効性を検証する。それと共に，日本と他のアジア社会との間で圧縮の程度に差があることに目を向け，日本のケースは「半圧縮近代」と呼ぶことを提案する。「半圧縮近代」と「圧縮された近代」は，政策選択への効果が異なり，前者が「家族主義」の時代錯誤的な固定を帰結したのに対し，後者はグローバル市場に直結する「自由主義的家族主義」を生み出した。

第3章（パチャラワライ・ウォンブーンシン，クア・ウォンブーンシン）では，第2章でも触れた現代アジアの人口変動について，「人口ボーナス」という好条件の獲得と消失に焦点を当てて概観する。人口変動はあらゆる社会変動の基盤となる。著者は今まさに「人口ボーナス」を享受しているタイの人口学者夫妻であり，「人口ボーナス」の効果を長引かせるための方策を提案する。その提案は，第8章の社会投資政策に通じる面と対立する面があり，さらなる議論への道を拓く。

第4章（岩井八郎）は，一転してミクロな視点に立ち，「家族主義」と言われてきた日本社会は変わったのか，という問いに，個人の人生のパターンの分析から接近する。女性に注目すると，正規でも非正規でも働き続ける未婚者層と，既婚専業主婦層との分化が起きている。高齢者に注目すると，公的年金制度により子どもに経済的に依存しない層が増加した半面，2000年代には低所得の子ども世代との相互依存的同居が現れた。日本社会の二極化と，システムから排除される層の増大をうかがわせる。家族主義の基盤は縮小したが，それに代わるシステムも生まれていないのが日本の問題である。

第5章（太郎丸博）は，非正規雇用の増加という現代世界に共通する労働問題を取り上げ，近隣の韓国，台湾との比較から，日本の問題の特質を解明しようとする。正規と非正規の賃金格差の要因として，日本では「社会的閉

鎖化」，すなわち正社員と経営者がコミュニティを作って非正規雇用者を利益から排除している影響が大きいことが示唆される。また韓国や台湾では教育年数の効果が大きいが，日本ではジェンダーの効果が大きい。縮小した日本型システムの残存が格差を強めているという，第4章と重なる結論である。

　第6章（落合恵美子）は，雇用労働からケアに目を移し，子どもと高齢者に対するケア供給のパターンを東アジアと東南アジアの6社会について比較している。国家，市場，家族・親族，コミュニティという4部門のバランスを示すケアダイアモンドという模式図を比較に用いる。第2章で見た「自由主義的家族主義」は，ケア供給に関しては市場の肥大，とりわけ外国人ケアワーカーの雇用としてあらわれる。他方，国家の役割が大きいのは，アジアでは福祉国家ではなく社会主義か開発主義である。日本は市場と国家の拡大のどちらにも踏み出せず，「家族主義」が固定されていることがここでも確認される。

　第7章（安里和晃）は，自由主義的家族主義をとる香港・台湾・シンガポールに焦点を当て，外国人ケアワーカーの受入れ政策を比較する。グローバル市場に家族を開く自由主義は，実は国家による注意深いコントロールのもと，政策的に推進されているのである。これらの地域には，家族に関する強いイデオロギー的言説が共通して見られる。福祉国家化しないと明言したシンガポールに代表されるように，福祉建設による脱家族化を進めるかわりに，外国人家事労働者を包摂することにより「家族によるケア」を維持しようとしている。これは意図的な「家族化政策」と呼ぶべきだろう。

　第8章（イト・ペング）もまたケアへの政策的対応を主題とする。ただし本章で対象とする韓国は，シンガポールなどとは対照的に，家族主義を脱却するソーシャルケア政策をとることを決定し，保守政権発足後も推進している。このような政策転換は，アジア経済危機によるすさまじい社会的・政治的変化を背景に，1996年にOECDに加盟した韓国が，英国ブレア政権の「第3の道」など世界の政策潮流の学習と移転に努めたことにより可能になった。とりわけ「社会投資パラダイム」の導入は，市場と対立するものから市場志向で経済成長志向なものへと福祉国家の概念を転換させた。日本の「失われた20年」との比較研究へと促される章である。

第9章（水野紀子）は，政策の基盤にある法に，より原理的な視線を向ける。権力に限界を画すものとしての西欧法と，権力者が施政を行うための道具としての東洋法を対比し，日本人の法意識の原点は東洋法にあるとする。ふつうは対比して語られる明治民法と戦後民法も，この点では大差ない。「アジア近代」の追究のためには，公共性と親密性の概念とその文化差の深い理解が不可欠であることを本章は提起している。とはいえ，同じ東洋法でも日本法と中国法の違いを強調する立場もあるので，追究はさらに深まらざるをえない。

　第10章（イルゼ・レンツ）は，国家の政策とは対照的に，いわば「下から」，すなわち市民社会の側から公と私の関係を変えようとしてきたフェミニズム運動に注目する。フェミニズム運動はしばしば「半公共圏」を創り出すことにより，親密圏と公共圏をつなぎ，かつ両者を揺るがす動きを生み出してきた。著者はドイツと日本のフェミニズム運動の研究者なので，ドイツと比較しながら日本の歴史的発展を追う。

　第11章（五十嵐誠一）もまた，市民社会が作り出す新しい公共圏に注目する。アジアではEUのような国家を超えた公共圏は未発達だと言われるが，実際にはさまざまなイッシュー別にトランスナショナルなNGOが活動している。さらにそれらが連合してより広い地理的範囲を覆うネットワークを形成しようとする動きもある。著者がアジア各地で実施したフィールド調査を確かな足場として，本章はアジア地域におけるコスモポリタン市民社会の成立を展望する。

　本書の全体を通じて，アジア社会，とりわけ本書の主要な対象とされている東アジアから東南アジアまでの地域は，「圧縮された近代」，「人口ボーナス」の獲得と消失，国家と法の独特の関係といった共通の社会的条件を抱え，その結果として「家族主義」という共通の特徴を発達させてきたが，同時に多様性もあること，多様性は政策的選択の結果でもあることが示される。その多様性の中にあって，自由主義の徹底にも新たな福祉国家パラダイムへの転換にも乗り出せず，古いシステムが自壊しているにも拘わらず代替するシステムも生みだせないでいる日本社会の特異性が鮮明に浮かび上がる。他方，

フェミニズムによる半公共圏の生成や，国境を越えた域内の交流に触発されたトランスナショナルな市民社会の芽生えなど，新しいダイナミズムを生む契機も紹介される。

　本書が，「アジア近代」の現状をシステマティックに理解したいと願う人々，「アジア近代」を分析対象とするのに見合った社会科学的枠組を構築しようとめざす人々にとって，なんらかの手がかりを提供できるなら，そして本書に続くシリーズ各巻への招待となるなら，これ以上幸せなことはない。

・参考文献・

Anderson, Michael. 1983. "What is New about the Modern Family: An Historical Perspective." Occasional Paper 31. London: Office of Population Censuses and Surveys.
Ariès, Philippe. 1960. *L'enfant et la vie familiale sous l'ancien régime*. Paris: Plon.
Brunner, Otto. 1968. *Neue Wege der Verfassungs- und Sozialgeschichte*. Göttingen: Vandenhoeck and Ruprecht（成瀬治他訳（1974）『ヨーロッパ　その歴史と精神』岩波書店）.
Chang, Kyung-Sup. 1999. "Korean Women's Life Courses and Self Perceptions." *Economy and Society* 28(1): 30-55.
Chang, Kyung-Sup. 2010. *South Korea under Compressed Modernity: familial political economy in transition*. London: Routledge.
Dalla Zuanna, Gianpiero and Giuseppe A. Micheli (eds.) 2004. *Strong Family and Low Fertility: a Paradox?: new perspectives in interpreting contemporary family and reproductive behavior*. Dordrecht: Kluwer Academic Publishers
ドゥリール，ジェラール（Delille, Gérard）2009「ヨーロッパの婚姻システム—互酬性の「長期」の回路と「短期」の回路」（三吉野滋樹訳）落合恵美子，小島宏，八木透編『歴史人口学と比較家族史』早稲田大学出版部.
Douglas, William. 1993. "The famille souche and its interpreters." *Continuity and Change* 8(1): 87-103.
Esping-Andersen, Gøsta. 2001. *A welfare state of the 21st century*. Tokyo: Sakurai Shoten（渡辺雅男・渡辺景子訳（2001）『福祉国家の可能性』桜井書店）.
Esping-Andersen, Gøsta. 2009. *The incomplete revolution: Adapting to women's new roles*. Cambridge: Polity Press.
Fauve-Chamoux, Antoinette, and Emiko Ochiai (eds.) 2009. *The stem family in EurAsian perspective*. Bern: Peter Lang.
Fuess, Harald. 2004 *Divorce in Japan: Family, gender, and the state, 1600-2000*. Stanford: Stanford University Press.
Giddens, Anthony. 1992. *The Transformation of Intimacy: Sexuality, Love and Eroticism in Modern*

Societies. Cambridge: Polity Press.

Habermas, Jürgen. 1962. *Strukturwandel der Öffentlichkeit: Untersuchungen zu einer Kategorie der bürgerlichen Gesellschaft.* Neuwied: H. Luchterhand（細谷貞雄訳（1973）『公共性の構造転換』未來社）.

Hajnal, John. 1983. "Two kinds of pre-industrial household formation system." In Richard Wall, Jean Robin and Peter Laslett (eds.) *Family Forms in Historic Europe*, Cambridge: Cambridge University Press.

Hashimoto, Hiroko. 2003. "Thai Family System and Women's Property Rights under the Traditional Law." In Ochiai Emiko (ed.) *The Logic of Female Succession: Rethinking Patriarchy and Patrilineality in Global and Historical Perspective* (International Symposium 19). Kyoto: International Research Center for Japanese Studies.

Hashimoto (Seki) Hiroko. 2008. "Housewifization and changes in women's life course in Bangkok." In Emiko Ochiai and Barbara Molony (eds.) *Asia's new mothers,* Folkestone: Global Oriental.

Hegel, Georg Wilhelm Friedrich. 1821. *Grundlinien der Philosophie des Rechts.* Berlin: In der Nicolaischen Buchhandlung.（上妻精他訳（2001）『法の哲学』岩波書店）.

星乃治彦 2006『男たちの帝国』岩波書店.

陳姃湲（Jin Jung-won）2006『東アジアの良妻賢母論 —— 創られた伝統』勁草書房.

国立社会保障・人口問題研究所 2010『人口統計資料集』.

小山静子 1991『良妻賢母という規範』勁草書房.

Kurosu, Satomi, Noriko O. Tsuya, and Kiyoshi Hamano. 1999. "Regional differentials in the patterns of first marriage in the latter half of Tokugawa Japan." *Keio Economic Studies* 36(1): 13–38.

Levi-Strauss, C. 1982. *The Way of the Masks.* London: Johnatan Cape.

Lesthaeghe, Ron. 1991. "The second demographic transition in Western countries: An interpretation." IPD Working Paper. Interuniversity Programme in Demography.

Lesthaeghe, Ron. 2011. "The Second Demographic Transition: A Conceptual Map for the Understanding of Late Modern Demographic Development in Fertility and Family Formation." *Historical Social Research* 36(2): 179–218.

Mies, Maria. 1986. *Patriarchy and Accumulation on a World Scale: Women in the International Division of Labour.* London and New York: Zed Books.

三成美保 2005『ジェンダーの法史学』勁草書房.

宮本太郎・イトペング・埋橋孝文 2003「日本型福祉国家の位置と動態」エスピン-アンデルセン編，埋橋孝文監訳『転換期の福祉国家』早稲田大学出版部.

中野卓 1981『明治四三年京都 —— ある商家の若妻の日記』新曜社.

——— 1984「家族主義」『日本大百科全書』小学館.

Ochiai, Emiko. 1997. *The Japanese Family System in Transition: A Sociological Analysis of Family Change in Postwar Japan.* Tokyo: LCTB International Library Foundation.

落合恵美子 2000『近代家族の曲がり角』角川書店.
―― 2004『21世紀家族へ ―― 家族の戦後体制の見かた・超えかた（第三版）』有斐閣.
―― 2006「ユーラシアプロジェクトの達成 ―― 歴史人口学と家族史」『社会科学研究』東京大学社会科学研究所.
―― 2007「アジア市民社会における家族とジェンダー ―― 『第二の近代』の岐路」棚瀬孝雄編『市民社会と法』ミネルヴァ書房.
Ochiai, Emiko. 2008a. "Researching Gender and Childcare in Contemporary Asia." In Emiko Ochiai and Barbara Molony (eds.) *Asia's New Mothers*. London: Global Oriental.
――. 2008b. "The birth of the housewife in contemporary Asia: Globalization and the modern family." In Emiko Ochiai and Barbara Molony (eds.) *Asia's New Mothers*. Folkstone: Global Oriental.
――. 2011a. "Love and Life in Southwestern Japan: the Story of a One-Hundred-Year-Old Lady," *Journal of Comparative Family Studies* 42(3): 399–409.
――. 2011b. "Unsustainable Societies: The Failure of Familialism in East Asia's Compressed Modernity." *Historical Social Research* 36(2): 219–245.
落合恵美子 2012「親密性の労働とアジア女性の構築」落合恵美子・赤枝香奈子編『アジア女性と親密性の労働』京都大学学術出版会.
Ochiai, Emiko. 2013 forthcoming. "Intimate Work and the Construction of Asian Women." In Ochiai Emiko and Aoyama Kaoru (eds.) *Asian Women and Intimate Work*. Leiden: Brill.
落合恵美子・山根真理・宮坂靖子編 2007『アジアの家族とジェンダー』勁草書房.
Ochiai, Emiko, and Barbara Molony (eds.) 2008. *Asia's new mothers: Crafting gender roles and childcare networks in east and southeast Asian societies*. Folkestone: Global Oriental.
Ochiai, Emiko and Johshita Kenichi. 2013 forthcoming. "Prime Ministers' Discourse in Japan's Reforms since the 1980s: Traditionalization of Modernity rather than Confucianism." In Sirin Sung and Gillian Pascall (eds.) *Gender and Welfare State in East Asia: Confucianism or Equality?*, Palgrave.
大沢真知子 1993『経済変化と女子労働』日本経済評論社.
長田洋司 2008「中国都市部における社区建設の取組みと高齢者への対応」首藤明和・落合恵美子・小林一穂編『分岐する現代中国家族』明石書店.
Park, Keonsuk. 2008. "Life Course and Meaning of Family and Work of Korean Women." In Emiko Ochiai and Barbara Molony (eds.) *Asia's New Mothers*. Folkstone: Global Oriental.
ポンサピタックサンティ・ピヤ（Pongsapitaksanti, Piya）2008「テレビ広告におけるジェンダーと労働役割 ―― 日本とタイの比較から」『ソシオロジ』52(3): 71-86.
Reid, Anthony. 1993. *Southeast Asia in the age of commerce, 1450–1680*. New Haven: Yale University Press.
斎藤修 1991「農業発展と女性労働 ―― 日本の歴史的経験」『経済研究』42(1): 31-41.

酒井直樹 1996『死産される日本語 / 日本人』新曜社.
Schlumbohm, Jürgen. 2009. "Strong Myths and Flexible Practices: House and Stem Family in Germany." In Antoinette Fauve-Chamoux and Emiko Ochiai (eds.) *The Stem Family in Eurasian Perspective: Revisiting House Societies, 17th-20th Centuries,* Bern: Peter Lang.
瀬地山角 1996『東アジアの家父長制』勁草書房.
篠崎正美 1999「東アジアの高齢化といわゆる『親孝行法』」田村慶子・篠崎正美編『アジアの社会変動とジェンダー』明石書店.
Sinha, J. N. 1965. Dynamics of Female Participation in Economic Activity in a Developing Economy. United Nations World Population Conference, Document WPC/285.
Statistics Bureau, Ministry of Internal Affairs and Communications. 1994. Special survey of the labor force survey.
Straughan, Paulin, Angelique Chan, Gavin Jones (eds.) 2008. *Ultra-low Fertility in Pacific Asia: trends, causes and policy issues.* London: Routledge.
須賀晃一 2010「市場が生み出す公共性」斎藤純一編『公共性の政治理論』ナカニシヤ出版.
田村慶子 1999「創られる『家族の肖像』——『アジア的価値』とシンガポールの女性」田村慶子・篠崎正美編『アジアの社会変動とジェンダー』明石書店.
坪内良博・坪内玲子 1970『離婚』創文社.
梅村又次他編 1988『長期経済統計 2　労働力』東洋経済新報社.
van de Kaa, Dick J. 1987. "Europe's Second Demographic Transition." *Population Bulletin* 42(1). Washington: Population Reference Bureau.
Wongboonsin, Kua. 2004. "The Demographic Dividend and M-curve Labor Force Participation in Thailand." *Applied Population and Policy* 1(2): 115-22.
Wongboonsin, Kua, and Philip Guest, eds. 2005. *The Demographic Dividend: Policy Options for Asia.* Bangkok: College of Population Studies, Chulalongkorn University, Asian Development Research Forum and Thailand Research Fund.
横山美夏編 2013 刊行予定『アジア比較家族法』京都大学学術出版会.
鄭楊 2012「市場経済の転換期を生きる中国女性の性別規範」落合恵美子・赤枝香奈子編『アジア女性と親密性の労働』京都大学学術出版会.

第1章 個人主義なき個人化
―「圧縮された近代」と東アジアの曖昧な家族危機*

張　慶燮(チャン キョンスプ)
(柴田　悠 訳)

1　パラドックス ―― 家族主義的東アジア人の個人化

　東アジア人に共通の特性は家族中心的であることだと，西洋人はよく指摘する。しかし，多くの韓国，日本，中国の研究者は，これら3か国の伝統的な家族は互いに構造的および文化的に異なっていることを指摘し，それらの違いを社会の巨視的な違いと結びつけて説明してきた[1]。伝統的な東アジアの諸社会は，それぞれ違う形で家族中心的なのである。近年のきわめて興味深い社会の変化のなかで，東アジアの諸社会は，家族の衰退や個人化に関わる，多くの共通の兆候を経験してきている。比較社会学的（および人口学的）研究において，東アジアでは突如として，家族中心性よりもむしろ家族の衰退が共通の特徴となった。より正確にいえば，近代の東アジア人は，共通して家族中心的な生活を送ってきたが，この近代的特性は，東アジアの近代および後期近代（あるいは第二の近代）のさまざまな構造条件が原因となって，

＊本章は，2009年11月23日に京都大学で開催されたグローバルCOEシンポジウム「東アジアにおける家族と親密性」において配布された基調講演論文の改訂版である。落合恵美子，押川文子，安里和晃，目黒依子，Eun Ki-Soo, Ito Peng, Ilse Lenz, Tuula Juvonen, Patcharawalai Wongboonsinの各氏と，他のシンポジウム参加者からは，有益なコメントと建設的な示唆をいただき，感謝を申し上げたい。また，Park Woo と Gabriel Sylvian には，調査・編集の優れた補佐をしていただき，非常に感謝している。本章のための調査は，ソウル大学社会発展政策研究所への韓国交付国立研究基金（NRF-2007-411-J01601, J01602）の助成を受けた。

1) ここでの中国は，中国本土と台湾の両方を含む。

ますます維持できなくなってきているのである[2]。

その他に，東アジア共通の特徴として，極端に低い出生率が，国際的な人口学研究において議論されてきた[3]。東アジアの社会学者たちはまた，彼らの国々における，家族形態や同居形態の変化についての比較研究も行ってきた。これらの研究では，晩婚化や独身化，家族解体，老人の孤立などの互いに類似した傾向が各国にみられるという結論が出されることが多い[4]。しかし同時に，注意深く観察すれば，東アジア人は今もなお，家族の価値や血縁関係を重視していることがわかる。同様に，東アジアにおける個人化（それが西洋の個人化と似ていようと異なっていようと）について，深く観念的な過程として説得力ある説明を行うことも難しい。長きにわたって家族主義的であった東アジア人が，筆者が本章で脱家族化および（リスク回避的な）個人化として説明するさまざまな傾向を示しているのは，きわめてパラドキシカルにみえる。

筆者は本章において，東アジアの近代と後期近代の基本的性質が，個人主義なき個人化というパラドキシカルな過程に影響を及ぼしてきたことを詳説する。東アジアの近代と後期近代は，高度に圧縮されて展開してきた。そこでは時空間に関する変化が凝縮して生じ，また，さまざまな歴史的・空間的要素が複合的に組み合わさっている。東アジアの家族は，圧縮された近代と後期近代の，きわめて効果的な「容器」として機能してきた。東アジアの家族が，機能的に過負荷となり社会的リスクを負うようになったのは，東アジアの家族が圧縮された近代と後期近代の原動力として成功したためであり，しかし同様に失敗したためでもある。東アジア人は，個人のライフコースだけでなく，家族の構造や関係も構築し直すことが不可避であると気づいた。国家や産業経済，企業，労働組合，学校，福祉制度のような近代の他の制度は，家族の負担やジレンマを軽減する効力を失いつつあるので，家族と個人は，出生率や結婚，同居形態などを，かなりドラスティックに転換せざるを

---

2) 第二近代（Beck and Grande 2009）の詳細は，次節で説明される。
3) きわめて低い出生率が広まっている他の地域は，南欧である（Kohler, Billari and Ortega 2004; Billari and Kohler 2004）。しかしながら東アジアは，低い出生率という点で南欧に追いついている。
4) 東アジア諸国には，人口と家族の問題の比較分析を行う数多くの共同研究グループ（純粋に学術的なものもあれば，政策志向のものもある）がある。

えなくなった。個人化は，したがって，その精神的・文化的基礎としての個人主義の形成とは無関係に生じてきた。筆者は以下において，おもに韓国の経験に基づいて論考を進める。それは，韓国が個人主義なき個人化の典型的な事例だと考えられるからである。しかし本章は，個人主義なき個人化が広く東アジア的な現象であることを強調するために，結論部において，比較として日本の状況についても概観する。

2　圧縮された近代，家族の変容，個人化

　圧縮された近代とは，次のような社会状況である。そこでは経済的，政治的，社会的，あるいは文化的な変化が，時間と空間の両方に関して極端に凝縮されたかたちで起こる。そして，互いに共通点のない歴史的・社会的諸要素がダイナミックに共存することにより，きわめて複雑で流動的な社会システムが構成かつ再構成される[5]。圧縮された近代という概念は当初，現代の韓国の独特な近代性を説明するために導入された。韓国は一方で，前例のないほど短い期間のうちに，資本主義的産業化と経済成長，都市化，プロレタリア化(すなわち小作農が産業労働者へと変容すること)，民主化の大幅な進展を経験してきた。また他方で韓国の個人的・社会的・政治的生活の多くの側面には，いまだ明らかに伝統的かつ/または土着的な特徴が見受けられる。これらの経験と特徴は，韓国のみに固有のものというわけではなく，これまでの他の多くの後発社会にも共通していたか，あるいは今も共通している[6]。

　圧縮された近代は，人間存在のさまざまなレベル(たとえば個性や家族，第

---

5)　圧縮された近代のこの定義は，京都大学のグローバル COE「親密圏と公共圏の再編成をめざすアジア拠点」のニューズレター第 3 号 (2009 年) (http://www.gcoe-intimacy.jp/staticpages/index.php/newsletter_ja) にも記載してある。圧縮された近代の十分な理論的説明については，筆者の最近の論文 (Chang 2009a) を参照されたい。

6)　さらにいえば，ベックが「再帰的世界化」と呼ぶ近年の過程のもとでは，すべての現代社会が，他の諸社会や諸地域から生じた世界的な経済的・政治的・社会的・文化的な諸力を，内在化しなければならず，それによって圧縮された近代を，遍在的な現象にしている。Chang (2010b) を参照。

二次組織，都市空間，市民社会や国家などを含む社会単位）において現れる。これらの各レベルにおいて，社会の一部として普通に暮らしていくためには，人々は自らの生活を，緊張感をもって複雑にかつ柔軟に管理する必要がある。このことは，現在世界的に人気のある韓国製のドラマや映画に豊富に描かれてきた。言い換えれば，圧縮された近代は，いわゆる「韓流」(hallyu) の一つの文明的基礎としての役目を果たしてきたのであり，そのために，この概念/理論〔圧縮された近代〕は，韓国製のドラマ，映画などに関して急速に増えている一連の国際研究において，頻繁に利用されてきたのである（たとえば，Martin-Jones 2007）。

韓国の家族関係や個人の生活状況は，圧縮された近代の本質的な構成要素であるか，またはその結果であると理解することができる。私が別の論文で詳説しているように，韓国人の比類なき家族中心的な生活は，資本主義的産業化や都市化やプロレタリア化の爆発的な進展と，そして極端な教育熱や福祉の民営化と，構造的に絡み合っている (Chang 2010a)。家族の社会的優位性は，逆に，脱家族化という興味深い，しかしパラドキシカルな傾向を伴っている。脱家族化とはたとえば，晩婚化や無子化，出生率低下，離婚などであり，これらはすべて驚異的な速さで進行している。これらの傾向は，脱家族化の兆候とみなされるが，必ずしも個人化の兆候とみなされるわけではない。というのもこれらの傾向は，家族の関係や価値の重みが韓国人の生活において以前にもまして強まっていることを，反映しているからである。韓国人は，家族生活の有効範囲を縮小するか，先送りするか，改造する。なぜならば，家族を放棄するというよりはむしろ家族に固執するからである[7]。

しかしながら，ごく近年では，グローバル化や脱産業化，情報化，リスクの世界化，新自由主義化，金融化などの多様な潮流によって特徴づけられる，まったく新しい世界がもたらす本質的な制度的脅威に，家族が直面しているようにみえる。これらの潮流は，ウルリッヒ・ベックが「第二の近代」と呼んでいるものを構成する (Beck and Grande 2009)。ベックによれば，第二の近代のもとでは，（第一の）近代の社会制度の効力が突然に失われたり，機能不

---

[7] ある意味では，脱家族化は再家族化の一種として把握することが可能である。このように考えるように筆者を導いてくれた安里和晃准教授に，感謝申し上げたい。

全に陥ったりする。これは社会と人々の両方にとって言えることである。世界中で，家族だけでなく国家や政党，市場経済，福祉制度，学校，民間企業がますます弱体化し，以前は当然と思われていた社会的機能や個人的有用性を提供するのが困難となっている。それゆえ個人は，永続的に個人化された努力・追求・存在という観点から自分史を（再）設計することがますます必要となっている，ということに気づいている。韓国人は，彼らの社会が凝縮されたかたちで第二の近代に入ったため，新しい近代のもつこれらの諸力から保護されてこなかった。彼らはとりわけ，家族が社会の生産と再生産についてのさまざまな機能をますます果たせなくなっている，ということに気づいている。韓国人は，いわば家族主義的な圧縮された近代のもとで，高度に家族中心的な社会的・個人的生活を送ってきたため，彼らにとって家族の制度的衰退は，極端な重荷とならざるをえない。家族の制度的衰弱は，家族関係が社会的資源から個人的リスクへと変わることをうながす。個人は，人生の個人化された諸段階を拡張することで，またはそれに回帰することで，これらの（第一および第二の）近代の家族関連リスクを最小化しようとする。このようにして，リスク回避的な個人化のさまざまな傾向が生じるのである。

　異なるレベルの近代，そして家族や個人の諸変化のあいだには，込みいったパターンの関係が見受けられるが，これは韓国社会に限られたことではない。東アジアではとりわけ，日本と台湾が，多くの歴史的過程と社会的特徴を，韓国の近代や第二の近代と共有している。圧縮された性質をもつ近代や，第二の近代への凝縮された移行，家族中心的な個人的・社会的生活，そして脱家族化や（リスク回避的な）個人化というドラスティックな傾向は，その程度や時期は異なっているものの，日本や台湾の社会にも見受けられる兆候なのである。

　本章に登場する概念を，順を追って簡単に説明しよう。脱家族化とリスク回避的個人化は，ここでは個人化のその他の傾向，たとえば再構築的個人化，ノマド的個人化，制度化された個人化，人口統計的個人化などとは質的に識別可能なものとして（たとえ必ずしもつねに人口統計的に識別可能とは限らない

としても）提示されている[8]。筆者は脱家族化を，家族生活の有効範囲や期間を意図的にコントロールすることによって，社会を再生産するために家族にかかる負担を減らそうとする，人々の社会的傾向であると定義する（脱家族化は，家族生活や家族関係の減少を意味するのであって，それらの消滅や放棄を意味するのではない）。リスク回避的個人化は，ひとりで生きる期間を延長するまたはそれに戻ることによって，近代生活における家族関連リスクを最小化しようとする諸個人の社会的傾向，と定義できるだろう。再構築的個人化は，自律的な個人生活を通して（第二の）近代と対峙するために，自らの生き方やあり方を積極的に再設計する，諸個人の社会的傾向，と定義される[9]。ノマド的個人化は，家族や国家，産業経済，教育などといった近代的な社会制度や社会構造から生活を離脱させることによって，意に沿わない（第二の）近代の社会的力に反抗しようとする，諸個人の社会的傾向として定義できるだろう。制度化された個人化は，ベックとベック−ゲルンスハイムの説に基づいて次節で説明されるように，近代的な社会構造・サービス・政策が，個人化された生活環境やライフスタイルを追求するよう人々を誘導する，という社会的傾向である（Beck and Beck-Gernsheim 2002）。人口統計上の個人化は，高齢期の延長や空の巣期〔子どもが巣立った後の時期〕の延長といった人口統計上の変化により，人々が別々に暮らす期間が長くなるという社会的傾向である。ここで留意しておくべきことは，必ずしも一般的な社会文化としての積極的な個人主義が，脱家族化，リスク回避的個人化，人口統計上の個人化に先行している必要はない，ということである[10]。それとは対照的に，再構築的，ノマド的，制度化された個人化においては，何らかの積極的な個人主義が文化的に確立されている。

---

[8] 類似の潮流を言い表すために「個性化（individuation）」という言葉も使われる（たとえば，Lash 1990）。しかし筆者は，個別に識別可能な形容詞を付け加えることで，異なる種類の個人化をより正確に識別したい。

[9] ベック（Beck and Grande 2009）は第二の近代の主要な兆候として個人化を強調しているが，これは再建的個人化に最も密接に対応していると思われる。

[10] 大まかに言えば，人口統計上の個人化は個人主義なき個人化を包含してもいる。しかし人口統計上の個人化は必ずしも，脱家族化やリスク回避的個人化に見出される複雑な家族的社会的力学を伴うわけではない。

3　家族中心的な（圧縮された）近代と脱家族化 —— 制度化された家族主義

　ベックとベック-ゲルンスハイムは，西洋近代における個人化について体系的に説明するために，マクロな社会状況と，家族や個人が関心を抱いていることとのあいだの歴史的関係を，注意深く考察している[11]。彼らによれば，

> 個人化は，人々の自由決定によっては到達しえない社会的状況である。……ジャン＝ポール・サルトルの表現を言い換えると，「人々は個人化という刑に処されている」となる。個人化は，たとえそれがパラドキシカルなものであろうとも，自分史だけでなくそれを取り囲むつながりやネットワークをも創り出して，演出したいという衝動である。しかもそれを，労働市場，教育システム，福祉国家などの諸状況につねに適応しつつ，自分の嗜好が変化するなかで，人生の連続する諸段階において行いたいという衝動である。……私たちがここで見ているのは，タルコット・パーソンズが「制度化された個人主義」と呼んだものである。……これを自分なりに解釈するならば，近代生活において個人は多くのレベルでつぎのような課題に直面させられることを意味する。すなわち，私たちは，家族や一族，宗教，出自，階層といった古い束縛の外で，自身の独立した生活を送ってよいし，送らねばならないのである。ただしその生活は，国家や労働市場，官僚などが定める新しい指針や規則の範囲内でなければならない[12]。

　この考察についてもう少し詳しく説明しよう。産業資本主義や，福祉国家，政治と社会関係の民主化はすべて，そしてグローバル化さえもが，近代の個人に，「自分自身の生活」を計画して送ることをうながしているか，または

---

11) 本節は，筆者の近刊書『圧縮された近代下の韓国 —— 転換期にある家族の政治経済』（Chang 2010a）の第 8 章を，開発途上の自由主義的社会政策レジームが家族にとってどのような意味をもつかにも焦点をあてつつ，詳しく述べたものである。
12) Beck and Beck-Gernsheim (2002: 4-12) より引用。制度化された個人化に関するベックとベック-ゲルンスハイムの見解は，おもに，個人に合わせた個人生活の（後期近代的な）社会生態学的および政治経済的条件に焦点を当てている。他方で，制度化された個人化に関するタルコット・パーソンズは，（近代の）社会制度構成に関連した社会的な行為や関係の主意主義的な性質を強調している。後者の見解については，Kim (2003) を参照。

強いている[13]。そのような生活は個人化された努力とリスクを必然的に伴う。こうして、個人化とは、文化的あるいは道徳的な変容というよりもむしろ、制度化された社会的変化であることが判明する。

　個人の生活を制度的に再構築するという意味での個人化は、単に、家族の規範・規則・関心・影響の（量的な）減少や消滅を伴っているのではない。それよりもむしろ、ベックとベック-ゲルンスハイムが下記で説明するように、家族の質的な変化が起こるのである。

　　前産業社会における家族が、おもに連帯の義務によって互いに結びついている、「必要性の共同体」であったのに対して、現代の世界では、「個人がデザインする生活」という論理が、ますます効力を発している。家族は、ますます選択的な関係性、すなわち独立した人々の連合になってきている。その人々は、それぞれ、自分自身の関心・経験・計画を家族に持ちこみ、また、それぞれ異なった規制・リスク・制約の影響を受けているのである（Beck and Beck-Gernsheim 2002: 97）。

　制度化された個人主義は、不可避的に、個人と家族の関係を区分化して再構築し、家族の様式的特性を様変わりさせるのである。

　しかし上記の潮流は、韓国で観察されてきたこととはかけ離れている。たしかに、西洋における個人化の歴史的条件のいくつか（たとえば、産業資本主義、政治と社会関係の民主化、グローバル化）が韓国社会にも存在してきたこと、そしてそれらが「個人主義的家族主義」とでも言えるものの誘因となった可能性があるのは事実である[14]。しかし韓国では、それらとは別の多数の構造的要因（たとえば、貧弱な公的福祉、社会の再生産に関する家族の責任、家族を基礎とした社会的・経済的競争）が同時に機能して、制度化された家族主義とでも言える状況がもたらされてきた[15]。多くの現代韓国人は、ますます負の影響が大きくなっている物質的・文化的状況ゆえに、多くの面で「家族

---

13) Beck and Beck-Gernsheim（2002: 22-29）を参照。
14) 個人主義的家族主義は、個人の自己実現や満足が家族関係と家族形成の存在理由である、というイデオロギーである（Chang 2001）。それは、韓国では（他国でも）、女性や若者の個性の発達を育む社会的民主化の潮流によって条件づけられている。
15) 落合恵美子（Ochiai 2004: 308）は、「雇用制度や税制、年金、日常生活」については日本も類似していると指摘している。

主義という刑に処され」てきた。そのために彼らは社会的・人口統計学的に脱家族化するという，必死の抵抗をせざるをえなかったのである。そういう意味では，韓国の人口と経済のミクロ社会的な持続可能性の悪化に対して，個人化が一つの解決策を提供する可能性すらありうる。これはいまだ遠い可能性ではあるものの，次節では，韓国の第二の近代への凝縮された移行において生じたさまざまな危機的傾向が，韓国社会をその方向へと向かわせるのではないかと示唆する。

　圧縮された近代のもとで生活する韓国人は，彼らの日常生活において複雑でたびたび相矛盾した役割と責任を規定する多くの異なる家族イデオロギーに直面してきた（Chang 2001）。儒教的，道具的，情緒的，そして個人主義的な家族主義は，きわめて複雑なかたちで，韓国人の生活を支配してきた[16]。これらの家族イデオロギーはそれぞれ，韓国人の家族生活と家族関係にとって重荷となり，リスクをもたらす一方で，それらのあいだの不一致と矛盾は，さまざまな社会的・心理的緊張を引き起こす。国家が声高に，しかし首尾一貫しないかたちで家族主義を擁護してきた結果，家族はますます多くの心理的・機能的困難に直面するようになった[17]。歴代の政権は，家族をさまざ

---

[16] 儒教的家族主義（家族に対する個人の服従や，年齢や世代に基づいた序列，そしてジェンダー区分といったような儒教的原則に則った家族の価値と規範）の核心は，朝鮮時代から近代に引き継がれた，次のような伝統的な家族の価値と規範によって構成されている。(1) 道具的家族主義。これは，家族の関係と資源は個々の家族成員の社会的成功のための道具として用いられるべきだとのイデオロギーであり，その社会的成功が今度はすべての家族成員の共同の目標として同定される。このイデオロギーは，混乱した 20 世紀において，韓国人たちが用いたさまざまな家族依存的な生き残り戦略のなかから進化した，一種の生活哲学である。(2) 情緒的家族主義。これは，家族は，情緒的に育成する性質を備えた主観的相互作用のための，制度や舞台であるべきだというイデオロギーであり，もともとは西洋諸国の資本主義的産業化の過程のなかで確立され，その後，アジアや他の地域の後発産業化諸国に受け入れられた。(3) 個人主義的家族主義。これは，個人の自己実現や満足が家族の関係と形成の存在理由であるというイデオロギーであり，韓国では，女性や若者の個性の発達を育む社会的民主化と，消費者資本主義の急速な拡大の中における家庭生活の商業化という 2 つの社会的潮流によって条件づけられている（Chang 2001）。

[17] 韓国の（発展途上の）国家の自由主義的な社会政策と社会計画が，その過度な発展志向と密接に関わり合っているという点から，筆者は，その社会政策パラダイムを発展途上の自由主義と特徴づける（Chang 2009b）。発展途上の自由主義国家は，相互扶助と相互保護の個人的責任という観点から社会政策（あるいは，さらに言えば，社会的市民権）を再定義するために，あらゆる手だてを尽くした。家族は，社会的再生産におけるさまざまな公的必要性に応じるよう，求められてきた（Chang 1997）。（個人の責任や家族の責任のような）産業資本主義に伴うさまざ

まな社会政策の中心的な道具として用いてきたが，家族にのしかかる物質的・心理的負担を真剣に分かちあおうとする政権は一つもなかった。ストレスと疲労は，ほとんどすべての韓国人の家族生活において避けられないものとなっている。結果として，家族の負担を避ける，あるいは少なくとも軽減させるためにさまざまな努力がなされ，脱家族化の傾向が目に見えるようなかたちで生まれてきた。急降下する出生率だけが，脱家族化の深刻な兆候なのではない。他の多くの兆候もまた，恐るべき速度で広がってきている。しかしながら，脱家族化のこれらの潮流は，個人主義的な社会への根本的な移行を証明しているわけでは決してなく，むしろ，制度化された家族主義が韓国において引きつづき優位であることを，明確に示しているのである。

4　第二の近代とその制度的影響 ── リスク回避としての個人化

　ベックは「第二の近代」をポスト近代への批判的代替案として提示しながら，つぎのように論じている。すなわち，（第一の）近代のさまざまな（大部分が負の）「副作用」は，積もり積もって，質的に異なった状況を生む。その状況においては，第一の近代の基本的な諸価値はいまだに重んじられているものの，世界主義的なパラダイムのなかで〔第一の近代のそれとは〕根本的に異なった社会的手段や制度によって追求されねばならない[18]。まったく新しい世界とは，たとえばグローバル化，脱産業化，情報化，リスクのコスモポリタン化，バイオテクノロジーと超高齢化，新自由主義化，金融化などのような多様な潮流によって特徴づけられる。第二の近代が，第一の近代の

な社会問題について意見表明する点や，産業的な仕事と生活にふさわしい人間の質と態度を養成するように個人と家族を道徳的に統制する点においては，発展途上の自由主義国家は，西洋における初期の近代自由主義国家と，多少類似していた（Donzelot 1979）。そのようにすることで，韓国国家は，儒教的家族文化の顕著な利点を備えていたのである。

[18] Beck (1999) や Beck and Grande (2009) などを参照。後期近代化社会における近代の性格を決定づける国際的でグローバルな過程を検討するために，ベックは社会理論と社会分析における「方法論的ナショナリズム」に異論を唱え，かわりに，「方法論的コスモポリタニズム」を提唱している。

強化によって生じた限りにおいて（それが今度は，圧倒的大多数の国々において，自由主義的資本主義を基軸として動いている），いわゆる新自由主義化の過程は，第二の近代の重大なあらわれとみなすことができる。第二の近代のもとでの生活の経済的・社会的・文化的領域が複雑かつ根本的に変容するなかで，（第一の）近代の多くの社会制度（国家，政党，市場経済，福祉制度，学校，企業，そして家族）は，社会にとっても人々にとっても，突如として効力を失ったり機能不全に陥ったりしてしまう。それらの制度は徐々に弱体化し，第一の近代においては当然のように提供されていた社会的機能や個人的有用性の提供が困難となる。一方，個人にとっては，永続的に個人化された努力・追求・存在という観点から自らの自分史を（再）設計することが，ますます必要となる。それゆえ個人化は，第二の近代のもとでの社会変化の本質となるのである。

　韓国社会は，高度に凝縮されたかたちで，第二の近代に入ってきた。言い換えれば，韓国社会は圧縮された第二の近代を経験してきたのである。この移行は，韓国社会がグローバルな力に従属した結果であるだけでなく，韓国社会自身が発展を追求した結果でもある。1990年代前半から，韓国国家および国家と取引をする産業資本家，知識人，ジャーナリストたちは，*segyehwa*（グローバル化），*gaebanghwa*（開放化），*jeongbohwa*（情報化），*jisikgyeongje*（知識経済）などの新しいスローガンのもとで，積極的で革新的な開発プロジェクトを展開した[19]。人口の急激な高齢化でさえ，高齢者の労働供給とケア需要に関連して，開発に準ずる課題として積極的に受け入れられた。開発が緊急に必要であるという強いナショナリスティックな意識のもとで，これらの構想は直ちに実行に移され，韓国の経済と社会に，凝縮された変容をもたらしてきた。今や韓国は，情報通信技術産業でのグローバルな競争力や，インターネットやモバイル通信の世界一の普及率などに示されているように，世界最先端の情報社会である。韓国の産業構造改革や空間的再配置は，めざましく迅速であったため，いまや先端技術産業が国民経済を圧倒的に支配している一方で，雇用を供給する産業は，中国やベトナムなどに

---

19) これらの事業は，金泳三政権（2003-2008年）下で最も声高に宣伝された。

大量移転してしまった。韓国は，産業生産においても個人の日常生活においても，実験的な科学技術に際限なくさらされているように思える。韓国の高齢化は，世界記録を打ち破るスピードで進んでおり，その結果，高齢者のあいだに貧困が広がり，社会的疎外が生じ，またケアの提供に関する家族間の対立が広まった。韓国の労働市場は，短期雇用や臨時雇用が社会全体で優勢になるという点で測れば，他国とは比較にならないほど急進的に自由化（「フレキシブル化」）した。韓国の金融化は，国内産業のグローバル資本への依存や，国家と一般世帯の両方における負債の増大などの点からみれば，足もとがおぼつかない。

　これらの急速な経済的・社会的転換は，国民経済の発展を支えるために非常に意図的に進められてきたが，その一方で，社会にとっても人々にとってもさまざまな悲惨な結果を伴うものだった。それらの多くは，どの第二の近代社会にも共通しているものの，韓国では第二の近代化が，即効性のある開発効果を狙って，性急かつ場当たり的に推進されたため，リスクが一層高まったのである。その破滅的な結果として，韓国人は，1990年代後半に，かつてないほどの規模の国家経済の（金融）破綻に直面しなければならなかった。そして経済破綻は次に，緊急的な救済メカニズムとしての第二の近代の転換（とりわけ新自由主義化）を加速させている（Chang 2002）。

　21世紀初頭から，韓国人は，経済的・社会的・政治的生活の基礎となる諸制度がとつぜん効力を失い，信頼できないものになっていることに気づいた[20]。とりわけ，彼らの国の高度に発展した産業経済は，大部分の韓国人に対してより多くのよりよい仕事を供給することを急に止め，かわりに，雇用を生み出す産業部門を中国やベトナムなどの低所得な隣国へと移転した。民間企業はそれぞれ，労働者を入れ替える急進的な（新自由主義的な）対策を講じたため，長期安定雇用者はまるで希少種のような少数派となり，新たに得られる臨時契約の仕事は，はるかに低賃金で，福祉給付も限られている。世界的に有名で競争力のある産業を武器としたこの資本主義社会において，

---

20) ここではおもに経済的および社会的論点が議論されているが，韓国社会の性格の変遷を根本から理解するためには，生態学的および文化的論点もまた同様に欠かすことはできない。これについては，Chang (1998) を参照。

第1章　個人主義なき個人化

若い人々も彼らの両親たちも，民間企業での仕事をそれほど望ましいものとは考えていない。彼らは国家の方を向くが，それは，彼らが経済的・社会的に極度の困難に直面しているために政治的あるいはテクノクラート的な解決を求めるためではなく，公務員の地位を得るためである。というのも公務員になると，その地位が新自由主義化した高度資本主義のもたらす問題に対する緩衝材として機能し，彼らを守ってくれると期待しているからである[21]。韓国政府も産業界も，完全に開かれたグローバル経済を提唱しており，それが韓国がグローバルな（経済的）リーダーシップの獲得に向けて歩み続けるための支柱となるとしている。しかし他方で，国家の政治的およびテクノクラート的な能力によって，悪意をもって暴利をむさぼろうとするグローバル資本主義をかわせると信じる韓国人はほとんどいない。自らの経済的・社会的地位が悪化しているにもかかわらず，組織的な政治圧力や社会闘争を通じて階級的利害を実現するために，労働組合やその他の社会組織に頼る韓国人はますます少なくなっている。市民社会は，かつては民主化をめざす強大な社会的力としての任務を果たしていたが，経済的な権力剥奪や社会的な不正といった近年の傾向に対しては，まるで活動停止に陥ったかのようである。社会保障制度は，増加の一途をたどっている韓国の人口と割合に対して，実際上は無意味になった。というのもその計画の大部分は，ますます減少している正規雇用が前提になっているからである[22]。公教育が本当に有効であるかどうかも問われている。というのは大学の卒業証書ですら，それに相当する水準の知識や技術に関わる仕事を卒業生に提供する上で役立たないからである。教育の失敗は，最終的な勝者になろうとする者たちは公教育による

---

[21] 15〜24歳の若者に対する2006年の社会調査（*Chosun Ilbo*, 2006年12月5日）によれば，国家機関が最も好まれる職場であり（33.5％），それをはるかに下回る率で，大（民間）企業（17.1％），法律事務所のような専門機関（15.4％），公的企業（11.0％）などが続いた。2007年に実施された別の社会調査（*JungAng Daily*, 2007年12月12日）によれば，親たちのあいだでは，国家公務員や教師といったような公共部門の仕事が最も好まれる職業であり（41％），そのすぐ後に資格職が続き（34％），民間企業の社員はほんの少数の親たちによってしか好まれていない（12％）。

[22] 2005年現在，非正規雇用者のうちのほんの少数しか，国民年金（32.8％），健康保険（33.4％），失業保険（30.7％），退職金（19.6％），ボーナス（17.5％），時間外手当（14.6％），有給休暇（15.9％）などの対象となっていない。他方で，正規雇用者の大部分はそのような福祉と労働手当を享受している（Yoon et al. 2005）。

資格認定についても個人の「スペック」についてもさらに投資を行う，という皮肉な結果に結びついてしまう[23]。

　家族も，つぎに例示されるように，第一の近代の諸制度が直面する一般的危機の例外ではない。ますます多くの親たちが，失業や不完全就業状態に直面し，安定的な基盤のもとで子どもたちに必要なものを提供することができなくなっている。彼らが苦労して手に入れた知識や経験や価値は，情報化とグローバル化が進展する全く新しい世界に入っていかなければ生き抜けない子どもたちにとって，ますます時代遅れなものとなっている。その一方，親たちにとっても，短期的には感情を満足させてくれる，そして長期的には高齢期に世話をしてくれるものとしての，子どもへの投資価値が失われる傾向にある。家族の衰退を示すこれらの明白な傾向があるにもかかわらず，近代の他の制度の衰退に伴って，家族という制度に対する社会的要求はますます高まっている。国家や産業経済，企業，労働組合，学校，福祉計画が，物質生活や社会的地位の基本条件を提供することに失敗したため，人々はやむにやまれず緊急援助を求めて最愛の人々に頼ろうとするのである[24]。そのうえ，失敗した諸制度は，私的な家族の社会的セイフティーネットとしての機能を強化しようと，意識的に試みてもいる。たとえば，2004年には「健康家族基本法」が制定され，2005年には民法において子どもの福祉に対する親の法的義務が明確に成文化された[25]。この緊急援助を行う家族の能力は，階層によって異なるだろうが，ほとんどの家族は，救助制度としての役目を果たそうとする。そのなかで，ますます多くの家族が負担やリスクを蓄積させ，家族関係によって家族ひとりひとりがますます不幸になってしまうのである。

---

23)「スペック」とは，specification（仕様）の略語であり，ここでは個人の学歴，資格，職歴，そして職業関連免許などを意味している。

24) 興味深いことに，近年の数多くのメディア報道によれば，2008年以降のアメリカの経済危機により，多くの成人した子どもたちが大学卒業後に仕事を見つけることができずに，実家に戻って両親と暮らすという，同じような傾向が生じている。

25) 健全な家庭のための基本法の目的は，「健全な家庭生活を送り，家族を維持・発展させるための，市民の権利および義務と国家と地方政府の責任とを明確化し，家庭の問題を解決する適切な方法を探求し，さらに，家族構成員の福祉の改善に寄与する支援政策を強化することで，健全な家族の実現に貢献する」と規定されている。

互いがリスクの源になってしまうと、家族のひとりひとりは、互いからの身体的、物質的、あるいは感情的な分離が、はるかに実際的な人生選択であることに気づく。それゆえ、リスク回避的個人化の潮流が生じ、広がる。この潮流は1990年代半ば以降、高度に凝縮されたかたちで起きているので、それは人口統計上、多くの韓国人にとっていまだに進行中の脱家族化と容易には区別できない。実際、脱家族化とリスク回避的個人化の同時発生は、韓国の圧縮された近代のもう一つの構成要素なのである。

5 家族主義的制度下での個人化傾向 ── 経験的証拠

　脱家族化とリスク回避的個人化の傾向は、容易に読み取ることができる。それらの傾向は、生活に困窮している韓国人の増加にも明らかに示されているが、見当違いな学者の解釈によって、正当に理解され保護されるべき人々が、二重に不当に扱われてしまうことも多い。(人口統計の記録上のみにおいて)個人主義者となった多くの韓国人は往々にして、個人の追求や楽しみのために家族関係から逃げ出した逃亡者として、疑いの目で見られる。しかしながら、(人口統計上)脱家族化し、個人化したとみられる人々の大部分は、(主観的には)明らかに家族の生活や愛情を切望しているのである。
　表1-1は、韓国が農業社会から都市産業社会へといかに急速に変容してきたか、また出生率を急激に低下させることで、韓国人がこの社会変容にいかに速やかに適応してきたかを示している。出生率の低下は、家族生活からの韓国人の脱出を表しているのでない。むしろ、きわめて家族中心的な生活状況において、彼らが家族関係に対して強くも自覚的に責任感のある愛着を浮き彫りにしている。図1-1は、その間接的な証拠である。1980年代後半以降、出生率の継続的な低下に伴い、既婚女性が望む子ども数は、徐々にではあるが増加しつづけており、その結果として、実際の出生数と望まれた子ども数とのギャップは広がりつづけた。実際、非常に意識的に家族中心的でありつづけてきた多くの韓国人は、その結果として、胎児が女児である場合に道徳的に正当化できない行為を犯してきた。表1-2が示すように、家族は、

表 1-1 都市-農村間人口再配分と合計特殊出生率の推移

年	1960	1970	1980	1985	1990	1995	2000	2005
都市 (dong) [%]	28.0	41.2	57.3	65.4	74.4	78.5	79.7	81.5
農村 (eup, myeon) [%]	72.0	58.8	42.7	34.6	25.6	21.5	20.3	18.5
合計特殊出生率	6.00	4.53	2.83	1.67	1.59	1.65	1.47	1.08

注:合計特殊出生率は,当該年でのすべての出産年齢(15~49歳)における平均出生率の変化を調べるために仮説的に推計された,女性一人あたりの平均出生数を示す.

出典:*The Image of Korea Seen through Statistics*, p. 41, 45;*Annual Statistics on Population Changes (General, Fertility, Mortality)*, 各年版.

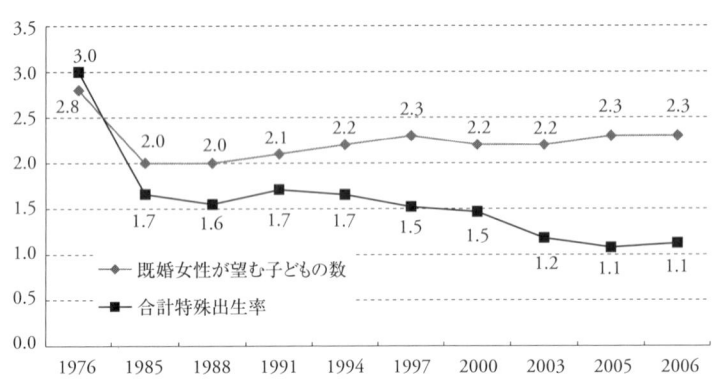

図 1-1 合計特殊出生率と既婚女性が望む子どもの数

出典:*Korean Social Trends 2008*, Figure I-4

表 1-2 出産順位ごとの男女比

(単位:女児 100 人あたりの男児数)

年	1992	1993	1994	1995	1996	1997	1998	1999	2000	2001	2002	2003	2004	2005
全体	113.6	115.3	115.2	113.2	111.6	108.2	110.1	109.6	110.2	109.0	110.0	108.7	108.2	107.7
1人目	106.2	106.4	106.0	105.8	105.3	105.1	105.9	105.6	106.2	105.4	106.5	104.9	105.2	104.8
2人目	112.4	114.7	114.1	111.7	109.8	106.3	108.0	107.6	107.4	106.4	107.3	107.0	106.2	106.4
3人目以上	194.5	206.6	205.1	180.2	166.2	135.5	145.6	143.1	143.9	141.4	141.2	136.6	132.7	128.2

出典:*Annual Report on Live Births and Death Statistics (Based on Vital Registration)*,2002-2006 年の出生率関連データ.

表 1-3 普通婚姻率と普通離婚率の推移

(単位：人口 1,000 人あたり)

年	1970	1975	1980	1985	1990	1995	1998	1999	2000	2001	2002	2003	2004	2005
普通婚姻率	9.2	8.0	10.6	9.2	9.2	8.7	8.0	7.7	7.0	6.7	6.4	6.3	6.4	6.5
普通離婚率	0.4	0.5	0.6	1.0	1.1	1.5	2.5	2.5	2.5	2.8	3.0	3.5	2.9	2.6

出典：*Annual Statistics on Population Changes (General, Fertility, Mortality)*, 各年版。

　社会的競争と（保守的な）家族再生産において有利であると思われる子ども（すなわち息子）を確保しようとすることで（父権的な）社会と結託した。子育てや子どもへの投資のための資力を十分に持たない多くの親たちは，女児の胎児を意図的に中絶することによって，彼らの小さな家族に息子（たち）を確実に含めようとしてきた。非道徳的ながらも広く行われてきたこの行為は，近年では減少している。このことは，経済や社会が急激に再構成されつつあるなか，父権的な秩序や実践の効果が失われつつあるという状況の変化を，証明していると思われる。

　公式統計によれば，結婚制度は非常に不安定化していると思われる。表1-3に部分的に示されているように，1990年代後半の悲惨な経済危機のあいだ，韓国の（普通）離婚率は，みるみるうちに西洋社会に追いつき，それ以来ずっと高い水準にある。離婚率が韓国を上回っているのは，離婚が「積極的な個人の選択」という根本的に異なった意味をもっている自由主義の国々のみである。一方，（普通）婚姻率の変化は，（普通）離婚率とは正反対であった。結婚数の急減の最大の原因は，男性と女性の両方における初婚年齢の急上昇である（図1-2参照）。さらに，30代以上になっても結婚しない人々については，生涯独身でありつづける人々の数も増えつづけるであろう（表1-4参照）。だが，結婚を遅らせる人々や，今のところ独身であるか生涯独身である人々の数が多いにもかかわらず，韓国人の結婚に対する態度はいまだに圧倒的に保守的なままである。2006年現在，韓国人の約4分の3が，人は（法的に）結婚すべきあるいは結婚したほうがよい，と考えている（図1-3参照）。彼らの離婚に対する態度は，それよりさらに保守的なままである。たとえ〔結婚に〕問題のある状況のもとでの離婚であっても反対する人の割合は，1990年代後半以降60％程度で推移している（図1-4参照）。離婚が突

表 1-4　30代女性の未婚割合

(単位：％)

	30歳	31歳	32歳	33歳	34歳	35歳
1975年	4.2	2.5	2.0	1.5	1.2	1.0
1995年	9.7	7.9	6.4	5.4	4.6	3.9
2005年	28.2	22.6	18.3	15.1	12.6	10.5

出典：*Population and Housing Census Report*, 1975年, 1995年, 2005年

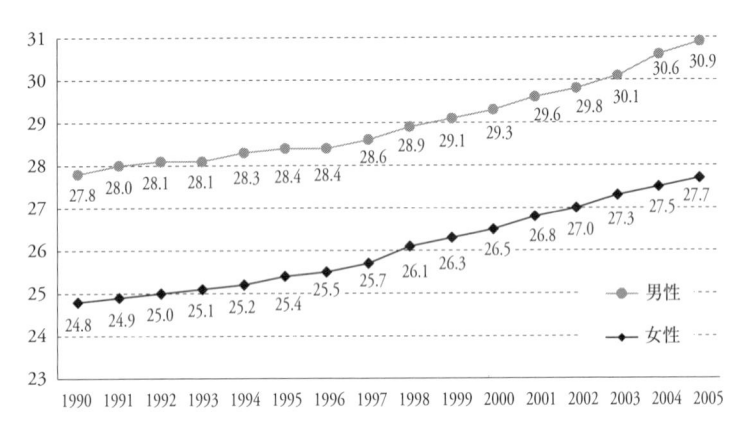

図 1-2　初婚年齢の上昇

出典：*Social Indicators of Korea 2006*, p. 191

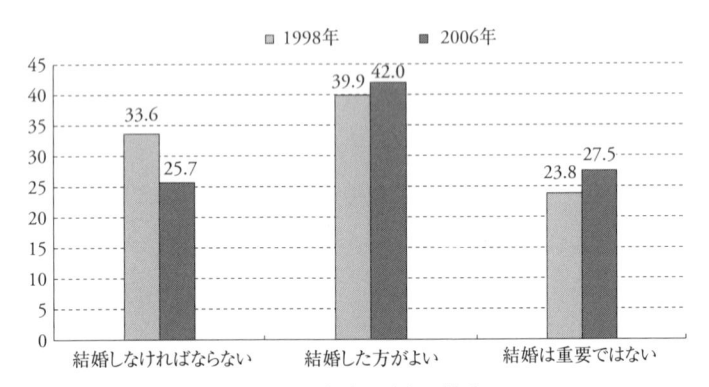

図 1-3　結婚に対する態度

出典：*Korean Social Trends 2008*, Figure II-3

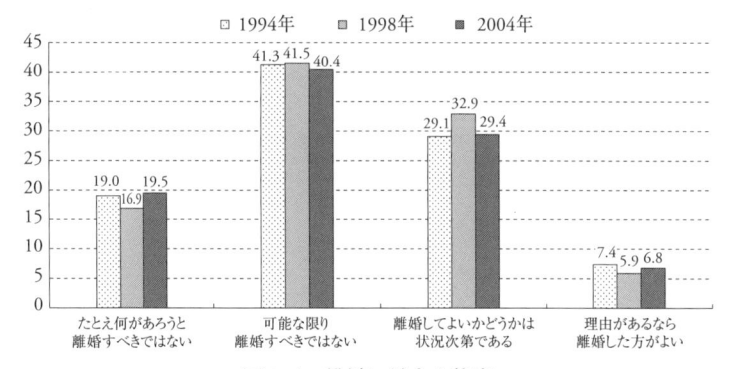

図 1-4 離婚に対する態度

出典：*Korean Social Trends 2008*, Figure II-6

表 1-5 世帯構成の変化

(1975〜2005 年)

	1975 年	1980 年	1985 年	1990 年	1995 年	2000 年	2005 年
世帯の平均人数	5.0	4.5	4.1	3.7	3.3	3.1	2.9
全世帯における							
血縁世帯（％）	95.8	93.7	91.4	89.5	85.9	83.3	78.6
単身世帯（％）	4.2	4.8	6.9	9.0	12.7	15.5	20.0
全血縁世帯における							
核家族（％）	70.7	71.9	75.3	76.0	79.8	82.0	82.7
直系家族（％）	21.6	18.8	17.0	14.9	14.8	11.2	10.1

出典：*Korean Social Trends 2008*, Table II-1

然増加し，婚姻が急速に減少したにもかかわらず，韓国人の圧倒的多数は，結婚という規範を固守しているのである．

韓国では，単身世帯の割合が急速に増加している．たとえば 2005 年現在，全世帯の 5 分の 1 が単身世帯である（表 1-5 参照）．だが，世帯の大多数は血縁関係者の世帯であり，その中で核家族世帯の割合は増加しつづけている．単身世帯の急激かつ継続的な増加と，出生率の劇的な低下とが結びつくことで，世帯の平均人数は減り，2005 年現在，平均 3 人を割り込んでいる．それとは一見矛盾している展開として（単身世帯の増加に対して），20 代後半，さらには 30 代になっても親と同居している未婚成人者の急激な増加が挙げ

表 1-6　非婚者の住居形態

(単位：10,000 人)

年齢 住居形態	20〜24 歳		25〜29 歳		30〜34 歳		35〜39 歳	
	親と同居	単身	親と同居	単身	親と同居	単身	親と同居	単身
男性								
1995 年	118.3	9.3	83.5	19.3	23.3	10.1	7.1	4.1
2000 年	106.7	8.6	97.8	19.4	34.1	13.7	11.4	7.2
2005 年	99.8	11.8	95.3	23.8	48.1	21.8	18.9	12.6
女性								
1995 年	126.6	10.0	41.0	7.5	6.6	4.0	2.3	2.6
2000 年	121.5	10.8	56.4	10.7	11.7	5.8	3.3	3.6
2005 年	116.3	14.9	70.5	15.9	21.4	10.2	6.6	5.9

出典：*Korean Social Trends 2008*, Table II-9

られる（表 1-6 参照）。ますます多くの韓国人が，独立した生活への明確な積極的意志も物質的な能力もないまま，30 代になっても結婚を延期したり避けたりしている。これらの *dungjijok*（巣族）のうち，彼らの親世帯の生計に何らかの貢献をしている者はほとんどいない。親たちが比較的裕福であっても人生における「空の巣」期のための心の準備ができていない場合には，成人した子ども（彼ら自身が早ければ親になっている年齢なのだが）に対する子育てが延長される。他方で，既婚男性の多くは，家族を支えているにもかかわらず，むしろそれだからこそ，中年期に単身生活を送っている（表 1-7 参照）。彼ら（あるいは，その妻である場合のほうが多いかもしれないが）は，子どもたちを有利な教育環境（国の内外を問わず）に置こうとしている。そして学校に通う子どもの日々の世話は妻の役割である場合が多いので，これらの男性は，結局，家族と離れて生活して季節ごとにしか家族に会えない「雁の父親（キロギアッパ）」になってしまう。皮肉なことに，これは学歴面でも収入面でも上層の韓国人の階層文化の一部なのである。

　自分の意思に反して離れ離れの生活を送っている人々の数と割合は，高齢人口の中でもまた増加している（表 1-8 参照）。これは，よく高齢者に薦められる独立した高齢期（ピーター・ラスレットの言葉でいえば「第三期（Third Age）」）が，韓国において歴史的に実現したことを証明しているわけではない

表 1-7 「野生の雁」

(離散した家族の世帯主)

	全世帯での割合	場所		世帯主あるいは家族成員の別居理由						
		国内	国外	仕事	学業	家族問題	健康	教育/養育	兵役	その他
全体での集計	21.2	93.5	8.3	55.9	32.2	5.3	1.9	3.5	14.7	0.9
世帯主の学歴ごとの集計										
小卒以下	26.3	98.0	2.9	73.8	17.5	5.3	2.5	1.1	8.9	1.9
中卒	32.4	96.2	4.9	61.3	26.5	6.4	1.7	0.8	16.1	0.7
高卒	20.1	94.0	7.6	50.1	34.4	5.8	1.8	2.9	18.3	0.8
大卒以上	15.1	85.8	18.2	42.9	48.2	3.5	1.4	9.5	13.0	0.8
世帯の月収（単位：1,000,000 ウォン）ごとの集計										
100 未満	21.2	96.2	5.2	67.3	18.2	10.1	3.4	1.5	8.8	1.3
100〜200	21.7	95.7	5.6	58.9	28.2	6.8	1.8	2.6	14.7	0.9
200〜300	19.4	94.6	6.9	53.6	34.5	2.5	1.3	3.5	18.6	0.6
300〜400	20.1	90.1	11.9	47.7	41.2	2.8	1.3	5.8	18.4	0.7
400〜600	24.2	88.9	14.1	44.6	47.4	1.7	0.6	7.5	15.4	1.4
600 以上	26.9	81.0	25.6	37.5	56.6	0.4	1.3	6.1	12.9	0.3

出典：*Social Indicators in Korea 2006*, p. 206 より要約

表 1-8 高齢人口の世帯構成（%）

	1990 年	2000 年	2005 年
1 世代	16.9	28.7	33.0
2 世代	23.4	23.9	24.9
3 世代以上	49.6	30.8	23.4
単身世帯	8.9	16.2	18.1
非親族	1.2	0.4	0.5

出典：*Korean Social Trends 2008*, Table II-6

(Laslett 1989)。これらの高齢の韓国人の大部分は，個人主義者になったからではなく，やむをえず一人であるいは配偶者とともに生活しており，いまだに親として子どもたちの暮らし向きに深く関わっている[26]。それに呼応して子どもたちの大多数も，高齢者の世話や介護を子どもたち自身の責任とみ

---

26) このような高齢人口には，都市に住んでいる自らの子どもたちとほとんど離れて暮らしている農村住民が含まれている。

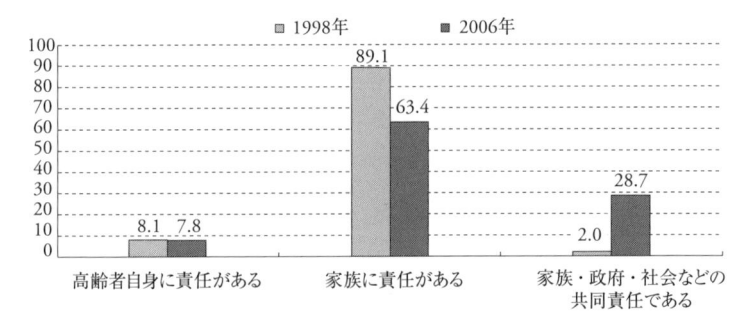

```
             ■ 1998年   ■ 2006年
100
 90         89.1
 80
 70          63.4
 60
 50
 40                              28.7
 30
 20
 10  8.1 7.8              2.0
  0
   高齢者自身に責任がある  家族に責任がある  家族・政府・社会などの
                                        共同責任である
```

図 1-5　高齢者ケアに関する態度

出典：*Korean Social Trends 2008*, Figure II-9

なしており，国家や社会にも責任があるという認識は，少しずつ広がっているにすぎない（図 1-5 参照）。貧しい高齢者がきわめて高い割合で存在することや，貧困の世代間継承が頻繁に起こっていることに鑑みれば，高齢者と彼らの子どもたちとのあいだの相互の絆が維持されてきたために，お互いにトラウマを抱えたり，その結果として，両者が意図的に離れ離れになったりすることさえ起こりうる[27]。

リスク回避的個人化は，脱家族化と同様に，安定的な家族生活に入る（あるいは再び入る）前に時間を稼ぐうえで役立つかもしれない。しかし一部には，責任ある家族関係を維持するための物質的な資源や社会的な資源を，いつまでたっても準備できない（あるいはいつまでたっても回復できない）人もいるだろう。個人の個人化された生活形態に，積極的な個人主義が伴わない，あるいは，有利な社会制度的・文化的環境が伴わない場合は，極端な絶望や怒りを容易に引き起こしうる。個人化された生活で不幸であったり，安定的な家族生活に（再び）入ることができなかったりすることで，ますます多くの韓国人は，彼らの身体的存在を終わらせることを選んでいる。日本の高い自殺率は，かつてはきわめて奇異なこととみなされていたが，韓国は突然，

---

[27] 韓国での高齢者の貧困率は，OECD 諸国の中で最も高い状態が続いている（Cho 2008: 230）。他の要因としては，大部分の高齢者が国民年金制度の対象となっていない点が挙げられる。というのは，この制度はごく最近，非賦課方式〔積立方式〕として始まったからである。そのため，彼らの物質的に恵まれない生活は，在職中から退職後へと積み重なってしまうのである（Park 2007）。

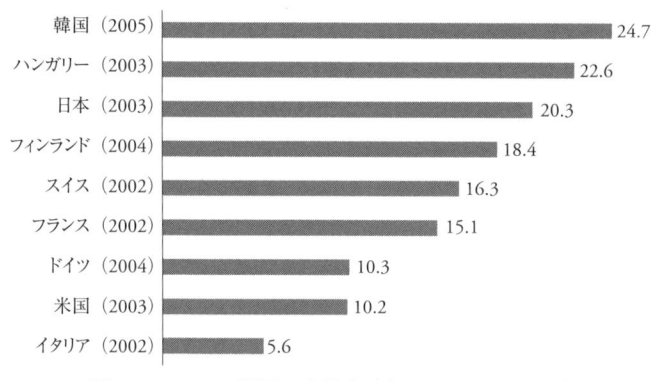

韓国（2005）	24.7
ハンガリー（2003）	22.6
日本（2003）	20.3
フィンランド（2004）	18.4
スイス（2002）	16.3
フランス（2002）	15.1
ドイツ（2004）	10.3
米国（2003）	10.2
イタリア（2002）	5.6

図 1-6　OECD 諸国の自殺率（人口 10 万人あたり）
出典：www.donga.com（*Dong-A Ilbo*）2006 年 9 月 19 日

自殺数の多さで国際的にトップに躍り出た（図 1-6 参照）。自殺するこれらの不運な韓国人のうち，本質的に個人主義者であるように思われる者はほとんどいない。

6　比較評価 ── 日本の経験の概観

以上，筆者は韓国の経験を，個人主義なき個人化の典型的な事例として扱ってきたが，これは東アジアの現象としても提示しうる。韓国，日本，中国（とりわけ台湾）の学者たちのあいだでは近年，人口動態・家族変化・社会政策研究に関する相互交流と協力が増加しているが，その背景には，これら各国がこれらの諸問題に関して互いに似通った傾向と問題に直面しているという暗黙の仮定がある。また，韓国で生じている脱家族化とリスク回避的個人化と同様な事例が，他の東アジア社会にも存在すると筆者は確信している[28]。

事実，個人化や家族の衰退と思われるさまざまな日本の潮流に韓国人が注目したのは，それほど昔のことではない[29]。たとえば，日本人女性の晩婚

---
28) 多くの南欧諸国も，似たようなジレンマに直面しているのかもしれない。
29) この文脈では，たとえば，落合恵美子の 1997 年の著書 *The Japanese Family System in Transition: A Sociological Analysis of Family Change in Postwar Japan*（原著は『21 世紀家族へ ── 家族の

化と，その結果として，30代や40代になっても独身でいる女性（その多くは経済的に自立している）集団の形成は，日本のあるいは後期産業社会の現象としてみられていた。日本の「思秋」期の女性が，中年や老年になって勇気を出して配偶者に離婚を要求したというのは，まさに今日的なニュースとして韓国メディアに取り上げられた（Ochiai 2004: 208-211）。韓国の人口統計学者たちはかつて，日本の非常に低い出生率を，西洋諸国の大部分と同じような先進的な産業資本主義の社会的兆候であると解釈していた。しかし突如として，これらの潮流は，いまや韓国と台湾によっても，ほとんど同じようなかたちで共有されているのである。

　その理由としては，韓国と台湾がともに先進産業社会の仲間入りをしたことも挙げられるだろう。しかしながら，日本が韓国（と台湾）に似ているのは，出生率や結婚などに関わる脱家族化や個人主義化という人口統計上の傾向だけにとどまらない。2003年以降の公式調査によれば，日本の若者（18-23歳）のうち，結婚は必要であるかまたは望ましいとの考えを表明していたのは71.8％であったが，結婚に否定的なのは23.7％にすぎなかった（Ito et al. 2009のFigure 25）。この年齢層は，20年前にも同様の考えを示していた。結婚していない日本の男性（18-34歳）を対象とした2005年の調査では，結婚している人は子どもをもつべきであると考えていたのは78.9％であったが，その意見に同意しなかったのは15.0％にすぎなかった（Ito et al. 2009のFigure 26）。1999年の調査では，日本人女性のほとんど（主婦の95.9％，フルタイム労働の既婚女性の84.6％，パートタイム労働の既婚女性の96.5％）は，生計を稼ぐことは男性のおもな責任であると考えていた（Ito et al. 2009: 36）。この証拠にもとづいて，ある日本人社会学者たちは「人々は少しずつ家族関係を選択するようになってきたが，彼らの大部分は，家族そのものは拒否してはいない」と結論づけている（Ito et al. 2009: 34）。このことは，単に日本人が「家族を拒否して」いるのではないことを示しているだけではなく，日本人がいまだに家族に強い愛着をもっていることを示している。そして家族への情緒的な愛着に関しては，韓国人（と台湾人）にもあまり違いがない。これらの互

戦後体制の見かた・超えかた』［第三版］1994年）が，2004年に韓国語に翻訳された。

いに矛盾する人口統計的潮流と情緒的潮流を考えると，東アジアにおける個人化は，精神性の問題というよりもむしろ実際性の問題として特徴づけることができる[30]。だがこれは必ずしも，個人主義を伴った個人化が遠い将来に起こるという可能性を，排除するわけではない。

　資本主義圏の東アジアは，個人主義なき個人化に明らかに収斂している。これは，日本の近代化と第二の近代化もまた西洋の基準からみれば非常に凝縮されてきたとは考えられるものの，後発諸国（すなわち韓国と台湾）における近代化と第二の近代化が日本以上に凝縮して起こったということの歴史的帰結である。歴史の過程における凝縮された近代化と第二の近代化は，それ自体で，個人生活や家族生活に，（また，ことによると，その歴史的過程に巻き込まれたどの社会的領域にも，）質的に異なる結果を生じさせる可能性がある。たとえば，人口統計的脱家族化・個人化と主観的な家族中心性という相互に対立的な潮流から生じる個人や家族のジレンマは，日本におけるよりも韓国におけるほうが，はるかに深刻である。それはおそらく，これらの矛盾がより突然に生じたがゆえに，より制御困難だからである。家族関連のストレスや葛藤，家族内の虐待や暴力，家族の放棄，そして自殺は，すべて非常に憂慮すべきレベルにまで高まっている。韓国人がこれらに対してはるかに過剰な反応を示しているのは，決して不思議なことではないのである（Chang 2001）。

●参考文献●

Beck, Ulrich. 1999. *World Risk Society*. Cambridge: Polity.
Beck, Ulrich and Elisabeth Beck-Gernsheim. 2002. *Individualization: Institutionalized Individualism and Its Social and Political Consequences*. London: Sage.
Beck, Ulrich and Edgar Grande. 2009. "Varieties of Second Modernity: Extra-European and European Experiences and Perspectives." Paper presented at the International Workshop on "Varieties of Second Modernity: Extra-European and European Experiences and

---

30）この潮流は，逆に落合恵美子（Ochiai 2004: 315）〔原著『21世紀家族へ——家族の戦後体制の見かた・超えかた』[第三版] p. 249〕によって示唆されている。彼女によれば，「そんな状況で主婦になる（そしてそれによって家族を形成する）ことを選択できるのは，よほど勇気のある人か，見通しの甘い人だというほかない」（括弧内の言葉は引用者による追記である）。

Perspectives," organized by the Special Research Programme on "Reflexive Modernization" at the University of Munich, 16–18 April 2009.

Billari, Francesco and Hans-Peter Kohler. 2004. "Patterns of Low and Lowest-Low Fertility in Europe." *Population Studies*, 58(2): 161–176.

Chang, Kyung-Sup. 1997. "The Neo-Confucian Right and Family Politics in South Korea: The Nuclear Family as an Ideological Construct." *Economy and Society* 26(1): 22–42.

―――. 1998. "Risk Components of Compressed Modernity: South Korea as Complex Risk Society." *Korea Journal* 38(4): 207–228.

―――. 2001. "Compressed Modernity and Korean Family: Accidental Pluralism in Family Ideology." *Journal of Asian-Pacific Studies* 9: 31–39.

―――. 2002. "South Korean Society in the IMF Era: Compressed Capitalist Development and Social Sustainability Crisis." In Pietro Masina (ed.) *Rethinking Development in East Asia: From Illusory Miracle to Economic Crisis*. London: Curzon, pp. 189–222.

―――. 2009a. "Compressed Modernity in Perspective: South Korean Instances and Beyond." Paper presented at the International Workshop on "Varieties of Second Modernity: Extra-European and European Experiences and Perspectives," organized by the Special Research Programme on "Reflexive Modernization" at the University of Munich, 16–18 April 2009.

―――. 2009b. "Predicaments of Neoliberalism in the Post-Developmental Liberal Context." Paper presented at the International Conference on "Developmental Politics in the Neoliberal Era and Beyond," organized by the Center for Social Sciences at Seoul National University, 22–23 October 2009.

―――. 2010a. *South Korea under Compressed Modernity: Familial Political Economy in Transition*. London: Routledge.

―――. 2010b. "The Second Modern Condition? Compressed Modernity as Internalized Reflexive Cosmopolitanism." *British Journal of Sociology*.

Cho, Byung-Hee. 2008. "Welfare." In Korea Social Science Data Center (ed.) *Korean Social Trends 2008*. Daejeon: Statistics Research Institute, pp. 216–27.

Chosun Ilbo, 5 December 2006.

Dong-A Ilbo, 19 September 2006.

Donzelot, Jacques. 1979. *The Policing of Families*. New York: Pantheon.

Ito, Midori, Munenori Suzuki, Mitsunori Ishida, Norihiro Nihei and Masao Maruyama. 2009. "Second Modernity in Japan: Focusing on Individualization." Paper presented at the International Workshop on "Varieties of Second Modernity: Extra-European and European Experiences and Perspectives," organized by the Special Research Programme on "Reflexive Modernization" at the University of Munich, 16–18 April 2009.

JungAng Daily, 12 December 2007.

第 1 章　個人主義なき個人化

Kim, Kwang-Ki. 2003. *Order and Agency in Modernity: Talcott Parsons, Erving Goffman, and Harold Garfinkel*. Albany: SUNY Press.

Kohler, Hans-Peter, Francesco Billari and Jose Antonio Ortega. 2004. "The Emergence of Lowest-Low Fertility in Europe during the 1990s." *Population and Development Review* 28(4): 641–680.

Korea Social Science Data Center (ed.) 2008. *Korean Social Trends 2008*. Daejeon: Statistics Research Institute.

Lash, Scott. 1990. *Sociology of Postmodernism*. London: Routledge.

Laslett, Peter. 1989. *A Fresh Map of Life: The Emergence of the Third Age*. Cambridge, Mass.: Harvard University Press.

Martin-Jones, David. 2007. "Decompressing Modernity: South Korean Time Travel Narratives and the IMF Crisis." *Cinema Journal* 46(4): 45–67.

National Statistical Office, Republic of Korea. 1992. *The Image of Korea Seen through Statistics*.

―――. 1976–2006. *Population and Housing Census Report*, 1975, 1995, 2005.

―――. 2002–2006. *Annual Report on Live Births and Death Statistics (Based on Vital Registration)*.

―――. 2006. *Social Indicators of Korea 2006*.

―――. Each year. *Annual Statistics on Population Changes (General, Fertility, Mortality)*.

Ochiai, Emiko. 2004. *The Japanese Family System in Transition: A Sociological Analysis of Family Change in Postwar Japan* (translated into Korean). Seoul: Yangseowon.

Park, Kyeong-Suk. 2007. "Poverty and Inequality in Later Life: Cumulated Disadvantages from Employment to Post Retirement in South Korea." *International Journal of Sociology of the Family* 33(1): 25–42.

Yoon, Jin-Ho, Yu-Sun Kim, Jang-Ho Kim, Dae-Myung Roh and Jae-Eun Seok. 2005. "The Direction of Labor and Welfare Policies for Allied Growth and Bipolarization Annulment (in Korean)." Report submitted to the Presidential Commission on Policy and Planning, November 2005.

第2章 東アジアの低出生率と家族主義*
── 半圧縮近代としての日本

落合恵美子

　東アジアは，今日の世界の中で，出生率が最も低い地域となった。台湾，香港，韓国，シンガポール，そして日本の最新の合計特殊出生率 (TFR) は，それぞれ，1.03 (2009)，1.06 (2008)，1.19 (2008)，1.28 (2008)，1.37 (2008) である。1990 年代には南欧諸国とドイツ語圏の国々が，1.3 を下回る出生率を記録し，「最低水準の低出生率 (lowest low fertility)」(日本では超低出生率と訳す) という表現を与えられたが (Kohler et al. 2002)，現今の東アジアはその水準をさらに下に突き抜けてしまった。いまや東アジアは「持続不能社会」の集合となってしまった。いったいその原因は何なのだろうか。ヨーロッパの第二次人口転換理論 (the second demographic transition theory) では，低出生率は個人主義によってもたらされたという仮説が知られているが (Lesthaeghe 1991; van de Kaa 1987)，東アジアも同じだろうか。

　この論文の第一の問いは，東アジアはヨーロッパと同様な第二次人口転換を経験しつつあると考えてよいか，ということである。第二の問いは，東アジアにおける低出生率は個人主義を原因とするものか，ということである。

　これらの問いに答えるために，この論文は二つの方法を採用する。第一は，出生率をより広い社会的文脈のもとに置いてみることである。第二次人口転換は，出生だけでなく婚姻に関する変化も含んだ現象である。婚姻に関する

＊本章は Emiko Ochiai, "Unsustainable Societies: The Failure of Familialism in East Asia's Compressed Modernity." *Historical Social Research* 36(2): 219-245, 2011. をもとに改稿して翻訳した『哲学研究』593 号 (1-32 頁) 所収論文の再録である。翻訳には上垣外憲一大手前大学教授のご助力をいただいた。記して感謝したい。

変化に注目することによって，東アジアとヨーロッパの差異を明確に理解することができる。もう一つの方法は，今すでに述べたように，比較という方法をとることである。しかも東アジアとヨーロッパの地域間比較だけではなく，東アジアの地域内比較を行うことで，現在の東アジアの低出生率の原因解明に努めたい。この論文の鍵となるのが，「圧縮された近代 (compressed modernity)」(Chang 1999) という概念である。この概念は，かくも急速に達成された近代化の有様を分析するために，韓国の社会学者チャン・キョンスプ（張慶燮）により提案された。本章では，時間的圧縮によってもたらされた東アジアの近代化過程の複雑さが，東アジア各社会のそれぞれ独自の政策の方向づけに反映され，それが東アジアの現在の社会状況を形成するのに決定的な影響を与えた，ということを示したい。

1 東アジアにおける超低，極低出生率

1-1. 東アジア内における多様性

　第一に，東アジアの様々な社会を人口学的に概観しておきたい。「東アジア」の指し示す地理的範囲については，最近では二通りの用法がある。一つは，中国，韓国，日本といった国々を指す伝統的な言い方であり，より限定的な範囲を指す狭義の用法である。第二は，「狭い意味の東アジア」と東南アジアの両方を一括して指す用語法である。この広い地域は，ヨーロッパ共同体を形成した地域とは違って，政治的あるいは文化的に一つに統合された歴史的背景はなかったにもかかわらず，「東アジア共同体」を形成しよう，と呼びかけるような場合には，後者の広い意味で言われることが大部分である。言語，宗教，親族組織，またその他の要素においても，広い意味での東アジアは，極めて多様な地域であった。

　現今の出生率を見ても，東アジアは非常に多様であるといえる。合計特殊出生率 (TFR) は，およそ 1.0 から 4.0 以上までの間に，分散している。出生率という点で東アジアを見る限り，我々はそれを四つのグループに分類して

第2章　東アジアの低出生率と家族主義

表 2-1　東アジアの合計特殊出生率 (TFR)

地域	TFR	年
香港	0.98	(2007)
台湾	1.12	(2006)
韓国	1.13	(2007)
シンガポール	1.25	(2007)
日本	1.32	(2007)
中国	1.7	(2007)
タイ	1.9	(2007)
北朝鮮	2	(2007)
ミャンマー	2.2	(2007)
ベトナム	2.2	(2007)
インドネシア	2.3	(2007)
モンゴル	2.3	(2007)
ブルネイ	2.4	(2007)
マレーシア	2.8	(2007)
フィリピン	3	(2007)
カンボジア	3.9	(2007)
ラオス	4.6	(2007)

出典：内閣府 (2007)。

考えることができる (表 2-1)。第一のグループはこの地域で最も早く 1960 年代に高度成長を経験した日本をまず含み，これに次いで，1980 年代に「アジアの奇跡」といわれた高度成長を経験した「四頭の虎」，つまり NIES と呼ばれたシンガポール，韓国，台湾，香港が含まれるが，これらの国々は，超低出生率の社会である。第二のグループは，1.5 から 2.0 の出生率の水準を持つタイと中国である。第三のグループは東南アジアの一群の国々に，モンゴルと北朝鮮を加えたものであり，これらの国々は比較的高い 2.0 から 3.0 の出生率を維持している。第四のグループはまだ第一の出生率低下すなわち出生率転換 (fertility transition) を終えていないラオスとカンボジアである。

　世界的な視野から第一のグループを検討してみると，第一グループは二つのサブグループに分けて見ることができる。第一のサブグループはシンガポールと日本であり，共産主義体制以後の東中欧諸国，南欧諸国とドイツ語

圏の諸国とおおむね近似した出生率を示している。第二の下位グループは，台湾，香港，韓国からなり，世界の他のどの地域と比べても最も低い出生率を示す国，地域である。この第二のサブグループは，「極低出生率 (ultra low fertility)」地域と呼ばれる (Straughan et al. 2008)。本章は主として超低，および極低の出生率の社会について取り扱うが，必要に応じて他の東アジア社会についても論ずることにする。

1-2. 低出生率の歴史的発展

　ここからは，東アジアの超低，極低出生率社会をより詳細に見ていく。図2-1 は，これらの社会の 1970 年以後の出生率を示しており，1970 年における合計特殊出生率は日本を除いて 3.0 以上であったことが示されている。日本とシンガポールでは第二次世界大戦後すぐから (菅 2010：140)，韓国と台湾では 1960 年代から人口抑制が国家政策となり (山地 2010：43)，家族計画プログラムが推進されて出生力転換 (fertility transition) が誘発された。人口置換水準 (replacement level fertility) は日本では 1956 年に達成されており，シンガポールではそれは 1975 年のことであり，韓国と台湾では 1984 年 (鈴木 2010：20) であった。香港が人口置換水準に達したのは，1980 年であった。

　日本の出生率は，人口置換水準に達した後，約 20 年間安定して同じレベルを保ったが，1974 年には人口置換水準を下回り始めた。言葉を換えれば，ヨーロッパの 1970 年以後の第二の出生率低下を僅かに遅れて後追いした，ということである。これとは対照的に，その他の四つの社会では，出生率が人口置換水準で安定した時期というものは見られなかった。我々がヨーロッパと東アジアにおける出生率の低下を比較するときに注目すべき核心的な差異はこの点にある。

　シンガポールでは，産児制限政策が，出生率が人口維持レベルに達した後にも続けられ，さらに 1970 年代には，誰でも希望すれば，妊娠中絶や避妊手術を受けられるという新しい出生率抑制策が導入された (菅 2010：141)。韓国と台湾でも政策変更はすぐには行われず，1980 年代には四つの社会では一時的に日本より低い水準まで出生率が低下した。

図 2-1 合計特殊出生率の趨勢

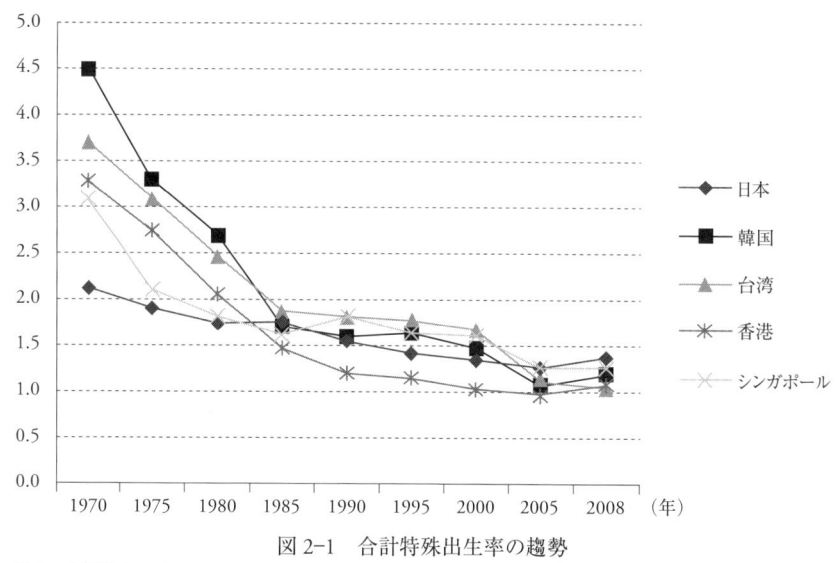

出典：内閣府（2010）。

　日本の出生率が低下を続けた 1990 年代になると，シンガポール，韓国，台湾では，出生率が 1.6 と 1.8 の間を維持するという一時的な安定期があった。シンガポールでは，1984 年以降，住民の質が政府の関心事となり，所得の高い女性層は出産が奨励され，所得階層の低い女性には逆に避妊手術が奨励されるという事態が生じた。1986 年にはそれまでの人口抑制政策の修正が始まり，シンガポール家族政策・人口評議会は廃止された。1987 年には，「シンガポールのために，子ども二人の家庭（Two-child families for Singapore）」というスローガンは，「もし余裕があれば，三人かそれ以上，子どもを持とう（Have three or more if you can afford it）」というものに取り替えられた（菅 2010：142）。第二次世界大戦中の「産めよ増やせよ」政策に対するアレルギーが根強い日本とは極めて対照的に，シンガポールは急激に人口増促進政策への転換が起きた。一方この間，韓国と台湾では出生率低下に対する心配はほとんど感じていなかった。当時の「韓国の人口学者は，日本の低い出生率を，大部分の西洋諸国と同じ，先進的な産業資本主義の特徴と解釈していたのである」(Chang 2010: 35, 本書第 1 章)。

新しい傾向は 1997-98 年のアジア金融危機以後始まり，21 世紀に入るに及んでその傾向はいっそう明らかになった。台湾，シンガポール，韓国の出生率は急激に低下し，2000 年に一時回復したものの，2001 年には再び急落した。この年，韓国の出生率は 1.3 になり，2003 年には日本，韓国，シンガポールが，そろって同様の事態となった[1]。それ以降，韓国，台湾，シンガポールの出生率は日本よりも低くなり，日本とシンガポールが，わずかな改善か，安定した出生率を示したのに対し，韓国と台湾では香港とともに，1.1 以下となり，世界的にも最低の出生率を記録した。それぞれの社会が記録した最低の出生率は，韓国では 2008 年に 1.05，台湾では 2009 年に 1.03，香港では 2007 年に 0.98 である。このグループは，極低出生率社会 (ultra-low fertility societies) と名付けられ，この時期以後，独自の傾向を示している。この現象に対する説明は，まだ模索が始まった段階である。鈴木透は，韓国と台湾の強力な儒教家族制度の伝統と，南欧と日本の封建的な家族制度の伝統を対照して，違いをもたらす原因を伝統的な家族構造の中に見つけようとした (鈴木 2010)。しかし私は，経済的な側面により注目すべきである，と主張したい。なぜなら，1997-1998 年の経済危機が趨勢を変える決定的な役割を果たしたと見られるからである。

1-3.「圧縮された近代」と人口転換

出生率低下の過程において，日本以外のアジア社会が，人口置換水準を保った時期を持たなかった，という点を，既に私は指摘した。この論点について，さらにここで詳しく論じたい。巨視的な視野から世界の様々な地域の出生率低下の長期的趨勢を改めて検討すると，我々は東アジア社会における社会変化についての理論的なアイデアを得ることができる。

図 2-2 は，日本を含むいくつかの東アジア諸国における合計特殊出生率と，ヨーロッパとアメリカ合衆国のそれを示している。まず我々が注目すべきなのは，少なくともヨーロッパにおいては，二段階の出生率低下があった，と

---

[1] 香港の出生率は 1993 年代から 1.3 以下であるが，1997 年には中国に返還されたので，政治的状況に関しては，同じ意味で論ずることはできない。

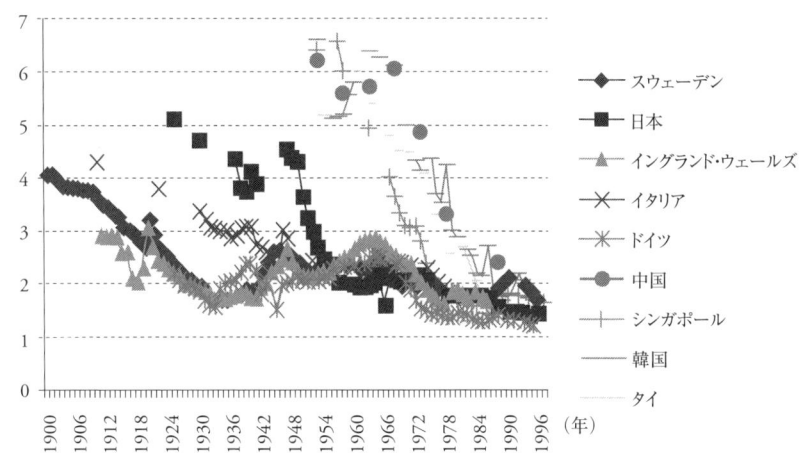

図 2-2　合計特殊出生率の長期的趨勢
出典：UN, *Demographic Yearbook*.

いうことである。一つは，第一次人口転換の一部をなす出生率低下であり，もう一つは第二次人口転換に対応する出生率低下である。

　興味深い事実は，ヨーロッパとアジアというそれぞれの地域に含まれる諸社会は，非常にまれな例外はあるが，ほぼ同時に出生率の低下を経験したということである。この二つの地域では，ヨーロッパにおけるフランスとアジアにおける日本を例外として，第一の出生率低下の時期に関して，だいたい半世紀のずれがある。第一の出生率低下は，大部分のヨーロッパ社会においては 1879-90 年代から 1920-30 年代に起き，大部分の東アジア社会では 1970-80 年代に起こった。日本の出生率低下は 1950 年代であり，ちょうど大部分のヨーロッパ諸国と大部分の東アジア諸国の中間の時期にあたる。出生率の低下の時期に関して見れば，日本はヨーロッパグループにも，アジアグループにも属さない。すなわちこの時期，日本はどの他の社会とも ── ヨーロッパ社会ともアジア社会とも ── 同じ社会状況，あるいは政策問題を共有しなかった。日本の出生率低下の時期，すなわち近代化の時期が世界の中でも特異なものであったことが，その時期およびその後の日本社会が常に経験してきた政策選択の困難と外交的な孤立との原因ではないかと私は考

えている。

次に，第二の出生率の低下はいつ起こったのかを見てみよう。ヨーロッパとアメリカ合衆国では，それは 1960 年代の終わりに始まり，日本では 1970 年代の半ばに始まった。こう見ると，日本と大部分のヨーロッパ諸国の間で，第一の出生率低下は，四半世紀の時間的なずれがあったのに，第二の出生率低下では，僅か数年間の差しかなかった。遅れて近代化した国々において，彼らの近代は，時期的に遅れただけではなく，韓国の社会学者，チャン・キョンスプが表現したように「圧縮されて」起こったのである（Chang 1999）。

それでは，いったいいつ日本以外のアジアの国々で，第二の出生率低下が起こったのだろうか。この問いをもって図 2-2 を見るといささか困惑せざるをえない。アジアの国々では，出生率の低下は継続している。ヨーロッパ，アメリカ，日本では見られた第一と第二の出生率低下の間の境界を全く見いだすことができない。この場合，我々は，第二の出生率低下を，「人口置換水準以下への出生率低下」と改めて定義し直さなければならない。このように定義すれば，シンガポールでは第二の出生率低下は日本に僅か二，三年の遅れで 1970 年代半ばに始まった。それに対して，韓国，タイ，中国での第二の低下は，それぞれ 1980 年代初頭，1980 年代後半と 1990 年代に起こっている。もしも我々が二つの段階の出生率低下期の中間の，出生率が人口置換水準に安定していた時期を「近代の黄金時代」と呼ぶのなら，その時期の長さは，ヨーロッパとアメリカでは 50 年であり，日本では 20 年であり，東アジアの残りの地域ではほとんど存在しない。日本以外のアジア社会では，安定した近代を経験しなかった。そこでは突然に，また一気に後期の，あるいは第二の近代に飛び込んだのである[2]。

人口学の見地からは，我々はチャン・キョンスプが指摘した近代の圧縮を

---

[2] 「第二の近代」という術語はウルリッヒ・ベック（Ulrich Beck）によって，それに先立つ近代前期の社会に比べて，幾つかの面で明らかに異なる現代社会の出来事を説明するために用いられた。「第二の近代」はヨーロッパでは 1970 年代以降を意味する概念とされる。前者の古典的な近代をベックは「第一の近代」と呼ぶ。彼はこれら二つの近代を二つの人口転換に関係づけて定義しなかったが，私は関係づけるべきと考える。したがって私は，第一の人口転換によって形成される社会を「第一の近代」，第二の人口転換によって形成される社会を，「第二の近代」と呼ぶことにしている（Ochiai 2010a）。

明らかに認めることができる。日本以外のアジアは，まさにこの「圧縮された近代」を経験したのに対して，日本の経験は「半圧縮近代」とでも呼ぶべきものである。このような理解は，これらの地域が以後に持った経験を説明するためにおおいに役に立つ。チャン・キョンスプはこの概念を次のように定義している。「圧縮された近代とは，政治的・社会的・文化的変化が，時間的にも空間的にも非常に凝縮された状態で起こる社会状況を指す。そこでは，本来異質な歴史的，社会的な要素が動態的に共存することから，極めて複合的で流動的な社会システムが形作られる」(Chang 2010: 24，本書第1章)。

② 東アジアにおける婚姻の逆説

2-1. 離婚，晩婚，生涯未婚

　ヨーロッパの第二次人口転換は，出生率のみならず，婚姻に関わる指標に関して大きな変化を見せている。離婚率の上昇，婚姻率の低下，初婚年齢の上昇，生涯独身率の上昇，同棲率の上昇，婚姻外の出生の上昇などである。出生率が歴史上かつてなかったような極端な水準へと低下した東アジアにおいては，婚姻に関連する指標の変化も表面的にはヨーロッパに類似するように見えるが，実は本質において異なっている。

　図 2-3 に示すとおり，東アジアにおいても，離婚率は目立って上昇している。1960 年代末に，ヨーロッパの離婚率が上昇し始めたとき，上昇の傾向は日本においても見られ，普通離婚率は 1980 年代において 1.50 となり，2002 年には歴史上最高の 2.30 に達した。これは表 2-2 に示すように，英国，ドイツ，スウェーデン，フランスの離婚率と同じレベルである。台湾と韓国においては，1980 年代から離婚率の上昇が始まり，1990 年代初頭には日本に追いつき，アジア通貨危機以降は日本を追い抜いて，韓国では 2003 年に 3.50 に達した。これはアメリカ合衆国の 3.60 に近い数字である。

　しかしながら，東アジアとヨーロッパの離婚を比較するとき，婚姻がライフスタイルの一つの選択肢になり，婚姻率自体が低下しているヨーロッパと

図 2-3　離婚率の趨勢

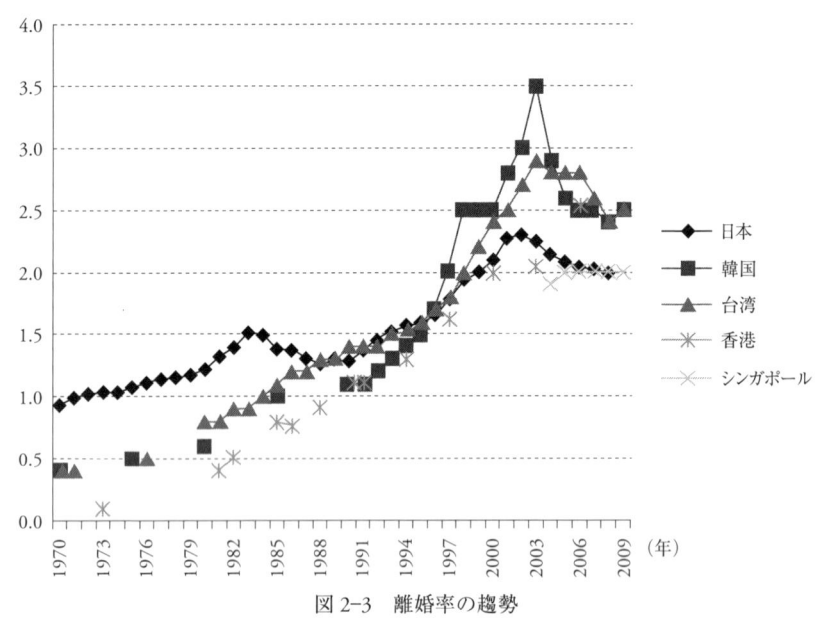

出典：日本：NIPSSR（2010），韓国：Chang（2010a）and Statistics Korea（2008），台湾：Ito（2010），香港：Census & Statistics Department（2002, 2007a, 2007c），シンガポール：Singapore Government, Department of Statistics（2009）。

は異なって，東アジアでは婚姻率は相変わらず高いということを，我々は見落としてはならない。そこで，表 2-2 に示したように婚姻率と離婚率の比をとると，南北アメリカとヨーロッパで数値が高く，東アジアでは最も高い台湾でも 0.45，香港は 0.39，韓国は 0.36 に留まる。下位にはカトリックの影響が残るイタリアやムスリム諸国が入るが，東アジア地域内の幅も大きく，ベトナムやモンゴルの離婚率はイタリアやイランを下回り，これらの諸国では離婚は（少なくとも統計上は）ほとんどないと言ってよい。東アジアにおける婚姻は変化しつつあるが，現在のところ，まだ比較的多くの人々が結婚し，しかもいったん結婚すると，北西ヨーロッパや南北アメリカよりも離婚する確率は低い。

　初婚年齢と生涯独身率の上昇は，東アジアにおいては顕著である。図 2-4 は，日本，韓国，台湾，香港とシンガポールにおける初婚年齢の変化を示し

表 2-2　普通婚姻率 (CMR)・普通離婚率 (CDR)・婚姻離婚比 (CDR/CMR)

地域	年	CMR	CDR	婚姻離婚比
ウルグアイ	(2007)	3.84	4.33	1.13
ベルギー	(2007)	4.29	2.83	0.66
スペイン	(2007)	4.49	2.80	0.62
ハンガリー	(2007)	4.06	2.50	0.62
キューバ	(2007)	5.05	3.08	0.61
オーストリア	(2007)	4.33	2.47	0.57
チェコ	(2007)	5.53	3.01	0.54
ロシア	(2007)	8.90	4.83	0.54
フランス	(2007)	4.33	2.22	0.51
ドイツ	(2007)	4.48	2.27	0.51
スイス	(2007)	5.34	2.63	0.49
米国	(2005)	7.50	3.60	0.48
英国	(2007)	5.14	2.37	0.46
台湾	(2007)	5.8	2.6	0.45
オランダ	(2007)	4.42	1.95	0.44
スウェーデン	(2007)	5.24	2.26	0.43
香港	(2007)	—	—	*0.39
韓国	(2007)	7.10	2.57	0.36
日本	(2007)	5.70	2.02	0.35
マカオ	(2007)	3.90	1.30	0.33
シンガポール	(2007)	5.22	1.48	0.28
ポーランド	(2007)	6.50	1.75	0.27
中国	(2007)	7.50	1.58	0.21
イタリア	(2007)	4.21	0.84	0.20
イラン	(2007)	11.80	1.40	0.12
モンゴル	(2007)	15.70	0.67	0.04
ベトナム	(2007)	5.70	0.20	0.04

出典：香港，Macao, Vietnam: United Nations Statistics Division (2008)，台湾：Ito (2010)，他：NIPSSR (2010).
*婚姻，離婚件数より計算

ている。日本は最初に上昇を始めたが，香港，台湾，韓国は急激な上昇カーブを見せ，男性については1990年代に日本を越えている。一方，女性は2000年の時点でほとんど差異が見られない。これらの社会における初婚年齢は2005-06年において男性が30-31歳，女性は27-28歳であり，西ヨーロッパのレベルに近い。

図 2-4　初婚年齢の趨勢

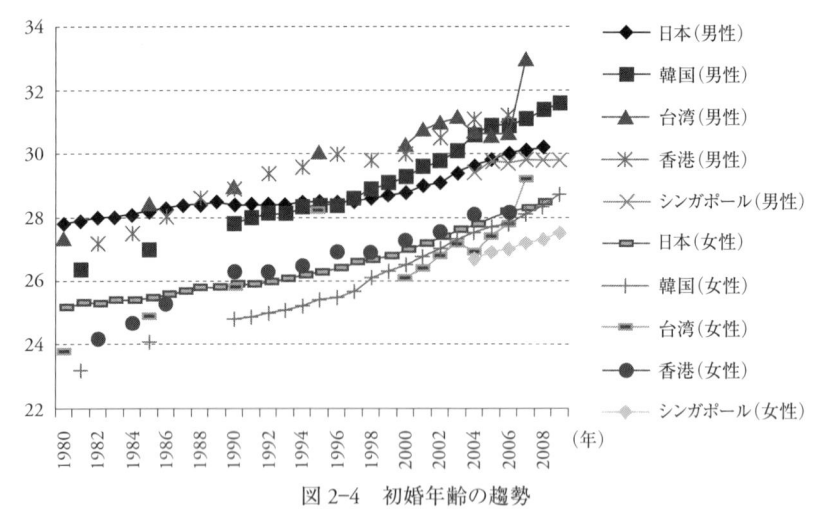

出典：日本：NIPSSR (2010)，韓国：Chang (2010a)，台湾：Suzuki (2010)，Sun (2009)，Taiwan Ministry of Interior (2010)，香港：Census and Statistics Department (2001, 2007a, 2007b)，シンガポール：Singapore Government, Department of Statistics (2009).

　一度も結婚したことのない人の比率，すなわち生涯独身率は，該当する集団が50歳にならないと計算できないので，図2-5は，最初に変化を見せた日本だけを示している。（適当な婚姻相手が戦争で死亡したことによる）生涯独身の女性の比率の増加が1970年に終わると，男性，女性双方の生涯独身者の比率が増加して，男性の6人に1人，女性の13人に1人が生涯結婚しない，という社会に到達した。この数字は，両性ともスウェーデンに比べれば低いが，その他のヨーロッパ社会に比べれば高い。35歳から39歳の未婚の女性の割合を日本，台湾，シンガポールと韓国で比較してみると，そのレベルは，それぞれ19％，16％，15％，8％であり，「20世紀半ばのアジアの結婚パターンを特徴づけた早婚・皆婚」から遠く離れたのは明らかである（鈴木2010：21）。

2-2. 同棲と婚姻外の出生

　ここでまた注意しなければならないことがある。ヨーロッパにおいては，

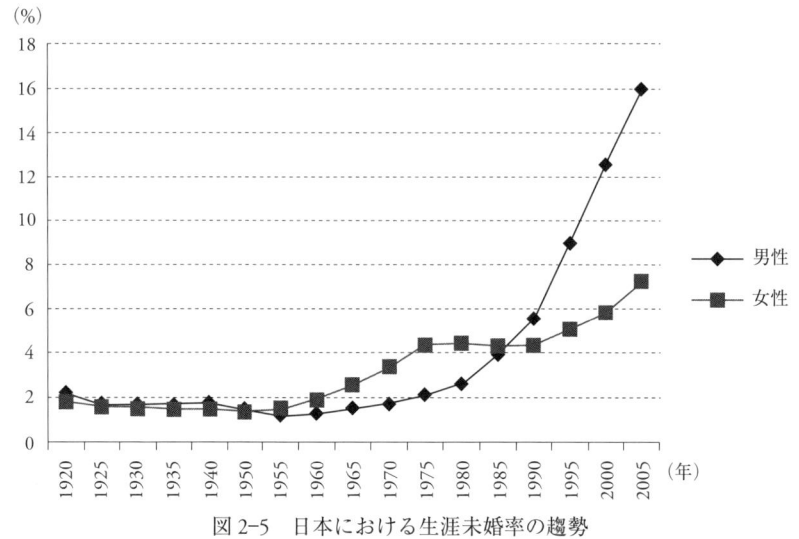

第 2 章　東アジアの低出生率と家族主義

図 2-5　日本における生涯未婚率の趨勢
出典：NIPSSR (2010)。

　婚姻年齢上昇と，生涯独身者割合の上昇という現象は，同棲と婚姻外の出生の増加とセットになって起きたということである。換言すれば，ヨーロッパ人は遅く結婚するとしても，結婚しないで性的関係をもったり同棲をしたりという，変容した「親密性」を生きているのである (Giddens 1992)。
　これとは対照的に，アジアにおいては同棲や婚姻外の出生の増加は見られず，この点がヨーロッパの第二次人口転換との最大の違いであると言われてきた。日本の 18 歳から 50 歳の独身者についての調査によれば，「交際している異性はいない」と回答した人の割合は，男性で 52.2％，女性で 44.7％であり，1990 年代から僅かながら増加が見られるほどである（国立社会保障・人口問題研究所 2005）。日本での婚姻年齢と，生涯独身者の比率の上昇は，「親密性の変容」からもたらされたのではなく，「親密性の欠如」を意味している。
　確かに，最近の二三年で同棲する人々の数は増加しているという報告がある。内閣府が 2009 年に実施した調査では，日本，韓国，シンガポールの各世代の中で同棲を経験したものの割合を比較している（内閣府 2005）。2005

79

表 2-3　同棲経験率

年齢	日本 2009 男性	日本 2009 女性	韓国 2009 男性	韓国 2009 女性	シンガポール 2009 男性	シンガポール 2009 女性
20-29	19.4%	19.5%	10.1%	2.0%	12.7%	9.3%
30-39	33.0%	25.8%	11.1%	1.8%	12.6%	9.2%
40-49	20.8%	12.5%	3.4%	0.6%	8.9%	7.0%

年齢	米国 2005 男性	米国 2005 女性	フランス 2005 男性	フランス 2005 女性	スウェーデン 2005 男性	スウェーデン 2005 女性
20-29	48.1%	51.2%	39.1%	53.0%	54.8%	69.0%
30-39	62.0%	61.7%	61.0%	66.1%	80.8%	87.2%
40-49	66.1%	60.5%	51.4%	45.9%	80.8%	77.5%

出典：小島（2010）表 3，内閣府（2005，2009）より算出。

年に実施したアメリカ合衆国，フランスとスウェーデンに関する調査結果も，比較のために示しておこう（小島 2010a, 2010b）。同棲が多数を占めるヨーロッパと北アメリカ，特にスウェーデンとは対照的に，東アジアでは同棲は少数派である。ただし，それは増えつつあって，日本が先頭であり，次いでシンガポール，最後に韓国である。韓国での同棲経験ありと回答した者の数が男性と女性で多く異なることから，女性の回答者は彼らの体験を隠しているのではないか，と推測されている（小島 2010a）。

しかしながら，上記のような事実にもかかわらず，婚姻外の出生は東アジアでは極めて稀である。2005 年における婚外出生割合は，日本において 2.0％，韓国で 1.5％，台湾で 4.0％，シンガポールで 1.2％である（鈴木 2010）。ヨーロッパにおいては，婚姻外の出生は，北ヨーロッパでは全ての出生の半数以上を占めており，1990 年代まで増加が緩やかだった（それでも 10％前後だった）南ヨーロッパでさえも近年急速に増加を見せている（イタリア 20.7％，スペイン 28.4％，ポルトガル 31.6％）。東アジアの場合と極めて対照的である。そのかわり，日本ではいわゆる「できちゃった婚」が増加している。日本では妊娠を理由とする結婚は 1990 年代後半から増えてきている。第一子の出生が婚姻の 9 ヵ月後以内である場合は，1980 年には 10.6％だっ

たが，1999年には20.9％に増加し，2005年には25.6％，2009年には25.3％である（厚生労働省2010）。婚前性交の増加と，結婚に関する保守的な考え方とのギャップが，この「できちゃった婚」の増加に寄与していると推察される。

同棲は可能であるが，隠さねばならない。結婚前の妊娠はしても婚姻外の出生は避けねばならない。東アジアでは婚姻とそれ以外の親密な関係の間に極めて厚い壁がある。同棲が結婚の代替物となりつつあり，制度としての婚姻が弱まっているヨーロッパとは異なって，東アジアにおいては，婚姻制度は動揺はしているが保たれている。我々はここにもまた「圧縮された近代」の徴候を見るのである。

2-3. 国際結婚と高い出生性比

我々が東アジアにおける最近の人口統計の変化について語るとき，国際結婚と越境結婚は無視できない[3]。小島宏はこうした現象を「東アジア型の第二次人口転換」に含めている（小島2010b）。国際結婚の増加でも，日本が1980年代に先頭を切った。農村の男性に適切な配偶者がいないという問題を解決するために，いくつかの地方自治体が政府主導のお見合い計画を立て，フィリピン，スリランカその他のアジア諸国の女性との結婚を奨励したのである。言葉を換えれば，自然な恋愛に基づいた結婚ではなく，この国際結婚の増加は伝統的な結婚の方法であるお見合い結婚の延長線上のものとして始まった。たちまちのうちに，民間の結婚仲介業者も国際結婚斡旋にのりだした。2000年代に入ると，都市部と工業地帯でも国際結婚は増加した（Liew, Ochiai and Ishikawa 2010）[4]。

韓国と台湾は日本に少し遅れて1990年代から国際結婚が増加し，急速に数を増やして日本を遙かに越える数に達した。国際結婚と越境結婚[5]は，

---

[3] 東アジアにおける結婚移民については，Palriwala and Uberoi (2008) を参照。
[4] 定住している外国人と日本人との国際結婚は，政府や業者による斡旋とは関係なく増加している。
[5] 越境結婚という用語は，台湾においては，台湾と大陸の間の結婚を含んでいる。

2008年で見ると,日本5.1%,韓国11.8%,台湾12.2%である(国立社会保障・人口問題研究所 2010;山地 2010;伊藤 2010)。のちに減少したものの,台湾では2003年には結婚3件のうち1件は越境結婚だった[6]。

韓国や台湾でも,こうした現象の背景には農村地域と低所得者の男性に適当な配偶者がいないという,日本と同じ事情がある。日本で見られない要因は,出生時における高い性比である。狭義の東アジアと南アジアでは,最初の出生率低下が始まって以来,過去30年間,高い性比(男児の過剰)が一般的に見られる。強い父系親族集団と男児の選好を持たない日本はここでも例外である[7]。小島は東アジアの第二の出生率低下期の特徴に高い性比を挙げている(小島 2010b)。1990年における出生性比は,韓国で117,台湾で110であった(鈴木 2010)。皮肉なことに,出生率低下が遅く始まったために,これらの社会では妊娠時の性別判定が技術的に可能となり,性別選択的な妊娠中絶が行われることになったのである。これは「圧縮された近代」の典型的な例である。

外国人妻の夫たちが挙げる国際結婚の理由は,家名を継ぐ息子が必要であること,年老いた両親の面倒を見ること,および農場における労働力供給である(落合 2007)。東アジアにおける国際結婚や越境結婚の増加は,近代家族よりもさらに前の段階の伝統家族を維持するために起こっている。これもまた「圧縮された近代」の特徴と言えよう。

2-4. 東アジアの婚姻とリスク回避的な個人化

離婚率,初婚年齢,生涯独身率は上昇しているが,結婚という制度は揺るがない。国際結婚や越境結婚は盛んだが,それは極めて伝統的な目的のためである。このような逆説を考察すると,東アジアにおける「結婚」は,ヨーロッパのものとは別の意味を持っているということが推測される。

---

[6] 新婦の28.0%は非台湾人である。
[7] 徳川時代の日本についての歴史人口学的研究によると,少なくとも東北地方では高い出生性比が19世紀初めまで保たれていたことが確認されている。性別選択的嬰児殺によったものだろう。しかし徳川時代末から性比はバランスのとれたものになり,1950年代の出生力転換の時期にも性比の偏りは起こらなかった。

東アジアの結婚の特徴的な性格は，性と結婚の関係にも見られる。厚生労働省の研究班は16歳から49歳までの男性と女性の性に関する意識と行動について，2年ごとの調査をしているが，2010年には結婚している男女の40.8％は過去1ヵ月の間に性交しておらず，2004年に記録された31.9％から継続して増加している（毎日新聞2011）。この現象はマスコミによって「セックスレス夫婦」と呼ばれた。性交のないカップルはシンガポールでも同様に問題になり，これを主題として小説がいくつか書かれている（藤井2010）。性交が親愛な関係にとって中心的なことであるなら，東アジアの結婚は，愛情そのもののためにあるのではなく，それ以外の理由のために維持されているということになるだろうか。

　表2-4は，EASS（East Asian Social Survey）の2006年の家族に焦点をあてた調査の結果を示している（岩井・保田2009）。最初の五つの質問，例えば，「自分の幸福よりも，家族の幸福や利益を優先するべきだ」は個人主義と家族主義の対立についての問いである。韓国，中国，台湾では，回答者10人のうち7，8人は上の質問に肯定で答えており，非常に強い家族主義的な傾向を見せている。肯定の最も少ない日本でも，半数以上が肯定である。「結婚生活がうまくいかなくなったら，たいていの場合，離婚するのが一番よい」に賛成する答えは日本を除いて低くなかったが，「離婚したくても，子どもが大きくなるまで待つべきだ」への賛成は高く，家族主義的な配慮によって人々が個人主義的な決定を回避する場合が多いと見られる。世代間の義務に関して言えば，義務は親から子どもに対してだけでなく，「親の誇りとなるように，子どもは努力するべきだ」というように双方的とされる。東アジアにおける結婚とは，個人の欲求よりも，義務と責任に関係づけられている。

　「結婚しても，必ずしも子どもをもつ必要はない」と「結婚するつもりがなくても，男女が同棲するのはかまわない」という設問には，否定の回答が多かった。「反対」と「どちらかといえば反対」の合計は韓国で最も高く77％，66％であった。韓国は「離婚したくても，子どもが大きくなるまで待つべきだ」への肯定的態度も，首位であった。これらの名目上の理想と，実際の高い離婚率とのあいだの強いギャップは，韓国社会の中にある矛盾の深さを示すものである。

表 2-4　アジア社会における家族の価値

「強く賛成」「賛成」「どちらかといえば賛成」と回答した人の割合の合計（％）

	日本	韓国	中国	台湾
自分の幸福よりも，家族の幸福や利益を優先するべきだ	50	79	68	83
結婚生活がうまくいかなくなったら，たいていの場合，離婚するのが一番よい	29	38	49	46
離婚したくても，子どもが大きくなるまで待つべきだ	36	55	43	33
あなたが配偶者の方との結婚を決めた時，あなたの親の意見はどの程度影響しましたか	30	47	41	36
親の誇りとなるように，子どもは努力するべきだ	40	74	89	86
結婚しても，必ずしも子どもをもつ必要はない	20	11	28	35
結婚するつもりがなくても，男女が同棲するのはかまわない	28	22	25	36

出典：岩井・保田（2009），データはEASS（2006）による。

　チャン・キョンスプは，このギャップを「リスク回避的個人化」として説明した。彼は次のようにいう。「韓国人は非常に家族志向的な社会的，個人的な生活を送ってきており，それはいわば"家族主義的な圧縮された近代 (familist compressed modernity)"とも言うべきものである」（Chang 2010a: 24; Chang 2010b，本書第1章）。これは，資本主義的な工業化，都市化，無産階級化，教育成果の極端な追求，急速な近代化の中の個人の富の保護，などに対して無防備な個人に対して，唯一の保護を与えてくれる社会的資源は家族だからである。しかしながら，「家族が制度として弱まることは，家族の関係を，社会的資源からリスクに変貌させる」。自分の家族と親戚から助けてもらうよりも，彼らがこの競争社会の中で落伍者となった場合，助けないといけないかもしれないからだ[8]。それゆえ，「リスク回避的な個人化とは，個人化した生活を延長する，もしくはそれに回帰するという行動によって，家族に関係するリスクを最小化しようとすること，と定義される」（Chang

---

[8]　日本の社会学者山田昌弘も，家族をリスクの原因と見なす考え方を提出している（山田 2001）。

2010a: 25, 本書第 1 章)。これは実際に, 1997-98 年のアジア金融危機に際して, 超低出生率の社会で起こったことであった。人々は彼らにリスクをもたらしかねないものとして, 結婚・出産を延期したのである。

　この点に関しては, 日本, 韓国, シンガポールにおける同棲の関連要因に関しての小島宏の分析が参考になる (小島 2010a)。彼は, これら三つの社会における共通の要因として, 学歴の負の効果を挙げている。すなわち学歴が低いほど同棲を経験する傾向が高い。1992 年から 2001 年にかけての日本経済の低迷によって, 高校卒業後に就労する男女で同棲する者の数が増えた。韓国ではいわゆる IMF 危機 (アジア金融危機を韓国ではこう呼ぶ) に影響されたと考えられる中程度の学歴の男性が同棲経験が高い。言葉を換えれば, 東アジアで増え始めた同棲は, 婚姻制度から自分たちを解放するという個人主義的な理由より, 低学歴と不安定な雇用という条件を持つ人々が, そのことによる「社会的排除」から同棲に追い込まれている, という経済的理由によって増加したと言える[9]。

　チャン・キョンスプの議論の核心は, 次の点にある。つまり, こうした傾向は「必ずしも個人化の結果とは言えない。なぜならこうした傾向は, 韓国の生活における家族関係と家族の価値の意味が以前にも増して強まっていることの現れであるからだ」(Chang 2010a: 24, 本書第 1 章)。チャンによれば, この現象は日本と台湾でも見られ, 次のように総括される。「東アジアの資本主義社会に見られる個人主義なき個人化への収斂は, 圧縮された近代と後発国における第二の近代の歴史的結果なのである」(Chang 2010a: 35, 本書第 1 章)。

---

9) しかしながら小島は, 日本の学歴の高い女性が同棲を選ぶ 2000 年以後の新しい傾向を発見しており, これは新しいライフスタイルの発現とも解釈できる (小島 2010a)。

③ 家族主義の多様性とその失敗

3-1. 家族主義の原因

　現在の東アジアで起こっている人口学的変化は，ヨーロッパと北アメリカの第二の人口転換で出現した現象と，表面的には類似している。しかし，ヨーロッパでは制度としての婚姻が動揺して，個人主義が台頭してきたが，それとは対照的に，現象面では類似している東アジアでは，制度としての婚姻と家族主義が維持されている。義務と責任の制度としての結婚の重要性に変化がないとすれば，極端な出生率の減少と離婚，初婚年齢の上昇は，家族の重荷を避けるための，あるいはそれから逃れようとする願望の表れと解釈できる。

　それでは，家族主義が東アジアでいまでも優勢であるとすれば，何がその原因だろうか？　第一に思い浮かぶのは，この地域の伝統文化に根拠を求める文化論的な説明である。しかし，既に示したように，東アジア地域すべてに共通な単一の文化というものは存在しない。例えば，東南アジアから日本に至る地域の離婚率と再婚率は伝統的に高かった。離婚，再婚が不名誉というレッテルも張られていなかった（Reid 1993）。婚姻外出生が多く，私生児に対する差別もあまり強くない地域もあった（Ochiai 2011）[10]。一方，中国北部から韓国では，その強力な儒教の影響のもと，婚姻外の子どもはもちろん，離婚と再婚は一般的に嫌悪の対象である。瀬地山は東アジア北部と東アジア南部をジェンダー関係という点で対照的にとらえた。社会的空間における男女隔離を伴う家父長制の北部と，女性の水稲生産への貢献度が高く男女平等な南部とが対照される。アジアをひとくくりにする単純な文化的な説明は適応できない（瀬地山1996）[11]。

10）九州の東シナ海沿岸地域の事例。
11）しかしながら，ヨーロッパにおける社会福祉の発展をキリスト教と関連づけて考えるのであれば，東アジア地域の歴史に根拠を求める説明も成立する余地がある。ジャック・グッディ（Jack Goody）が描いたように（Goody 1983），弱者や障害者の面倒をみる役割を教会が家族に代わって担ったという過程が東アジアにおいて欠如していたのであれば，東アジアの歴史における

エスピン‐アンデルセンによれば,「家族主義」とは, 所得の分配とケアの分担の双方において, 家族はその成員の福祉に対して最大限の責任を持つべきだ, という理念である。彼は, 近代の福祉国家はその初期段階においては, 実質ほとんどの国において家族主義を前提としていたと主張する。1970年代以後に至って初めて, 北欧諸国が脱家族化政策を実施するようになった。彼は家族主義的な社会政策は, 二通りの望ましくないシナリオを帰結するという。低出生率, または, 貧困家庭の頻出である (Esping-Andersen 2009: 81)。エスピン‐アンデルセンが示しているように, ヨーロッパでは三つあるいは四つの異なる方向性が, 1970年以後の政策選択の中で模索された。ヨーロッパの現状は, 政策選択の結果である面が大きいのである。我々は, 東アジアの政府が「圧縮された近代」のもとでこれまで行った, そして今行いつつある政策決定について, もっと注目すべきだろう。「圧縮された近代」そのものと, そのもとでなされた政策決定によって, 東アジアはヨーロッパよりも強力な家族主義を発展させ, また同時に家族主義の様々なあり方を創り出したのであるから (Ochiai 2010b)。

3-2. 日本における家族主義的改革

日本については1980年代に行われた改革の重要性を理解することが必要である。それ以前の時期, 1960年代の高度成長まで, 日本政府は依然として開発主義の政策をとっていた。政策の核心は通商産業省のリーダーシップのもとでの経済成長にあって, それはある意味で戦前の政策の延長であった。社会政策の分野において日本は20世紀前半にビスマルク式の社会保障制度を模倣することで, 社会福祉を発足させた。第二次世界大戦ののち, 生活保護法が制定され, また, 非就業の主婦を除くすべての国民のための年金制度が導入された。アジアという文脈の中では, 社会保障制度の確立という点でも, 日本が先行していたと言ってよいであろう。しかしながら, 1960年代には社会保障制度は補完的な役割にとどまった。なぜなら, 成長こそが人々

家族主義が, 依然として維持されてきた —— それどころか強化されていた —— 理由をそこに求められるかもしれない。

の生活状態を改善するために最善の道であると考えられたからである。我々はこのシステムを一種の「ワークフェア」，すなわち「勤労による福祉」と呼ぶことができる。

　政府が既存の社会福祉制度を修正してより適切な福祉国家を建設する必要をようやく認識したのは，実質的な成長が達成された1960年代末から1970年初め頃のことである。1973年は「福祉元年」と命名され，それは日本を十全な意味での福祉国家に変容させるという意味を持っていた。ところが皮肉なことにこの年，日本はオイルショックに見舞われた。政府は不安になり，「伝統的な日本の美徳である"自助と家族と共同体の中における相互扶助"」を強調する，「日本型福祉社会」という政策目標を打ち出した。政府が実質的に促進しようとしたのは，「福祉国家」ではなく，「国家」はむしろ後景に引いた「福祉社会」だった。1980年代以降，ヨーロッパでも福祉削減と福祉多元主義が盛んになったので，日本のその一例という見方もあるかもしれないが，ヨーロッパとは削減前の福祉のレベルに違いがあることを忘れてはいけない。日本は削減しなければいけないものをたいして発展させていなかったからだ。むしろ1970年代とそれ以後，福祉への社会支出の額は実際には増大した。「圧縮された近代」という条件のもと，福祉の発展と削減が同時に起こったのである。

　それを可能にする経済的，人口学的な条件もあった。ヨーロッパや北アメリカに深刻な影響をもたらしたオイルショックのあとでも，日本は高い成長率を維持し続けた。同時に，既に少なくなっていた子どもの数と，まだ低かった高齢人口のおかげで，1970年代に日本は「人口学的配当（人口ボーナスとも言う）」を受け取ることができた。この時期，日本の生産年齢人口の割合は69％（1970年）であり，ヨーロッパのそれ（例えばドイツの64％，スウェーデンの65％）より高く，他のアジア諸国よりも高かった（韓国56％，シンガポール58％）（Ochiai 2010aのTable 12を見よ）。このような良好な条件のもと，1980年後半から1990年代前半にかけて経済成長は年率5％前後に達しさえした（IMF 2004）。「バブル経済」として知られる時期である。『ジャパン・アズ・ナンバーワン』と題されたエズラ・ヴォーゲルの本が1979年に出版されてベストセラーになり，これを皮切りに日本の経営と文化についての本

がブームとなった。日本社会はワークフェアをさらに 20 年間続けることができた。

　1980 年代に政府は「家族」を政策課題とし，「日本的福祉社会」の基盤を創出しようとした。日本の経済成長は優れた日本文化によるものという説明におだてられて，日本政府と学者たちは西洋のいかなる政策も模倣せずに独自な政策の方向を打ち出そうとした。大平内閣の「家族基盤充実」策や，いわゆる「家族白書」(国民生活白書の特別号) は，この「家族の危機」に対する強い懸念の結果であり，西洋文化の汚染から日本の民族的アイデンティティである日本の家庭を守りたいという強い願望から生み出された。言葉を換えれば，こうした政策はヨーロッパと北アメリカに始まった第二の人口転換にたいする反応だったということである。1980 年代には「主婦の座を守る」という言葉で形容される法律が，次々と制定された。すなわち 1980 年には，妻の法的な相続限度額の引き上げ，1985 年には企業に勤める夫をもつ妻の年金保険料の免除，1986 年には，扶養配偶者のある者に対する税金の軽減措置である。

　この時代錯誤の家族主義的改革の影響は大きかった。女性のフルタイムの雇用は 1950 年代から増加していたのが，オイルショックと共に増加が止まり，1970 年代から現在に至るまでの女性の雇用の拡大は，パートタイムという形でしか起きなかった (田中 1999; Ochiai 2010a, Figure 10)。これは，会社員の妻たちが，「被扶養者」として認定される限度の所得額以内になるように，彼らの労働時間を調整したことによっている。このジェイン・ルイスが「1.5 人稼得者モデル」(Lewis 2001) と呼んだ新しい性別分業は経済不況期に始まり，法律によって固定化され，20-30 年間継続した。1970 年の時点では，日本における女性の労働力率は，意外なことに大部分のヨーロッパ諸国より高かった (Ochiai 2010a: 12)。しかしながら，その後，ヨーロッパと北アメリカでは大幅な上昇が起こったのに対し，日本では僅かな変化しか起きなかった (図 2-6)。女性の年齢別就業率は日本では相変わらず M 字パターンを示している。大部分のヨーロッパと北アメリカの国々で，第二次人口転換と同時に起きたジェンダー役割の変化は，日本では 1980 年代の家族主義的改革のために起きなかったのである。1990 年代には，日本は 1980 年代に持って

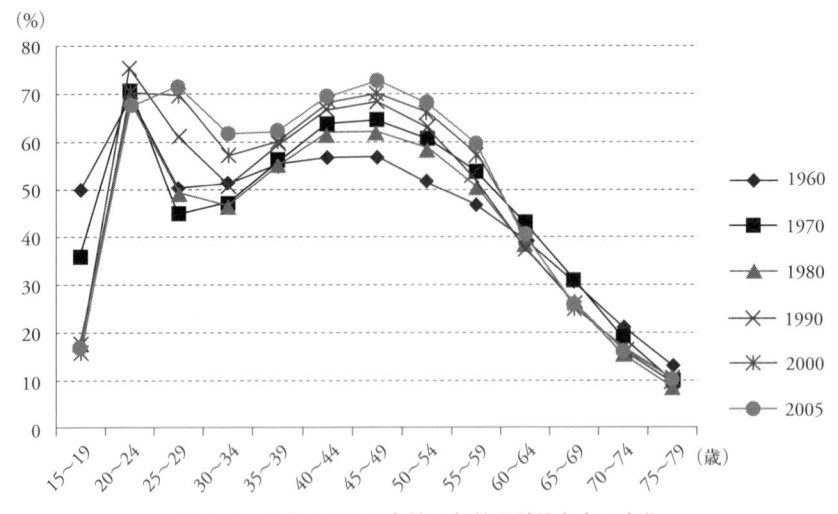

図 2-6　日本における女性の年齢別労働力率の変化
出典：NIPSSR（2010）。

いた経済的，人口学的な条件を失った。1991-92 年にバブル経済が最終的に崩壊したとき，日本経済の長期間の停滞が始まった。人口学的な好条件も続かなかった。1990 年代には高齢人口比率が急激に上昇し 2008 年には 22.1％に達し世界最高を示した（国立社会保障・人口問題研究所 2010）（図 2-7）。

　このような劇的な変化にもかかわらず，1980 年代に制度化された家族主義的な構造は変化に抵抗し，「失われた 20 年」を結果としてもたらしたのである。政府は 1990 年代後半から新しい政策を導入し，ケアの社会化を目指すと称しているが，それは家族主義的な理念に依然として支配されている。例えば 2000 年に導入された介護保険は，施設介護ではなく，家族に基盤を置く介護を促進するように設計されている。家族内の介護者は，一日当たり何時間か「ホームヘルパー」を雇って補助をもらうが，一日の残りの時間は介護の責任があり，また部分的にこの介護のために支払わねばならない自己負担分による経済的な重荷のために苦しんでいる（Ochiai et al. 2012）。

図 2-7 高齢者人口割合の趨勢

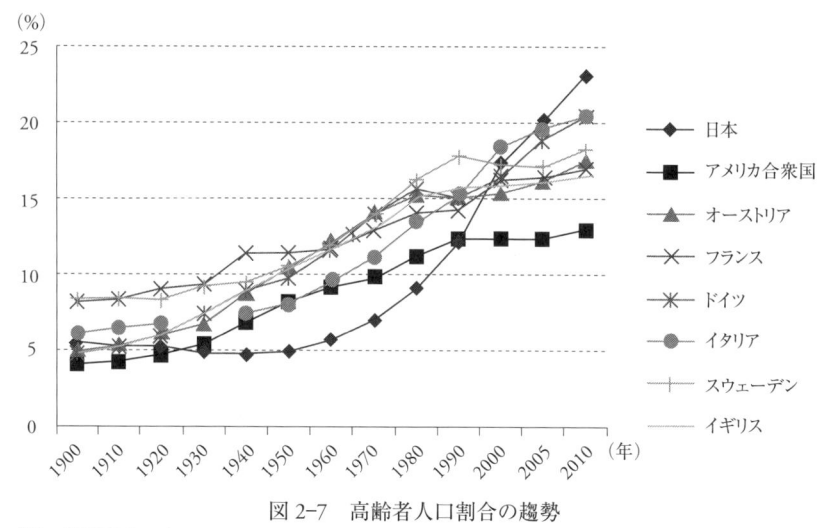

出典：NIPSSR (2010)。

3-3. その他の東アジア社会における自由主義的家族主義

　日本以外の東アジア諸国は日本とは非常に異なる経験をした。これらの諸国では，近代はさらに圧縮されて発現し，福祉国家を建設すると同時に福祉の削減を行わねばならない，という矛盾した課題を引き受けることになった（Miyamoto, Peng and Uzuhashi 2003: 301）。たとえば，韓国の金大中大統領は，IMF 危機後のネオリベラリズムと，グローバリゼーションの強制的な適用の過程でこの問題に直面して，社会福祉を社会投資，言葉を換えれば経済成長の基盤として建設する「生産的な福祉」という概念を生み出した。

　六つの東アジア社会におけるフィールド調査に基づいて，我々の研究チームは育児と介護の分担のパターンを比較するための枠組みを提唱した（Ochiai and Molony 2008; Ochiai 2009）。一つの目立った発見は，いくつかの社会において市場部門の果たしている役割の大きさである。シンガポールの保育と高齢者介護，台湾における高齢者介護では，家庭内で雇用される外国人の家事労働者や介護労働者が欠くことのできない役割を果たしている。アジア地域内における多様性の大きさが，国境を越えた家事労働者と介護労働者

の移動を生んでいるのである。労働市場において介護サービスを買う家族は，年老いた両親は家で面倒を見るべきだ，という家族主義的な説明をする。しかし，これらのサービスを実際に行うのは外国人労働者たちなのである。これを違う表現で言えば，こうした家族は親孝行をアウトソーシングしている[12]。こうした方向を「自由主義的家族主義」と呼んでおこう。

　ヨーロッパと北アメリカにも，外国人の家事労働者，介護労働者がいる。しかしながら，外国人労働者全体の中の，家事労働者・介護労働者の割合を比較すると，その数字は以下のようになる。香港 57.5％，台湾 26.6％，シンガポール 17.8％，スペイン 16.4％，イタリア 10.4％，フランス 7.2％，アメリカ合衆国 2.0％，ドイツ 0.6％，英国 0.5％（Asato 2010）。この数字は，外国人女性の家事労働と介護労働に，東アジア社会がどれほど依存しているかを示している。ヨーロッパにおける唯一比較可能な社会はスペインとイタリアであるが，南欧社会は家族主義的であるということが知られている。外国人の家事労働と介護労働における雇用は，家族主義にたいする補完なのである。安里和晃は，「外国人家事労働者を雇用することによって家族を福祉供給の単位として維持しようとする」政策を家族化 (familialization) 政策と命名している。彼はここに，「国際的な経済競争を考慮して」「福祉供給の家族への外注」をもくろむ政府の意図を見る（Asato 2010: 88）。

　シンガポールあるいは台湾と比較してみると，日本における外国人労働者の雇用という解決策の欠如は，驚くべきものである。日本の入国管理政策は，外国人未熟練労働者に対する入国ビザ発給を行わないため，日本国内には，外国人の家事労働者，介護労働者はほとんど存在しない（Liew, Ochiai and Ishikawa 2010）[13]。家族制度の強化と同じように，日本は 1960 年代のシステムを堅持し，社会の根底からの変容に直面しても，数多くの側面において変

---

12) ラン・ペイチャはこれを「親孝行の下請け」と呼んでいる（Lan 2002）。安里によれば，外国人労働者は家族機能を維持するために雇われ，家族に類似した代理の成員，内部の者として「家族同様な他人」と呼ばれている。外国人の家内労働者を雇うことができない人々には，国際結婚が，もう一つの選択肢として存在する。「家族内の福祉を提供するという点で，外国人の家事労働者と結婚移民は類似している」（Asato 2010: 98）。

13) 日本は最近，インドネシアとフィリピンの政府との協定に基づき，介護労働者を看護士の候補者として受け入れているが，彼らは非常に少数であり，また，養成プログラムは，多くの問題を抱えている（Asato 2009）。

化に抵抗している。日本は，その「半圧縮近代」において，ようやくヨーロッパの「第一の近代」に類似した構造を創り出した。しかしながら，それを成熟させる十分な時間を持たず，変化する状況に対応して新たなシステムを再構築することもなかった。

　これとは対照的に，他の東アジア社会は，日本よりさらに限られた時間での「圧縮された近代」という条件のもと，わずかな安定に至ることもなく，不断の変化を続けてきた。例えば，近代初期においては，家事労働者を雇用するということは，普通の習慣であった。その集団的記憶がまだ失われないうちに，日本以外の東アジアでは，外国籍の家事労働者の受け入れが始まった。しかし日本の場合，近代になって構築されたプライバシーが障害物として機能したのである。

　アジアの家族主義は，現実には多様な現れ方をしている。しかしながら，市場からケアサービスを購入する自由主義的家族主義の場合でも，ケアの費用を負担する責任は，主に家族によって担われる[14]。これが，自由主義的家族主義が，家族主義と呼ばれるゆえんであり，こうした社会における出生率がやはり低い理由でもある。経済的に不利な状況におかれた人々にとって，経済面での負担は極めて大きい。自由主義的家族主義の社会において，1997-98年の経済危機の衝撃がとりわけ激しかったのは，このためであった。

4　結　論

　東アジアが第二次人口転換を経験しているか，という第一の問いに対しての答えは肯定でも否定でもある。なぜなら，一見したところ，東アジアで現在起こっている人口学的変化は，ヨーロッパと北アメリカのそれに類似しているが，本質的には相当異なっているからである。韓国，台湾，香港における出生率は，「極低出生率」という世界的にも低い水準に落ちている。離婚率，初婚年齢，生涯独身率は上昇しているが，同棲の増加は遅く，婚姻外の出産

---

14) 日本の介護保険によって創出された市場も，同様の構造を持っている（Ochiai et al. 2011）。

は忌避されている。増加する国際結婚と出生における高い性比は東アジア型の第二次人口転換の特別な要素である。愛情以上に義務と責任の制度としての婚姻は，東アジアではいまだ不動である。それゆえにこそ，家族関係はアジア経済危機において社会資源からリスクへと変貌し，家族という負担から逃れるリスク回避的な個人化が起こった。

　第二の設問に対する回答は，それゆえ，東アジアにおける人口転換と家族の変化をもたらしているのは個人主義ではなく，家族主義であるということである。家族主義が東アジアで盛んなのは，文化的な要素によるものではなく，「圧縮された近代」という共通の社会的条件によるものと考えられる。日本の「半圧縮近代」における1980年代の時代錯誤的な家族主義的改革は，1960年代の家族・ジェンダー構造を強化し，1990年代の経済的，人口学的な変化への適応を妨げることによって，それ以後の「失われた20年」という結果をもたらした。これとは対照的に，より強度に「圧縮された近代」を経験した他の東アジア社会では，家族の名のもとにグローバル市場を利用する自由主義的家族主義の路線を選択した。このようにして，近代の圧縮度の違いが，我々が現在目にしている東アジアの家族主義の多様性を生み出した。

　しかし，どちらのタイプの家族主義も，持続可能な社会システムを建設することに失敗したということでは，違いはなさそうである。日本における純正な家族主義は変貌する世界に対する柔軟性と適応力を圧殺し，他の東アジア社会における自由主義的家族主義は，経済的に不利な人々に対する無慈悲な社会的排除を結果的に生み出した。近い将来，他の東アジア社会が今日の日本と同じように高齢化するまでに，革命的でダイナミックな政策革新を実施できないならば，東アジアの社会的再生産はまさに不可能になるだろう。

●参考文献●

安里和晃 2009「外国からの人材受け入れの論点」安里和晃・前川紀子編『始動する外国人材による看護介護』笹川財団。

Asato, Wako. 2010. "Narrowing the care gap: migrants at home, institutions and marriage migrants." *Journal of Intimate and Public Spheres* 0: 83-100.

内閣府共生社会政策統括官 2005『少子化社会に関する国際意識調査』。

―――― 2007『子ども子育て白書』。
―――― 2009『アジア地域における少子化対策の国際比較研究』。
―――― 2010『子ども子育て白書』。
Census and Statistics Department. 2001. *Hong Kong Social and Economic Trends, 2001 Edition*. Hong Kong: HKSAR Government.
Census and Statistics Department. 2002. *Demographic Trends in Hong Kong, 1981-2001*. Hong Kong: HKSAR Government.
Census and Statistics Department. 2007a. *Hong Kong Monthly Digest of Statistics, November 2007*. Hong Kong: HKSAR Government.
Census and Statistics Department. 2007b. *Demographic Trends in Hong Kong, 1981-2006*. Hong Kong: HKSAR Government.
Census and Statistics Department. 2007c. *A Graphic Guide on Hong Kong's Development, 1967-2007*, Hong Kong: HKSAR Government.
Chang, Kyung-Sup. 1999. "Compressed modernity and its discontent: South Korean society in transition." *Economy and Society* 28(1): 30-55.
――――. 2010a. "Individualization without individualism." *Journal of Intimate and Public Spheres* 0: 23-39.
――――. 2010b. *South Korea under Compressed Modernity: Familial Political Economy in Transition*. London: Routledge.
Esping-Andersen, Gøsta. 2009. *The Incomplete Revolution: Adapting to Women's New Roles*. Cambridge: Polity Press.
藤井省三 2010「現代シンガポール家族像における非婚とセックスレス」『中国語中国文化』7: 184-193.
Giddens, Anthony. 1992. *The Transformation of Intimacy*. London: Polity Press.
Goody, Jack. 1983. *The Development of the Family and Marriage in Europe*. Cambridge: Cambridge University Press.
IMF (International Monetary Fund). 2004. *World Economic Outlook Database 2004*.
伊藤正一 2010「台湾における家族変動の現状と政策」鈴木透編『東アジアの家族人口学的変動と家族政策に関する国際比較研究』(厚生労働科報告書) 99-135 頁。
岩井紀子・保田時男 2009『データで見た東アジアの家族観』ナカニシヤ出版。
Kohler, Hans-Peter, Francesco C. Billari and Ortega, Jose Antonio. 2002. "The emergence of lowest-low fertility in Europe during the 1990s." *Population and Development Review* 28(4): 641-681.
小島宏 2010a「東アジアにおける同棲とその関連要因」『人口問題研究』66(1)：17-48.
―――― 2010b「東アジア，欧米諸国における同棲とその関連要因」鈴木透編『東アジアの家族人口学的変動と家族政策に関する国際比較研究』(厚生労働科学研究費報告書) 99-135 頁。

Lan, Peicha. 2002. "Subcontracting Filial Piety." *Journal of Family Issues* 23: 812-835.
Lesthaeghe, Ron. 1991. "The second demographic transition in western countries: An interpretation." IPD Working Paper. Interuniversity Programme in Demography.
Lewis, Jane. 2001. "The decline of the male breadwinner model." *Social Politics* 8(2): 152-170.
Liew Kao-Lee, Ochiai Emiko and Ishikawa Yoshitaka. 2010 "Feminization of Immigration in Japan: Marital and Job Opportunities." In Yang Wen-Shan and Melody Lu (eds.) *Asian cross-border marriage migration* Amsterdam: Amsterdam University.
厚生労働省 2005『人口動態統計特殊報告　出生に関する統計』.
宮本太郎・イトペング・埋橋孝文 2003「日本型福祉国家の位置と動態」イヨスタ・エスピン‐アンデルセン編『転換する福祉国家』早稲田大学出版部.
国立社会保障・人口問題研究所（NIPSSR）2005『出生動向基本調査』.
国立社会保障・人口問題研究所（NIPSSR）2010『人口統計資料集』.
落合恵美子 2007「グローバル化する家族 ── 台湾の外国人家事労働者と外国人妻」紀平英作編『グローバル化時代の人文学』京都大学学術出版会.
Ochiai, Emiko 2009. "Care diamonds and welfare regimes in East and South-East Asian societies: bridging family and welfare sociology." *International Journal of Japanese Sociology* 18: 60-78.
────── 2010a. "Reconstruction of Intimate and Public Spheres in Asian Modernity: Familialism and Beyond." *Journal of Intimate and Public Spheres* 0: 2-22.
────── 2010b. "Care Regimes in Asia: Varieties of Familialism in Six East and Southeast Asian Societies." Presented at Max Planck Institute for Demographic Research.
────── 2011. "Love and life in Southwestern Japan: The Story of a One-hundred-year-old Lady." *Journal of Comparative Family Studies* 42(3): 399-409.
Ochiai, Emiko, Abe Aya, Uzuhashi Takafumi, Tamiya Yuko and Shikata Masato. 2012 . "The Struggle against Familialism: Reconfiguring the Care Diamond in Japan." The political and social economy of care: research report 5, UNRISD.
Ochiai, Emiko and Barbara Molony. 2008. *Asia's New Mothers: Crafting Gender Roles and Childcare Networks in East and Southeast Asian Societies*. Folkestone, Kent: Global Oriental.
Palriwala, Rajni and Patricia Uberoi (eds.) 2008. *Women and migration in Asia: Vol. 5: Marriage migration and gender*. Sage.
瀬地山角 1996『東アジアの家父長制』勁草書房.
Singapore Government, Department of Statistics. 2009. *Statistics on Marriage and Divorce*.
Statistics Korea. 2008. *Social Trends 2008*.
Straughan, Paulin, Angelique Chan, Gavin Jones (eds.) 2008. *Ultra-low Fertility in Pacific Asia: Trends, Causes and Policy Issues*. London: Routledge.
菅桂太 2010「シンガポールにおける少子化要因の分析」鈴木透編『東アジアの家族人口学的変動と家族政策に関する国際比較研究』（厚生労働科研報告書）137-166

頁。
Sun De-Hsiung. 2009. "Causes and Results of Low Fertility in Taiwan." *Community Development Quarterly* 125: 44-55.
鈴木透 2010a「ポスト近代化と東アジアの極低出生力」『人口問題研究』66(1)：1-7.
鈴木透編 2010b『東アジアの家族人口学的変動と家族政策に関する国際比較研究』(厚生労働科研報告書)。
Taiwan Ministry of Interior 2010. *Demographic Yearbook*.
田中重人 1999「性別分業の分析 ── その実態と変容の条件」大阪大学博士論文。
United Nations Statistics Division. 2008. *Demographic Yearbook 2008*. (http://unstats.un.org/unsd/demographic/products/dyb/dyb2008.htm)
van de Kaa, Dick J. 1987. "Europe's Second Demographic Transition." *Population Bulletin* 42(1) Washington: Population Reference Bureau.
Vogel, Ezra. 1979. *Japan as Number One: Lessons for America*. Cambridge, Mass.: Harvard University Press.
山田昌弘 2001『家族というリスク』勁草書房。
山地久美子 2010「韓国社会の多文化家族と支援政策」鈴木透編『東アジアの家族人口学的変動と家族政策に関する国際比較研究』(厚生労働科研報告書) 41-63 頁。
毎日新聞 2011「セックス無関心が倍増」1 月 12 日付 (http://mainichi.jp/select/wadai/news/20110113k0000m040045000c.html)。

第3章 人口ボーナスとアジアの将来

パチャラワライ・ウォンブーンシン
クア・ウォンブーンシン
（佐藤綾子 訳）

はじめに

　本章は，人口変動と経済成長の関係を表す重要な指標となる人口ボーナス（demographic dividend）の重要性，およびそれがアジアの将来にとっていかなる意味をもつかに焦点をあてて考察する。まず，人口ボーナスを達成するための条件，すなわち人口条件，人口転換のタイミング，人的資源や政治の状況について述べる。さらに過去数十年，人口転換がアジアの奇跡にいかに貢献したかについて言及し，第二の人口ボーナスの可能性についても若干検討する。今後数十年間の人口推移は，アジアの経済社会を展望する上で重要となるだろう，というのが本章の中心メッセージである。これはとりわけ，人口の年齢構成の変化が，労働供給，人的資本，生産性，労働力動態など，個人貯蓄や教育の発展も左右するであろう要因の変化を通じて経済に影響を及ぼす，という点について言えることである。

　筆者らは，アジアが人口および社会の変化の影響を免れ得ないと考える。アジアは高齢化社会に移行しつつある。適切な戦略的計画によって適切に管理できれば，来たる高齢化社会は大きな問題とならず，皆がその恩恵を享受する可能性もあるだろう。

　筆者らはまた，アジアの将来は，親密圏と公共圏が人口ボーナスをいかに活かすことができるかにかかっていると考える。

① 人口ボーナスとは

　人口ボーナスは人口転換理論に基づく概念であり，簡単には人口の変動に伴う経済的恩恵と定義される。人口ボーナスには2つの段階がある。

1-1．第一次人口ボーナス

　第一次人口ボーナスは，経済生産に貢献する生産年齢人口（15-65歳）の比率が増えて，従属年齢人口（15歳未満と65歳以上）の比率が減った場合に生じる。通常，保健医療の改善によって死亡率が低下すると，人口ボーナスへの移行が始まる。死亡率と出生率がともに低下すると，従属人口の比率が減少する（Bloom et al. 1999, 2003）。

　そこで社会は，年齢構成の変化によってもたらされる経済的恩恵を，個人レベル，および社会レベルで享受できるようになる。たとえば個人にとっては生活水準が向上し，消費に回すことのできる所得が増え，貯蓄が増え，そして投資もできるようになる。また社会にとっては労働人口が増えて，人口ボーナス期とその後に経済が成長する（Kua and Guest 2005）*。

　第一次人口ボーナスは，人口転換期に1回しか出現せず，また数十年しか持続しない（Bloom et al. 1999, 2003）。その後は低出生率と死亡率の安定により，高齢者の人口比率が増える。そして従属人口の比率の上昇は，人口ボーナスの利用機会が縮小するという前兆となる（Kua et al. 2005）。

　ある国が人口ボーナスを獲得できるかどうかは，相互に関連する以下の4つの条件によって決まる（Bloom et al. 2003）。

(1) 人口状況：死亡率，出生率，従属人口の比率がいずれも低下する
(2) 人口転換のタイミング：人口転換の中間段階でしか起こらない
(3) その時点での人的資源の状況：人的資源の質
(4) 労働生産性向上に向けた政策状況（図3-1参照）：

＊タイの学界では，タイ人の研究者の著作を引用する場合，ファーストネームを用いるのが一般的であるため，本章はこの方式に従っている。（編者注）

第3章　人口ボーナスとアジアの将来

経済政策 自由市場		労働政策 柔軟な労働市場
	人口ボーナス	
人的資源開発政策 　質の高い医療 　質の高い教育と訓練		金融制度 投資と貯蓄のインセンティブ

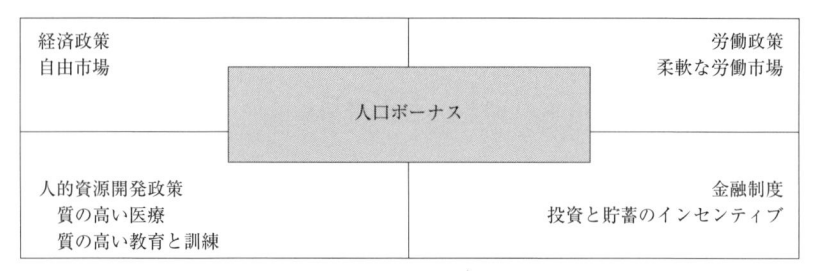

図 3-1　人口ボーナスと必要な政策環境
出典：Patcharawalai and Kua (2010)。

a. 経済政策（市場の開放）
b. 労働政策（柔軟な労働市場）
c. 人的資源の開発政策
i. 質の高い保健医療
ii. 質の高い教育と訓練
d. 金融制度（投資と貯蓄のインセンティブ）

　アジア諸国のなかでは，早期に人口転換を経験した国がまず人口ボーナスを獲得した。特に早かったのは，アジアで初めて近代的人口転換が起こった日本である。Hanam (2006) によると，1950年から2000年にかけての人口動向のパターンは，日本も韓国も同じようであったが，日本が四半世紀ほど先行している。韓国では，出生率が1970年代の2.92から1980年代の1.60へと急激に低下し、日本に遅れて少子化が始まった。

　東南アジアでは，シンガポールのみが早い時期に人口転換を経験している。Mason and Kinugasa (2005) によると，日本，韓国，シンガポールにおける1960年から1990年にかけての経済成長の3分の1は，人口構造の変化に起因する。その間，女性1人あたりの出生児数は4.5人から2人へと，歴史上最も速いペースで減少した。その結果，これらの国々の労働力人口は年率2.7％で増加した。

　その他のアジア諸国をみると，たとえばタイの過去40年間の人口変動は，主な人口指標の推移によって特徴づけられている。合計出生率は1960-1965年の6.4から2000-2005年の約1.82に減少した。この人口転換により，タ

イでは労働年齢人口 (15-59歳) の比率が増加し，人口ボーナスを享受する可能性が生まれた。労働年齢人口の比率は1980年の55.64％から1990年の61.68％，そして2000年の65.92％へと増加している (Kua 2003; Kua et al. 2005)。

一方，従属人口比率の増加は，人口ボーナスの利用機会が失われることの前兆となる。この間，低出生率と死亡率の安定により，高齢者の比率が増える。高齢者人口の比率が高まると，社会，家族，そして個人への負担が増えることがある。このような人口の動向を「人口オーナス (demographic onus)」という (Ogawa et al. 2004)。

1-2. 第二の人口ボーナス

「第二の人口ボーナス」という概念を提唱したのは Mason and Lee (2004) である。このボーナスは，高齢者人口比率の増加を見越して貯蓄率が増加するとともに出現する。だがこのボーナスは単独ではなく，第一のボーナスにリンクして生じる (Kua and Guest 2005)。

第二の人口ボーナスは，年齢構成の変化が，富や資本の蓄積に影響を及ぼすことができた場合に出現する。Mason (2006) によると，生産性の低い高齢者人口の比率が高まると，高齢者の持つ資源への需要が増える。もしそうなると，資本経済の成長も期待できるため，高齢者への交付計画の拡大などの効果が期待できる。そして増大した貯蓄や投資を通じて高齢者に再分配された場合に資本経済は成長し，それによって第二の人口ボーナスが急速に出現する。その場合は，第一の人口ボーナスの消滅したはるか後でも，生活水準は年々上昇していく。つまり，人口の高齢化が資本の増加につながる場合もあるのだ。だが高齢者への再分配が交付計画の拡大によって達成されるのであれば，第二のボーナスを創り出すのは不可能となる。

2 アジアの将来

2-1. 人口ボーナスの消滅

　人口の中位推計によると，日本の人口は2006年にピーク（1億2,774万人）に達した後，緩やかな減少に転じている。2006年の予測では，2013年には2009年と同レベルにまで下減少し，さらに2050年には1億60万人となる。人口減少の主な理由は，1970年代半ば以降の日本の出生率が，人口を維持するために必要な合計特殊出生率である2.08前後を大きく下回っていることである。生産年齢人口（15-64歳）は2030年に7,000万人未満，2050年に5,389万人へと減少すると見込まれる（NIPSSR 2002）。また，2009年5月4日に公表された総務省の報告書によると，同年4月1日現在の15歳未満の子どもの総人口は1,714万人と，28年連続で減少した[1]。国立社会保障・人口問題研究所（NIPSSR 2002）は，子ども人口（15歳未満）は今後とも減り続け2016年に1,600万人，2050年に1,084万人になるとしている。

　中国と韓国も，生産年齢人口比率の大きな減少が見込まれており，生産成長の低下による「人口の壁」が出現する可能性もある。これらの国々はいずれも労働力不足や，労働力の高齢化に伴う社会的，経済的問題に直面するとみられる（Patcharawalai 2008）。国際労働機関（ILO 2007）は，先進アジア諸国の労働力は4.6％縮小するが，それには日本が大きく寄与するという予測を発表している。

　出生率の低下をみると，東南アジアも日本をはじめとする東アジア諸国の後を追っている。東南アジアの年間人口増加率は，2020年には約1％に下がると予想されている。アジア開発銀行（ADB, 1997）によると，東南アジアの人口ボーナスは現在，一人あたり年間所得増加の約0.7パーセントポイントである。この数字はブームがピークに達する2015年に2倍になるとみられる（ADB 1997; Engardio 2003）。そしてその後，人口転換による経済的恩恵は，

---

1) 日本の子ども人口の比率は，国連の人口統計年鑑に掲載された人口3,000万人以上の31か国の中で最低であった（*Kyodo News* May 5, 2009）。

```
    2006年
   人口：37.4億人                    世界全体の57%

   労働人口：18億人                  世界全体の59%

    2015年
                                        ASIA
   人口：41.1億人
   労働人口：22億人


        労働人口の増加：年平均増加率の減少


                                    1.6%(1996-2006)
                                    1.3%(2006-2015)
```

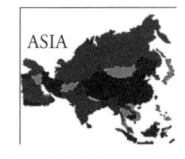

図3-2　アジアの社会経済的課題

出典：Patcharawalai (2008).

人口の高齢化により減少する。

　図3-2は，労働力の縮小がアジアにおける主要な社会経済的課題となることを示したものである。2006年，アジアは世界総人口の57%，世界の労働力人口の59%も占めていた。しかし労働力人口の伸びは，1996-2006年の年間平均率1.6%から2006-2015年の1.3%に鈍化すると予想されている。

　たとえばタイの15歳未満人口の対総人口比は，2000年の24.65%から2025年の17.95%へと減少が予想されている。それに対して，生産年齢人口（15-59歳）は2000年の65.92%から2009年には67.08%に増えるが，2025年には62.05%へと減少する。タイもまた，2000年の9.43%から2025年の19.99%へと，60歳以上人口の著しい増加に直面することとなる（図3-3）。

　推計データによると，2000-2025年の生産年齢人口の比率は，約3.87%の低下にとどまる。それよりも子ども人口の減少率（6.70%）の方が高く，さらに60歳以上人口比率は10.56%増加する。

　このような人口構成の変化とともに，生産年齢人口（15-59歳）に依存する

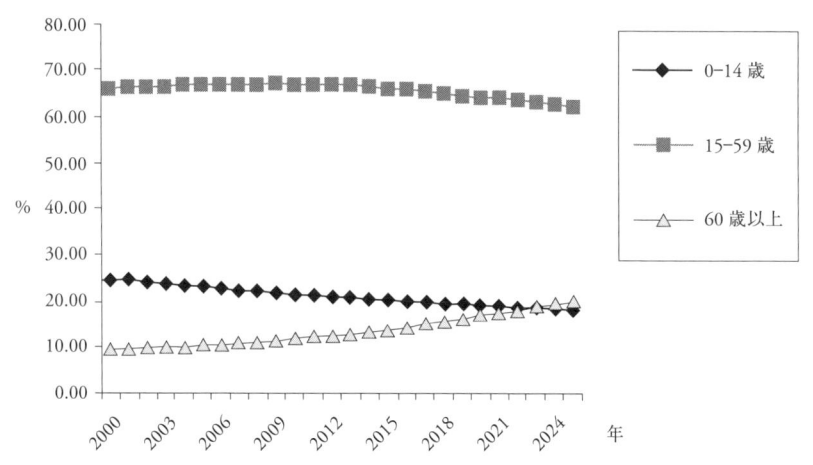

図 3-3　15 歳未満, 15-59 歳, 60 歳以上の人口比率（出生率中位予測）
出典：Kua, Guest, and Prachuabmoh (2005).

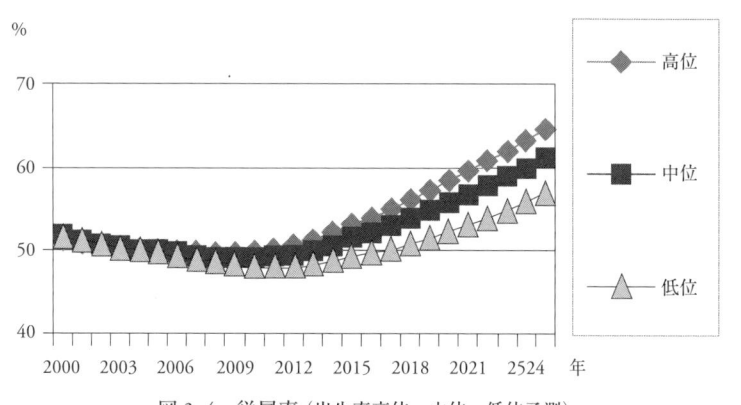

図 3-4　従属率（出生率高位・中位・低位予測）
出典：Kua, Guest, and Prachuabmoh (2005).

　従属人口（15 歳未満および 60 歳以上）の割合は, 2000 年の 0.52 から 2009 年の 0.49 に減り, その後は増え続けて 2020 年に 0.62 に達する（図 3-4）。
　タイでは, 出生率が人口置換水準を下回ったことで, 経済構造や結婚パターンが変化している（Guest and Tan 1994）。出生率の低下により, 高齢人口（60

歳以上）の比率と従属人口の比率が上昇する。

　タイの人口ボーナスの最適条件は，シンガポールやベトナムと同じように2010年以降，効果を失い始めると予想される。マレーシアとインドネシアも，2020年に労働人口がそれぞれ63.0％と65.0％でピークに達した後，同じような道をたどるであろう。地域全体をみると，東南アジア諸国連合（ASEAN）の人口ボーナスは，3つのグループに分類される（Patcharawalai 2003; Patcharawalai and Kinnas 2004）。

　グループ1：人口ボーナスの残存期間が最長で2015年までと，最も短い国々は，シンガポール，タイ，ベトナムである。2010年にシンガポール，タイ，ベトナムの労働力人口は，それぞれ総人口の68.7％，66.1％，66.2％とピークに達し，そして2015年にはそれぞれ66.7％，65.5％，66.0％へと減少する。

　グループ2：人口ボーナスを2025-2030年までと，中期的に活用する可能性があるのは，ブルネイ，インドネシア，マレーシア，ミャンマーの各国である。このグループでは，まずインドネシアとマレーシアで人口ボーナス期間が終わりそれにブルネイとミャンマーが続くと予想される。インドネシアとマレーシアでは，2020年の労働力人口がそれぞれ総人口の65.0％と63.0％とピークに達する。2025年には，2ヵ国のこの比率がそれぞれ64.9％と62.4％となり，それから減少に転じる。一方，ブルネイとミャンマーでは2025年にこの比率が67.5％と64.3％となり，2030年には66.7％と64.0％へと減少する。

　グループ3：このグループのなかで，人口ボーナスが2040-2050年までと最も長く続くのは，フィリピン，カンボジア，ラオスの各国である。最初に人口ボーナスが尽きるのはフィリピンで，それにカンボジアとラオスが続く。フィリピンの労働人口の対総人口比は2030-2035年に63.8％でピークに達し，2040年に63.5％へと減少する。カンボジアではこの比率が2040年の64.6％から2045年の63.8％へと減少する。一方，ラオスでは2045年の64.2％から2050年の64.0％へと減少する。

　労働人口の比率の伸びが最も大きいのは，アフガニスタン，ブータン，カンボジア，モンゴル，パキスタン，東ティモール，ラオス，フィリピン，一

部の太平洋諸国である。だがこれらの国々はワーキングプアの数が多く，インフォーマル経済の占める割合が大きく，人間的で生産的な仕事が十分にない国々であり，今後は大きな労働供給圧力に直面すると予測されている（ILO 2007）。これとは対照的に，労働力人口の伸びが鈍化しているアジアの国々は，労働期間の延長や，生涯教育を通じてライフサイクルの後半ステージにおいてまともな仕事を得られるようにするエンプロイアビリティ（雇用されうる能力）を高め，その一方で次の世代の労働者に知識や技能を伝承するという大きな課題に直面する（ILO 2006）。

2-2. スキルギャップ

東南アジアの新興国で質の高い人的資源へのニーズが高まったものの，多くの国では，教育や訓練が需要に追い付いていない。労働の担い手となる多くの人々が，柔軟な労働市場で生じる需要に対応できないのは，発展途上のアジア各国でみられる問題である。

このような人口問題を背景として，アジアの急成長により構造変化がもたらされ，技術集約的なサービスへの需要が高まっている。アジア開発銀行によると（ADB 2008），どの技術集団においても教育水準が向上したにもかかわらず，アジア途上国は特に専門職の分野でのスキル（技能）不足に悩まされている。人材不足は，すべての産業の生産性，ひいては経済全体に影響を及ぼす重大な問題である。そしてスキルギャップの構造上，その影響はアジア途上国で今後とも続くと思われる。その他にも，若年層の失業者や無業者の増加も問題である。教育や訓練の不足により，貧しい若い労働者の多くは，低賃金で条件が劣悪である場合が多い非正規労働へと追いやられてしまうのである。

2-3. DINKとSINKの社会

DINKはdouble (dual) income, no kidsすなわち共稼ぎで子どもがいないという意味で，子どもがいないカップルをさす。SINKはsingle income, no kids

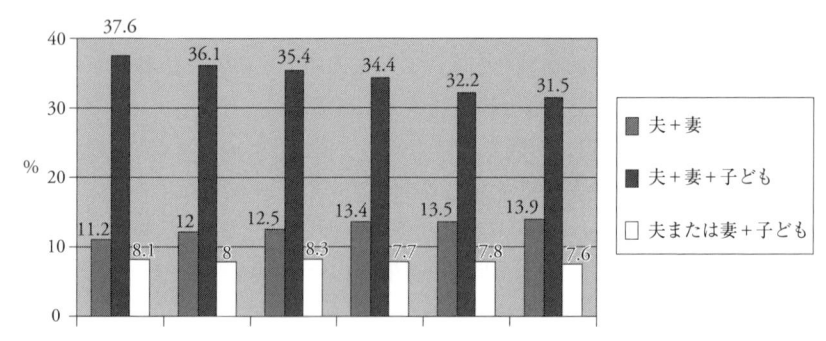

図3-5 タイ社会でのDINKの増加

出典：タイ国家統計局（2003）。

凡例：夫＋妻、夫＋妻＋子ども、夫または妻＋子ども

の頭文字をとったもので，労働年齢の男女が結婚せず，子どもを持たない，現代社会のライフスタイルをさす。

西欧先進諸国では，結婚してもすぐには子どもをもたない傾向にあり，一部には全く子どもを持たない夫婦もいる。また，これらの国々は最近，DINKからSINK社会に移行しつつある。この社会では，結婚する前にワーキングライフを楽しむ傾向がみられ，結婚もせず子どもも持たない場合も多い。このようなライフスタイルは，ブキャナン（Patrick J. Buchanan）のベストセラー *The Death of the West: How Dying Populations and Immigrant Invasions Imperil Our Country and Civilization*（西欧の滅亡：消えゆく人口と移民流入はいかに私たちの国々や文明を滅ぼすか）（2002）で詳しく説明されている。

Jow Ching Tu（2005）は，台湾と香港で出生率が世界最低にまで落ち込んだのも，欧州と同様，なかなか子どもを持とうとしないこと（晩産化）が原因だと述べている。だが，この2つの地域では，欧州とは異なるパターンで超低出生率（lowest-low fertility）となっている。すなわち，特殊な政治経済状況による出生率の変動があることと，晩産化のみならず実際にコーホート完結出生率の低下が起きていることである。1960年代半ばに生まれたコーホートでは，出産経歴のコーホート完結出生率は極端に落ち込んだ。世界最低水準の出生率という傾向は，台湾と香港で当分続くとみられる。

このような傾向がアジアで続くなか，タイは一部の先進国より速いペース

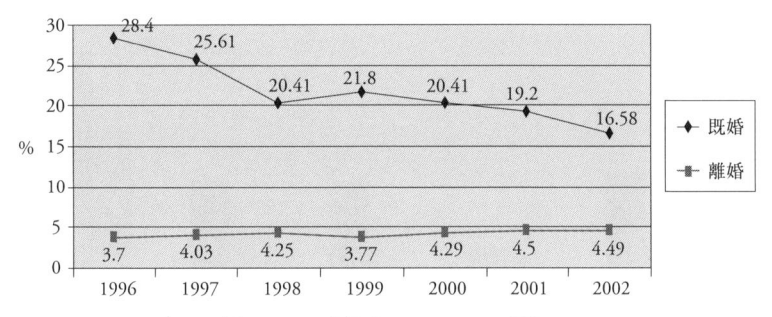

図 3-6　タイ社会での SINK の増加

出典：内務省 Office of Registration Administration (2003)。

で DINK から SINK へと移行しているアジア途上国の一つである。これは，平均初婚年齢と平均初産年齢がいずれも上昇しているという事実を反映している。晩婚化と出産の高齢化は，現代タイ人のライフスタイルとなっている。これは仕事と家庭の両立が困難であり，家庭よりは仕事を選ぶ人が増えているためである。また適切な保育施設が不足していることも，図 3-5 に示すように DINK が増加している理由の一つだと考えられる。

　結婚歴も考慮すべき要因である。図 3-6 は，婚姻率の低下と SINK 社会化というタイの傾向を示している。これらの要因により，タイは比較的早く高齢化社会に突入するとみられる。

2-4.　高齢化社会

　21 世紀に入って 15 歳以下および 15-59 歳の人口比率が低下した結果，高齢者人口 (60 歳以上) の比率が急速に高まっている。たとえばタイでは，図 3-3 に示すように，その比率が 20 年の間に総人口の 10％から 20％に増えると予想される。本研究において筆者らが「高齢化の津波現象」と命名するこの状況は，近い将来社会にマイナスの影響を及ぼすことが予想される。

　Kua and Patcharawalai (2008) は，21 世紀には「高齢化の津波現象」，すなわち人口の極端に急激な高齢化が，グローバル化する世界での世界的な現象

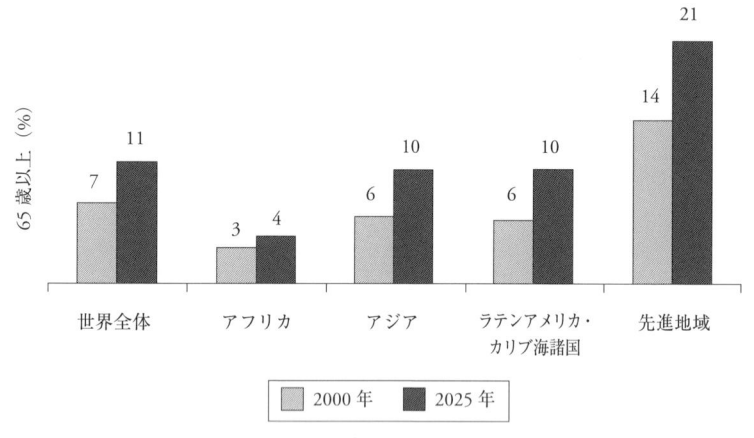

図 3-7 世界人口の高齢化 2000 年と 2025 年
出典：UN (2005).

となるとしている。国連（UN 2005）によると，2025 年には世界人口の 10 分の 1 が 65 歳以上となる（図 3-7）。

東アジアの先進諸国でも高齢化が一段と進行している。2007 年，総人口に占める高齢者の比率は 21％と，1970 年の 7.1％，1994 年の 14％から上昇している。韓国では，65 歳以上の高齢者人口比率は 2000 年に 7.2％だったが，2010 年に 10.7％，2020 年に 15.1％，そして 2030 年には 23.1％に達すると予想されている（韓国国家統計庁 2001）。シンガポールではこの比率が，2000 年の 11％から 2030 年の 26％に増えると見込まれている（Choo et al. 1990）。

1999 年に「高齢化社会」となった中国は，世界最大の高齢者人口を抱え，高齢化のペースも世界最速である。総人口に占める高齢者人口の比率は，2026 年に 14％，2038 年に 21％に達し，国家老齢問題委員会によると 2051 年には高齢者の総数が 4 億 3,700 万人となりピークに達する。そしてその後も，高齢者人口 3-4 億人という状態が続く（Dan Zhang 2008）。

2025 年から 2050 年にかけての 80 歳以上人口の年増加率は，東アジアで 4％，東南アジアで 5％と見込まれる。1975-2000 年のこの比率は，それぞれ 3.9％と 4.1％だった。一方，世界全体をみると，1975-2000 年が 3.2％，2025-2050 年が 3.7％である（UN 2002, 2005）。

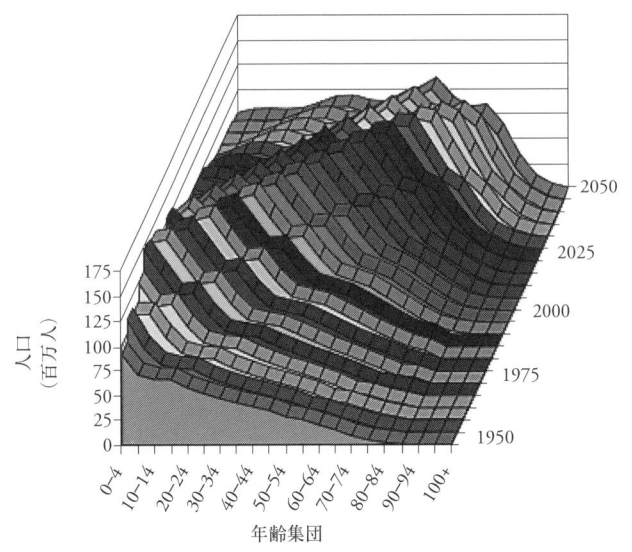

第3章　人口ボーナスとアジアの将来

図 3-8　2050 年にかけての東アジア人口の推移
出典：UN (2004).

　アジア途上国のなかで高齢化の進展が遅いのはマレーシアで，2020 年に 60 歳以上人口が総人口の 9.5％になると予想される（マレーシア統計局 2001）。
　このようにアジアも，社会の高齢化という 21 世紀の世界的なトレンドを追っていくこととなる。アジア全体の高齢者人口比率も 2000 年の約 6％から 2025 年の 10％へと増加する。これを数に直すと，わずか 25 年の間に約 2 億 1,600 万が 4 億 8,000 万人に増えることとなる（図 3-8）。
　国際連合アジア太平洋経済社会委員会（UNESCAP）の人口部（2007）は，人口の高齢化は今後も続くと予測している。これを裏づけるのは，総人口に占める高齢者人口の割合が，1950 年の 8％から 2007 年の 11％に，そして 2050 年の 22％へと増え続けるという予想である。自然死の年齢が上昇し続ける一方で，出生率が低水準で推移し続ける限り，人口に占める高齢者の割合は増える。世界全体をみても，高齢者人口は年率 2.6％と，総人口の伸び（年率 1.1％）を上回るペースで増えている（UNESCAP 人口部 2007）。今後少なくとも 2050 年までは，高齢者が他の年齢層に比べて速いスピードで増え続け

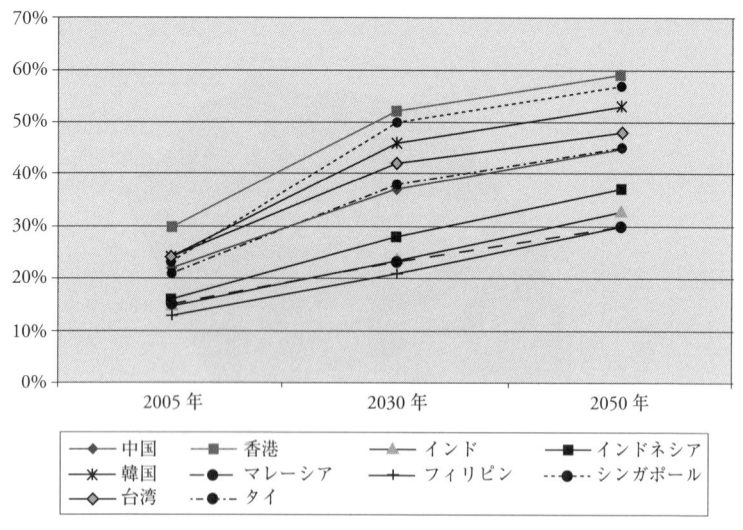

図 3-9 アジア各国の 50 歳以上人口（対総人口比）
出典：Patcharawalai (2008), UN (2005) による。

るとみられる。

　図 3-9 に，アジアの国別の 50 歳以上人口の比率を示した。増加のペースは国によって異なるものの，高齢者人口の比率がどの国でも増え続けるであろうことが示されている。高齢化のペースが特に速いのは香港とシンガポールで，それに韓国，台湾，タイ，中国が続く。それよりも緩やかに進行するのはインドネシア，インド，マレーシア，フィリピンである。

　2007 年，60 歳以上人口が総人口に占める比率が世界で一番高かったのは日本（27.9％）であった（UNESCAP 人口部 2007）。その他のアジア各国をみると，香港が 47 位（16.7％）で，さらに韓国（14.6％），シンガポール（13.5％），北朝鮮（11.8％），マカオ特別行政区（11.5％），中国（11.4％），スリランカ（11.2％），インド（8.1％）と続く。シンガポール以外の東南アジア諸国では，タイが 11.0％で比較的順位が高く，それにインドネシア（8.5％），ミャンマー（7.9％），ベトナムとマレーシア（いずれも 7.4％），そしてフィリピン（6.3％）が続いている。

このように，高齢化が一足早く進行しているのは，概ね東アジアの諸国である。東南アジア諸国のなかでは，シンガポールとタイで人口の高齢化が比較的速いペースで進行しているが，これは1960年代に実施された家族計画政策が大きな成果を挙げたためである。

Chan（2003）によると，出生率の低下はシンガポールの人口高齢化に大きな役割を果たした。合計出生率は，1957年の女性1人当たり6.5人から1975年には人口の維持が可能な人口置換水準を下回る1.9人に落ち込んだ。そして1975年以降，政府が出生率を増やそうとしたにもかからず，人口置換水準を下回り続けており，出生率を上げるための対策はあまり効果を上げていない。

東南アジア諸国のなかで，合計特殊出生率が最も速いペースで減少するのはタイ（23.22%）で，それにカンボジア（22.22%）が続く。対照的に減少率が小さいのはラオス（4.15%）で，それにシンガポール（5.88%）が続く。国連の中期予測（2020-2025年）によると，合計特殊出生率は，一番低いシンガポールの1.46から最も高いカンボジアの2.91と国によって差はあるものの，すべてのASEAN加盟国において減少すると予測される。さらに国連の中期予測は，多くの東南アジア諸国において2045-2050年に1.85になるとしている（Patcharawalai 2003）。

2000-2004年に人口成長率が最も低かったのはタイ（1.01%）だが，それが2010年以降は，シンガポールがトップとなり，タイは抜かれ2位となる。そして2045-2050年には，すべての東南アジア諸国において年間人口成長率が1%を下回るようになり，シンガポールとタイでは人口が減少に転じる。一方，国連の2050年人口推計によると，総人口が一番多いのはその時点でもインドネシア（約2億9,300万人）である。その他の国を多い順にみると，1億2,700万人（フィリピン），1億1,170万人（ベトナム），7710万人（タイ），6,450万人（ミャンマー），3,960万人（マレーシア），2,960万人（カンボジア），1,140万人（ラオス），450万人（シンガポール），70万人（ブルネイ）となっている（Patcharawalai 2003）。

2-5. 経済への影響

人口の高齢化の影響は，広範囲に及ぶ（UNESCAP 人口部 2007）。人間生活のすべての側面がその影響を大きく受けるのである。経済面では，経済成長，貯蓄，投資，消費，労働市場，年金，税収，世代間の富の移転などに影響を及ぼす。また高齢化が進展すると，ライフサイクルの過程での貯蓄行動も変化すると予想され，貯蓄や投資の総額も変化し，それが経済に影響を及ぼす。

理論上，人々はまだ働いているうちに貯蓄するという傾向にある。追加所得は投資を生む。だが高齢化社会では生産年齢人口が減り，労働市場への参加率も全体として減るため，貯蓄と投資の総額が減ると見込まれる。一方，専ら消費をする年金生活者は増える。これが，高齢化にともない悪化するとされる経常収支に，理論上の影響を及ぼす（IMF 2008）。

国際通貨基金（IMF）が発表した推定人口係数に基づく経常収支バランス予測によると，アジアの中でも高齢化のスピードの速い日本，香港，シンガポール，韓国では，今後 50 年のうちに，最大で GDP 比 6%にも達する大きな下方圧力が貯蓄投資バランスにかかる。理由の１つは，高齢化に伴う財政圧力により，公的・民間貯蓄が減少するためである。一方，貯蓄の主な担い手である生産年齢の人口が依然として増えている国々では，今後 15-30 年間，貯蓄の増加傾向が続くと思われる。

2-6. 家族への影響

高齢化社会では，労働市場への参加率が全体として大きく減少すると予想される。その間，高齢人口の対生産年齢人口比が上昇するため，高齢者を養うための負担が現役世代に大きくのしかかるようになる。（図 3-10）。

生産年齢人口の「一人稼ぎ主化」すなわち独身者の増加と，高齢人口の女性化傾向からみると，今後高齢の独身者の比率，特に女性の比率が高まるとみられる。

近年，高齢者の福祉を充実させる一方で，高齢者の社会や家族への負担を減らすために高齢労働者の活用をはかる，という現象が生じている。だが，

図 3-10　高齢化するタイ社会
出典：Patchara Wongboonsin によるイラスト，Kua Wongboonsin (2008).

高齢者の雇用やエンプロイアビリティは依然，多くの国で政策論争の的になっている（Kua and Patcharawalai 2008）。

　教育程度が低く，健康状態もよくなく，知識基盤社会で働くための技術スキルを持たない高齢者の尊厳をいかに保つかは，今後とも問題になる。雇用する側が高齢者差別を行うと，問題はさらに悪化するであろう（Kua and Patcharawalai 2008）。

　高齢者へのサポート方法の移り変わりには，2つの傾向がある。一方で，たとえば中国と日本のように，伝統的にみられた家族による扶養が減っている国がある。中国の高齢者扶養率（support ratio）──生産年齢人口（15-64 歳）を高齢者人口で除したもの──は，1950 年の 13.8 から 2000 年の 10.0 に，そして 2050 年に 2.7 に減少し，日本では同じ期間に 12.1 から 4.0，そして 1.4 へと減少すると予測される。他方，多くの東南アジアの諸国のように，世代間で高齢者を扶養する以外に，国家がサポート政策を推進する国もある。し

かしこれらの国々でも，2000年から2050年にかけて高齢者扶養比率はマレーシアが15.3から4.2に，ベトナムが11.5から3.16に，インドネシアが16.7から4.8に減少する（Demeny 2004; Kua and Patcharawalai 2008）。

2-7. 高齢社会の女性化と女性の労働参加率の低下

　女性の方が男性より長生きする傾向にあることを考えると，今後は女性の数が男性を上回り，高齢者人口の大きな部分を占めるようになると予測される。2025-2050年，世界の高齢者総人口に占める女性の比率は60歳以上では54％だが，これが80歳以上では63％である（図3-11）。一方，世界の総人口に占める女性の割合は，現在ちょうど50％である。

　アジアも，高齢者人口の女性化という世界のトレンドを追っている。60歳以上の女性が高齢者の総人口に占める割合は，東アジアでは2025年の53.7％から2050年の54.2％へ，東南アジアでは2025年の54.1％から2050年の54.6％へと増える。80歳以上の場合は，東南アジアでは2000年の58.9％から2025年の61.2％，さらに2050年の63.4％へと増える一方で，東アジアでは2000年の66％が，2025年に64.5％，そして2050年に63.3％へと逆に減少すると予測されている。

　人口ボーナスの観点からみると，女性は，将来のアジアにとって最も貴重な労働力である。だが，女性の労働参加の傾向をみると，アジアの高齢人口の女性化とともに，女性労働者数は減少していくと思われる。

　Hanenberg and Kua（1991）によると，女性の労働参加には2つの基本的パターンがある。
（1）M字型カーブのパターンは，女性の多くが教育を終えて労働市場に参入し，出産・育児期に仕事を辞め，その後子どもが学齢期に達してから再参入する場合に起こる。
（2）逆U字カーブは，20歳から50歳にかけての労働参加率が一定しているパターンである。

　M字型カーブは，多くの近代社会，たとえば日本，シンガポール，香港，韓国にみられるパターンである。女性の労働参加率は，M字型カーブであ

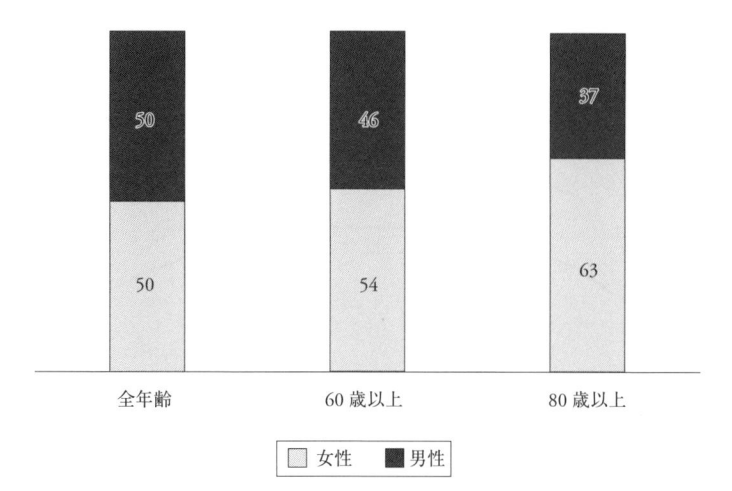

第 3 章　人口ボーナスとアジアの将来

図 3-11　高齢化の女性化

出典：UN (2005).

る東アジアの方が，逆 U 字カーブであるアジア全体よりも高い（図 3-12）。アジア全体も東アジアも，40 歳以降は女性の労働参加率が著しく減少し，60 歳以降は特に低い。50 歳代半ばまでは，東アジアの女性の労働参加率が比較的高いにもかかわらずである（図 3-12）。

　本章の研究対象のアジア諸国のなかで，1990 年半ば以降の子育てサポートや施設の不足の影響を受けているのはタイの女性労働参加構造である。タイの都市部では 1980 年代の逆 U 字カーブから，働く母親が仕事を辞める M 字型カーブに移行しつつある（Kua and Patcharawalai 2008; Hashimoto 2002, 2003; Ochiai 2003）。Kua (2004) によると，30-34 歳のタイ女性の就労率は，25-29 歳あるいは 35-39 歳よりも低い。

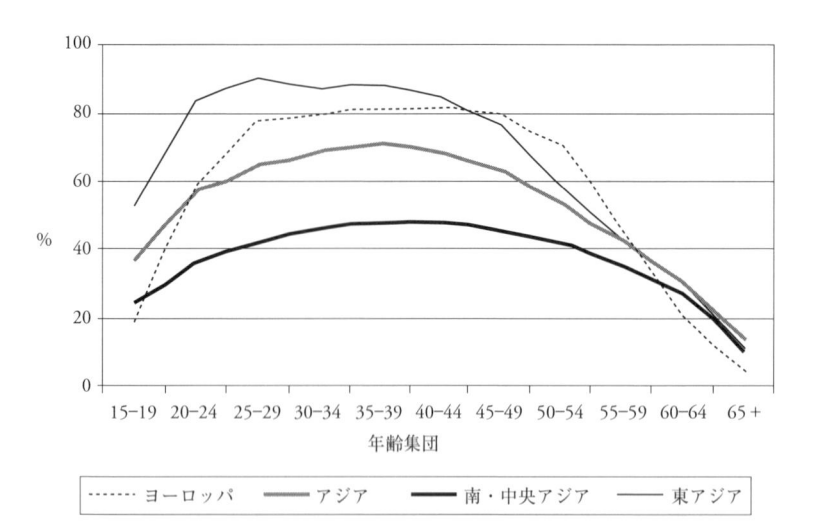

図 3-12　年齢別女性労働参加率：ヨーロッパとアジア（2005 年）
出典：Willem van der Geest (2005).

③ 公共圏

3-1. 現在の人口ボーナスの利用

　人口ボーナスは，人口転換のみによって自動的に生じるわけではない。ある国に適切な政策やそれを支える制度がなければ，ボーナスどころか重荷になったり，将来に備える時間のないままボーナスを最大限利用するチャンスを失ったりもしかねない。

　Bloom et al.(2003) が述べているように，人口ボーナスはさまざまなメカニズムを通じてもたらされるが，中でも重要なのは労働供給，貯蓄，人的資本である。教育の質を高めれば人的資本の質が向上し，教育へのリターンも増えうる。労働の質は，高いスキルや能力をもった柔軟な人的資源を生み出すための需要主導型教育を通じて高まる。そのためには，予算の適正配分，政策を支える制度上の仕組み，そして税制上の優遇措置などの政策措置をは

じめとした，長期の取り組みが必要である。

　現在，アジア諸国のなかでは東南アジアの国々が，人口ボーナスの恩恵を受けるチャンスに直面している。Patcharawalai (2003) によると，どの程度の経済的恩恵を受けることができるかは，国によって異なる。理由の一つは，市場がグローバル化する一方で，国ごとに異なる政策環境によって，培われる労働者のスキルや能力のレベルに差が生じていることである。膨れ上がる労働人口を活用して十分な成長を達成し，それによって将来に備えるのが途上国にとってカギとなる (*Economist* 2002)。

　今後，この地域で人口ボーナスが必ず生じるという保証はない。ひとつには，生産年齢人口が著しく減少し，それが生産量の伸びの低下，つまり「人口の壁」につながりかねないからである。アジアは今後，労働力不足に直面し，また労働力の高齢化に伴うその他の社会的，経済的問題も生じるとみられている。

　前述のとおり，生産年齢人口の伸びが大きい国は，アフガニスタン，ブータン，カンボジア，モンゴル，パキスタン，東ティモール，ラオス，フィリピン，一部の太平洋諸国である。だがこれらは，ワーキングプアが多く，インフォーマル経済の規模が大きく，まともで生産的な仕事が不足している国々であり，今後は労働供給圧力が非常に高まると予測される (ILO 2007)。これらの国々が直面する課題は，労働力人口増加率の低下に直面しているアジア諸国が抱える課題，すなわちライフサイクルの後半段階でまともな仕事に就けるような生涯教育を通じて，労働人生を延長し，高齢労働者の雇用可能性を高める一方で，スキルや知識を次の世代に伝えるメカニズムを提供するという課題とは対照的である (ILO 2006)。

　東南アジアの新興国では，質の高い人的資源へのニーズが高まった。だが多くの国では，需要に応えるための教育訓練の環境が未整備である。柔軟な労働市場の需要に対応できない労働力を大量に抱えるというのが，多くのアジア途上国の現状なのである。

　人口構造の変化による経済的恩恵を実現するために，アジアの各国政府は労働生産性を高めるための政策環境や制度上の仕組みを提供すべきである。労働者には技術的・社会的な両面で適切なコンピテンシー（成果を上げるた

めの思考・行動特性）が必要である。コンピテンシーの基本には，仕事をやりとげたり，他人や自分の置かれた環境と前向きに関わったりするという人間の基本的な能力があり，これが労働の生産性に関わってくる。知識や応用力，スキル，態度はコンピテンシーの根幹であるとみなされることが多いが，スキルは実用知識を指す場合もある。

　21世紀の知識集約型・技能主導型経済の時代において，人的資本，社会資本，文化資本という観点から国家や国際社会に貢献できる大人を育成するためには，若い人々がどのようなキー・コンピテンシーを身につけるべきかを明らかにする必要がある。

3-2. 第二の人口ボーナスに向けて

　第一の人口ボーナスが消えつつあるアジア諸国でも，需要主導の能力アプローチにより労働者の生産性を上げ，それによって資本が蓄積され，生活水準が持続的に向上するのであれば，第二の人口ボーナスを利用するチャンスはある。

　知識集約型社会では，特に生涯にわたっての学習がコンピテンシー開発の基本となる。政府は政策や制度上の仕組みにより，生涯学習を通じて前述のようなコンピテンシーをさらに高め，維持し，更新できるようにすべきだ。これは一つには，経済の成長とともにニーズや仕事の性格が変化し，またグローバル化にともない新たなチャンスが生まれるため，能力開発に求められるものが絶えず変化するからである（スキル開発における国際協力作業部会 2007）。またもう一つには，高齢化社会に向けての人口構造の変化に対応するためでもある。

　たとえばアジア諸国の労働力の将来予測をみると，能力開発や生涯学習をすすめるとともに，スキルや生産性の高い部門に労働者を再配置できない限り，今後タイが世界市場において国際競争力を発揮できるかどうかには不安が残る。もしそれが可能であれば，第二の人口ボーナスを活かしてビジョンも達成できるだろう。ストックとフローの両面においてタイの労働者のコンピテンシーや生産性を向上させるには，教育の改革と，職業スキルの訓練の

第3章　人口ボーナスとアジアの将来

改善が必要である。タイの労働者は，21世紀において質の高い仕事人生や家庭人生を維持するために，基本的，一般的，そして具体的なスキルを身に付けねばならない (Patcharawalai and Kua 2009)。

いまだに一つの地域として統一されていないアジアでは，各国がそれぞれに，あるいは集団で，地域の協調とグローバル化を進める努力をすべきである。地域的観点からは今後，その多様性を活かして，地域内のさまざまな部門間の関係を緊密にして，様々な分野での協力を促進することがアジアには求められている。

国際競争が激化するなかでの知識基盤経済のダイナミックな動きをみると，アジアの各国は，人的資源開発における地域間ギャップの解消に，早急に取り組まねばならない。地域協力においては，ストックと供給の両方の面で人材の生産性や効率を向上させる方法や手段を見出さねばならない。それによって第一段階の人口ボーナスを利用し，第二の人口ボーナスに間に合うように資源を蓄えることができる。

この地域で直ちに行動を起こすための政策提言の中でも，知識やスキルが不足した現状を抜け出して知識社会へと向かうことを，何よりも優先させるべきだ。そのために未熟練あるいは半熟練の労働力の活性化を図り，地域の人的資本を育成していかねばならない。

また，他のアジア発展途上国，特にアフガニスタン，ブータン，モンゴル，パキスタン，東ティモール，太平洋諸国における人的資源の開発も重要である。これらの国々における生産的な仕事の確保も急務である (Patcharawalai 2008)。

高齢者の世話や介護ができる扶養家族の人数が減っている社会では，特に施設やコミュニティのサポートが必要とされている。西欧型福祉国家は，高齢者を施設で社会的にサポートするという有力なモデルを示したものの，この制度は維持できないことが明らかとなったとされる (Demeny 2004)。Lee et al. (2008) は，特に低所得者のためのセーフティネットを確保するために，家族内で上の世代から下の世代へと資産を移転させることが依然として必要かもしれないと述べている。そのためには，政策立案者はその費用と効果を慎重に検討しなくてはならない。

また，扶養の対象には，高齢者だけではなくもちろん子どもも含まれる。いまだ発展途上にあるアジアの国々は，教育，育児，健康と尊厳を保ちながらの加齢，女性の労働参加などに関する政策を優先させるべきだろう。これらの政策を，公共，経済，財政などの政策によっても支援し，国全体の生産性を向上させていかねばならない（Kua and Patcharawalai 2008）。

　出生率の長期目標や政策についての再評価も必要である。再評価にあたっては，初婚年齢や初産年齢の動向の関連性に注目しつつ，出生率や家族形成行動を調べる，社会文化的なアプローチが有益なツールになるであろう。

要約と結論

　過去数十年，アジア各国の経済や社会は比較的若い人口と豊富な労働力を供給する人口転換の恩恵を受けてきた。人口転換によって経済や社会は急速に発展し続けたのである。

　アジアのダイナミズムは将来の世界経済にとっての鍵である。しかし，今後の見通しは国や地域によって異なり，この21世紀においてダイナミズムを保ち続けるための課題を，アジアが依然として突きつけられていることを本章では論じた。

　アジアの主要課題の一つは，第一の人口ボーナスを利用するための適切な政策やメカニズムを国家および地域レベルで明らかにし，それによって第二の人口ボーナスを確保して利用可能とすることである。さもなければ，今後高齢者人口が増えるに伴い，人口オーナスへの対応を迫られてしまう。

　そのためには，アジアの先進国と途上国はいずれも，人口の質と規模を最適化する一方で，知識集約型経済の活用を図らねばならない。発展途上にある国々においては，教育，育児，健康と尊厳を保ちながらの加齢，女性の労働参加などに関する政策を優先させるべきだろう。これらの政策は，国全体の生産性を向上させるためにも，公共，経済，財政などの政策によっても支えていかねばならない。さらに出生率の長期目標や政策についての再評価も必要である。

●参考文献●

Asian Development Bank (ADB). 1997. *Emerging Asia*. Manila: Asian Development Bank.
―――. 2008. *Asian Development Outlook 2008*. Manila: Asian Development Bank.
Bloom, David E. et al. "Demographic Transition and Economic Miracles." Paper prepared as learning material for the World Bank's Adapting to Change Core Course on Population and Reproductive Health.
Bloom, David E., David Canning, and Jaypee Sevilla. 2003. *The Demographic Dividend: A New Perspective on the Economic Consequence of Population Change*. Santa Monica: Rand.
Buchanan, Patrick J. 2002. *The Death of the West: How Dying Populations and Immigrant Invasions Imperil Our Country and Civilization*. New York: St. Martin's Press.
Chan, Angelique. 2005. "Singapore's Changing Age Structure: Issues and Policy Implications for the Family and State." In edited by Kua Wongboonsin and Philip Guest, *The Demographic Dividend*.
Choo, P. W. J., K. S. Lee, R. E. Owen, F. J. Jayaratnam. 1990. "Singapore: An Ageing Society." *Singapore Med J* 31: 486–488.
Dan, Zhang. 2008. "Preventing Neglect and Abuse in a Rapidly Ageing Society." DPI Briefing on Preventing Neglect of the Elderly in New York, May 22.
Demeny, Paul. 2004. Developing economic support systems for the old-age population in Asia: Learning from the mistakes of Western welfare states. Paper published as part of the International Conference on the Demographic Window and Healthy Aging: Socioeconomic Challenges and Opportunities Beijing, May 10–11, 2004.
Department of Statistics, Malaysia. "Economics Focus: Does Population Matter?" *The Economist*, December 5, 2002.
Engardio, Peter. 2002. The Chance of a Lifetime: Poor Nations Get a "Demographic Dividend." *Business Week Online International* Asian Cover Story, New York, March 25.
Guest, Phillip and J. Tan. 1994. "Transformation of Marriage Patterns in Thailand." Publication No. 176. Nakhon Pathom: Institute for Population and Social Research, Mahidol University.
Hanam S. Phang. 2006. "Demographic Dividend and Labor Force Transformations in Asia: The Case of the Republic of Korea." Korea Labour Institute.
Hanenberg, Robert and Kua Wongboonsin. 1991. "Labour Force Shortages in Thailand and Surpluses in Neighboring Countries: Recent Trends and Implications for the Future." In *Population and Labour Force of the Southeast Asian Region*. Institute of Population Studies publication No. 181/34. Bangkok: Chulalongkorn University.
Hashimoto, Hiroko. 2002. "Tai toshi chūkansō ni okeru kazoku: Bankoku-to kōgai o jirei ni (Urban middle class families of Thailand: cases in the suburbs of Bangkok)." *Shikoku Gakuin ronshū* (Shikoku Gakuin treatises) 109: 19–47.

———. 2003. "Tai toshi chūkansō ni okeru kazoku bunka no jizoku to henyō (Change and Continuity in Thai family culture in the urban middle class: the case of the Bangkok suburbs)". Paper presented at the 54th Annual Conference of the Kansai Sociological Association. Tokyo: Ottemon Gakuin University, May 24.

ILO. 2006. *Realizing Decent Work in Asia*, Report of the Director-General, Fourteenth Asian Regional Meeting, Busan, Republic of Korea.

———. 2007. *Visions for Asia's Decent Work Decade: Sustainable Growth and Jobs to 2015*. International Labour Organization.

———. 2008. *Regional Outlook: Asia and Pacific*. World Economic and Financial Surveys. Washington, D. C.: International Monetary Fund, November.

Japan's child population falls to record low." Kyodo News 5 May 2009 available at <*www.japantoday.com/category/national/view/japans-child-population-sags-to-record-low*> retrieved on May 5.

Jow, Ching Tu. 2005. "Fertility Transition and Gender Equity in Chinese Societies: Taiwan and Hong Kong." Prepared for the Conference On Lowest Low Fertility, Taipei, Taiwan.

Kua, Wongboonsin. 2003. *Population and Human Resource Development*. Bangkok: Chulalongkorn University Printing House.

———. 2004. "The Demographic Dividend and M-Curve Labour Force Participation in Thailand." *Applied Population Policy* 1(2): 115.

———. 2008. *Sang Kom Sor Wor (The Ageing Society)*. Bangkok: Chulalongkorn University Press,.

Kua, Wongboonsin and Philip Guest (eds.) 2005. *The Demographic Dividend: Policy Options for Asia*. College of Population Studies; Asian Development Research Forum and Thailand Research Fund. Bangkok: Chulalongkorn University Printing House.

Kua, Wongboonsin, Philip Guest, and Vipan Prachuabmoh. 2005. "The Demographic Window of Opportunity: Demographic Change and the Demographic Dividend in Thailand." *Asian Population Studies* 1(2): 245–256.

Kua Wongboonsin and Patcharawalai Wongboonsin. 2008. "Modern Population Trends, M-Curve Labour-Force Participation and the Family." In Emiko Ochiai and Barbara Molony (eds.), *Asia's New Mothers: Crafting Gender Roles and Childcare Networks in East and Southeast Asian Societies*, pp. 129–139. London: Global Oriental.

Lee, Ronald, Sang-Hyop Lee, and Andrew Mason. 2008. "Charting the economic lifecycle." In A. Prskawetz, D. E. Bloom and W. Lutz (eds.) *Population Aging, Human Capital Accumulation, and Productivity Growth*, a supplement to *Population and Development Review* 33: 208–237. New York: Population Council.

National Statistical Office, Thailand. 2003.

Mason, Andrew. 2003. "Changing Age Structure and Their Implication for Development." Presented on 29 September.

Mason, Andrew and Ronald Lee. 2004. *Reform and Support Systems for the Elderly in Developing Countries: Capturing the Second Demographic Dividend*, Paper presented at the International Conference on the Demographic Window and Health Aging: Socioeconomic Challenges and Opportunities, Beijing, May 10–11.

Mason, Andrew and Tomoko Kinugasa. 2005. "East Asian Economic Development: Two Demographic Dividends." *East-West Center Economic Series*, 83.

Mason, Andrew and Ronald. Lee. 2006. "Reform and Support Systems for the Elderly in Developing Countries: Capturing the Second Demographic Dividend." *GENUS*, LXII(2): 11–35.

Ochiai, Emiko. 2003. "Ajia tomobataraki shakai o sasaeru mono: Chugoku, Tai, Shingapōru no Baai" (Childcare support in Asian working-couple societies: China, Thailand and Singapore). *Gendai no Espuri (L'esprit d'aujourd'hui)* 429: 93–107.

Office of Registration Administration, Ministry of Interior, Thailand. 2003.

Ogawa, Naohiro, Makoto Kondo, and Rikiya Matsukura. 2004. "Japan's Transition from the Demographic Bonus to the Demographic Onus." Paper presented at the International Conference on the Demographic Window and Healthy Aging: Socioeconomic Challenges and Opportunities, Beijing, May 10–11.

Patcharawalai Wongboonsin. 2003. "Demographic Dividend: Window of Opportunities and Challenges for ASEAN in the Century." In Kua Wongboonsin (ed.) *Proceedings of National Conference on Six Remaining Golden Years for International Competitiveness: Impacts of Demographic Transition (Policy Preparation for Demographic-Dividend and Post Demographic-Divided Periods) Bangkok, 6 November*, Bangkok: Chulalongkorn University Printing House.

―――. 2008. "Lifelong Learning in Asia, Socio-Economic Challenges and Trends of LLL Regime." Beijing: ASEM LLL Hub Meeting.

Patcharawalai Wongboonsin and Joannis Kinnas. 2005. "Maximizing the Demographic Dividend via Regional Cooperation in Human Resource Development." In Kua Wongboonsin and Philip Guest (eds.) *Policy Synthesis on Demographic Change and Demographic Dividend in Asia*, Asian Development Research Forum and Thailand Research Fund.

Patcharawalai Wongboonsin and Kua Wongboonsin. 2009. "Towards Competence Development of the Thai Workforce in the 21st Century." In Knud Illeris (ed.) *International Perspectives on Competence Development: Developing Skills and Capabilities*, New York: Routledge.

UNESCAP 2007. Population Division *World Population Ageing*.

United Nations 2005. *World Population Prospects: The 2004 Revision* (medium scenario).

Willem van der Geest. 2005. *Disparities in Patterns of Development EU and Asia*. Brussels: European Institute for Asian Studies.

第4章 戦後日本型ライフコースの変容と家族主義
── 数量的生活史データの分析から

岩井八郎

1 ライフコースと家族主義

　日本人の人生のあり方が，変化の時期に直面している。非正規雇用の拡大，失業率の高まり，転職の増加，高等教育進学率の上昇，新卒者の就職難，専業主婦の縮小，初婚年齢の上昇，少子高齢化の急速な進行，所得の低下と所得格差の拡大など，「失われた10年」と呼ばれた1990年代半ばからの10年間を経て現在までに生じた様々な現象は，日本人がこれまで自明としてきた人生パターンが崩れ始めたことを示している。

　1970年代から90年代に至るまで，石油危機以後の低成長時代を乗り切った日本社会は，国際的には安定したシステムだと評価されていた。男性の標準的な人生は，学歴や職業に違いがあるが，学校教育から職業への移行がスムーズであり，失業率も低く，定年までの職業が保障されていた。女性についても，既婚女性の就業率が上昇してきたが，M字型就業の持続が示すように，性別役割分業型の人生モデルが定着していた。

　このような日本人の人生パターンは，国際比較の観点から「家族主義」と呼ばれている。その根拠としては，男性を稼ぎ手，女性を家族のケアの担い手とする性別役割分業が維持されていること，高齢者における子どもとの同居率が高く，人々の福祉が家族とのつながりの中から生み出されるとする通念が根強いこと，企業の従業員とその家族に対する福利厚生が手厚いことな

どが指摘されてきた (Esping-Andersen 1997, 1999 = 2001)。また，教育費が家計に大きく依存している点も含めてよいだろう。

日本的「家族主義」を論じる場合，日本社会における家族の伝統や歴史に関して国際比較研究に基づく詳細な検討が求められるかもしれない。しかし，本章では，1970年代から90年代にかけて欧米諸国との比較によって明らかとなった，日本の特徴に注目している。次節で紹介するように，例えば，女性のM字型就業パターンは，他国において変化のあった時期に変化が乏しいために「日本的なもの」として浮き彫りになった。高齢者の就業についても同様の傾向がある。ここでいう日本的「家族主義」とは，1970年代から90年代まで，政策や一般的な人々の意識において，日本人のライフコースを支えたシステムの特徴を指している。また「戦後日本型ライフコース」とは，この「家族主義」を背景にして1970年代から90年代に顕著になった人生パターンをいう。

近年生じている変化は，このシステムの行き詰まりと密接に関係している。その問題は，女性の就業機会と家族形成との関係，若者層における学校から職業への移行，子どもと同居する高齢者の特徴などにあらわれている。本章では，最近の実証的なライフコース研究の成果を用いて近年の変化を説明し，今後の方向性と課題を考察したい。

次節では，マクロデータを基に1970年以降の女性の年齢段階別労働力率と高齢者の労働力率の変化を示し，日本の位置づけを明確にする。そして，これまで実施してきた数量的な生活史データの分析結果を用いて，第3節では，1990年代後半より顕著になった女性のライフコースの変化を説明する。第4節では，子どもと同居する不就業高齢者の所得分布から，近年生じている同居の意味の変容を指摘する。第5節では，家族主義の基盤であった男性の職業経歴の安定性が，若年層で揺らいでいる点に焦点をあてている。このような数量的なライフコース研究の結果は，日本的システムが異なるシステムに移行しているというよりも，「縮小」していることを示している。

第 4 章　戦後日本型ライフコースの変容と家族主義

２　福祉レジームの比較からみた日本

　エスピン‐アンデルセンの福祉レジーム論は，すでに広く取り上げられており，「脱商品化」と「階層化」を指標とした類型の妥当性や，ジェンダー次元の軽視に対して多くの批判も寄せられてきた（Esping-Andersen 1999＝2001）。しかし，ライフコースの変化に関する実証的な国際比較研究にとって，依然として基本的な研究枠組みを提供している（たとえば，Blossfeld et al. 2005）。「社会民主主義」「保守主義」「自由主義」の 3 類型は，1970 年代から 90 年代にかけての女性や高齢者の就業に関する欧米諸国の変化を把握し，日本の現状を理解する上で有効である。

　図 4-1〜図 4-3 は，OECD の労働力統計を用いて，スウェーデン，ドイツ（1989 年までは旧西独），アメリカ合衆国について，1970 年から 2005 年までの女性の年齢段階別労働力率の推移を示している。また図 4-4 は，日本について労働力調査を用いて同様の推移を描いている。グラフを比較してみると変化の差異がよくわかる。

　女性の年齢段階別労働力率は，1970 年において，各国とも結婚・出産・育児の年齢段階（25〜34 歳）で比率が低下していた。つまり家族形成と離職との間に対応関係があった。しかし 1990 年までに日本以外の国で，その傾向が崩れており，変化のパターンに国別の特徴があらわれている。スウェーデンでは，どの年齢段階でも労働力率が上昇して男性と同じ台形型になっている。ドイツ（1989 年までの旧西独）は，年齢とともに労働力率が低下する傾向があったが，30 歳代と 40 歳代の労働力率が上昇している。ただし，どの年齢段階の労働力率も他の国より低い。アメリカも，スウェーデンと同じように台形型に変化しているが，スウェーデンよりも労働力率は低い。日本の場合，労働力率の上昇がみられるものの，M 字型が維持されており，その傾向は 2005 年まで継続している。

　図 4-5 は，1970 年以降の 60〜64 歳男性の労働力率の推移について 4 ヵ国で比較している。1970 年時点では，各国とも 60〜64 歳の労働力率が 70〜80％であって，国別の違いがあまりはっきりとしていない。しかし 1970 年

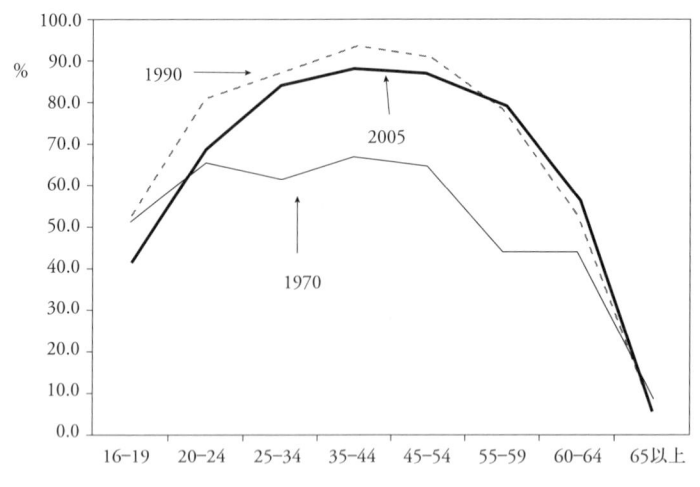

図 4-1　女性の年齢段階別労働力率の推移：スウェーデン

資料出所：Labour Force Statistics 2004, 2009 (OECD) より作成．ILD の労働力統計も利用。

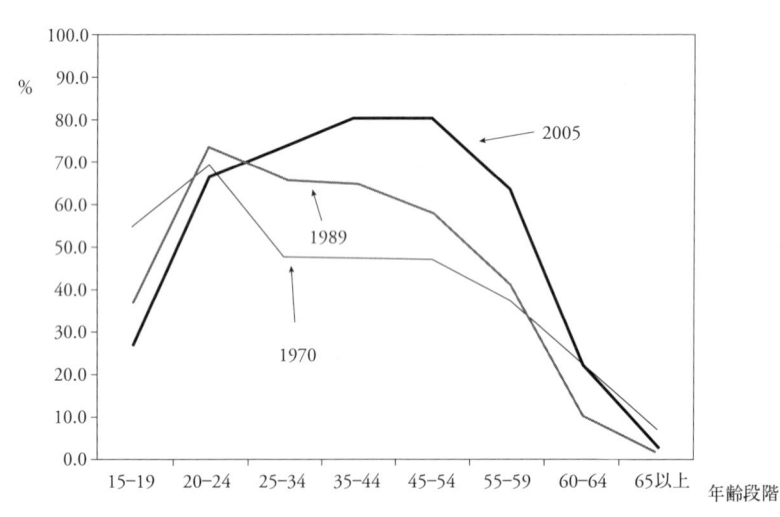

図 4-2　女性の年齢段階別労働力率の推移：ドイツ

資料出所：Labour Force Statistics 2004, 2009 (OECD) より作成．1989 年までは旧西独のデータ，2005 年は旧東独を含む。

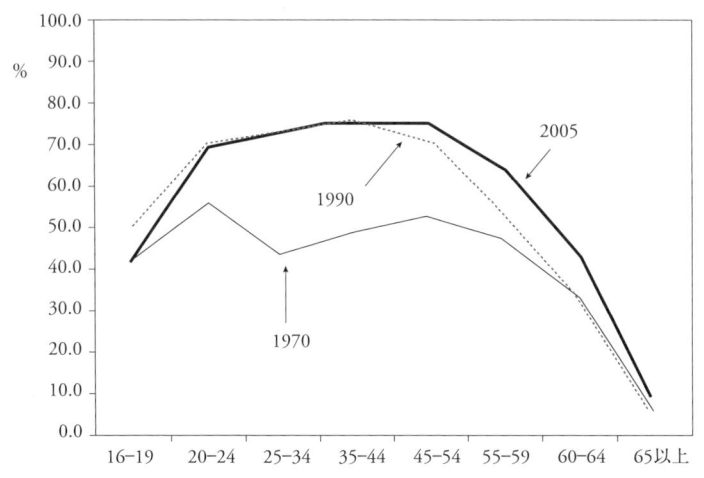

第 4 章　戦後日本型ライフコースの変容と家族主義

図 4-3　女性の年齢段階別労働力率の推移：アメリカ
資料出所：Labour Force Statistics 2004, 2009 (OECD) より作成

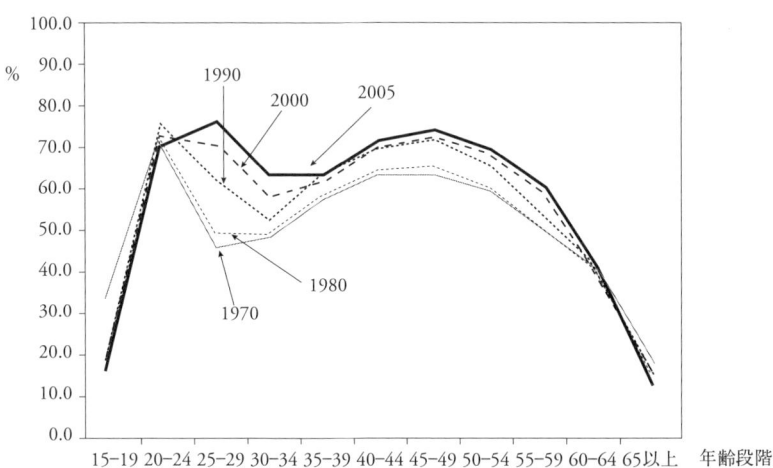

図 4-4　女性の年齢段階別労働力率の推移：日本（5 歳間隔）
資料出所：総務庁統計局「労働力調査」(厚生労働省『働く女性の実情　平成 21 年版』掲載)

図 4-5　高齢者の労働力率の比較：60-64 歳
資料出所：Labour Force Statistics 2004, 2009 (OECD) より作成。スウェーデンについては，ILO の労働力統計も利用した。

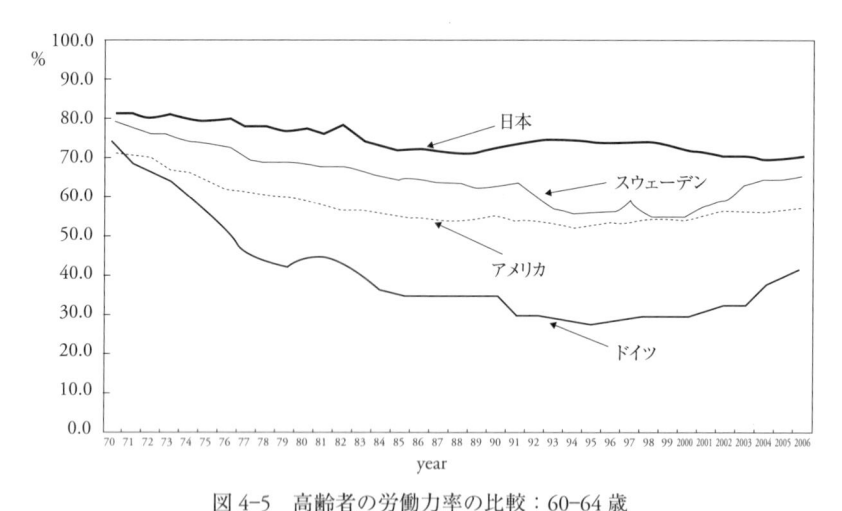

からの労働力率の低下に各国の特徴があらわれている。4 ヵ国とも労働力率が低下しているが，ドイツが最も顕著な傾向を示している。アメリカもスウェーデンも低下しているが，その程度はドイツほど大きくはなく，アメリカよりもスウェーデンのほうが高い。そして，この年齢層の労働力率は，日本が最も高く，変化も小さいことがわかる。

このような 1970 年以降の女性と高齢者の労働力率の推移は，それぞれの国が福祉レジームによって方向付けられた変化の経路をたどったことを示している[1]。

「社会民主主義」のスウェーデンは，福祉国家が広範囲のサービスを提供しているため，福祉が家族や市場に依存する度合いが低い。税収の基盤を確保し，このシステムを維持するためには，完全雇用だけではなく，男女の雇用を最大限まで高めようとする傾向がある。近年，政策的に早期退職を抑制

---

1) より詳しい説明は，岩井 (2006) を参照。なお，1970 年までをフォーディズム型レジームとし，1970 年代以降をポスト・フォーディズム型レジームととらえ，ポスト・フォーディズム段階におけるバリエーションとして，福祉レジームの類型を考察する立場がある (Mayer 2005; 岩井 2010)。

しており，60歳代前半の労働力率が上昇に転じている。

「保守主義」と呼ばれるドイツの場合，稼ぎ手（男性）の安定した職業キャリアが優先され，職種や職域別の諸手当，社会保険によって家族全員の福祉がカバーされる。基幹労働力としての男性の雇用と所得の維持が優先されるため，女性や高齢者の雇用を促進する政策が乏しい。若年労働力を確保するために，1970年代半ば以降，中高年の早期退職が促進され，年金制度も整備された。高齢者にとっては，「労働のない福祉国家」と呼ばれるほど労働力率が低かったが，近年少子高齢化が進み，財政基盤の悪化からこのシステムも転換期を迎えており，60歳以上の労働力率も上昇している。

アメリカは「自由主義」であり，人々は仕事から収入を得て生計を維持し，福祉サービスを受けるためには，市場のメカニズムに依存するしかない。ヨーロッパ諸国では国家によって担われている福祉関係の施策が，アメリカでは個人と企業との契約に組み込まれている。労働力率がスウェーデンほど高くならないのは，就業行動が個人と市場との取引によって決定される結果である。

日本の場合，1970年以降，スウェーデンやドイツ，アメリカと同じような変化の方向をたどらなかったために，ユニークさが浮き彫りになった。すでに述べたように，男性の稼ぎ手に60歳代まで安定した就業機会があり，女性のM字型就業が示すように性別役割分業型の人生パターンが維持されてきた。さらに高齢者の子どもとの同居率の高さなども加えられて，「家族主義」と概念化されているが，このような特徴が1970年以降に他の先進諸国との比較によって明らかになった点を再度，強調しておこう。1970年時点では，図4-1〜図4-5が示すように，4つの国を比較しても差異ははっきりしない。日本的「家族主義」は，国際比較から「再発見」された1970年代以降の特徴である。

③ M字型就業パターンの定着と変容

3-1.「団塊の世代」のライフコース

　日本人女性の年齢段階別労働力率は，図4-4のように1970年の時点で，20歳代前半と40歳代に山のあるM字型曲線を描いていた。ただし，これは異なる年齢層の労働力率をもとに作成されたクロス・セクショナルなデータである。本節では，数量的な生活史データをもとに，人々の就業行動が年齢とともにどのように変化しているのかを検討する。

　1970年に20歳代前半であった年齢層は，第二次大戦後のベビーブーム期（1947-49年）に生まれた「団塊の世代」と呼ばれる人々が大半を占めている。人口規模が大きいこの世代は，高度成長期に教育を受け，1970年代に20代を過ごし，「豊かな」日本社会の中で成人生活を送り，現在では退職の年齢を迎えている。女性は高校を出て正規雇用として働き，25歳までに結婚して退職，2人の子どもをもって，子どもが小学校に入ると家計のためにパートに出るといった人生のパターンをたどる人が多かった。男性では，大学進学率はまだ低かったが，定年まで安定した職業生活が保障されてきた。

　この世代の女性のライフコースを視覚化すれば，図4-6のようになる。この図は，2005年「社会階層と社会移動」（SSM）調査から得られた職業経歴データを用いて，正規雇用，非正規雇用，家族従業者，無職の比率について，年齢ごとの変化を示している。20歳を見ると正規雇用が65％ほどであるが，その値が20代後半に20％程度まで低下して，50歳まで大きな変化がない。非正規雇用（パート）を見ると，30代半ばから徐々に増えて，40代後半では正規雇用と同程度になっている。図の上の部分は，無職である。図は，結婚・出産までと子育て後に2つの山がある，M字型と呼ばれる就業曲線を示している。20代前半に正規雇用として働き，結婚や出産の時期に就業をやめ，30代後半から非正規雇用が増える傾向がはっきりと読み取れる。

　このような傾向は，団塊の世代よりも若い年齢層の女性でも継続し，1970年代前半に生れた「団塊ジュニア」になるまで，ほぼ同様のライフコースを

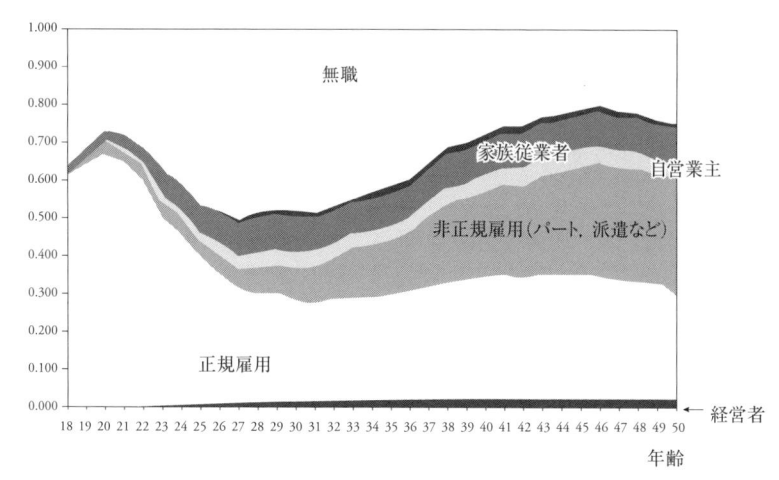

第4章　戦後日本型ライフコースの変容と家族主義

図4-6　女性のライフコース：1945-49年出生
出典：2005年「社会階層と社会移動」調査。

たどる人たちが多かった。そのため，図4-4のように年齢段階別労働力率が変化しなかった[2]。つまり，1990年代までの女性のライフコースには，「家族主義」が色濃く反映している。

ただし，この家族主義のもとでは，女性の就業機会の拡大と家族形成とが両立しない点を指摘しておこう。若い女性にとっての選択肢が，子どもの養育や高齢者のケアのために主婦として家庭にいるか，就業を継続して家族形成を延期するかに限られるため，サービス経済化が進み，女性の教育水準が向上して，就業年数も長期化するようになると，就業しない場合のコストが大きくなり，晩婚化と少子化が加速すると考えられる。確かに1970年代半ばより，初婚年齢が上昇し，出生率が低下を続けた。日本の出生率は，現在では国際的にも最低水準となっている。このことからもM字型の就業パターンが持続しているが，就業機会と家族形成の両立がより困難になっていることがわかる。

---

2) 詳細については，岩井（2008）を参照。

3-2. 「団塊ジュニア」のライフコース

　1990年代半ば以降になって，女性の高学歴化が進み，男女雇用機会均等法が改正され，男女共同参画社会が政策目標になって，女性の就業継続を阻む要因を取りのぞこうとする施策が実施されている。しかしその反面，経済状況の悪化によって，正規雇用が抑制され，非正規雇用の増加や職業経歴の不安定化が問題視されている。

　若い年齢層のライフコースは現在どのようになっているのだろうか。図4-7は，2009年に実施されたJGSS-2009ライフコース調査を用いて，図4-6と同様の方法で，1972-74年出生の女性のライフコースを描いている[3]。1972-74年出生は，第二次ベビーブーム期に生れた世代であり，80年代の「豊かな時代」に学校生活を送るが，20歳代に1990年代半ば以降の時代状況に直面している。

　図4-7を見ると，図4-6とは異なる傾向があらわれている。20歳代後半から30歳代の就業率が上昇して，M字型から台形型へと変化していることがわかる。図4-6の場合，28歳の就業率は50％であったが，図4-7では73％になっている。しかし，正規雇用は23歳の60％から徐々に低下し，非正規雇用が年齢とともに増加している。非正規雇用は25歳で19％弱の高さとなり，自営業主や家族従業者は少ない。「団塊ジュニア」と呼ばれる世代のライフコースは，親世代と比べると，20代において正規雇用から退職へという道筋は崩れているが，非正規雇用の割合が上昇しており，職業経歴の不安定さが高まっている。

　同じように，1978-80年出生の女性のライフコースを分析すると（図は略），この傾向がさらに明瞭になっている。25歳における正規雇用は46％であるが，非正規雇用が25％を超え，職業経歴の不安定さがさらに高まっている。

---

[3] JGSS-2009ライフコース調査は，1966年から80年生まれ（28～42歳）の男女を対象に実施した全国調査である。標本数は6000，有効回答数は2727，転居，住所不定など調査不能票をのぞいたうえでの回収率は51.1％。調査の詳細については，JGSS研究センターのホームページ（http://jgss.daishodai.ac.jp）を参照。調査設計については，佐々木ほか（2009）を参照。

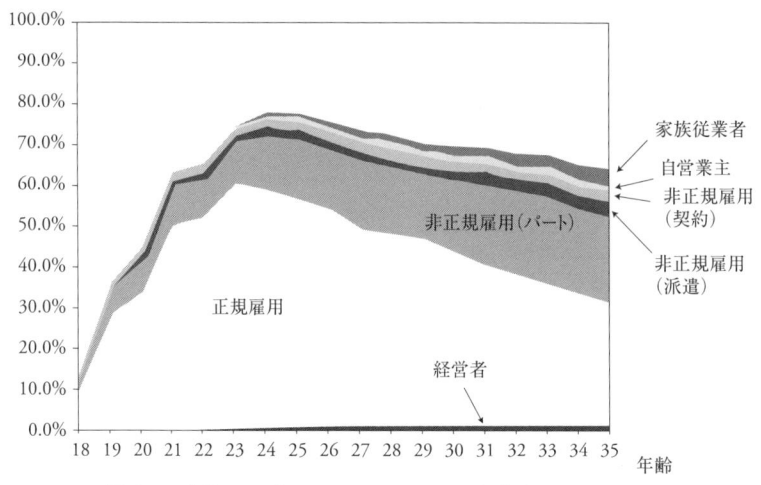

図 4-7　女性のライフコース：1972-74 年出生，349 ケース
資料出所：JGSS-2009 ライフコース調査

3-3. 就業パターンと家族形成

　このような就業パターンの変化が，家族形成とどのように関係しているのだろうか。この点を調べるために，表 4-1 では，20 代後半から 40 代前半の女性を出生年の異なる 3 つのグループに分けて，25 歳，28 歳，33 歳の時点での無職，非正規雇用，正規雇用における既婚者の割合を求めている。図 4-7 の場合，1972-74 年出生の 28 歳時点で，正規雇用者は 47％，非正規雇用者（パート，派遣，契約の合計）は 20％，無職が 27％であったが，表 4-1 は，それぞれの中での既婚者の割合を示している。

　28 歳時点の無職の既婚者割合を見よう。1966-68 年出生では，62.5％が既婚だが，1978-80 年出生では 87％となっており，若い世代ほどその割合が高まっている。一方正規雇用を見ると，若いほど既婚者の割合が低下しており，1966-68 年出生では 59％，1978-80 年出生では 38％に低下している。非正規雇用の 28 歳を見ても，既婚者の割合が低下していることがわかる。同様の傾向は，25 歳でも 33 歳でも読みとれる。

　女性の就業率が高まり，Ｍ字型就業パターンが若い年齢層において崩れ

表 4-1　女性のライフコースと家族形成

(1) 無職における既婚者の割合			
	25 歳	28 歳	33 歳
1966–68 年出生	42.0%	62.5%	84.4%
1972–74 年出生	48.0%	67.0%	92.0%
1978–80 年出生	49.2%	87.3%	
(2) 正規雇用における既婚者の割合			
	25 歳	28 歳	33 歳
1966–68 年出生	30.1%	59.2%	77.1%
1972–74 年出生	31.6%	52.1%	63.1%
1978–80 年出生	22.2%	38.4%	
(3) 非正規雇用における既婚者の割合			
	25 歳	28 歳	33 歳
1966–68 年出生	46.8%	67.5%	85.3%
1972–74 年出生	31.8%	66.2%	82.6%
1978–80 年出生	31.4%	53.8%	

はじめているが，表 4-1 の結果は，無職における既婚者割合が上昇する一方で，就業者における既婚者割合が低下していることを示している。ただしこの結果から，正規雇用を継続すれば結婚が難しいとか，結婚すれば就業を継続できないとかといった因果関係を読みとることはできない。また，正規雇用から結婚・出産・退職へといった移動がどの程度あるのかも分析していない。

表 4-1 は，20 代後半より，就業しない既婚者層（専業主婦）と，正規であろうと非正規であろうと就業を継続する未婚者層とに分化する傾向が強くなっていることを示している。女性の就業を促進し，男女の平等を進め，男女の働き方を問い直すといった「男女共同参画社会」を目指す施策が実施されてきた。しかし上の結果から，若い年齢層において，就業と家族形成との両立が困難になっており，1970 年代から定着していた「家族主義」を受け入れる層と受け入れない層との分化が進んでいると考えられる。

4 高齢者の社会的地位と同居の意味の変化

4-1. 高齢者の社会的地位の変化

　日本の高齢社会は，国際的にみると，高齢化が進んだ速さに加え，高齢者の就業率の高さ，および子どもとの同居率の高さを特徴としてきた。高齢者における子どもとの同居率は低下を続けてきたが，依然として国際的にはその割合は高く，2005年で65歳以上の45.0％が子どもと同居しており，日本の「家族主義」を示す証拠とみなされてきた。ただし，子ども世代と親世代の同居については，既婚の子どもと親との同居率は低下している一方で，未婚の子どもと親との同居率が上昇している。また老親扶養に関する価値観も変化しており，子どもが「老父母の面倒をみること」について，「よい慣習」または「子どもの当たり前の義務」とする者が，1980年代半ばでは合計で70％台であったが，その後は低下を続けて，2000年には45％になっている。また「老後を子どもに頼るか」という質問に対しても，2000年には有配偶女性の64％が「頼るつもりはない」と回答している（毎日新聞人口問題調査会編 2000）。つまり高齢者の福祉が，子ども世代との同居によって生み出されるとする，旧来の「家族主義」的な前提が揺らいでいるのである。

　その背景の一つに，少子高齢化の急速な進行に加え，1970年代から高齢者政策が展開された結果，高齢者の経済的地位が向上した点が挙げられる。すでに図4-5で見たように，日本の高齢者の労働力率は，1970年以降，欧米諸国のような著しい低下はなく，60歳前半では70〜75％で推移してきた。これを逆に見ると，非労働力率もほぼ一定であったことになるのだが，年金制度の拡充によって，就業していない高齢者の経済的地位が向上してきた。1975年，85年，95年のSSM調査を用いた分析では，60歳代の高年齢層のライフコースと経済的地位について，以下の点が明らかになっている（岩井 2001）。

　第一に，日本の60歳以上の就業率は依然として高いが，1980年代に不就業層が増加した。90年代になって，50歳時に大企業・官公庁の雇用者層が

60歳で定年退職して無職になったが，その他の職業では就業を継続する傾向があった。

　第二に，公的年金制度の拡充によって不就業層の経済的地位が向上した。1975年では，不就業高年齢層の大半が低所得であったが，85年になると，低所得層と年金受給者の2つに分かれるようになった。そして95年において，不就業層の所得は年金額あたりに集中していた。1990年代になって，不就業高年齢層にとって他者に経済的に依存する必要はなくなった。

　第三に，高齢者にとっての家族形態の意味が変化した。不就業層の経済的地位が向上し，世帯の他の成員への経済的依存性が低下した。その結果，1995年では経済的依存という意味での子ども世代との同居が著しく減少していた。高齢期における，就業継続か不就業か，子どもと同居するか否かは，選択肢となった。つまり，近代的な夫婦家族が高年齢の不就業層にとっても選択可能な家族形態になった。

　1990年代前半が日本の高齢者にとって「黄金の時代」であったのかもしれない。90年代後半以降，経済的な停滞のなかで高齢者の雇用機会や所得の向上はなく，少子高齢化がさらに進行して，年金，医療，介護などの諸制度も見直しに迫られている。さらに，近年の若者層における経済的な不安定さが，同居の意味を変容させている。

4-2. 子ども世代の不安定化と同居の意味

　図4-8は，2005年のSSM調査を用いて，子どもと同居している60〜69歳の不就業男性の本人年収と世帯年収の分布を示している。また比較のために，図4-9として1995年SSM調査で，子どもと同居している60〜69歳の不就業男性の本人年収と世帯年収の分布を示している。

　図4-8を見ると，子どもと同居する不就業の高齢層に3つのタイプが含まれていることがわかるだろう。まず，本人年収120万円以下の低所得層が20%程度存在する。世帯年収では割合が低下しているので，このタイプは，子どもとの同居によって経済的な補助を得ている。次に，世帯年収400万円あたりに20%以上が集中している。本人年収が200〜300万円の年金額あ

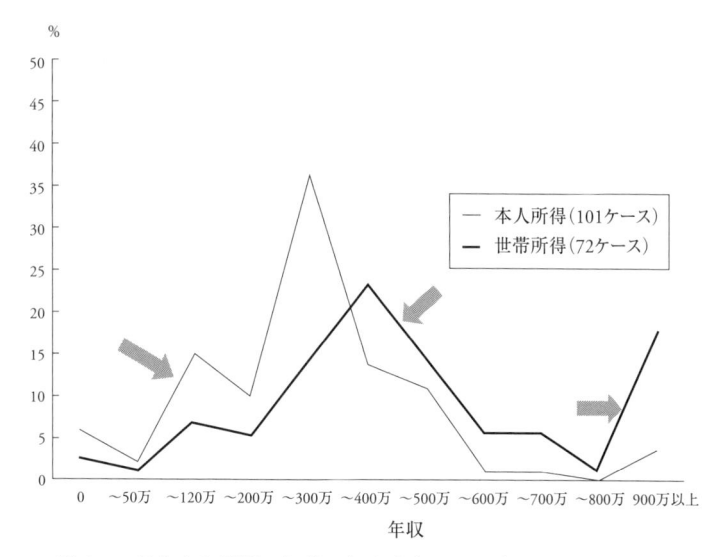

第4章　戦後日本型ライフコースの変容と家族主義

図 4-8　子どもと同居・無職の収入分布：2005 年，60〜69 歳男性
出典：2005 年「社会階層と社会移動」調査（調査によって収入区分が異なる）

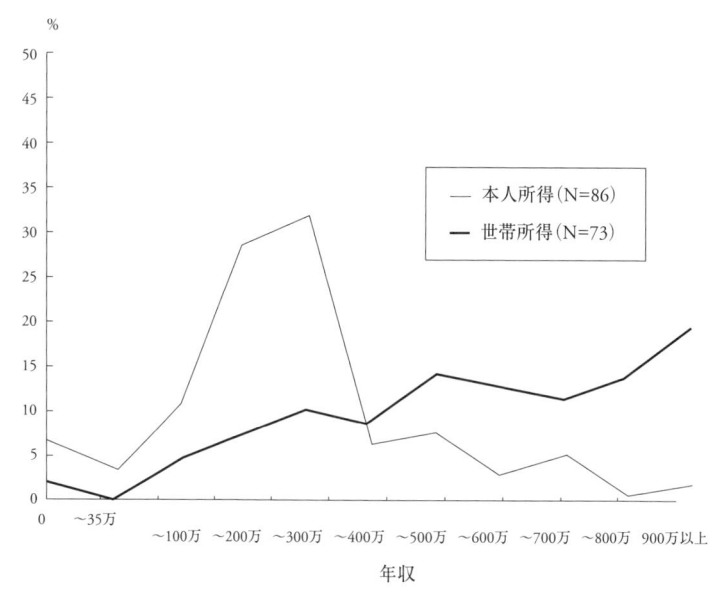

図 4-9　子どもとの同居・無職の収入分布：1995 年，60〜69 歳男性
出典：1995 年「社会階層と社会移動」調査（調査によって収入区分が異なる）

たりに集中しているので，子どもと同居しても世帯収入が大きく上昇していない。同居している子どもの収入が高くないと判断してよいだろう。そして第三が，世帯年収900万円以上であり，約18％となっている。明らかに，豊かな同居だといえる層である。

　図4-9の1995年の場合と比較してみよう。2005年になって本人収入の低い層がやや増えているが，本人収入の分布は年収200〜300万円の年金額に集中しており，この点については1995年と2005年の間で大きな違いはない。しかし世帯収入では，1995年に500万円以上が60％程度もあったが，2005年では30％程度にまで低下している。世帯年収900万円以上は，1995年も2005年も20％弱あり，ここに変化はない。1995年では，子どもと同居する60代の不就業者が，経済的に子どもに依存する傾向はかなり小さかった。1995年と比べると，2005年では不就業の高年齢層の子どもとの同居に，親世代と子ども世代との経済的な相互依存関係があらわれていると考えられる。子どもにとっても，親から独立して生活するよりは，同居の方が経済的な安定性を維持できるのであろう。

　1995年の調査では，第二のタイプが確認できず，子どもと同居すると年金に子どもの収入が加わって，世帯として「豊かになる」と判断できた。しかし2005年になって，年金収入に頼る親世代と低所得の子世代が，同居によって相互依存する生活形態が顕在化している。旧来の「家族主義」のもとでは，子ども世代による高齢者の扶助が想定された。しかし90年代後半以降の若者層における顕在的な不安定さが同居の意味を変容させている。現状では，同居による世代間の相互依存関係は，不安定な状況をしのぐ生活スタイルとして，低所得層で重要になっているのである[4]。

5　若年男性の学歴と初期キャリア

　日本的「家族主義」は，学校卒業から退職まで，男性に安定した職業生活

---

[4]　高齢者の社会的地位と格差に関する分析については，岩井（2011）を参照。

が保障されていることが前提であった。1970年代初めに中学卒業後，90％以上が高校へ進学するようになり，男性の場合，学歴は大学卒と高校卒にほぼ二分割されるようになった。SSM調査の職歴データを用いたこれまでの研究では，同じ時期に，労働市場における高校卒の位置にも変化があり，大学卒と高校卒とのあいだで，職業経歴の相対的な格差が明瞭になっていた。1970年代以降，大学卒の職業は専門職とホワイトカラー職が大部分であるのに対して，高校卒ではブルーカラー職が50〜60％を占めるようになった（岩井2000）。その後も成人男性の失業率は低く，学歴と職業キャリアの関係は比較的安定していたのだが，1990年代後半以降の社会状況のもとで，どのような変化が生じているのであろうか。すでに1990年代後半以降の社会状況のもとで，若年男性でも非正規就業や転職が増加し，初期キャリアが不安定化している点は知られている。以下では，それが学歴別の職業キャリアにどのようにあらわれているのかについて，JGSS-2009ライフコース調査を基に出生コーホート間の比較によって検討する。

5-1. 初期キャリアの不安定化：無職，非正規雇用，転職の分析

　図4-10〜図4-12は，JGSS-2009ライフコース調査の職歴データを用いて，男性について学校教育を終えた後の経歴のなかで「仕事を全くしなかった期間あり」の割合を年齢ごとに算出した結果である。この調査では回答者に対して学校を終えてから現在に至るまでのあいだで，収入をともなう仕事を全くしていなかった期間について，その始まりから終了までの年月をすべて尋ねている。この情報を用いて，たとえば25歳時にサンプルの何％が無職を経験したかを計算することが可能である。ただし，この分析結果では無職期間の長さについては検討できない。たとえ短い期間であっても，その年齢時に仕事を全くしていない，すなわち職歴の中で「空白」があれば，「無職期間あり」とみなされる。

　図4-10は，出生コーホート別に無職経験の割合を比較している。20歳時では，1976-80年出生コーホートの13.5％が無職を経験している。1966-70年出生と1971-75年出生でも11％である。年齢とともに無職経験の割合が

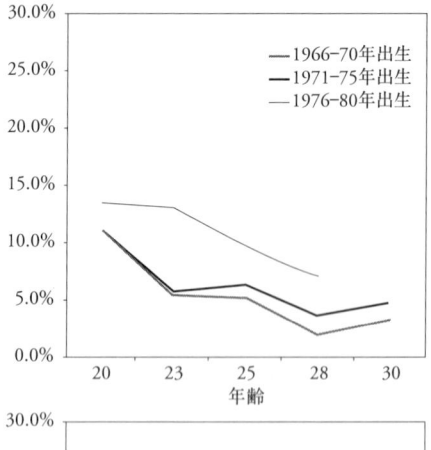

図 4-10　無職経験の割合：男性，
　　　　 出生コーホート別
　　　　 出典：JGSS-2009 ライフコース調査。

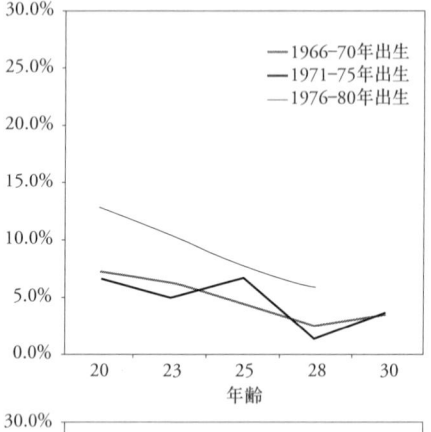

図 4-11　無職経験の割合：高卒男性，
　　　　 出生コーホート別
　　　　 出典：JGSS-2009 ライフコース調査。

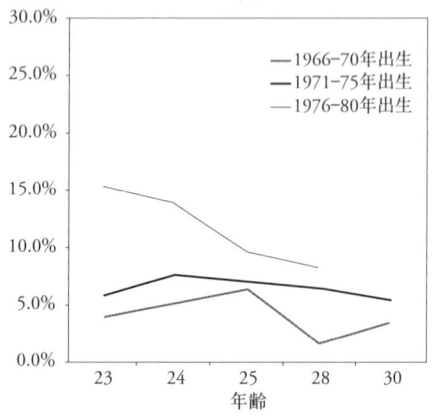

図 4-12　無職経験の割合：大卒男性，
　　　　 出生コーホート別
　　　　 出典：JGSS-2009 ライフコース調査。

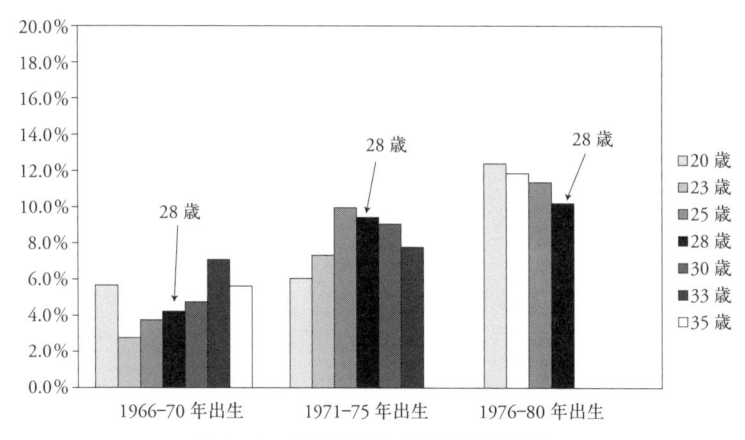

第 4 章　戦後日本型ライフコースの変容と家族主義

図 4-13　高校卒男性の非正規雇用割合
出典：JGSS-2009 ライフコース調査。

下がるのだが，23 歳では明らかに 1976-80 年出生で高くなっている。図 4-11 は，高校卒男性について，図 4-12 は大学卒男性について同様の分析を行った結果を示している。高校卒，大学卒ともに 20 歳代前半において，1976-80 年出生コーホートの値が高くなっており，学歴別に違いがない。とくに 1976-80 年出生の大学卒では，23 歳で 15.3％，24 歳で 13.9％が「無職期間あり」となっている。つまり，1990 年代後半以降に学校教育を終えて，就業を始めた年齢層で，初期キャリアが不安定化している。

次に図 4-13 と図 4-14 は，高校卒と大学卒それぞれについて，出生コーホート別にいくつかの年齢時点での非正規雇用の割合を求めた結果を示している。図 4-13 の高校卒の場合，若い出生コーホートほど非正規雇用の割合が高くなっている。28 歳を見ると，1966-70 年出生では 4.3％が非正規であったが，1971-75 年出生では 9.3％，1976-80 年出生では 10.5％になっている。また 1976-80 年出生では 20 歳時に 12.6％が非正規である。また 1966-70 年出生でも 1971-75 年出生でも，年齢とともにやや非正規雇用割合が高まる傾向もある。つまり 1990 年代後半以降になって，高校卒男性の職業経歴のなかで非正規雇用が増加したことになる。

図 4-14 の大学卒では，1966-70 年出生と 1971-75 年出生の非正規の割合

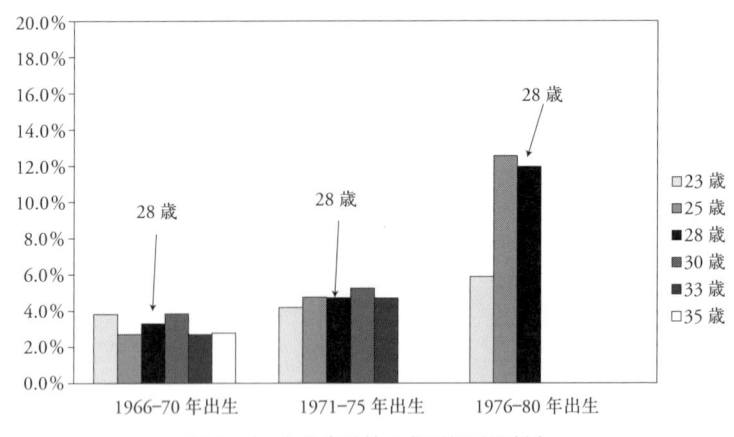

図 4-14 大学卒男性の非正規雇用割合
出典：JGSS-2009 ライフコース調査。

は高くない。しかし 1976-80 年出生になると 25 歳で 13.2％，28 歳で 12.5％となっており，高校卒の割合よりも高くなっている。大卒男性にとっても，1990 年代後半以降に就業を開始した出生コーホートでは，非正規雇用が職業経歴のルートとして明確になっている。つまり，非正規雇用に関する分析からも，高校卒も大学卒も 1990 年代後半以降に就業を開始した 1976-80 年出生コーホートから，職業キャリアの中で不安定な部分が顕在化しているといえる。

転職行動については，いくつかの年齢時点における「2 回以上の転職経験」のある者（すなわち，3 番目以上の従業先で働いている者）の割合をいくつかの年齢時点で求めて，出生コーホート別，学歴別の比較を行っている（図は略）。分析結果を見ると，1976-80 年出生になって転職が急速に増加したとはいえないが，「2 回以上の転職経験」のある者の割合は，高まる傾向がある。たとえば，高校卒の 28 歳で「2 回以上の転職経験」のある者を取りあげてみると，1966-70 年出生では 27.0％，1971-75 年出生では 26.8％であるが，1976-80 年出生になると 30.9％になっている。大学卒では，1966-70 年出生では 7.6％，1971-75 年出生では 7.7％であり，1976-80 年出生になると 9.0％である。

以上の分析結果から，学校教育を終えた後，20歳代前半で無職の経験がある者が増加し，非正規雇用の割合も高まっている点が明らかである。この傾向に学歴差はない。20歳代前半までの年齢段階において短期間を非正規雇用として就業し，その後，正規雇用や自営層への移動があるのならば，非正規雇用の期間は職業キャリアの一段階と考えられる。しかし年齢とともにその割合が低下しないのならば，不安定なルートが定着しつつあることを示している。この傾向は，1990年代後半より就業を開始した1976-80年出生コーホートの高校卒と大学卒にはっきりとあらわれていた。

5-2. 初期キャリアのプロフィール

男性の職業的地位は，従業上の地位，従業先規模，職業の内容，役職など複数の指標から分析されてきた。初期キャリアのプロフィールを視覚的に描こうとする場合，従業先移動を含めるならば，女性よりもさらに複雑な指標の組み合わせが必要となる。以下では，従業上の地位を正規雇用，自営業主・経営者，家族従業者，非正規雇用，無職に区分し，正規雇用の中で従業先規模を従業員数300人以上と300人未満に区分する。そして正規雇用の規模別に「従業先1」（＝転職なし，最初の従業先で就業），「従業先2」（＝転職1回，2番目の従業先で就業），「従業先3」（＝転職2回以上，3番目以上の従業先で就業）に区分した10カテゴリーを構成して，年齢ごとの比率の変化を出生コーホート別，学歴別に検討している。この指標の構成によって，正規雇用の中での従業先移動の特徴をとらえることが可能になる。

図4-15～図4-17は，上記の指標を用いて1966-70年出生，1971-75年出生，1976-80年出生の大学卒男性の20歳代の職業キャリアを示している。図5-15の1966-70年出生の場合，25歳で約半数が300人以上の規模の最初の従業先で正規雇用として働いており，30歳までその比率はほとんど変化がない。正規雇用で300人未満の最初の従業先で就業している者は，25歳で17.4％であり，30歳までにその比率は14.5％になる。30歳時点で転職をしていない正規雇用は約60％，それ以外の経歴は，1回転職，2回以上転職，自営業主，家族従業者，非正規雇用に細かく分かれているが，とくに目

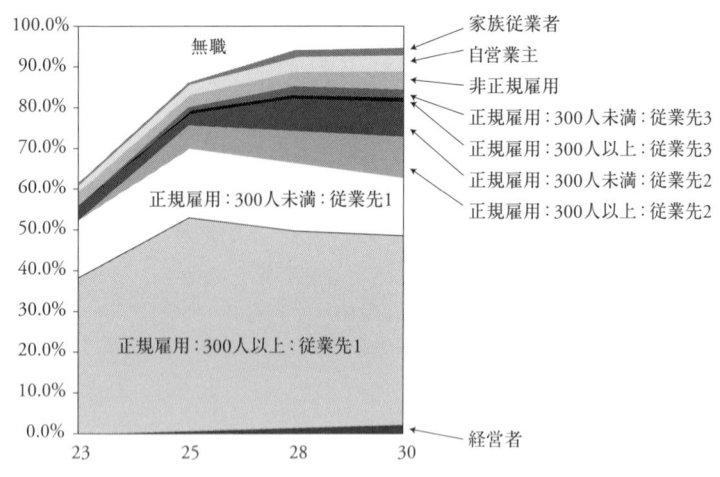

図 4-15　大学卒男性の初期キャリア：1966-70 年出生
出典：JGSS-2009 ライフコース調査。

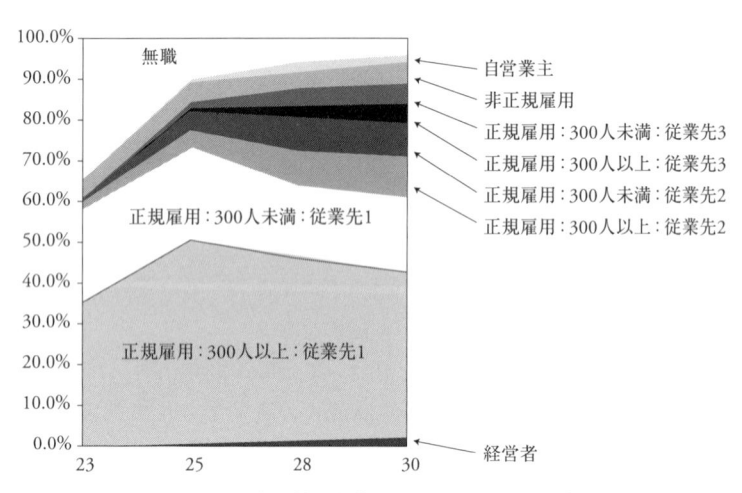

図 4-16　大学卒男性の初期キャリア：1971-75 年出生
出典：JGSS-2009 ライフコース調査。

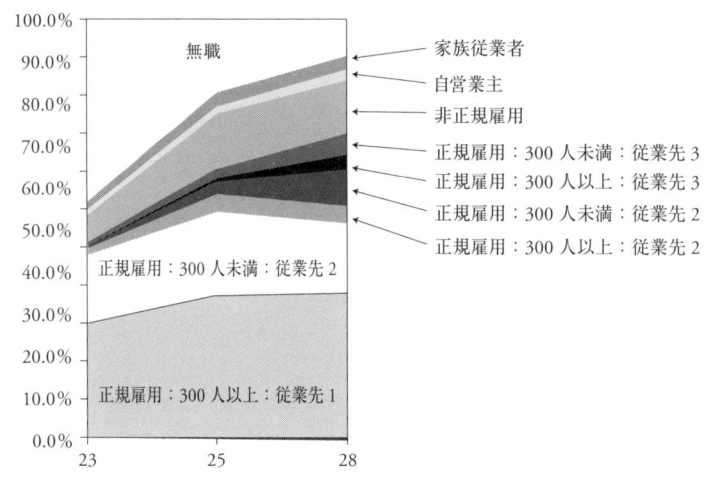

図 4-17 大学卒男性の初期キャリア：1976-80 年出生
出典：JGSS-2009 ライフコース調査。

立った特徴を指摘することはできない。

図 4-16 の 1971-75 年出生を見ると，25 歳で 300 人以上の規模の最初の従業先で就業している者が 50.0％であり，その比率は 30 歳までやや低下して 40.7％になる。図を見るとわかるように，大卒における転職傾向がやや高まっている。

図 4-17 が 1976-80 年出生の大学卒男性の分析結果である。まず正規雇用で 300 人以上の従業先で就業している者の比率が 25 歳と 28 歳で大卒の 3 分の 1 となっており，前の出生コーホートよりもかなり低下している。また非正規雇用の割合が高まっていることもわかる。300 人以上の従業先に正規雇用として転職する者の割合も低下している。この出生コーホートの場合，職業経歴を 28 歳までしかたどることはできないが，非正規雇用と無職の拡大，ならびに 300 人以上の従業先の減少によって，初期キャリアのプロフィールが大きく変化していることが読みとれる。

最後に，図 4-18 は，1976-80 年出生の高校卒男性の 20 歳から 28 歳までの職業キャリアを同様の指標を用いて図示している。大学卒とはかなり異なる。28 歳まで正規雇用で 300 人以上の規模で就業し，転職していない者は

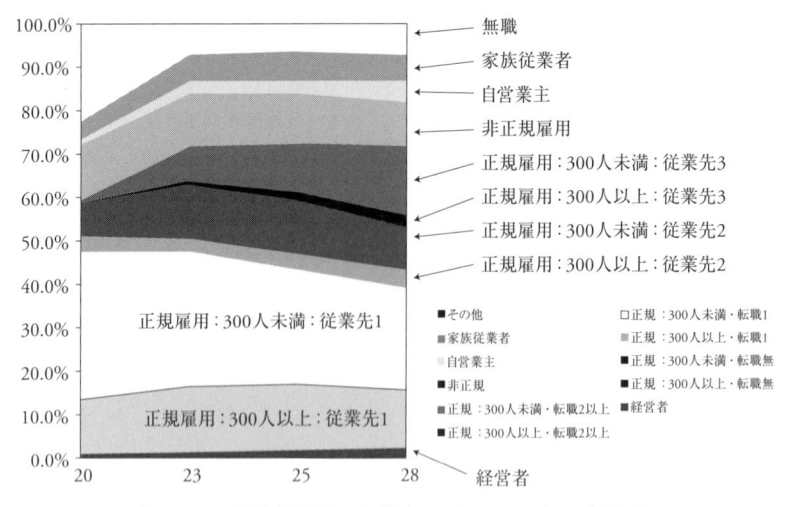

図 4-18　高校卒男性の初期キャリア：1976-80 年出生
資料出所：JGSS-2009 ライフコース調査

13.7％にすぎない。300 人未満の場合は，20 歳の 34.9％が 28 歳までに 22.9％まで低下する。また 28 歳の正規雇用で 1 回転職が 14.3％，2 回以上転職が 18.3％であり，300 人以上の従業先への転職は大変少ない。非正規雇用は 28 歳において 10.3％であり，高校卒においても職業経歴の一つのルートとなっている。高校卒の転職傾向については，1966-70 年出生ならびに 1971-75 年出生と比べても大きな変化は生じていないが，1976-80 年出生のプロフィールの特徴は，大学卒と同様に 300 人以上の従業先での就業比率の低下と非正規雇用の拡大にある。なお自営層については，家族従業者（すなわち家業に入る者）の割合がやや高まっている点も付け加えておきたい。

高校卒の職業キャリアにおいて，300 人未満の最初の従業先から移動する傾向は，すでに前のコーホートから確認できる。ただし，20 歳代で 2 回以上転職する傾向は，その後の出生コーホートで徐々に高まってきた。さらに 1976-80 年出生の高校卒になると，非正規雇用が 20 歳代の就業パターンの一つになっている。

以上のように男性の初期キャリアを視覚的に図示し，出生コーホート間で比較しても，1990 年代後半から職業生活を開始した高校卒と大学卒ともに

顕著な変化を確認できる。高校卒と大学卒に共通して，大規模な従業先で就業する者の割合が低下し，非正規雇用が拡大し，学校教育を終えた後に無職を経験する者の比率も高まっている。さらに転職回数の増加を加えると，男性の初期キャリアの道筋は，高校卒でも大学卒でも内部分化が進行して，複雑化してきたことになる。

ただし男性の初期キャリアの内部分化の進行によって，職業における下降移動が増加したのかという問題については，さらに検討が必要である。2度以上転職した者や無職期間を経験した者の中で職業威信や所得の低下があったのかは，今後の分析課題である。高校卒と大学卒の差異についても，大きな変化は確認できない。大学卒が大企業で安定的な就業を継続する傾向は縮小しつつあっても持続しており，高校卒の経歴との差は明瞭である。

6 縮小する日本型システムとその課題

1990年代後半以降，団塊の世代のライフコースを支えたシステムの行き詰まりを示す現象が目立ってきた。教育費負担の軽減，保育施設の整備と拡充，母子家庭の支援，若者の就職支援などの施策が提案され実施されつつあるが，これらは，家族主義の周辺で拡大してきた綻びの修復に焦点を当てたものである。本章では，女性のライフコースの分化と同居の意味の変化，若年男性層の初期キャリアを取り上げたが，不安的な状況下での家族主義の変容と家族主義を支える基盤の弱体化が進行していると理解してよいだろう。

最近の20歳代の女性のライフコースは，正規雇用，非正規雇用，無職に枝分かれし，さらに無職は専業主婦層，就業層は未婚へと分化する傾向がある。年金制度によって子どもから独立して生活する高齢者が増える一方で，子どもとの同居によって経済的に支え合う高齢者世帯も顕在化している。若い男性層でも，非正規雇用が増え，無職期間と転職傾向の高まりから，就業パターンも多様化している。

このようにライフコース全体を見れば，人生の道筋の細分化と個別化が進んでいる。その結果，個人の人生設計にとっては，選択の可能性を高めるか

もしれないが，同時に時代の出来事によって予期せぬほどにライフコースが不安定化することにもなる。第二次ベビーブーム世代の後，若者の就職活動が短期的な経済の動きに翻弄されてしまったことがよい例である。現状をみる限り，家族主義に代わるシステムへの移行というよりも，旧来の日本型システムが縮小しているといったほうがよいだろう。

　人口減少に陥った社会を転換するために，女性の就業をさらに促進し，男女の平等を進め，男性の働き方も問い直すといった「男女共同参画社会」に対する合意が形成され，浸透しはじめている。しかし現在の日本社会は，異なる時代経験を積んだ異なる年齢層が折り重なって構成されているため，ある理想像からライフコースを全面的に組みなおすことはきわめて難しい。改革といっても，それぞれの人生段階で小規模な修復が繰り返される程度にすぎないかもしれない。

　「高負担高福祉社会」への転換よりも，人々は今のところ「自助」を選択している。「自助」に向けて，経済的に脆弱な層の「力」を高める施策（就業支援，職業訓練など）が必要とされるのだが，「家族を脱家族化することが家族を救う」(Esping-Andersen 2006=2008)という考え方も，より重要となるだろう。家事や育児，高齢者のケアなど，これまで家族に課せられてきた責任と負担を軽減することが，親密な家族的人間関係の形成と維持のためにも，これからますます必要となるだろう。

付記

　　1．「社会階層と社会移動（SSM）」調査データの使用に関しては，2005年SSM調査委員会の許可を得ている。
　　2．日本版 General Social Survey 2009 ライフコース調査（JGSS-2009LCS）は，大阪商業大学 JGSS 研究センター（文部科学大臣認定日本版総合社会調査研究拠点）が実施している研究プロジェクトである。

・参考文献・

　　Blossfeld, H-P., E. Klijzing, M. Mills and K. Kurz (eds.) 2005. *Globalization, Uncertainty, and*

Youth in Society. London: Routledge.

Esping-Andersen, G. 1997. "Hybrid or Unique?: The Japanese Welfare State between Europe and America." *Journal of European Social Policy*, 7(3): 179-189.

———. 1999. *Social Foundations of Postindustrial Economies*. New York: Oxford University Press（渡辺雅男・渡辺景子訳『ポスト工業経済の社会的基礎―市場・福祉国家・家族の政治経済学』桜井書店, 2001 年).

———. 2006. *Trois leçons sur l'etat-providence*, La république des idées, Seuil（林昌宏訳, 京極高宣監修 2008『アンデルセン, 福祉を語る —— 女性・子ども・高齢者』NTT 出版, 2008 年).

Mayer, Karl U. 2005. "Life courses and life chances in a comparative perspective." In S. Svallfors (ed.) *Analyzing Inequalities in Comparative Perspective*. stanford, CA: Stanford University Press.

毎日新聞人口問題調査会編 2000『日本の人口 —— 戦後 50 年の軌跡』。

岩井八郎　2000「近代階層理論の浸透 —— 高度成長期以降のライフコースと教育」近藤博之編『日本の階層システム 3　戦後日本の教育社会』東京大学出版会, 199-220 頁。

——— 2001「高齢者の社会的地位の転換 —— SM 調査による高年齢層の職歴・所得・家族に関する分析」数理社会学会編『理論と方法 30』16(2)：211-227。

——— 2006「ライフコース研究の 20 年と計量社会学の課題」数理社会学会編『理論と方法 39』21(1)：13-32。

——— 2008「『失われた 10 年』と女性のライフコース」『教育社会学研究』82：61-87。

——— 2010「戦後日本型ライフコースの変容 —— JGSS-2009 ライフコース調査の研究視角と予備的分析」『日本版総合的社会調査共同研究拠点　研究論文集 [10]』大阪商業大学 JGSS 研究センター, 193-204。

——— 2011「高齢者の社会的地位と格差」佐藤嘉倫・尾嶋史章編『現代の階層社会 1　格差と多様性』東京大学出版会, 191-206 頁。

佐々木尚之・岩井八郎・岩井紀子・保田時男　2009「ライフコースの多様性をとらえる —— JGSS-2009 ライフコース調査の設計に関するノート」『日本版総合的社会調査共同研究拠点研究論文集 [9]』175-210。

第5章 正規／非正規雇用の賃金格差要因
── 日・韓・台の比較から

太郎丸博

1 問題：なぜ非正規雇用の賃金は低いのか？

　現在，日本の労働者の3分の1は非正規労働者であると言われている（総務省統計局 2010）。非正規雇用は身分が不安定であるばかりでなく，平均賃金も正規雇用に比べてずっと低い（厚生労働省 2010）。非正規雇用の種類や定義，推定方法にもよるが，時給に換算して比較すると，だいたい1.5～3倍程度の格差がある（太郎丸 2009）。このように正規雇用と非正規雇用のあいだに賃金格差が存在していることは，日本では広く知られている事実である。しかし，なぜ非正規雇用の賃金は低いのだろうか。確かに非正規雇用のほうが単純な業務が多いし，平均勤続年数も短いし，平均的な学歴も低く，勤め先の規模も平均的に見れば小さい。このような要因が非正規雇用の賃金を押し下げているのは事実であろう。しかし，それらの要因のうち，どのような要因がどれだけ非正規雇用の賃金抑制効果を持っているのかは，まだはっきりしていない。このように日本において非正規雇用の賃金を低くする要因を明らかにするのが，この論文の目的である。

　この論文では，日本だけでなく，韓国と台湾に関しても同様の分析を行う。我々の主要な関心は日本にあるが，韓国・台湾との比較は，日本社会に関するより深い理解を我々に与えてくれる。韓国・台湾は同じ東アジアに位置し，産業構造や文化面での類似点が多い。また，欧米に比べて遅れて近代化が始

まった点でも似ているし，日本の植民地支配のせいで制度面でも類似の遺産を持っている。つまり，韓国・台湾以上に日本に似ている国を探すのは難しいのであるが，それでも，あとで述べるように，非正規雇用に関してはいくつかの面で大きな相違がある。このような国々との比較を通して，日本の非正規雇用の特徴を浮き彫りにするという方法をこの論文ではとる。

② 非正規雇用の賃金抑制要因

　正規雇用と非正規雇用の賃金格差に影響を及ぼす要因についてはさまざまなものが考えられるが，ここでは5種類に分けて考えよう。1つ目は労働力の需給バランス，2つ目は人的資本，3つ目は非正規雇用の多い職業の特徴，4つ目は性差別，そして5つ目は非正規雇用そのものに対する差別である。

2-1. 労働力需給バランス

　労働市場も市場なので，商品＝労働力の需要と供給のバランスによって価格＝賃金が変動する。しかし，日本の正規雇用の場合，労働力需給のバランスに応じて賃金を急激に変更するのが難しい。正確に言えば雇い主は正規労働者の賃金を上げることは理論上は可能であろう。しかし，その後，景気が悪くなり，労働力需要が減ったからといって急に賃金を下げるのは労働者や組合の反発を考えると難しい。それゆえ長期勤続を前提にする正規労働者の賃金は景気が変化しても急激には変化しないのが普通である。しかし，非正規雇用の場合，採用時から賃金を変化させなかったとしても，雇用期間が短く人の入れ替わりが激しいため，次に雇う人の賃金を上げたり下げたりすることで，労働力需給の状況に対応した賃金に変化させることが可能である。それゆえ，非正規雇用の賃金のほうが，景気変動による労働力需要の変化の影響を強く受ける（Houseman et al. 2003）。
　しかし，この労働力需給のバランスだけで，正規雇用と非正規雇用の賃金格差を説明するのは難しい。単純にこの理論をあてはめれば，正規雇用のほ

うが賃金が高いのは，正規雇用のほうが非正規雇用よりも労働力需給のバランスが需要過多に偏っているからである，ということになる。しかし，正規雇用の職に就けず，やむをえず非正規雇用についている人々が多く存在することを考えると，この説明は説得力に欠ける。労働力需給が賃金に影響を及ぼすのは明らかであるが，非正規雇用と正規雇用の賃金格差を説明するためには，何か別の要因を検討する必要がある。

なお，労働力需給バランスの効果を見るためには，長期の時系列データか，労働力需給バランスの異なる複数の労働市場のデータが必要であるが，この論文では3カ国比較を行い，労働力需給バランスに関する比較可能なデータが得られないため，労働力需給バランスの効果はこれ以上検討しない。

2-2. 人的資本

一般に人的資本が高い人ほど賃金が高まる傾向がある（Becker 1993; Mincer and Polachek 1974）。人的資本とはその人の生産性の高さであるから，とうぜんそれに応じて賃金も上昇しやすい。非正規雇用には人的資本が低い人が就くことが多いので，非正規雇用の賃金は低くなりやすいと考えられる。後述のように日本では非正規雇用の賃金は不当に低く設定されてきたため，一部の主婦や高齢者・学生のようなパートタイム労働を希望する人々を除けば，大半の人々が正規雇用を希望する。一般に初任給は固定されていることが多いので，人的資本の高い応募者から順に正規雇用者に採用されていき，正規雇用に採用されなかった者が非正規雇用に就く。その結果，平均的に見ると非正規雇用者のほうが人的資本が低くなり，その分賃金も低くなる。

また，非正規雇用の場合，昇給やボーナスが存在しても，その額はそれほど多くないことが多いので，仮に人的資本の高い人が非正規雇用についても，人的資本に見合った昇給やボーナスが得られないことが多いと考えられる。このような効果は統計的には交互作用効果と呼ばれる。つまり，非正規雇用であることが人的資本の効果を押し下げている。これに対して，前述の人的資本が低いと賃金が低くなりやすく非正規雇用にもなりやすい，という効果は主効果という。

このような人的資本は，社会調査では，学歴，労働経験年数，現在の勤め先での勤続年数で測られることが多いのだが，非正規雇用は雇用期間が短かったり，解雇が容易であるため，構造的に一つの勤め先での勤続年数は短くなるようになっている。言い換えれば，雇用期間を短くすることで，企業特殊的な人的資本の形成が構造的に妨げられているため，賃金が低くなりやすいと考えられる。英米の社会科学では人的資本の多寡で賃金に差をつけることは差別ではないと考えるのが一般的なようだが，このように人的資本形成の機会に格差があれば，それは差別とみなされることが多い。非正規雇用の勤続年数の短さが差別といえるかどうかはわからないが，深く考えもせず非正規雇用は雇用期間が短いから，その分だけ賃金を低くしてもかまわない，と言うのは，ナイーブすぎるだろう。

2-3. 職業の特性

　非正規雇用は，賃金の低い職種や企業で多く用いられているため賃金が下がるということも考えられる。非正規雇用はさまざまな職種に広がっているとはいえ，やはり比較的専門知識や高いスキルが必要ではない職種で特に多く用いられている。例外はいろいろあるだろうが，高度な知識や技能，判断力が必要であったり，社会に対して大きな貢献をするような職業では，賃金が高くなりやすいと考えられている (Davis and Moore 1945)。逆に，あまり知識や技能を必要としない職業では賃金が低くなりやすい。このような職種で非正規雇用が多く活用されているため，平均的に見ると正規雇用よりも非正規雇用のほうが賃金が低くなりやすいと考えられる。

　また，一般に企業規模が小さいほど賃金が低くなる傾向があるが，規模の小さな企業ほど非正規雇用をたくさん雇っていることが多い。つまり，中小や零細企業で非正規雇用がよく使われているため，非正規雇用の賃金が低くなるというわけである。企業規模が大きくなると賃金が高くなるのは，規模が大きいほど労働生産性が高まりやすいからであるとか，大企業ほど内部労働市場が発達するからであるとかいわれているが (Kalleberg and Buren 1996)，米国ではニュー・エコノミーの進展で企業規模による賃金格差は縮まってい

るともいわれている（Hollister 2004）。

2-4．性差別

　多くの国々で女性の賃金が男性よりも低く抑えられていることはよく知られている。非正規雇用には女性のほうが就きやすいため非正規雇用の賃金も低くなると考えられる。日本では，職種や学歴など関連する諸変数の効果をコントロールしても，男女の賃金格差は有意である[1]。このような男女の賃金格差は，露骨な女性差別的賃金体系に起因している場合もあるだろうし，職業小分類でも識別できないようなミクロな性別職域分離に起因している場合もあろう（木本 1999, 2000）。

　このような性差別を媒介にした非正規雇用の賃金抑制効果は特に日本で強いと考えられる。台湾は日本や韓国に比べて男女の労働力率の差が小さく，労働関連のジェンダー格差は比較的小さいので（Brinton et al. 2001; Yu 2001a），女性に対する露骨な賃金差別は比較的小さいと考えられる。韓国は日本同様に厳しい女性差別の存在する国であり，男女の賃金格差も大きいと考えられるが，非正規雇用が日本ほど女性に偏っていないため，女性差別が非正規雇用の賃金を押し下げるということはあまりないと考えられる。以上のように日本では男女の賃金格差が大きく，なおかつ非正規雇用の女性比率が高いため，性差別を媒介にして非正規雇用の賃金が低くなると予想される。

　このような日本におけるジェンダーと非正規雇用の関連は，パート・アルバイトという独特のカテゴリに起因していると考えられる。日本における非正規雇用の大半はパートとアルバイトであるが[2]，これらはもともと主婦と学生・生徒を主な担い手として発展したカテゴリである。すなわち，オンナコドモむけの職業カテゴリとして発展したがゆえに，社会的に低賃金が容認されているようにも思えるのである。日本では，年長の男性が家族成員を経

---

[1]　しかし，米国のデータでは関連する諸変数をコントロールすると，性別の効果は日本に比べて非常に小さく，統計的に有意でなくなることも多い（Hollister 2004; Kalleberg and Lincoln 1988; Kim and Sakamoto 2008）。

[2]　総務省統計局（2010）によれば，2010 年 4〜6 月期の非正規雇用者は 1743 万人でそのうちパート・アルバイトが 68％，派遣社員が 5％，契約・嘱託社員が 19％，その他が 8％であった。

済的に養うべきであるとする規範が強力なので，女性や若い男性よりも，年長の男性に高い経済力を求めたり，与えたりしようとする傾向が強い。それがパート・アルバイトという独特のカテゴリを維持しているように思える。

　これに対して韓国や台湾の非正規雇用は短時間労働者[3]の比率が日本に比べて低く，日本ほど女性比が高くない。韓国・台湾で短時間労働者が少ない理由の一つは，おそらく自営あるいはインフォーマル・セクターの規模と性質にある。韓国・台湾では自営業主・家族従業者の比率が，日本に比べて高く，あまり熟練を必要としない職種の自営業が多い（竹ノ下 2011）。このような自営業やインフォーマル・セクターでは，女性や子供が家族従業者として無給または低賃金で働いていることがしばしばあり（Greenhalgh 1994; Lu 2001; Stites 1982; Ybarra 1989; Yu 2001b），それがパートやアルバイトの代替機能を果たしているのかもしれない。実際，非正規雇用は中小・零細企業で多く用いられる傾向があるし，歴史的にみても，日本での短時間労働者，あるいはパート・アルバイトの増加と，自営業の減少は，1990年代後半までは強く相関しており（野村 1998; Nitta 2001），両者が代替的な機能を果たしていた可能性はある。やや乱暴な言い方をすれば，韓国や台湾でパート・アルバイトの規模がそれほど大きくないのは，自営業やインフォーマル・セクターの規模がまだある程度大きく，非正規雇用という形態をとらなくても，じゅうぶん女性や若者を搾取できるということかもしれない。

　もちろん，日本で短時間労働者の規模が大きい理由として，配偶者特別控除に象徴されるような，女性をフルタイムの労働から遠ざけようとする日本政府の政策があることも指摘され続けており（Wakisaka and Bae 1998），それはその通りなのだが，それだけでは日本の非正規雇用の規模の大きさは説明できないように思える。

---

[3]　普通，日本でパート・アルバイトという場合，必ずしも短時間労働者を意味せず，勤め先で「パート・アルバイト」と呼ばれている者のことを指す。それゆえ，パートであるにもかかわらず週40時間以上も働いているような長時間労働者も存在する。これと区別するために労働時間が正規雇用者に比べて短い労働者を短時間労働者と呼ぶことにする。

2-5. 非正規雇用そのものに対する差別

　すでに述べたように，上記の諸要因の効果をすべてコントロールしても，日本の正規雇用と非正規雇用の間には1.5倍前後の賃金格差がある。その理由の説明として，日本では，正社員と経営者が協力して非正規雇用者を利益から排除するために，正規雇用と非正規雇用の賃金格差が大きくなる，という仮説が考えられる。これを社会的閉鎖化仮説と呼ぶ (Tarohmaru 2011)。社会的閉鎖化 (social closure) とは，マックス・ウェーバーに由来する概念で，潜在的には競争関係にある人々のうち，一部の人々が協力し合って部外者を利益から排除し，自分たちの利益を高めようとすることをいう (Murphy 1988; Parkin 1979; Weber 1922 = 1975; Weeden 2002)。たとえば，現代社会ならば，労働組合や医師会のような同業者組合，経団連のような経営者の団体が自分たちの利益を高めるために社会的閉鎖化を行う団体として考えられる。

　会社が生み出した余剰利益 (rent) をどう配分するかにはさまざまな選択の余地がある。例えば株主に配当として還元したり，会社内の内部留保金としてキープしたり，従業員の賃金として配分することも可能である。このような文脈では，株主，経営者，従業員は余剰利益をめぐる潜在的な競争関係にあるが，日本では，経営者と正規雇用者が協力して非正規雇用者や株主を排除し，自分たちの利益を高めることが多いというのが，この仮説の主張である。

　日本は長期雇用で有名であるが，韓国や台湾，北米に比べると，内部労働市場が発達している (稲上 1999; Mouer and Kawanishi 2005)。経営者にも正規雇用者から昇進して就任することが多い。勤続年数が長く転職が少ないため，正規雇用者と経営者は，一種のコミュニティを形成すると考えられている (稲上 1999)。このような安定した関係が社会的閉鎖化を可能にしていると考えられる。株式会社の場合，会社の最終的な決定権は株主にあるが，日本ではいわゆる株の「持ち合い」が発達しており，経営者から独立した株主の勢力は非常に弱いことが多いと考えられる (Okumura 2000)。経済危機後の韓国では多くの正規雇用者が解雇されたが (Jung and Cheon 2006)，日本では新規採用が抑制されるだけで正規雇用者の解雇はそれほど多くはなかった (玄

田 2001)。

また，日本では企業別組合が強く，組合員のほとんどは正規雇用者である[4]。そのため企業別組合には，このような経営者と正規雇用者の結託を揺さぶるインセンティブがない。実際，つい最近まで日本の労働組合は非正規雇用者の労働条件の改善を強く求めることはなかった (Japanese Trade Union Confederation 2008)。

そのため，余剰利益の配分は，経営者と正規雇用者に有利なように決定されがちであり，その結果，日本では非正規雇用者の賃金が相対的に低くなると考えられる。韓国では日本に比べると離転職が多く平均勤続年数が短い上，労働組合は経営サイドと敵対的である (Jung and Cheon 2006; Kong 2004; Lee 2006)。また，日本的な株の持ち合いもまれである (Claessens and Fan 2002; Orru et al. 1991)。このような状況では非正規雇用の賃金を低く抑えるようなメカニズムは作動しにくいと考えられる。また，そもそも韓国では，パート・アルバイトはもちろん，臨時雇用という概念も，一般の人々によって広く用いられてきたわけではなかった (有田 2011)。そのような状況では正規雇用という概念にどれだけ意味があるのかについては留意が必要である。

3 モデル：Oaxaca-Blinder 要因分解

この論文では，Oaxaca-Blinder 要因分解を使って，非正規雇用と正規雇用の賃金格差の要因を分析する。Oaxaca-Blinder 要因分解とは，1973 年に Oaxaca と Blinder が考案した手法である (Blinder 1973; Oaxaca 1973)。2 人はそれぞれ別個に同じモデルを作り同じ年に発表したため，両者の名前がこの方法に冠されている。元来，性別や人種による賃金格差の要因分解のための方

---

[4] 非正規雇用全体についての統計はないが，パート労働者の組合参加に関しては以下のようなことがわかっている (厚生労働省 2009)。2009 年の組合員全体に占めるパート労働者の割合は 7.0%，正規・非正規雇用者全体での推定組織率が 18.5%なのに対して，パート労働者のそれは，5.3%である。パート労働者の推定組織率は 1995〜2009 年の間に増加し続けているのに対して，全体の推定組織率は減少傾向なので，組合員にしめるパート労働者の割合は増加している。とはいえ，まだまだパート労働者の組合員は少数派である。

法であるが，人種・性別以外の別の要因であっても，カテゴリカルな変数として扱えるならば応用可能である。Lim and Cho (2009) の解釈にしたがって，簡単に Oaxaca-Blinder 要因分解について概説する。

まず正規雇用と非正規雇用に分けて，それぞれ対数変換した賃金を被説明変数とした単純な線形加法モデル（いわゆる回帰分析）を考える。正規労働者の賃金を $W^{正}$，非正規労働者の賃金を $W^{非}$，人的資本，職業の特徴，性別のような，その他の賃金を規定する要因（それらは n 個あるとする）を正規労働者と非正規労働者に関してそれぞれ $X_i^{正}$, $X_i^{非}$ ($i=1 \ldots n$) とすると，モデルは，

$$\ln W^{正} = \beta_0^{正} + \sum \beta_i^{正} X_i^{正} + e \tag{1}$$

$$\ln W^{非} = \beta_0^{非} + \sum \beta_i^{非} X_i^{非} + e \tag{2}$$

と書ける。ただし，$\beta_0^{正}$, $\beta_i^{正}$, $\beta_0^{非}$, $\beta_i^{非}$ は正規雇用と非正規雇用それぞれの切片と説明変数の傾きで，通常の最小二乗法（OLS）で推定できる。e は残差で平均0の正規分布をすると仮定する。式(1)，式(2) のような賃金を予測する式を賃金関数と呼ぶ。

説明変数の平均値をそれぞれ $\bar{X}_i^{正}$, $\bar{X}_i^{非}$, とし，そのような平均値をすべての説明変数がとるとき，モデルから予測される賃金を $\bar{W}^{正}$, $\bar{W}^{非}$ とする。すなわち，

$$\ln \bar{W}^{正} = \beta_0^{正} + \sum \beta_i^{正} \bar{X}_i^{正} \tag{3}$$

$$\ln \bar{W}^{非} = \beta_0^{非} + \sum \beta_i^{非} \bar{X}_i^{非} \tag{4}$$

である[5]。それゆえ平均的な正規労働者と平均的な非正規労働者の賃金の格差は，$\ln \bar{W}^{正} - \ln \bar{W}^{非} = \ln \dfrac{\bar{W}^{正}}{\bar{W}^{非}}$ で表される。

このような賃金格差を2種類の要因に分解していくが，そのために若干回り道をする。まず仮に平均的な非正規労働者が正規雇用と同じ賃金構造（$\beta_0^{正}$, $\beta_i^{正}$ の値）のもとで賃金を受け取ることができたならば，えられたであろう架空の賃金を $\bar{W}^{非*}$ とすると，

---

[5] このあたりの計算については，Wonnacott and Wonnacott (1981 = 1998) がわかりやすいので参照せよ。

$$\ln \bar{W}^{非*} = \beta_0^{正} + \sum \beta_i^{正} \bar{X}_i^{非} \tag{5}$$

となる。この架空の賃金と，実際の平均的な非正規労働者の賃金（式(4)）の格差を B とすると，両者の対数の差は，

$$\begin{aligned} B &= \ln \bar{W}^{非*} - \ln \bar{W}^{非} \\ &= (\beta_0^{正} - \beta_0^{非}) + \sum (\beta_i^{正} - \beta_i^{非}) \bar{X}_i^{非} \end{aligned} \tag{6}$$

である。これは，賃金を規定する諸要因 $X_i^{非}$ の値が同じであったとしても賃金構造（回帰式の切片と傾き）の違いによって生じる正規労働者と非正規労働者の賃金の格差である。

次に平均的な正規労働者の賃金 $\bar{W}^{正}$（式(3)）と，前述の架空の非正規雇用の賃金（式(5)）の対数の差を E とすると，

$$\begin{aligned} E &= \ln \bar{W}^{正} - \ln \bar{W}^{非*} \\ &= \sum \beta_i^{正} (\bar{X}_i^{正} - \bar{X}_i^{非}) \end{aligned} \tag{7}$$

となる。これは，非正規雇用の賃金構造（回帰式の切片と傾き）が現在の正規雇用のそれと同じであったとしても，賃金を規定する諸要因 $X_i^{正}$，$X_i^{非}$ の値の差によって生じる賃金の差である。

最後に上記の E と B を使って正規雇用と非正規雇用の賃金格差を表現することができる。すなわち，

$$\begin{aligned} \ln \bar{W}^{正} - \ln \bar{W}^{非} &= \ln \bar{W}^{正} - \ln \bar{W}^{非*} + \ln \bar{W}^{非*} - \ln \bar{W}^{非} \\ &= E + B \end{aligned} \tag{8}$$

$$= \sum \beta_i^{正} (\bar{X}_i^{正} - \bar{X}_i^{非}) + B \tag{9}$$

である。このように，正規雇用と非正規雇用の賃金の格差は，E と B の二つの部分（あるいは式(6)の B の2つの項を分けて考えて3つの部分[6]）に分割す

---

[6] Blinder (1973) は，B を切片の違い $\beta_0^{正} - \beta_0^{非}$ と傾きの違い $(\beta_i^{正} - \beta_i^{非}) \bar{X}_i^{非}$ に分割する考え方を示しているが，これは説明変数のセンタリングの仕方によって，結果が変わってしまうため，すべての説明変数に関して0の位置が自然に決まるような場合以外は無意味である。例えば性別を説明変数に投入する場合，男性ダミーとするか女性ダミーとするかで，結果が変わってしまうことがある。

ることができる.これを Oaxaca-Blinder 要因分解という.これによってどの要因がどの程度,非正規雇用の賃金を低めているかを明らかにすることができる.E は式 (9) のように,さらに個々の変数ごとに効果を分解できる.つまり,各変数ごとに $\beta_i^{正}(\bar{X}_i^{正}-\bar{X}_i^{非})$ を計算することで,正規・非正規間の賃金格差が,どの程度,説明変数の平均値の差に起因するかを計算することができる.

Oaxaca (1973) と Blinder (1973) は,説明変数に人的資本だけを投入した場合,人的資本の大きさの差によって生じる賃金格差 (E) は差別ではないが,その他の構造的な格差 (B) は賃金差別だとみなす考え方を示している.われわれは,性別のように人的資本ではない変数も説明変数としてモデルに投入するので,E のうちの一部も差別とみなしうる.しかし,それは女性差別であって非正規雇用に対する差別とは区別して考えるべきである.

4 データ

2005 年の SSM 調査の日本,韓国,台湾データを使う[7].サンプルは 60 歳未満の雇用者で,年収が 0 でない者に限定する.サンプルは,従業上の地位(正規雇用か非正規雇用か)で 6 つに分類し,それぞれのサンプルに関して別個に回帰分析する.推定は通常の最小二乗法 (OLS) を用いている.従業上の地位に関しては,役員を除く常時雇用されている一般従業者を正規雇用とみなし,日本と台湾の非正規雇用は,パート・アルバイト・臨時雇用,派遣社員,契約社員で操作化している.韓国に関しては,現職を非正規雇用と答えた場合,非正規雇用とみなしている.

被説明変数は,日本円に換算した個人年収を週労働時間で割った値を,対数変換して用いる.これは週単位労働時間当たりの年収(の対数)であるから,時給の粗い推定値とみなせる.説明変数として,性別(男性ダミー),教育年数,労働経験年数(単位:10 年),現在の勤め先の就業年数(単位:10

---

[7] SSM2005 のデータの使用にあたり,2005 年社会階層と社会移動調査研究会の許可をえた.

年)[8]，企業規模（単位：100人），職種（ISCO 88 一桁分類（Hoffmann 1999））を用いる。

5 分析結果

　日本，韓国，台湾の正規雇用と非正規雇用に関して，それぞれ別々に対数時給の回帰分析をした結果が表5-1，表5-2，表5-3である。韓国と台湾の非正規雇用のサンプル数が少ない（それぞれ119, 116）ため，標準誤差が大きく有意になっていない係数が多いが，今回は個別の回帰式を正確に推定することが目的ではないので，あまり問題ではない。まず正規雇用に限定して，韓国，台湾と比較したときの日本の特徴を示しておこう。

5-1．正規雇用の賃金関数の日韓台比較

　まず，日本の正規雇用は，男性ダミーの効果が大きい（.338）。韓国は日本と同程度の大きさであるが（.320），台湾はずっと小さい（.247で，日台の差のみ5％水準で有意）。台湾は男女の労働力率の差が小さいことで知られているが（Brinton 2001），正規雇用に限定した場合の賃金格差も小さいことが確認できる。教育年数の直接効果は，日本では韓国や台湾の半分以下で，顕著に低い（日韓，日台の差はどちらも1％水準で有意）。
　労働経験年数と勤続年数の効果は係数を見てもイメージしにくいので，一度も転職したことのない人の時給と，勤続年数＝労働経験年数の関係がどうなっているとモデルから予測されるか，計算してみた。その結果が，図5-1である。これらの時給は，物価などの国による違いを考慮していないので，3カ国間の賃金の高さの比較には意味がない。ここでは，勤続年数と賃金の

---

[8]　労働経験年数は学校を卒業した後調査時点までの間に働いてきた年数である。それゆえ，ずっと転職せずに一つの勤め先に勤め続けてきた人は，労働経験年数＝現在の勤め先の就業年数である。しかし，長く働いているが，つい最近転職した人の場合，労働経験年数は長いが，現在の勤め先の就業年数は短くなる。

表 5-1　対数時給の回帰分析（日本）

	正規	非正規
切片	1.190***	.746***
	(.056)	(.116)
男性ダミー	.338***	.408***
	(.028)	(.078)
教育年数	.028***	.020
	(.007)	(.016)
労働経験年数	.235***	.153
	(.054)	(.112)
労働経験年数二乗	−.029*	−.016
	(.012)	(.027)
勤続年数	.112*	.359**
	(.050)	(.120)
勤続年数二乗	−.001	−.114*
	(.013)	(.045)
log 企業規模	.092***	.035**
	(.007)	(.013)
職業[#]	.230	.257
調整決定係数	.468	.127
N	1381	566

***$p<.001$，**$p<.01$，*$p<.05$
[#]職業に関しては8つのダミー変数をモデルに投入しているが，個々の値の表記は割愛。代わりに個々の職業の効果の標準偏差を表記している。基準カテゴリの効果は0としている。この標準偏差が大きいほど，職業間の時給の差が大きいと考えられる。

関係がどのように異なっているかに注目していただきたい。日本の場合，労働経験年数二乗が有意なマイナスの値をとっているが，その値は非常に小さいため，ほとんど右肩上がりに賃金が上昇していく。それに対して，韓国や台湾では，20-30年あたりで賃金の上昇は頭打ちになる。このことからも日本における強力な内部労働市場の発達が示唆される。

また，企業規模の効果は日本のほうが台湾より5%水準で有意に強く（日韓，韓台間は有意差なし），職業の効果は，台湾で特に強かった。

表 5-2　対数時給の回帰分析（韓国）

	正規	非正規
切片	.810***	.647*
	(.123)	(.319)
男性ダミー	.320***	.209
	(.073)	(.192)
教育年数	.093***	.035
	(.017)	(.029)
労働経験年数	−.164	.254
	(.147)	(.344)
労働経験年数二乗	.055	.012
	(.044)	(.092)
勤続年数	.729***	−.083
	(.162)	(.369)
勤続年数二乗	−.204**	−.005
	(.063)	(.135)
log 企業規模	.082***	.073
	(.017)	(.040)
職業[#]	.125	.389
調整決定係数	.381	.221
N	353	119

***$p<.001$, **$p<.01$, *$p<.05$
[#]表 6-1 の注 # を参照。

5-2. Oaxaca-Blinder 要因分解の結果

次に，表 5-1，表 5-2，表 5-3 の推定結果を使って Oaxaca-Blinder 要因分解を行う。それぞれの表の正規雇用と非正規雇用の切片がそれぞれ $\beta_0^{正}$，$\beta_0^{非}$ の推定値であり，個々の説明変数の傾きが $\beta_i^{正}$，$\beta_j^{非}$ の推定値である。個々の値の表は割愛するが別途，すべての説明変数と被説明変数の平均値 $\bar{X}_i^{正}$, $\bar{X}_i^{非}$, $\bar{W}^{正}$, $\bar{W}^{非}$ を計算した。これらの値を式 (9) に代入して，B とすべての変数に関してそれぞれの要因を，格差の合計である $\ln \bar{W}^{正} - \ln \bar{W}^{非}$ で割ってやれば，どの要因がどの程度，正規雇用と非正規雇用の賃金格差に貢献しているのかがわかりやすく表示できる。その結果が，表 5-4 である。この表の最初の行は，平均賃金の比を示している。日本では正規雇用の平均時給は非正規雇

表 5-3　対数時給の回帰分析（台湾）

	正規	非正規
切片	−.002	.248
	(.052)	(.434)
男性ダミー	.247***	.182
	(.028)	(.164)
教育年数	.053***	.013
	(.006)	(.023)
労働経験年数	.542***	.024
	(.052)	(.358)
労働経験年数二乗	−.102***	.021
	(.014)	(.075)
勤続年数	.284***	.272
	(.055)	(.210)
勤続年数二乗	−.055**	−.113
	(.020)	(.060)
log 企業規模	.067***	.012
	(.007)	(.055)
職業#	.355	.529
調整決定係数	.435	.196
N	2011	116

***$p<.001$, **$p<.01$, *$p<.05$
#表 6-1 の注#を参照。

用の平均時給の約 2.2 倍である。台湾では 2.1 倍で日本と同程度の格差があるが，韓国は 1.6 倍で格差が相対的に小さいことがわかる。

次にこのような格差がどのような要因によって生じているのかを見ていこう。まず，日本は男性ダミーの割合が 22.4％で韓国・台湾に比べて高い。つまり，正規雇用と非正規雇用の賃金格差のうち，22.4％は，男女の賃金格差と女性のほうが非正規雇用に就きやすいことによって生じていることになる。

また，日本では，教育年数の割合が 2.8％で，韓国・台湾と比べて著しく小さい。これは教育年数の時給に対する効果 $\beta_i^{正}$ が日本の場合非常に小さいことによって生じている。つまり，確かに非正規雇用のほうが教育年数は短いのだが，教育年数の効果が小さいために，教育年数の短さはそれほど賃金

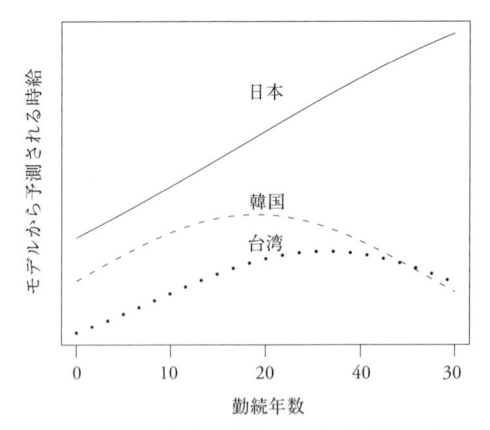

図 5-1　モデルから予測される転職経験のない
正規労働者の勤続年数と時給の関係

他の説明変数の値はすべて 0 と仮定して計算した。スケール
には意味がないので縦軸の目盛はあえて消してある。

表 5-4　正規雇用と非正規雇用の賃金格差の分割結果 (%)

	日本	韓国	台湾
平均賃金格差			
$\bar{W}^{正}/\bar{W}^{非}$	2.2 倍	1.6 倍	2.1 倍
他の要因に起因する割合[#]			
男性ダミー	22.4	14.4	−.9
教育年数	2.8	35.6	33.0
労働経験年数	5.8	.8	−17.1
勤続年数	10.8	3.0	−9.6
企業規模	4.8	14.4	25.0
職業	11.5	−9.4	28.8
構造的要因に起因する割合[b]			
切片と構造	41.9	41.3	40.8

[#] $100 \times \dfrac{\beta_i^{正}(\bar{X}_i^{正} - \bar{X}_i^{非})}{\ln \bar{W}^{正} - \ln \bar{W}^{非}}$

[b] $100 \times \dfrac{B}{\ln \bar{W}^{正} - \ln \bar{W}^{非}}$

格差に寄与していないということになる[9]。

　日本では，労働経験年数と勤続年数に起因する賃金格差の割合は相対的に大きく，企業規模に起因する割合は相対的に小さい。最後に，構造的な要因はだいたい 4 割程度で 3 カ国のあいだに違いは見られない。まとめると，韓国や台湾では，非正規雇用のほうが教育年数が短く，小規模の企業に非正規雇用が集中しているせいで賃金が低くなっている傾向が強いが，日本の場合，非正規雇用のほうが女性が多く，労働経験年数や勤続年数が短いせいで賃金が低くなっている傾向が強い。

6　議　論

　この論文では，日本において非正規雇用と正規雇用の賃金格差がなぜ生じるのかを，韓国・台湾と比較しながら分析してきた。台湾に関しては，非正規雇用といっても実質的にはかなり異質であり，おそらくインフォーマル・セクターでの断続的な臨時雇用ではないかと考えられる[10]。そのため，ここでは，台湾については比較を控え，日本と韓国の比較に集中したい。

　日本では，正規雇用と非正規雇用のあいだに，韓国よりも大きな賃金格差が存在する。そのような日本における大きな格差のうち，2 割程度は非正規雇用のほうが女性比率が高いことに，1 割程度は勤続年数の短さに，やはり 1 割程度は地位の低い職種に集中していることに起因している。しかし，性別，教育年数，労働経験年数，勤続年数，職種の違いには還元できないような賃金格差が 4 割程度は存在している。この 4 割については，正社員と経営者による社会的閉鎖化によって生じていることが示唆された。実際，社会

---

9)　ただし，2005 年の SSM 日本調査のデータは，同時期のその他の調査データに比べて正規・非正規間の教育年数の差が小さい。つまり，サンプリングや回収率の差によるサンプルの歪みのせいで，学歴に起因する賃金格差の割合が過小に推定されている可能性もある。
10)　台湾の非正規雇用は，ほとんど臨時雇用で，企業規模を「一人」と答えているものが多く，中高年層の低学歴者に集中している。台湾はインフォーマル経済の規模が日本に比べて非常に大きく（Cheng and Gereffi 1994），そこで断続的に働いている人々が，みずからを臨時雇用とみなしているのではないかと考えられる。詳しくは Tarohmaru (2011) を参照。

的閉鎖化仮説が予測するとおり，日本のほうが正規雇用と非正規雇用の賃金格差は大きい。少なくとも，日本のほうが賃金格差が大きいことは，この社会的閉鎖化によって説明できるのではないだろうか。

　日本のもう一つの特徴は，性別と勤続年数が正規雇用と非正規雇用の賃金格差に大きく寄与しているのに対し，教育年数や企業規模のそれは，韓国ほど大きくない点であった。つまり，日本では正規・非正規の格差とジェンダーが密接に関連しているのに対して，韓国ではジェンダーよりも人的資本のような経済的要因に還元できる部分が大きい。このようなジェンダーとの関係は，すでに述べたように，自営を含めたインフォーマル・セクターの規模の違いに起因していると考えられる。つまり，日本ではパート・アルバイトというかたちで行われている低賃金労働が，韓国では家族従業者というかたちで行われているのかもしれない。日本では，自営セクターの規模が縮小して家族従業者が非正規雇用者に転換されたことによって，賃金格差が可視化されるようになったという見方もできるかもしれない。今回の分析では自営業主や家族従業者を分析から除外したが，今後は自営業と非正規雇用の代替性も視野に入れながら研究を進めていく必要があろう。

● 参考文献 ●

有田伸　2011「非正規雇用概念の適用過程からみる韓国労働市場の『格差』：日本との比較を通じて」『社会科学研究』62（3・4合併）：77-97。

Becker, Gary S. 1993. *Human Capital: A Theoretical and Empirical Analysis*, with Special Reference to Education 3rd Edition. Chicago: University of Chicago Press.

Blinder, Alan S. 1973. "Wage Discrimination: Reduced Form and Structural Estimates." *The Journal of Human Resources* 8(4): 436-455.

Brinton, Mary C. 2001. "Married Women's Labor in East Asian Economies." Mary C. Brinton (ed.) *Women's Working Lives in East Asia.* Stanford: Stanford University Press, pp. 1-37.

Brinton, Mary C., Yean-Ju Lee and William L. Parish. 2001. "Married Women's Employment in Rapidly Industrializing Societies: South Korea and Taiwan." Mary C. Brinton (ed.) *Women's Working Lives in East Asia.* Stanford: Stanford University Press, pp. 38-69.

Cheng, Lu Lin and Gary Gereffi. 1994. "The Informal Economy in East Asian Development." *International Journal of Urban and Regional Research* 18: 194-219.

Claessens, Stijn and Joseph P.H. Fan. 2002. "Corporate Governance in Asia: A Survey." *International Review of Finance* 3(2): 71-103.

Davis, Kingsley and Wilbert E. Moore. 1945. "Some Principles of Stratification." *American Sociological Review* 10(2): 242-249.

玄田有史　2001『仕事のなかの曖昧な不安』中央公論社。

Greenhalgh, Susan. 1994. "De-Orientalizing the Chinese Family Firm." *American Ethnologist* 21(4): 746-775.

Hoffmann, Eivind. 1999. International Statistical Comparisons of Occupational and Social Structures: Problems, Possibilities and the Role of ISCO-88. http://www.ilo.org/public/english/bureau/stat/isco/press1.htm.

Hollister, Matissa N. 2004. "Does Firm Size Matter Anymore? The New Economy and Firm Size Wage Effects." *American Sociological Review* 69(5): 659-676.

Houseman, Susan N., Arne L. Kalleberg and George A. Erickcek. 2003. "The Role of Temporary Agency Employment in Tight Labor Markets." *Industrial & Labor Relations Review* 57(1): 105-127.

稲上毅　1999「総論日本の産業社会と労働」稲上毅・川喜多喬編『講座社会学6　労働』東京大学出版会，1-31頁。

Japanese Trade Union Confederation. 2008. Overtures from RENGO: Priority Policies '08-'09. http://www.jtuc-rengo.org/specialtopics/data/prioritypolicies08-09.pdf.

Jung, EeHwan and Byung-you Cheon. 2006. "Economic Crisis and Changes in Employment Relations in Japan and Korea." *Asian Survey* 46(3): 457-476.

Kalleberg, Arne L. and Mark E. Van Buren. 1996. "Is Bigger Better? Explaining the Relationship between Organization Size and Job Rewards." *American Sociological Review*, 61(1): 47-66.

Kalleberg, Arne L. and James R. Lincoln. 1988. "The structure of earnings inequality in the United States and Japan." *American Journal of Sociology* 94(S): S121-53.

Kim, Chang Hwan and Arthur Sakamoto. 2008. "The Rise of Intra-Occupational Wage Inequality in the United States, 1983 to 2002." *American Sociological Review* 73(1): 129-157.

木本喜美子　1999「女の仕事と男の仕事」鎌田とし子・矢澤澄子・木本喜美子編『講座社会学14　ジェンダー』東京大学出版会，151-178頁。

────── 2000「女性労働研究の到達点と課題」木本喜美子・深澤和子編『現代日本の女性労働とジェンダー』ミネルヴァ書房，22-51頁。

Kong, Tat-Yan. 2004. "Labour and Neo-Liberal Globalization in South Korea and Taiwan." *Modern Asian Studies* 39(1): 155-188.

厚生労働省　2009『平成21年労働組合基礎調査結果の概況』http://www.mhlw.go.jp/toukei/itiran/roudou/roushi/kiso/09/dl/print.pdf.

────── 2010『平成21年賃金構造基本統計調査（全国）結果の概況』http://www.

mhlw.go.jp/toukei/list/52-21.html.
Lee, Yoon-Kyung. 2006. "Varieties of Labor Politics in Northeast Asian Democracies: Political Institutions and Union Activism in Korea and Taiwan." *Asian Survey* 46(5): 721-740.
Lim, Up and Sung Chul Cho. 2009. "The Decomposition of Regional Wage Differentials in Korea." *The Social Science Journal* 46(2): 375-383.
Lu, Yu-hsia. 2001. "The "Boss's Wife" and Taiwanese Small Family Business." Mary C. Brinton (ed.) *Women's Working Lives in East Asia*, Stanford: Stanford University Press, pp. 263-297.
Mincer, Jacob and Solomon W. Polachek. 1974. "Family Investment in Human Capital." *The Journal of Political Economy* 82(2): S76-S108.
Mouer, Ross and Hirosuke Kawanishi. 2005. *A Sociology of Work in Japan*. Cambridge University Press.
Murphy, Raymond. 1988. *Social Closure: The Theory of Monopolization and Exclusion*. Oxford University Press.
Nitta, Michio. 2001. "Modes of Employment in Japan." Arne Holzhausen ed., *Can Japan Globalize? : Studies in Japan's Changing Political Economy and the Process of Globalization in Honour of Sung-Jo Park*. Heidelberg: Physica-Verlag, 83-95.
野村正実　1998『雇用不安』岩波新書。
Oaxaca, Ronald. 1973. "Male-Female Wage Differentials in Urban Labor Markets." *International Economic Review* 14(3): 693-709.
Okumura, Hiroshi. 2000. *Corporate Capitalism in Japan*. Palgrave Macmillan.
Orru, Marco, Nicole Woolesy Biggart and Gary G. Hamilton. 1991. "Organizational Isomorphism in East Asia." Walter W. Powell and Paul Dimajjio (eds) *The New Institutionalism in Organizational Analysis*. Chicago: University of Chicago Press, pp. 361-389.
Parkin, Frank. 1979. *Marxism and Class Theory: A Bourgeois Critique*. Tavistock Publications.
総務省統計局　2010『労働力調査（詳細集計）平成 22 年 4-6 月期平均（速報）結果の概要』http://www.stat.go.jp/data/roudou/sokuhou/4hanki/dt/pdf/05500.pdf.
Stites, Richard. 1982. "Small-Scale Industry in Yingge, Taiwan." *Modern China* 8(2): 247-279.
竹ノ下弘久　2011「労働市場の構造と自営業への移動に関する国際比較」石田浩・近藤博之・中尾啓子編『現代の階層社会 2　階層の移動と構造』東京大学出版会，37-51 頁。
太郎丸博　2009『若年非正規雇用の社会学』大阪大学出版会。
Tarohmaru, Hiroshi. 2011. "Income Inequality between Standard and Nonstandard Employments in Japan, Korea and Taiwan." Yoshimichi Sato and Jun Imai (eds.) *Japan's New Inequality: Intersection of Employment Reform and Welfare Arrangements*. Melbourne:

Trans Pacific Press, pp. 54-70.

Wakisaka, Akira and Haesun Bae. 1998. "Why Is the Part-Time Rate Higher in Japan than in South Korea?" Jacqueline O'Reilly and Colette Fagan (eds.) *Part-Time Prospects: An International Comparison of Part-Time Work in Europe, North America and the Pacific Rim*. London: Routledge, pp. 252-264.

Weber, Max. 1922. *Wirtschaft und Gesellschaft*, J.C.B. Mohr（＝1975，厚東洋輔訳『経済と社会集団』中央公論社）.

Weeden, Kim A. 2002. "Why Do Some Occupations Pay More than Others? Social Closure and Earnings Inequality in the United States." *American Journal of Sociology* 108(1): 55-101.

Wonnacott, Thomas H. and Ronald J. Wonnacott. 1981. *Regression, a second course in statistics*. New York: John Wiley and Sons, Inc.（＝1998，田畑吉雄・太田拓男訳『回帰分析とその応用』現代数学社）.

Ybarra, Josep-Antoni. 1989. "Informalization in the Valencian Economy: A Model for Underdevelopment." Alejandro Portes and Manuel Castells (eds.) *The Informal Economy: Studies in Advanced and Less Developed Countries*. Baltimore: Johns Hopkins University Press, pp. 216-227.

Yu, Wei-hsin. 2001a. "Family Demands, Gender Attitudes, and Married Women's Labor Force Participation: Comparing Japan and Taiwan." Mary C. Brinton (ed.) *Women's Working Lives in East Asia*. Stanford: Stanford University Press, pp. 70-95.

―――. 2001b. "Taking Informality into Account: Women's Work in the Formal and Informal Sectors in Taiwan." Mary C. Brinton (ed.) *Women's Working Lives in East Asia*. Stanford: Stanford University Press, pp. 233-262.

第6章 ケアダイアモンドと福祉レジーム[1]
―― 東アジア・東南アジア6社会の比較研究

落合恵美子

1 社会的ネットワークと福祉ミックス

　近代家族の孤立性を前提に，家族を一つのグループあるいは閉鎖的システムとみなすパラダイム（Parsons and Bales 1956）を乗り越えるため，1980年代以降の家族社会学はライフコース分析（Hareven 2000），社会的ネットワーク分析（Bott 1957）などのアプローチを発達させてきた。これらの枠組みにおいては，主体としての個人が社会的ネットワークを選択的に形成しながら自らのライフコースを編んでいく。家族は境界の明らかな集団という意味でのグループではなく，個人のつくるネットワークの一部である。

　では，個人が形成する社会的ネットワークの選択肢はいかにして与えられるのだろうか。もっぱらミクロレベルに照準を合わせてきた社会的ネットワーク分析からは，このもっともな問いへの答えは得られない。ミクロレベルの分析はなんらかのマクロ研究と接合しなければ完結しないのではないかと，わたしが考えるようになったのは，そのためである。

　ではどのようなマクロ研究なら，家族社会学の社会的ネットワーク分析と効果的に接合することができるのだろうか。本章では，それが福祉社会学の福祉ミックス（welfare mix）論（Rose and Shiratori 1986），あるいは福祉レジーム（welfare regime）論（Esping-Andersen 1990）ではないかという提案を行いたい。

---
1) 本章は，落合（2008c）および Ochiai（2009）をもとに，かなりの改稿を加えたものである。

福祉ミックス論とは，福祉の供給者は国家のみではなく，多様な供給者が国民の福祉に貢献しているという考え方である。社会的ネットワーク研究は，見方を換えれば，福祉の多様な供給者の活動についてのミクロレベルからの実証研究であろう。
　本章では，「ケア」を結び目として，現代の東アジア・東南アジアにおける家族の社会的ネットワークの比較研究の成果を，福祉ミックス論の観点から再解釈する。そして，アジアにおける福祉レジームの類型論の枠組みを提言したい。

2　アジア家族の比較研究

　本章では，著者を含めた研究グループが 2001 年以来実施してきたアジアのジェンダーと家族についての研究成果の理論的解釈を試みる。研究成果は落合・上野 (2006)，落合・山根・宮坂 (2007)，Ochiai and Molony (2008) などで発表しているので，繰り返しを避けるため，ここではごく簡単に紹介しておこう。
　1980 年代以降の経済発展を受けて急速な社会変化が進む東アジア・東南アジアの諸地域において，家族やジェンダーはどのように変容しているのかを明らかにすることが，本調査の目的であった。韓国（釜山(プサン)市・大邱(テグ)市）・中国（無錫市）・台湾（台北市）・タイ（バンコク郊外）・シンガポールという東アジア・東南アジア 5 地域の都市中間層を主な対象として，家事および子どもと高齢者のケアをめぐる家族内での分担，援助を得る社会的ネットワーク，これらの問題についての意識や規範を半構造化インタビューの方式で尋ねた。一部の地域では質問紙調査も実施した。
　ではこの 5 地域はいかなる基本的条件をそなえた社会であろうか。後の分析で重要になる 2 点に絞って概観しておく。
　第一点は，家族および関連する諸現象のいわば下部構造をなす人口学的状況である。人口学的側面から見た社会の発展は死亡率と出生率の低下として現れるが，（死亡率の指標である）平均寿命と合計特殊出生率を見る限り，日

本を含めた6地域はいずれも既に死亡率と出生率の低下を経験している。とりわけ韓国（合計特殊出生率 2005 年 1.08: 調査時点に近い 2000 年代半ばの統計を示す。以下同様。）・台湾（2004 年 1.18）・シンガポール（2004 年 1.24）・日本（2005 年 1.26）の 4 地域は，世界でも最低水準の超低出生率（lowest low fertility）地域であり，中国（2002 年 1.8）とタイ（2004 年 1.90）も含めてすべての地域で人口置換水準を下回っている。

　しかし，現状はほぼ同じでも，出生率低下が起こった時期には違いがある。大幅な出生率低下[2]はヨーロッパで 1930 年代頃までに，日本では 1950 年代，日本以外の東アジア諸国では 1970 年代から 80 年代に起こった。同一地域に属するほとんどの社会においてほとんど同時期に低下が起きるという特徴がある。そのヨーロッパでの例外がフランス（18 世紀末から低下），アジアでの例外が日本である。日本はヨーロッパと他のアジア諸国の両方から四半世紀ずつずれて，孤立して出生率低下を経験している。このタイムラグが重要な結果を生んだことに，後の分析で注目する。

　出生率低下の時期の違いの影響は，人口の年齢構造の違いとして今日も続いている。いずれの地域も年少人口の縮小した「釣り鐘型」だが，日本はすでに高齢人口が大きい高齢社会であるのに対し，他の 5 地域は，子どもは減ったがまだ高齢者は少なく働き盛りの比率の高い，いわゆる「人口ボーナス」の段階にある。「人口ボーナス」が経済発展に有利な条件であることはよく知られているが（Wongboonsin and Guest 2005），そればかりでなく，家族形成期の人々の兄弟姉妹数が多いため，親族ネットワークからの強力な援助を得やすいという家族形成面の好条件でもある（落合 1993, 1997, 2008b: 15-18, 24-25）。

　第二点はジェンダー役割の違いに関係している。日本も含めた 6 地域における年齢別女子労働力率のパターンは 3 つの類型に分けられる。出産・育児期を通じて高率を保つ中国・タイ型（タイプ 1），30 代から次第に低下するシンガポール・台湾型（タイプ 2），20 代後半から一時的に低下したあと再び上昇していわゆる「M 字型」を描く韓国・日本型（タイプ 3）である（落合・山

---

2) 後述のように出生率低下には人口置換水準までの低下とそれ以下への低下という 2 つの段階がある。ここで「大幅な低下」と表現したのは前者のことである。

根・宮坂 2007 図序-3，Ochiai and Molony 2008 参照）。タイプ 1 およびタイプ 2 の社会では，女性は出産・育児期にも働き続けている。中国・タイ型は言うまでもないが，シンガポール・台湾型でも，むしろ子どもがある程度成長した頃から低下が始まっている。これらの社会で共働きを可能にしているケアネットワークはどのようなものであるのかについても検討したい。

③ 子どものケアをめぐる社会的ネットワーク

　子どものケアをめぐる社会的ネットワークについて，各地域で実施した現地調査により得られた知見を比較・総合して整理した結果を表 6-1 に示した。アジア 5 地域に日本を加えた 6 地域における子どもに対するケアの与え手（ケアラー）を，母親，父親，親族，コミュニティ，家事労働者，施設という種類に分けて整理したものである。各地域の各ケアラーについて，効果的な程度を評価して 4 段階で示した。表 6-1 は落合・山根・宮坂（2007）の表結-1 をもとにしているが，そこには無かったコミュニティというカテゴリーを新たに設け，他にもいくつかの変更を加えた。元表はプロジェクトの共同の成果であるが，変更部分は筆者の見解である。

　表 6-1 を見ると，地域によって子どものケアに関わる効果的なケアラーの組み合わせが異なるということがわかる。まずケアラーの種類ごとに考察し，次に地域による社会的ネットワークのパターンを比較してみよう。

3-1．親族

　日本以外の 5 つの社会では，親族は「非常に効果的」か「ある程度効果的」な役割を果たしている。祖父母やおば・おじに朝から夕食前後まで（しばしば幼稚園や学校の時間を挟んで）子どもを預けることはどこの社会でもよく行われており，夜も親族の家に泊まること，それが数年にわたることもしばしばみられる。

　諸地域を比較すると，中国，台湾，およびシンガポールのほうが，タイや

表 6-1　子どものケアをめぐる社会的ネットワーク

	母親	父親	親族	コミュニティ	家事労働者	施設（3歳未満児対象）
中国	A−	A	A	B	C（大都市：B）	A
タイ	A	A	B	B	C	D
シンガポール	A−	B	A	C	A	A
台湾	A	B	A	?	B	C
韓国	A＋	C	B	B	C	C
日本	A＋	C（共働き：B）	C（共働き：B）	B	D	C（共働き：B）

A：非常に効果的；B：ある程度効果的；C：存在するがあまり効果的でない；D：ほとんど効果的でない
注　母親に用いた記号のA−は，非常に効果的だが他地域の母親ほど責任が集中していないことを意味する。A＋はとりわけ集中していることを示す。

韓国より一層親族の相互依存関係が強いようだ。中国系社会では，親族間の食事や家事の共同が日常的で，世帯の独立性が低いのが通例である（落合 2008a）。そもそも伝統的に子どもの面倒を見るのは祖父母という規範があり，祖父母による育児援助は，後の子どもによる老親扶養とセットだと意識されている。

　日本において，親族の役割が相対的に小さいのは，ひとつには伝統的に直系家族制をとってきたことによる（Fauve-Chamoux and Ochiai 2009 参照）。日本の直系家族である「家」は傍系親族との間に一線を画する傾向をもつ。中国系社会の合同家族制がきょうだい間の平等な絆を世帯分離後も維持させるのと対照的である。さらに日本では人口ボーナスの終焉による親族数の減少が，親族ネットワークを衰弱させた。これに対し他の地域は人口ボーナス期のただなかにおり，親族ネットワークが最強の時代を今まさに迎えている。

3-2. コミュニティ

　「コミュニティ」というカテゴリーにはインフォーマルだが親族ではない多様な人間関係が含まれるものとする。中国の旧市街地では，近隣ネットワー

クは子どものケアにおいて多大な役割を果たしていた (落合 2008a)。タイは地域コミュニティがあまり強くない社会とされてきたが (Embree 1950), 都市中間層の新興住宅地では自治会が作られている (藤井 2007)。

　韓国と日本では子育て中の母親たちが意図的に形成したネットワークがみられる。韓国の母親ネットワークの特徴は, 母親の職業の有無にかかわらず共にネットワークを形成しているという点である。施設保育が母親の職業によって分化していないためであろう (山根・洪 2007: 43)。日本では, 施設保育は働く母親のみを対象として創設されており, 主婦のための育児ネットワークは 1980 年代から都市部でさかんになった (落合 1993)。「新エンゼルプラン」(1999 年) 導入以降, 地域の子育てサークルが NPO を立ち上げる例もみられ, 専業主婦家庭の育児援助に一役買っている。

3-3. 施設

　施設ケアがもっとも充実しているのは, 中国とシンガポールである。中国の場合, ゼロ歳児を含む低年齢児を対象とした公的な施設のシステムも充実している。「全託」という寄宿舎システムもある。シンガポールの場合, デイ・ケアばかりでなく「アフタースクールケア (学童保育)」も利用可能である。中国には社会主義化以降, 女性労働力活用政策がとられたのはよく知られているが, シンガポールもまた資本主義的観点から同様の政策をとってきた。政策の影響が強く出るカテゴリーであることは否めない。もっとも調査続行中の 2000 年代に, 中国では公的保育が大幅に後退し, 「単位」(企業) 付属の保育所が激減した (Zhang and Maclean 2011)。本章は主に 2000 年代前半の調査に基づいているので, 特に中国についてはその後の変化が大きいことを断わっておきたい。

　中国とシンガポール以外では, 3 歳か 2 歳半以上の年長児を対象とした, 幼児教育に力点をおいた施設は充実するようになったが, それより下の年齢層を対象にした施設は十分ではない。日本では戦後の保育政策により共働き家族対象の保育所は整備されたが, 専業主婦家庭に対しては幼稚園に入る年齢まで施設ケアはほとんど提供されてこなかった。タイでは 2 歳半未満の子

どもを対象とした公的施設はなく，妻が仕事を辞めるケースも出現している（Wongboonsin 2004; Hashimoto 2008）。

3-4．家事労働者

　日本を除く現在のアジアでは，家事労働者は依然として一般的な存在である。ただし家事労働者の国籍は，かつては主に国内出身者だったが，現在は外国人へと劇的な転換がみられる。例えばシンガポールは，フィリピンやインドネシアなど東南アジアからの若い女性家事労働者を受け入れている。シンガポールほどではないが，台湾ではベトナム，インドネシア，フィリピン，韓国では中国朝鮮族の中高年女性，タイではミャンマー出身の若い女性の流入がみられる。中国では広大な農村が外国のような役割を果たしている。これらアジア諸地域と比較すると，家事労働者のほとんどいない日本の特異性がむしろ際立っている。

　外国人家事労働者の雇用にも政策の影響は大きい。シンガポールでは女性労働力活用政策の一環として，家事労働者の導入を促進した（Ueno 2008，上野 2011）。日本に外国人家事労働者がいないのは，単純労働を行う外国人労働者の入国を原則として認めない入国管理制度のためである（Liaw et al. 2010）。

　このように家事労働者は，子どもへのケアの提供者としてアジアの多くの国々で重要な役割を果たしているが，その役割が後退しつつあるのが共通して見られる近年の傾向であるようだ。育児や教育の重要性が高まるにつれ，子どもをメイドに任せておくことへの不安が高まり，主な養育者としての役割は母親や祖母が担当し，メイドは掃除や洗濯，買い物や料理などの側面から援助するという分業がみられる（Ochiai et al. 2008）。

3-5．父親と母親

　中国，台湾，シンガポールの中国系住民など，民族的に中国系の社会では，親と共に，祖父母やおじ，おば，いとこが主たる育児の担い手であり，大き

な親族ネットワークのなかに親も埋めこまれている（首藤 2008a, b）。タイも伝統的に「家族圏」社会[3]であり，両親はより大きなシステムの一部にすぎない。

母親と父親との役割の違いに着目すれば，その差異が比較的小さいのは中国とタイといえよう。中国の場合，共働きを勧める社会主義政策のもとで，男性は家事能力が高く育児にも携わっている。タイの場合は伝統的に双系的社会であることが作用しているだろう。これに対し台湾とシンガポールでは父親よりも母親のほうが子育てに関わる傾向があるが，親族ネットワークと（特にシンガポールでは）家事労働者が機能しているために，母親への育児役割の集中は顕在化していない。

韓国と日本では，母親への育児役割集中を解消する道筋として「ジェンダー平等」がイッシューとなるが，逆に言えば育児における「ジェンダー平等」は核家族の境界が明瞭になり，そのなかで母性規範と母親の育児責任集中の実態が形成されてはじめて社会的イッシューになる，とみることもできるのではなかろうか（落合・山根・宮坂 2007: 293）。

3-6. 地域による違い

以上はケアラーの種類別に見た分析だが，地域による違いも見てみよう。子どものケアに関わる社会的ネットワークを地域別に比較すると，複数のカテゴリーの効果的な育児ネットワークが並存している地域と，有効な育児ネットワークがほとんど無い地域とがある。しかも女性の働き方のタイプと関連が見られる。

育児期に共働きをしているタイプ1，タイプ2の社会では，複数のカテゴリーの強力な育児援助ネットワークが並存している。特に中国とシンガポールは4種類のケアラーから効果的な援助が得られる。これに対し，韓国および日本のように育児期に母親が仕事を休むM字型の社会（タイプ3）では，

---

[3] 京都大学東南アジア研究所の研究者は，東南アジアにおける家族の特徴を描写するために，「家族圏」という用語を造り出した。東南アジアの家族は，明確な境界線を持つグループではなく，個人のネットワークだという意味である。坪内・前田（1977）参照。

育児援助が脆弱である。この二つの社会の中でも程度の差はみられ，人口ボーナス期が終わって親族数が大きく減少しており，外国人家事労働者も政策的に受け入れていない日本は，母親の孤立無援が際立っている。日本の育児を困難にしている構造的背景は，この貧困な育児援助ネットワークであることが推察される（Ochiai et al. 2008: 64-66）。

4　高齢者のケアをめぐる社会的ネットワーク

次に高齢者のケアをめぐる社会的ネットワークについて，同様の枠組で整理してみよう。高齢者が得ている生活援助を，ケアの与え手である個人や団体のおもな種類として，子ども，子どもの配偶者，親族，コミュニティ，家事労働者，施設が考えられる。表6-2は共同研究者の合意に基づくものではなく，筆者が作成した試案である。

4-1．子どもと子どもの配偶者

アジア5地域のすべてにおいて，子どもは高齢者のケアの重要な与え手である。日本では施設介護がある程度定着してきたが，やはり子どもが重要な役割を果たしていることは変わらない。

高齢者ケアの親族ネットワークの構造は，相続制度の違い（均分相続か非均分相続か）と関係しているようだ。

中国，台湾，シンガポールの中国系住民やタイでは，子どもたちが全体で老親を扶養する。特定の子どもに同居・ケア役割を集中させることはない。これらは均分相続制をとる社会である。ただしこれらの社会の中でも子どもの性別による違いが見られる。中国系社会は基本的に父系制であり，息子の扶養義務が大きい。タイでは妻方居住の慣行が強いため，娘によるケアの提供がより大きい。これに対し，直系家族制と非均分相続の伝統をもつ韓国と日本の場合，近年変化がみられるとはいえ，特定の子ども（長男など）に同居・ケア責任が集中する傾向がある。そのため，長男の嫁の負担が大きい。

表6-2　高齢者ケアをめぐる社会的ネットワーク

	子ども	子どもの配偶者	親族	コミュニティ	ケア労働者	施設
中国	A（全員）	B	B	A	B	C
タイ	A（全員,特に女子）	B	B	?	C	D
シンガポール	A（全員,特に男子）	B	B	?	A	C
台湾	A（全員,特に男子）	B	B	?	A	C
韓国	A（主に長男）	A	B	B	B	C
日本	A（主に長男）	A	C	C	D	B

A：非常に効果的；B：ある程度効果的；C：存在するがあまり効果的でない；D：ほとんど効果的でない

4-2. 親族

　この表では，子どもは非同居であっても「子ども」としたので，「親族」というカテゴリーは「子ども以外の親族」をさしている。

　孫や甥姪などの子ども以外の親族が高齢者ケアにかかわっているケースも，各地域で散見された。タイでは独身率が高いため，独身者の高齢期は甥姪が支えるのが一般的である。

　ただし子ども以外の親族が果たす役割は，それほど大きくはない。「人口ボーナス」期にある現在のアジアの高齢者は子どもが多く，子どものなかからじゅうぶんな人手を調達できるからではなかろうか。

4-3. コミュニティ

　高齢者ケアにおけるコミュニティの役割がもっとも顕著なのは中国といえよう。中国では2000年から「社区」建設を本格的に開始した。「社区」とは「コミュニティ」の訳語であり，職場中心の単位制の崩壊を受けて社会の基層組織の建て直しのために企図されたものである。「社区」は政府指導と居民自治を組み合わせたもので，住民のボランティアも動員しつつ，社会サービスの提供などを行う（長田2008）。社区の中には入所型の高齢者施設（敬老

院）を備えるものもある。2000年の調査では，全国の社区のうち32.9％が老年福祉施設（老年アパート，養老院，敬老院，ケアセンター，托老所）をもっていたという（周・落合2007: 141）。また社区は別にしても，朝の公園には高齢者が集まり，身体を動かしたりダンスを楽しんだり鳥を鳴かせたりして交流しており，中国の高齢者の生活に地域が果たす役割は非常に大きい。

　また韓国でも地域福祉事業の一環として，在宅の高齢者にたいする福祉サービス提供拠点として老人福祉館と社会福祉館が整備され，余暇活動や保険・医療に関するサービスの提供，敬老食堂の運営，デイサービスセンターの運営など，多岐にわたる事業を展開している（小林・洪2007: 74）。

4-4. 施設

　日本を除いて，高齢者の施設ケアはまだ緒に就いたばかりである。高齢者のケアは子どもの役割という規範が強いため，老親を施設に入れるのは恥ずかしいという意識が共通して見られる。公的施設が未整備であり，モデル的に作られた施設も一般の人々にとっては費用が高い。

　中国では社区に入所型の高齢者施設（敬老院）を備えたところもあるが，その入居費はかなり高額である。中国の高齢者福祉施設入居者は65歳以上人口の1％未満にすぎない（周・落合2007: 126）。台湾では市内のビルの2階などにかなりの数の民間施設ができており，それなりに機能している。タイでは高齢者ケアのための公的施設はほとんど作られておらず，病院併設のケアセンターも非常に高額である（斧出2007: 179）。韓国では，扶養者がおらず，日常的に支援を必要とする貧しい高齢者を無償で保護していた施設があったが，近年では「シルバータウン」などといった名称の一般向け有料住居福祉施設や医療福祉施設も作られるようになった（小林・洪2007: 75）。

4-5. 家事・介護労働者

　家庭で家事・介護労働者を雇用する選択肢が一般的なのは，シンガポール，台湾である。台湾では家事労働者一般と介護労働者を法的に区別しているが，

1990年代末から外国人介護労働者数が急増し，2006年現在で約15万人に達した（落合2007）[4]。これらの社会では「介護は子どもの役割」という規範も変化して，家事労働者の費用を負担することで老親に対する役割を果たしたとみなすようになったという（安里2009a）。外国人家事・介護労働者はフィリピン，インドネシア，ベトナムなどの出身で，大多数は女性であり，一般家庭に住み込み，夜も高齢者の近くで眠り，休日なしで24時間勤務の者が少なくない[5]。中国では外国人ではなく，広大な農村部からの出稼ぎ女性がその役割を果たしている[6]。

子どものケアのための家事労働者の役割は前述のように後退しているが，高齢者ケアのための役割はむしろ拡大している。同じケアといっても，対象者が子どもか高齢者かによって，家族の戦略は異なる。

日本は高齢者ケアのために家事労働者を雇うことの少ない社会である。前述のように入国管理政策が大きな理由であろう。協定によりインドネシアから看護師と介護福祉士を受け入れることになったが（安里2009b），その政策の影響は未知数である。また，介護保険制度によりヘルパーの雇用が広まったが，行政によって必要性が認定された場合に限られている（Abe 2009）。

5 ケアダイアモンドと福祉レジーム

5-1. ケアダイアモンド

以上，日本を含めたアジア6地域における子どもと高齢者のケアをめぐる社会的ネットワークの現状を比較してきた。この結果を福祉ミックスおよび福祉レジームの点から解釈するのが本章の目的である。

福祉ミックス（welfare mix）という考え方は，福祉多元主義とも言われるよ

---

[4] この数字は施設で介護労働に従事する者も含むが，一般家庭に住み込む者が圧倒的多数である。
[5] 外国人家事・介護労働者の実態や抱える問題については，安里（2004, 2005），Lan（2006），落合（2007a），Ueno（2008）を参照。
[6] 出稼ぎ者を送り出す中国農村部で起きている子どもや高齢者の問題や離婚問題については，張（2008）を参照。

第6章　ケアダイアモンドと福祉レジーム

うに，福祉の供給者は国家だけではなく，市場も含めた多様な供給者の働きによると考えるものである（Rose and Shiratori 1986）。「福祉国家は常に多元的であった」とも言える（平岡 2000: 35）。

多元性を形成する部門として何を挙げるかは論者によりさまざまである。エスピン-アンデルセンが「福祉三角形（welfare triangle）」と呼んだように国家，市場，家族の3者を挙げることが多いが（Esping-Andersen 2002: 57, 白鳥・ローズ 2002: 20），さらに「ボランタリー部門」ないしは「コミュニティ」という1項を加えて「福祉四角形（welfare diamond）」とする場合もある（Wolfenden 1978, Evers et al. 1994, 平岡 2000: 32, Jenson and Saint-Martin 2003: 80）。

ここでは後者にならって，アジア諸地域の「ケアダイアモンド（care diamond）」（あるいはケア四角形）を描いてみよう。ケアダイアモンドは，さまざまな社会のケア供給のパターンを比較・説明するために，筆者もその一員である，国連社会開発調査研究所（UNRISD）の調査プロジェクト「ケアの政治社会経済」によって用いられた（Razavi 2010）。プロジェクトの企画書にいわく「ケア供給に携わる組織は，家族・親族，市場，公的施設，非営利部門を包括した，『ケアダイアモンド』という様式で概念化できるだろう」[7]。

ただし本章では，アジアの実情をよりよく表現するためにいくつかのくふうをする。まず，通常は「家族」と表現される部門を「家族・親族」として，しかも狭義の「家族」（核家族ないしは同居の単位である「世帯」）と広義の「親族」を区別して，それぞれの役割を明示できるようにする。親族の果たす役割の大きさによって，家族の負担はまったく異なるものになるからである。また，「家族・親族」のなかでのジェンダーによる分担を示す。また，「家族・親族」カテゴリー内でのジェンダーによる相違も考慮する[8]。

---

[7] このプロジェクトの概要については，UNRISD のウェブサイトおよび『海外社会保障研究』170号（2010）特集を参照。このプロジェクトは UNRISD の研究員シャーラ・ラザビ（Shahra Razavi）が組織した。

[8] 「高齢者のためのケア」の与え手として，表6-2は「子ども」「子どもの配偶者」「親族」を挙げている。しかし，ケアダイアモンドの枠組で状況を再解釈する際には，ケアの受け手と同居していない場合は「子ども」と「子どもの配偶者」を「親族」と見なす。すなわち高齢者についての「ケアダイアモンド」の「親族」は，表6-2の「親族」より広い概念となる。すなわち，子どもの役割がきょうだい間で「均等」とされた社会では，「親族」の役割が非常に大きく表現されることになる。

本章では，第4部門は「コミュニティ」として，(1) 地域コミュニティ（子どものケアをめぐる中国の旧市街地や集合住宅のネットワークなど），(2) 自生的に形成されたインフォーマルネットワーク（韓国や日本の母親たちの非公式な子育てネットワークなど），(3) 意図的に形成され公認された団体（中国の社区，「新エンゼルプラン」下で日本の地域の子育てサークルが立ち上げたNPO）など，さまざまなネットワーク類型を含むこととする。

「国家」が「コミュニティ」に介入した「社区」の例からも分かるように，4部門は独立とはいえない。「国家」と「市場」との関係にもしばしば「混合」が見られる。表6-1・6-2の「施設」には公的なものと民間のものがあり，民間のものに公的援助がある場合は「国家」と「市場」の混合となる。また「家事労働者」は通常は「市場」であるが，日本の介護保険によるヘルパーの雇用は「国家」の要素が強いだろう。

ではそれぞれの社会についての「ケアダイアモンド」を描いてみよう（図6-1）。図6-1には多くの重要なことが示されている。第一に，四角形を構成する四つの部門は理論的には独立である。国家と市場による福祉の供給をひとつの軸上の両端に位置づける見方もあるが，ケアの受け手の現実は異なる。複数のケアラーが補い合って，ケアを供給しているのだ。「国家」と「市場」の両方がケアの重要な供給者であるシンガポールの子どものケアが典型であろう。

第二に，ケアダイアモンドの形状は社会によっても異なるが，注目するケアの種類によっても異なる。中国とシンガポールは子どものケアについては「国家」が施設を整備しているが，高齢者のケアについてはそうではない。両国の女性労働力活用という政策目標にとって，前者の子どものケアのみが重大な障害物と考えられたからである。

5-2. 福祉レジーム

では，「ケアダイアモンド」の形状と，福祉レジームの類型とは，どのように関係しているのだろうか。理論的には，市場部門のみが大きいのが自由主義レジーム，国家部門のみが大きいのが社会主義レジームと言えよう。社

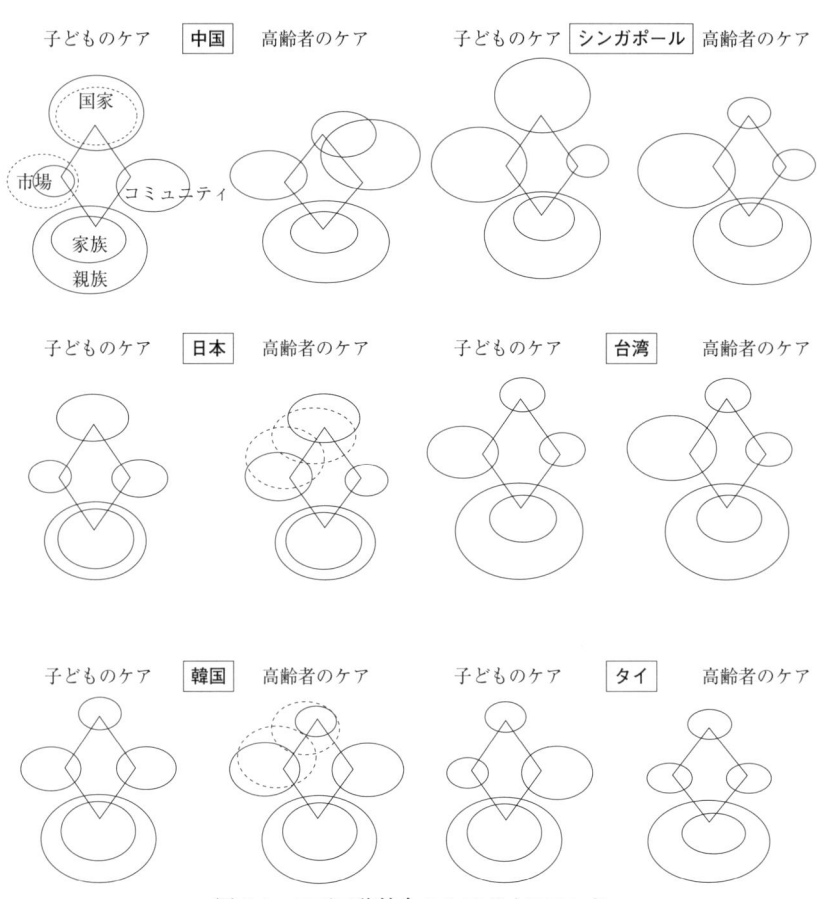

図6-1 アジア諸社会のケアダイアモンド

出典：Ochiai (2009).

会主義社会や社会主義からの移行を視野に入れる必要のある今日，エスピン－アンデルセンのように福祉資本主義の類型を考察するだけでは不十分である。社会民主主義レジームは国家および市場部門が両方とも大きいパターンと表現できよう。「家族・親族」部門が大きいのが家族主義レジームである（Esping-Andersen 2001: 第1章・第3章；新川 2005: 273）。国家と市場が福祉供給に果たす役割の大きさによって，これら4つのレジームを位置づけてみた

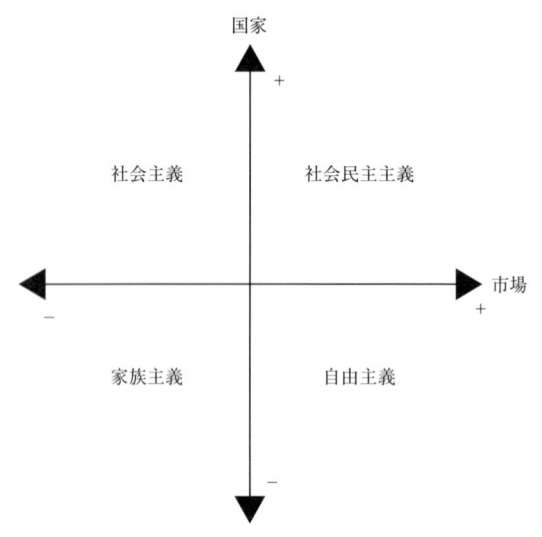

```
              国家
               ↑
               +

      社会主義  │  社会民主主義

  ←────────────┼────────────→ 市場
      -        │        +

      家族主義  │  自由主義

               -
               ↓
```

図 6-2　社会主義を含めた福祉レジームの配置

のが，図 6-2 である。通常は 1 本の軸の両端に置かれる「国家」と「市場」を別々の軸としてクロスさせ，社会主義レジームと社会民主主義レジームを峻別できるようにしたのが，この図のオリジナルな点である。

　では図 6-1 に表現されたアジア諸社会のケアダイアモンドは，どのような福祉レジームと関係づけられるだろうか。高齢者ケアについてのシンガポールのパターンはまさに自由主義的といえる。ただし「家族・親族」，特に親族の役割も大きいのが目を引く。自由主義では元来，家族の役割が大きいと指摘されてきたが[9]，家族ばかりでなく多くの親族による非常に強力なサポートが特徴的なシンガポールのケースを表現するため，「自由主義的家族主義」と呼びたい。台湾の高齢者ケアもこれと同じパターンである。他方，シンガポールの子どものケアは，「国家」と「市場」の両方の役割が大きいので，上記の分類では社会民主主義レジームとなる。しかし，保育施設の整備は女性や家族の福祉というより，むしろ国力発展のための女性労働力活用

---

9)　自由主義レジームで家族が重要な役割を果たすことは，エスピン-アンデルセンも指摘しており，自由主義レジーム元来の性質でもある。

という経済政策の一環であることから，北欧と同じ社会民主主義レジームに含めるのが適切とは思えない。シンガポールの子どものケアをめぐる状況は政府が経済発展を主導する「開発主義 (developmentalism)」として理解できるのではなかろうか。

中国は子どものケアについては，2000年代前半までは公的施設保育を中心とした社会主義レジームのパターンを見せていた。「家族・親族」部門は，当初は政府の人民公社設立によって廃絶されそうになったのだが，結局は人民公社の崩壊以降，社会主義下でも大きな役割を果たしてきた。しかし2000年代の間に「単位」付属の保育所が激減し，民間の高額な育児施設が増加して，様変わりした（図6-1の点線部分）。一方，高齢者のケアについてはいかなる社会主義的対策もとっておらず，今世紀に入ってからは高齢者サポートにおける社区（コミュニティ）の役割を強調している。政府指導の強く加わった住民自治なので，社区は領域的には「国家」と「コミュニティ」の混合とみたほうが正確であろう。「移行的社会主義」と呼んでおこう。資本主義国の福祉再編でも，英国のブレア政権の例のように，「コミュニティ」の活性化が政策に取り入れられたが，社会主義国においても，やはり「コミュニティ」が社会再編成の鍵とされるのが興味深い。

では日本はというと，国家の役割は中国やシンガポールの高齢者ケアに比べれば明らかに大きい。しかし専業主婦家庭用の低年齢児の施設保育は無く，高齢者向けの社会的サービスもヨーロッパの社会民主主義諸国と比べるとはるかに貧しい。さらにケアサービスの市場も，他のアジア諸地域と比べても小さく限られている。ベビーシッターや家事労働者の市場がほとんど成立していないためである。これは外国人単純労働者の入国を認めない入国管理政策によるところが大きい。国家も市場もごく限られた役割しか果たしておらず，また早期に人口学的変化を経たため親族のサポートもアジアの他の地域に比べると少なく，ケア役割の大部分を家族が担っているのが日本の特徴である。日本のシステムは，弱い福祉国家に補完された「家族主義」といえよう。2000年に導入された介護保険は国家部門と市場部門の混成（図6-1の点線部分）だが，この制度の問題点も報告されている（落合ほか 2010; Ochiai et al. 2012; Abe 2009）。

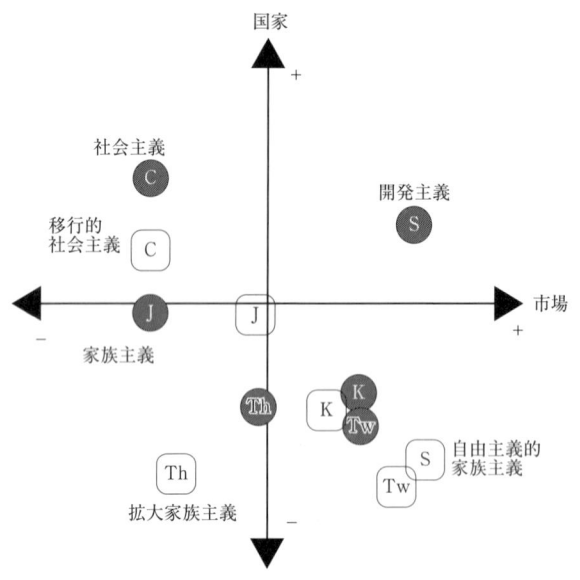

図 6-3　アジア諸社会におけるケア供給のパターン
●=子どものケア　□=高齢者ケア

　韓国は，子どものケアについても高齢者のケアについても国家の役割は日本より小さい。民間の市場も利用しているがシンガポールほどではない。親族の役割は中国系社会ほどではないが日本よりは大きい。高齢者サービスを提供するコミュニティは，おそらく日本より発達している[10]。台湾は，子どものケアについては韓国に近く，高齢者のケアについてはシンガポールに近い。タイは子どものケアも高齢者のケアも，国家の役割が小さい。
　図 6-3 は，本項で論じたアジア社会 ── 中国（C），タイ（Th），シンガポール（S），台湾（Tw），韓国（K），日本（J）── におけるケア供給のパターンを，図 6-2 と同じ平面上に試みに図示してみたものである。

[10) 韓国もまた介護保険制度を導入している。制度導入後のパターンについては，四角形の中に点線で示した。

6　ケアネットワークの再編成

　アジアの6社会におけるケアダイアモンドの比較は，この地域における福祉レジームを「アジア型」や「家族主義」とひとくくりにできないことを示している．ケアダイアモンドのパターンは，社会やケアの種類によって異なり，しかも時とともに変化する．社会主義レジームの転換をみせて，国家よりコミュニティ重視の方向を打ち出す中国．開発主義と自由主義的家族主義を結合させたシンガポール．そして「自由主義的家族主義」の韓国，台湾．タイと日本は純粋の家族主義に近いが，タイは親族の役割が大きい拡大家族主義，日本は弱いながら福祉国家の支援を受けていると言えるだろう．ではこれらのパターンの違いを生んだ原因を最後に考えておきたい．

　まず近代化およびグローバル化とケアネットワークの再編成についての見取り図を描いておこう．近代以前あるいは近代初期の社会では，ケアワークは家族と親族，および／あるいは家事労働者の手によって担われていた（Fauve-Chamoux 2005）．近代以前には家族がケアワークを担っていたとしばしば言われるが，それは正確ではない．当時の家族は今日のように閉鎖的集団ではなく，親族との相互依存が強く，また非常にしばしば家事労働者を家に住まわせていた[11]．しかし親族の絆が弱まり，家事労働者も得られなくなって，孤立性の高い「近代家族」が社会の多数派となると，ケアワークの負担は主婦に集中することとなった．ただし近代家族の時代は「福祉国家」確立の時代でもあって，高齢者や子どものケアの責任は次第に家族から国家へと移譲されていった．

　1973年のエネルギー危機は，新時代への過渡期となった．景気後退・不況を契機に伝統的な性別分業は衰え，少なくとも欧米圏では「近代家族」は社会の多数派ではなくなっていった．さらに少子高齢化と「福祉国家の危機」，およびグローバル化と新自由主義の動きも加わった．その時代にケアネットワークはいかに再編成されていくか，これが現代の課題である．

11）近代以前の家事労働者の雇用およびその地域による違いについては Fauve-Chamoux (2005)，および，ヨーロッパと東アジアの歴史人口学の成果をまとめた落合 (2004) を参照．

この見取り図はヨーロッパやアメリカの経験をもとにしたものだが，アジアの経験では，とりあえず変化の経路と速度が違う。
　経路が違ったのは，中国とシンガポールである。中国は社会主義，シンガポールは開発主義と，イデオロギーは異なるが，いずれも女性労働力の活用を国策として遂行した。そのため，欧米での近代家族の誕生に伴う女性の「主婦化」は起こらず，むしろ「脱主婦化」が起こった。それを可能にするために，子どものケアは早い時期から政府の責務となった。
　速度が違ったのは，アジア地域すべてに共通する条件だろう。韓国の社会学者チャン・キョンスプはこの現象を「圧縮された近代 (compressed modernity)」と呼んでいる (Chang 1999, 本書第1章)。
　家族の変化は出生率の低下をメルクマールとすることができる (Ochiai 1997)。出生率低下には理論的には二つの局面がある。出生率の人口置換水準までの低下を第一の低下，それ以下への低下を第二の低下とすると，第一の低下は人口転換の一環であり，近代家族の大衆化に対応する。第二の低下は第二次人口転換 (van de Kaa 1987; Lesthaeghe 1991) と呼ばれる変化の一部であり，ギデンズの言う「高度近代」すなわち近代家族の揺らぐ親密性の変容の到来に対応する。すでに見たように，第一の出生率低下はヨーロッパでは1930年代，日本では1950年代，他の東アジア諸地域では1970年代から80年代に起こった。しかし第二の低下はそれぞれ1960年代末，1970年代，1980年代から90年代という，相対的に短い期間に相次いで起きた。
　二つの低下にはさまれた期間が近代家族の黄金期と考えられるが (Ochiai 1997)，その期間はヨーロッパでは半世紀，日本では20年，日本以外の東アジアではないに等しい。ヨーロッパでは近代家族の安定期に福祉国家が確立して高度近代に入っても機能し続けているが，日本では福祉国家建設の始まりとともに安定期が終わり，他のアジア地域にいたっては福祉国家の形成はおろか近代家族の成立も定かでないままに高度近代に突入した。中国ではこのことを「未富先老」（社会が豊かになる前に高齢化した）と呼んでいる（周・落合 2007: 122）。高度近代はグローバル化の時代でもあったため，まだ従来の家事労働者が消滅しきらず，家族が閉鎖的集団となる前にグローバル市場に曝されたアジア地域では，ケアの市場化が一気に進行して，ケアの社会化

の欠落を速やかに補った。しかしなまじ近代家族の体制を確立した日本では，1970年代以降もその体制の維持を政策的に目指し続け（Ochiai and Johshita forthcoming），ケアの社会化も市場化も不十分なままで，家族に過度の負担のかかる現状を帰結したということではなかろうか[12]。

本章の結論から政策を提言すると，少子高齢化はケアネットワークの再編成を要請するが，それは換言すればバランスのよい福祉ミックスの実現ということである。政府の責任によるケアワークの社会化はもちろんのこと，ケアワークの市場化やコミュニティの活性化も追求されるべきである。近隣諸社会より一足早く人口ボーナスが消滅した日本の現状は，今も親族に多くを依存するアジア家族の戦略はそう長続きはしないということも教えている。早期に思い切った対策を決断する必要がある。アジア社会は，ヨーロッパ社会からだけではなく，他のアジア社会が抱える諸問題解決の試みからも多くを学ぶことができる。

●参考文献●

Abe, Aya. 2009. "The Political and Social Economy of Care: Japanese research report 3". UNRISD.

安里和晃 2004「台湾における外国人家事・介護労働者の処遇について」『龍谷大学経済学論集』43(5): 1-28。

────── 2005「介護労働市場の形成における外国人家事・介護労働者の位置づけ」『龍谷大学経済学論集』44(5): 1-29。

────── 2009a「東アジアにおけるケアの「家族化政策」と外国人家事労働者」『福祉社会学研究』6: 10-25。

────── 2009b「外国からの人材受け入れの論点」安里和晃編著・前川典子編『始動する外国人材による看護・介護 ── 受け入れ国と送り出し国の対話』笹川平和財団 : 78-83 頁。

Bott, Elizabeth. 1957. *Family and Social Network*, London: Tavistok.

Chang, Kyung-Sup. 1999. "Compressed Modernity and Its Discontents: South Korean Society in Transition." *Economy and Society* 28: 30-55.

Embree, John. 1950. "Thailand: Loosely Structured Social System." *American Anthropologist* 52(2): 181-193.

---

12) 人口学的変化のタイムラグ（による国際環境の違い）により異なる国々の現状の違いを説明するという枠組を，武川（2007）も福祉国家について採用している。

Esping-Andersen, Gøsta. 1990. *The Three Worlds of Welfare Capitalism*, Cambridge: Polity Press.

Esping-Andersen, Gøsta. 2001. *A Welfare State of the 21st century*（＝渡辺雅男・渡辺景子訳『福祉国家の可能性』桜井書店，2001 年）．

―――. 2002. "A New European Social Model for the Twenty-first Century ?" In Maria Joao Rodriques (ed.), *The New Knowledge Economy in Europe*, Cheltenham: Edward Elgar, pp. 54-94.

Evers, Adelbert, Marja Pilj and Clare Ungerson (eds.) 1994. *Payments for Care*, Aldershot: Avebury.

Fauve-Chamoux, Antoinette (ed.) 2005. *Domestic Service and the Formation of European Identity: Understanding the Globalization of Domestic Work, 16th-21st Centuries*, Bern: Peter Lang.

Fauve-Chamoux, Antoinette and Emiko Ochiai (eds.) 2009. *The Stem Family in EurAsian Perspective*, Bern: Peter Lang.

藤井和佐 2007「女性の社会参加と地域社会」落合恵美子・山根真理・宮坂靖子編『アジアの家族とジェンダー』勁草書房，207-224 頁．

Hareven, Tamara. 2000, *Families, History and Social Change*, Boulder: Westview Press.

Hashimoto, (Seki) Hiroko. 2008. "Housewifization and Changes in Women's Life Course in Bangkok." In Emiko Ochiai and Barbara Molony (ed.), *Asia's New Mothers: Crafting Gender Roles and Childcare Networks in East and Southeast Asian Societies*, Folkestone: Global Oriental: 110-128.

平岡公一 2000「社会サービスの多元化と市場化」大山博ほか編『福祉国家への視座』ミネルヴァ書房，30-52 頁．

Jenson, Jane and Dennis Saint-Martin. 2003. "New Route to Social Cohesion?: Citizenship and the Social Investment State." *Canadian Journal of Sociology* 2(1): 77-99.

小林和美・洪上旭 2007「韓国の高齢者」落合恵美子・山根真理・宮坂靖子編『アジアの家族とジェンダー』勁草書房，70-87 頁．

Lan, Pei-Chia. 2006. *Global Cinderellas*. Durham: Duke University Press.

Lesthaeghe, Ron. 1991. "The Second Demographic Transition in Western Countries: An Interpretation." IPD-Working Paper, Interuniversity Programme in Demography.

Liaw, Kao-Lee, Emiko Ochiai and Yoshitaka Ishikawa. 2010. "Feminization of Immigration in Japan: Marital and Job Opportunities." In Wen-Shan Yang and Melody Chia-Wen Lu (eds.) *Asian Cross-border Marriage Migration: Demographic Patterns and Social Issues*. Amsterdam: Amsterdam University Press, pp. 49-86.

落合恵美子 1993「家族の社会的ネットワークと人口学的世代 ―― 60 年代と 80 年代の比較から」蓮見音彦・奥田道大編『21 世紀日本のネオコミュニティ』東京大学出版会，101-130 頁．

Ochiai, Emiko. 1997. *The Japanese Family System in Transition: A Sociological Analysis of Family*

Change in Postwar Japan. Tokyo: LCTB International Library Foundation.
―――. 2004「歴史人口学から見た家・村・ライフコース ―― 小農社会論としての家・村論再考」日本村落研究学会編『年報村落社会研究』39: 49-96.
―――. 2007「グローバル化する家族 ―― 台湾の外国人家事労働者と外国人妻」紀平英作編『グローバル化時代の人文学』京都大学学術出版会, 93-126頁.
―――. 2008a「現代中国都市家族の社会的ネットワーク ―― 無錫市の事例から」首藤明和・落合恵美子・小林一穂編『分岐する現代中国家族』明石書店, 64-110頁.
―――. 2008b. "Researching Gender and Childcare in Contemporary Asia." In Ochiai, Emiko and Barbara Molony (eds.), *Asia's New Mothers: Crafting Gender Roles and Childcare Networks in East and Southeast Asian Societies*. Folkestone: Global Oriental, pp. 1-30.
―――. 2008c「アジアにおけるケアネットワークと福祉ミックス ―― 家族社会学と福祉社会学との結合」『家族研究年報』33: 3-20.
Ochiai, Emiko. 2009. "Care Diamonds and Welfare Regimes in East and Southeast Asian Societies." *International Journal of Japanese Sociology* 18: 60-78.
落合恵美子・上野加代子編 2006『21世紀アジア家族』明石書店.
落合恵美子・山根真理・宮坂靖子編 2007『アジアの家族とジェンダー』勁草書房.
Ochiai, Emiko and Barbara Molony (eds.) 2008. *Asia's New Mothers: Crafting Gender Roles and Childcare Networks in East and Southeast Asian Societies*, Folkestone: Global Oriental.
Ochiai, Emiko, Mari Yamane, Yasuko Miyasa et al. 2008. "Gender Roles and Childcare Networks in East and Southeast Asian Societies." In Ochiai, Emiko and Barbara Molony (eds.), *Asia's New Mothers: Crafting Gender Roles and Childcare Networks in East and Southeast Asian Societies*. Folkestone: Global Oriental, pp. 31-70.
落合恵美子・阿部彩・埋橋孝文・田宮遊子・四方理人 2010「日本におけるケア・ダイアモンドの再編成 ―― 介護保険は「家族主義」を変えたか」『海外社会保障研究』170: 4-19.
Ochiai, Emiko, Aya Abe, Takafumi Uzuhashi, Yuko Tamiya, Masato Shikata. 2012. "The Struggle against Familialism: Reconfiguration of Care Diamond in Japan." In Razavi, Shahra and Silke Staab (eds.), *Global Variations in the Political and Social Economy of Care: Worlds Apart*. New York and London: Routledge.
Ochiai, Emiko and Kenichi Johshita. forthcoming. "Prime Ministers' Discourse in Japan's Reforms since the 1980s: Traditionalization of Modernity rather than Confucianism." In Sirin Sung and Gillian Pascall (eds.), *Gender and Welfare State in East Asia: Confucianism or Equality?* Palgrave.
斧出節子 2007「タイ・バンコク都における中間層の家事・育児・介護」落合恵美子・山根真理・宮坂靖子編『アジアの家族とジェンダー』勁草書房, 168-186頁.
長田洋司 2008「中国都市部における社区建設の取組みと高齢者への対応」首藤明和・落合恵美子・小林一穂編『分岐する現代中国家族』明石書店, 215-253頁.

Persons, Talcott and Robert F. Bales. 1956. *Family*, London: Routledge and Kegan Paul.
Razavi, Shahra. 2010.「政治,社会,経済からみたケアの国際比較」『海外社会保障研究』170: 31-49。
Rose, Richard and Rei Shiratori (eds.) 1986. *The Welfare State East and West*, Oxford: Oxford University Press.
白鳥令・R. ローズ編 2002『世界の福祉国家』新評論。
首藤明和 2008a「漢人家族の「個人と家族」の再考に向けて」首藤明和・落合恵美子・小林一穂編『分岐する現代中国家族』明石書店: 32-63
―――. 2008b「漢人家族の代親機能と老親扶養」首藤明和・落合恵美子・小林一穂編『分岐する現代中国家族』明石書店, 152-182 頁。
新川敏光 2005『日本型福祉レジームの発展と変容』ミネルヴァ書房。
武川正吾 2007『連帯と承認』東京大学出版会。
坪内良博・前田成文 1977『核家族再考』弘文堂。
Ueno, Kayoko. 2008. "Foreign domestic workers in Singapore." In Ochiai, Emiko and Barbara Molony (eds.), *Asia's New Mothers: Crafting Gender Roles and Childcare Networks in East and Southeast Asian Societies*, Folkestone: Global Oriental, pp. 140-156.
上野加代子 2011『国境を越えるアジアの家事労働者』世界思想社。
van de Kaa, Dick J., 1987, "Europe's Second Demographic Transition." *Population Bulletin* 42(1), Population Reference Bureau.
Wolfenden, J. 1978. *The Future of Voluntary Organizations*, Croom Helm.
Wongboonsin, Kua. 2004, "The Demographic Dividend and M-curve Labor Force Participation in Thailand." *Applied Population and Policy* 1(2): 115-122.
Wongboonsin, Kua and Philip Guest, eds., 2005, *The Demographic Devidend: Policy Options for Asia*. Bandkok: College of Population Studies, Chulalongkorn University.
山根真理・洪上旭 2007「韓国の母性と育児援助ネットワーク」落合恵美子・山根真理・宮坂靖子編『アジアの家族とジェンダー』勁草書房, 33-50 頁。
張玉林 2008「離村時代の中国農村家族」首藤明和・落合恵美子・小林一穂編『分岐する現代中国家族』明石書店, 302-335 頁。
Zhang, Yanxia and Mavis Maclean. 2011. "The Rolling Back of the State?: Multiple Roles the State Played in Child Care in Urban China." Paper presented in a Conference on 'Shifting Boundaries of Care Provision in Asia' held at ARI, NUS.
周維宏・落合恵美子 2007「中国の高齢者」落合恵美子・山根真理・宮坂靖子編『アジアの家族とジェンダー』勁草書房, 121-142 頁。

第7章 家族ケアの担い手として組み込まれる外国人家事労働者
―― 香港・台湾・シンガポールを事例として

安里和晃

はじめに

　本章は東アジアに 70 万人以上存在する外国人家事労働者と関連する政策に焦点をあて，家族ケアの担い手として外国人家事労働者がどのように労働・福祉政策の中に組み込まれているのかについて検討することを目的としている。外国人家事労働者を福祉サービスの担い手として把握するのであれば，福祉レジーム論はこうした人々をどう把握してきたのであろうか。端的に言うのであれば，福祉国家化は脱商品化と脱ジェンダー化を志向したと考えられるが，他方で強国家化を伴った。それは福祉サービスの受給には明確なメンバーシップとその管理が必要となったからである。「外国人」は国籍を持たないことから受給対象者から外れ，メンバーの外に置かれる。したがって，研究領域から取り残された存在であった。しかし，本章で論じるように東アジアでは外国人家事労働者が工業化の過程において，また福祉供給の担い手として，重要な働きをしてきた。

　東アジアにおける福祉国家の類型化については多くの研究がなされてきた。エスピン‐アンデルセン（2001）以降の福祉国家類型論，あるいは福祉レジーム論においてはアジア諸国をどのように認識するかが研究の焦点であった。東アジアは大雑把には未熟な社会保障制度と関連付けて「家族主義」として捉えられたり，「儒教福祉」国家論，あるいは経済成長が優先され，

開発が福祉そのものであるという「開発志向国家」論や「生産主義」などと指摘されてきた。社会民主主義，保守主義，自由主義に還元されない東アジアのレジームとして，ある種の福祉オリエンタリズムがあったと武川は指摘するが（武川・イ編 2006），それが一つには「儒教福祉」国家論であっただろう。これは東アジアに対する理解の欠如から来る一枚岩的な理解が背景にあると考えられる。同様に権威主義体制から開発独裁，あるいは政府主導の工業化という大きな流れも類型論では把握しにくかった，東アジアの共通性であろう。東アジアにおける社会政策上の共通点としての開発志向国家論や生産主義は（ホリデイ・ワイルディング編 2007；大沢編 2004），雇用や経済成長といった経済基盤が福祉生産の前提であるとするのであれば，東アジアのそれに違いがあるとすると程度問題かもしれない。しかし，経済成長依存型の福祉レジームは政府の役割を小さいものとし，また経済成長の後発組という意味において福祉国家を相対化している面があるため，東アジアの福祉レジームを単に段階論では捉えられない性質を帯びるものである。そこで重要なのが家族の福祉供給役割であり，伝統的家族規範を利用した形態である。

　日本も含め「東アジア型福祉国家モデル」と指摘されるとおり，アジアには共通した特徴があると指摘されてきた。それはエスピン-アンデルセンが指摘したような「家族主義」である。その後のアジア研究においても沈編（2007）は規範的側面，かつ制度的側面において東アジアにおける共通した「家族主義」を指摘した。また経済成長が福祉を代替するといった開発主義的福祉国家は，所得を押し上げると同時に，外資の積極的な誘致が完全雇用に近い状態を達成させたため，経済成長は福祉を代替してきた（大沢 2004）。そのため経済成長によって社会保障費用は増大傾向にあるとはいえず（Midgley 1986），社会保障費用関連支出の低さとなって表れている（Chua 2007）。これには人口構成が若かったという背景もあろう。

　しかし，1990 年代にはすでに変化があらわれたといわれる。例えば，廣末（2006）によれば，民主化運動，1997 年のアジア経済危機に端を発するセーフティネットに対する関心，急速な人口構成の変化による福祉国家に対する関心がみられるようになったという。たしかに台湾，韓国，香港，タイにおいて医療，年金，所得保障の面で政府の役割は大きく高まった。韓国は介護

保険制度の成立により，福祉国家の骨格を成すようになった。台湾においても，パッチワーク式で一貫性がないという批判もあるが，社会保障関連費用の占める割合は大きく高まっている。シンガポールにおいても様々な給付金が登場している。こうした国々は日本以上に高齢化が急速なため，危機感を持って取り組みがなされていることも事実である（例えば The Economist 2012）。しかし，このことが政府の役割に変化を持たせているとは限らない。台湾・シンガポール・香港は高齢化率が 10％程度と共通しているが，政府支出に占める社会保障費用は台湾の約 25％から，シンガポールの 4％まで大きく異なる（図7-1）。これは人口構成の変化によって単線的に福祉国家の方向に向かっているということではないことを意味し，東アジアが全体として福祉国家化に収斂しているわけではないことを示している。

　これにはグローバルな経済競争が背景にある。競争力強化のための小さな政府志向は経済政策の中心課題であり，日本など先進国の動向を見ながら社会保障費用の増大に対して抑止力を働かせている。その意味において経済政策は社会保障政策に優先するという基本的な姿勢は，今日も引き継がれているといえる[1]。

　とは言いつつも，急速な高齢化の進展や貧困および格差の問題が社会問題化するにしたがって，東アジアでも社会保障費用は増加している（Lin et al. 2007; Ngan 2007）。しかしながら，現金やサービスの供給はあくまで残余的であり，遅れてやってきた社会保障政策は，「儒教」や伝統規範と入れ替わるのではなく，家族という資源を積極的に活用しケアの重要な供給源として位置付けがなされようとしている。家族の活用を促進するためのさまざまな補助政策は「伝統規範」を政府が戦略的に活用しているという点において「家族化」政策と呼んでもよい（cf. Devasahayam 2003; 安里 2009; Asato 2010）。家族に福祉の供給役割を維持させることにより，政府の役割が小さいまま維持されてきたともいえよう（Low 2006）。すでにケアの社会化を経験している日本では，財政上の問題があるからといってケアを脱社会化させることは無

---

[1] たとえば，EU と韓国の EPA やアメリカと韓国の EPA，EU とシンガポールの EPA などはその一例である。EU 駐日大使によると，韓国との EPA の締結は容易ではないが，日本の消極姿勢とは大きく異なるという。（駐日 EU 大使に対する聞き取り調査から。2010 年 5 月 22 日）

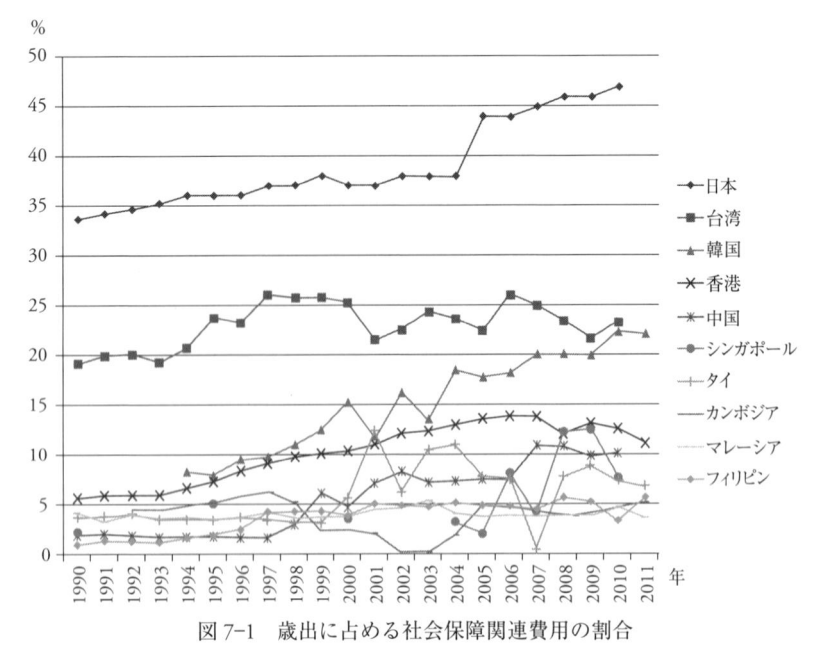

図 7-1　歳出に占める社会保障関連費用の割合
出典：ADB の HP, http://www.adb.org/publications/key-indicators-asia-and-pacific-2009 の国別統計より作成。

理であると指摘されているが（上野・立岩 2009），東アジア諸国においてはケアの社会化というプロセスを経ずに「家族化」という経路をたどっているという点において，日本や北欧諸国の経験とは大きく異なるのである。言い換えると，脱家族化を経ない家族化は日本の脱家族化から再家族化のプロセスとは異なる。

　エスピン - アンデルセンの示す福祉レジーム論で言い換えるのであれば，家族化は家族，政府，市場の三つの福祉供給主体のうち，家族に対する相対的依存度の高さを示すものである。また「家族化」政策は，政策が税制の優遇措置や老親扶養法の制定，老親との同居や近隣居住に対する支援，あるいは家事労働者の雇用許可などを通じ「家族化」を促進する政策をとるといった政策志向を示す。家族への介入の強さという点においては，政府の役割は大きいが，現金やサービスの給付に関しては，その役割は小さいことが特徴的である。これは先に述べたとおり，社会保障費用が政府支出に比べて小さ

いことを示すが，それは非介入というわけではなく，家族による福祉供給を制度の側面から間接的に支援するという特徴を有する．

「家族化」政策のうち，ケアの担い手確保という観点で最も大きな影響を及ぼしていると考えられるのは外国人家事労働者の雇用許可であろう．ケアは労働集約的であり，ケアの供給を考えるうえで担い手の確保は重要だが，その担い手を海外からの人材に頼っている点が，今回取り上げる台湾・シンガポール・香港の特徴である．もともとは工業化の過程において女性労働力を確保するために家事労働者を導入したという経緯があるが，近年，高齢者ケア需要の増大を受け，家事労働者の雇用が進展するという流れになってきている．労働力の女性化を支援するという目的から高齢者ケアへの移行は，外国人家事労働者の導入という政策自体が労働政策から福祉政策的な機能を併せ持つようになったことを示している．当初は，開発重視の政策の影響もあり，家事労働者の導入に福祉政策的なニュアンスは含まれていなかったが，徐々に福祉政策として家事労働者を導入するという色彩が強くなってきた．台湾がその顕著な例で，外国人家事労働者は原則的に要介護者を抱えている世帯にしか雇用が認められていない．またシンガポールでは，65歳以上の高齢者を抱える世帯に対し家事労働者の雇用税優遇税制を導入している．こうした例は従来の女性に対する雇用政策とは異なっている．このように多数の外国人家事労働者の存在，女性の就業継続支援から家族ケアの担い手確保といった展開はこれら東アジアに共通してみられる現象である．

本章は必ずしも福祉レジーム論に焦点を当てた研究ではない．というのも，外国人家事労働者の存在は，東アジア（台湾，シンガポール，香港）に共通する労働政策であり，移民政策であり，共通する代替的な福祉政策でもあることが示唆されるものの，本章は福祉供給の全体像に着眼したものではないからである．しかし，外国人家事労働者に着眼することは，いかに家族ケアが家事労働者に依存しているかということを明らかにすることに他ならない．これは，外国人家事労働者なしでは家族ケアが成立しないことを意味する．

現在，台湾・シンガポール・香港の3地域だけで70万人を超える外国人家事労働者が存在するのはその証である（図7-2）．本章の対象ではないが，韓国においても家事労働者は多く存在する．中国朝鮮族が家事労働者や病院

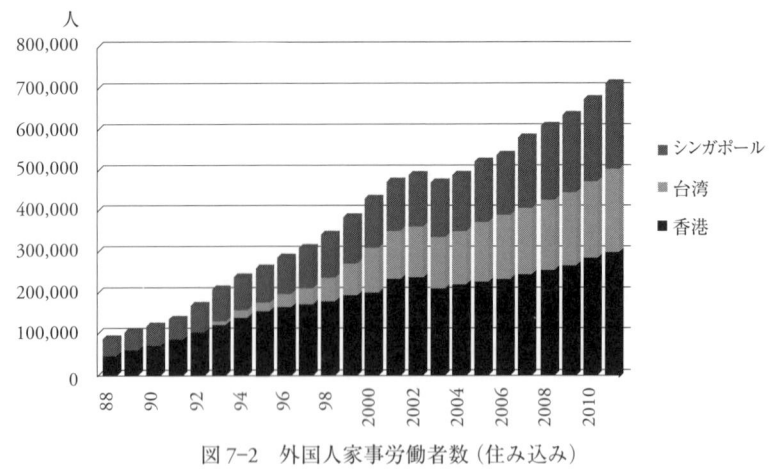

図7-2 外国人家事労働者数（住み込み）
出典：表7-1に同じ。

の付添人として雇用されているほか，韓国人女性がパートタイムの家事労働者として従事している (Lee 2005)。日本は東アジアにおいては例外で，やはり脱家族化を経験したことは他とは異なっていると言える（安里 2010a, 2010b；久場編 2007；佐藤編 2010）。

　これらの地域で外国人家事労働者が導入されたのは，本来女性の就労を促進するためであり，高齢者介護への対応ではなかった。香港やシンガポールでは 1970 年代から，台湾では 1992 年からで，いずれも管轄は労働省であり，当初労働政策であった家事労働者の位置づけは，高齢化と家族ケアという流れを受け，近年徐々に福祉政策的な意味合いを持つようになった。そこで本章では，家族主義にもとづく家族ケアを代替する担い手としての外国人家事労働者に着目し，外国人家事労働者がどのように家族ケアに包摂されているのか，政策面から検討することにしたい。具体的には家事労働者を導入する政策目的，雇用要件，低所得者層など福祉サービスを必要としている層への対応，雇用税などの税制，雇用に関する国民主権の論理と摩擦への対処，高齢者ケアに対応するためのスキルの問題などを取り上げることで，外国人家事労働者がどのようにケアの供給体制に組み込まれているのか検討する。

表7-1　台湾・シンガポール・香港の概要

	香港	台湾	シンガポール
1人当たりGDP($)(PPP)購買力平価調整済(2011)	49,300	37,900	59,900
面積	1,104	35,980	697
人口(100万人)	7.065	23.12	5.077
世帯数(100万)	2.31	7.94	1.15
高齢化率(2010)	12.7	10.9%(2011予測)	9.0
外国人家事労働者数	300,000	200,000	200,000
女性労働力率(2010)	51	49.62(2009)	56.7
家事労働者雇用世帯の割合	0.107	0.024	0.174

出典：人口はWorld Economic Outlook Database, http://www.imf.org/external/pubs/ft/weo/2010/01/weodata/index.aspx。シンガポールの世帯数についてはシンガポール政府HP. http://www.singstat.gov.sg/stats/keyind.html, HKSAR (2009)。1人当たりGDP (PPP)，面積はCIA-The World Fact Book, https://www.cia.gov/library/publications/the-world-factbook/，女性労働力率，高齢化率はUNDATA, data.un.org よりアクセス可（アクセス日2012年5月25日）。台湾については台湾政府各関連省庁のHPより。

1　アジアにおける家族主義

　今回取り上げる三つの国や地域は限られた労働人口，開発主義志向，残余的福祉，急速な高齢化の進展という諸点に関しある程度共通している。こうした状況の下，女性の労働力化から高齢化に伴うケアの担い手不足にどのように外国人家事労働者が包摂されているのかについて検討することにしたい。

　外国人家事労働者という観点から福祉レジームを論じることは容易ではない。というのも，公開可能なデータがかなり限られているからである。シンガポールや香港では外国人家事労働者数でさえ十分に公開されていない。また，ケアの担い手としての役割は大きいにもかかわらず，外国人家事労働者は労働省の所管となっている。したがって，福祉統計には外国人家事労働者はほとんど表れてこない。このような困難を有しているが，学術論文，非公開資料，新聞アーカイブス，所管官庁やNGOなどからの聞き取りを総合することで，こうした困難を補い，まとめた。以下，台湾・香港・シンガポールの順で取り上げる。

1-1. 台湾

　台湾における外国人家事労働者受け入れ政策の特徴は，在宅の高齢者介護の需要に呼応するように雇用許可を発給していることである。台湾政府が家事労働者を導入し始めたのは1992年で，当初は高齢者介護が目的というよりもむしろ女性の就労促進と子どもの保育のためであった。導入以前のアンケート調査では外国人の導入に対して反対が多かったもの（行政院労工委員会1991）[2]，導入以降，1997年のアジア経済危機，2002年から2003年にかけての新型肺炎の流行，2008年のリーマンショックにもかかわらず家事労働者数は一貫して増大している。

　台湾では，香港・シンガポールと比べて外国人家事労働者の雇用許可を取得する条件は厳しい。雇用許可制度は労働市場テストを前提としており，台湾人労働者ではまかなえないこと，要介護者が「重度」以上であるという要件もある[3]。台湾において障害者手帳の保持者は110万436人にのぼる（2011年12月現在）。そのうち，家事労働者の雇用要件である重度以上の要介護者は31.6万人である[4]。外国人家事労働者数は2011年末現在19.8万人であることから，数字上では重度以上の要介護者を抱える世帯の63％が外国人家事労働者を雇用している計算になり，高齢者・障害者介護では重要な役割を担っていると考えられる。

　台湾では高齢者介護に重心を置いた受け入れ制度を，当初から行っていたわけではなかった。当初は家事労働者の受け入れはクォータ制を取っており，最大の受入数が決められていた。1995年，家事労働者のカテゴリーが細分化され，「介護」を目的とした家事労働者（在宅の介護労働者で「看護工」と表現される。以下介護労働者と表記）の受け入れが始まり，在宅の労働者は家事

2）　世論調査によると，導入に賛成していたのは15.5％に過ぎず，約46.1％は反対であった。その理由は，外国人家事労働者は台湾の家庭には合わない，あるいは言葉が通じないためにコミュニケーションが困難となると考えられていたためである。しかし，当時はまだ33,000人の台湾人家事労働者が存在しており，歴史的に家事労働者の存在が切れ目なく存在していたことに着目しておく必要がある。

3）　これはほぼ日本の要介護4に相当する。

4）　台湾政府内政部統計局（2012）「一〇一年第九週内政統計通報（100年身心障礙者福利統計）」以下よりアクセス可。http://www.moi.gov.tw/stat/index.aspx

第 7 章　家族ケアの担い手として組み込まれる外国人家事労働者

写真 7-1　台湾の行政院労工委員会の前で抗議集会を開く家事労働者など移住労働者
出典：筆者撮影，2005 年 12 月 11 日。

労働者（「家庭帮傭」）と介護労働者（「看護工」）の二つのカテゴリーが設けられるようになった。台湾は後者のカテゴリーを設け初めて制度的に受け入れた地域であり，徐々にそこに特化するようになる。家事労働者（「家庭帮傭」）に対する雇用税は徐々に高額となり，雇用条件が厳格化され，現在では外国人や富裕層の台湾人によって雇用されるわずか 2,000 名余りしかいない。他方，介護労働者である「看護工」にはクォータは設定されていないものの，被介護者の要介護度が主要な雇用要件であったため，高齢化の進展が外国人労働者の増大につながったのである。

こうした高齢者・障害者介護への制度的誘導が台湾の特徴であり，労働市場においては台湾人介護労働者との競合問題に対応するために労働市場テストを導入した。これは国民主権の論理から競合問題の解決のために打ち出された制度である。雇用許可の申請者は，まず台湾人の家事労働者に対して求人広告を出さなければならず，台湾人家事労働者と折り合わない場合のみ，外国人家事労働者に対して求人手続きを行うことができる。しかし，外国人労働者と台湾人労働者はそもそも賃金格差が大きく労働条件も異なってお

り，台湾人介護労働者の報酬は1日当たり2,000台湾ドルで月当たり6万ドルに上る。これは外国人労働者のそれの3倍にあたる。しかし，台湾人介護労働者は外国人労働者のように保育も含め家事労働全般を担うということはない。通常は病院や介護施設における老親介護のみに特化した業務であり，在宅で台湾人介護労働者を雇用することはそれほど一般的ではないのである。そのため，家庭内で家事労働全般を外部化しようとする際には，外国人労働者が選択されることが多い。子どもが老親介護のために在宅で介護者を雇用する場合は外国人労働者が多く，高齢の独居者が家事労働者を雇用する場合，あるいは病院や介護施設での雇用に関しては台湾籍介護労働者が多くみられる（行政院内政部2004）。このように賃金や業務内容が異なることから，労働市場は分節化されていると考えられ，労働市場テストは必ずしも有効ではない。政府は賃金格差が台湾籍労働者の雇用を阻害しているとして，2003年，台湾籍家事労働者を雇用する世帯に対し，雇用当初の6ヶ月間，月1万台湾ドルの補助金支給を行った。しかしそれでも賃金差が大きいため，台湾籍介護労働者の雇用促進のネックになっている。

在宅介護に従事する外国人労働者は増加を続けるが，2000年に誕生した陳水扁政権は雇用対策として外国人労働者全体の削減を公約に掲げた。特に製造業に従事する外国人労働者数を制限したため，その数は一時的に減少した（図7-3）。また同じくアメリカの金融危機により一時的に製造業に従事する外国人労働者が減少した。しかし，在宅の外国人労働者については労働者が減少するばかりか増大を続けた。こうして現在では，高齢者や障害者介護に従事する外国人介護労働者が20.0万人，家事労働者が0.2万人という構成になっている（2012年2月現在）。このように台湾の事例は高齢化を意識して早くから外国人介護労働者の雇用許可を認めるという制度的誘導が行われたといえる。

外国人介護労働者の雇用許可を受けるには，要介護者が「重度」以上であることを医師の診断書で証明する必要がある。しかし，外国人家事労働者の雇用条件が厳しくなるにつれ，介護労働者の雇用許可を取得するため虚偽の診断書を用いる事例が多くみられるようになった。政府は2001年7月，偽造書類に対する罰則規定を設けた。その後労工委員会が115人体制で診断

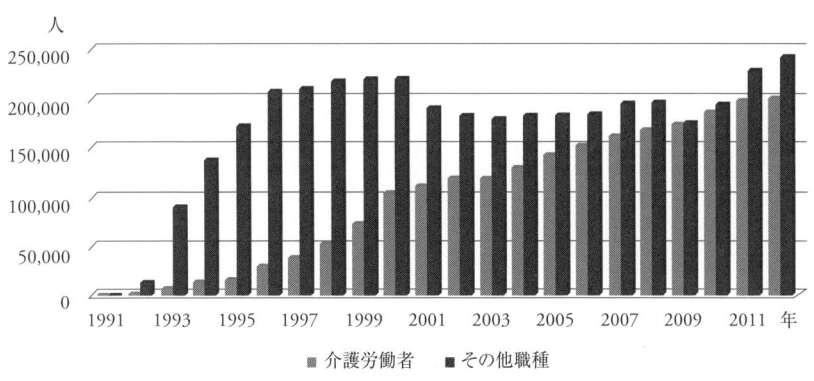

図7-3 台湾における外国人家事労働者数の推移

書をチェックした結果，11万人の介護労働者のうち2万人以上が虚偽の診断書を使用していると推定されている（TT2002年7月30日）。診断書の作成には医師だけではなく「反社会勢力」などが関わり，1人分を2万ドルで販売しているとも報道された（TT2003年1月13日）。

偽造書類問題を解決するため政府は介護労働市場の整備に乗り出し，雇用許可の発行のあり方をすでに製造業などで導入していた労働市場テストに変更した。これは台湾人介護労働者の雇用を促進する上でも有効と考えられたためである。要介護度の測定のためのアセスメントは政府指定の病院に限定して行われるようになった。マッチングを行う政府機関である長期照顧中心では，求人側とまず台湾人介護労働者とのマッチングを行い，うまくいかない場合に限って，外国人介護労働者に求人を行うことができるようにした（雇主聘僱外国人許可及管理辦法第12条）。こうした改革により，労工委員会は偽造書類の作成のほか，申請先とは異なる場所での就労といった不適切雇用は約5％程度に低下したと推定している[5]。また2000年代にはじまった訪問介護サービス制度によって，要介護者は要介護度と経済状況に応じて台湾人ホームヘルパーの訪問介護サービスを受けることができるようになったが，外国人介護労働者を雇用している際には公的サービスの利用が制限され

---

5) 労工委員会職業訓練局に対する聞き取り調査から（2008年2月）。

るようになった。つまり，不正防止による外国人労働者の雇用制限と，外国人労働者の雇用者に対する公的サービス利用の制限により国民主権の論理が押し出され国内労働者の雇用促進が図られたのである。しかし，外国人家事労働者の伸びを考えるとそれらもうまく機能していないと指摘できる。

　在宅介護では外国人に対する人権侵害が多く発生しているため，所管の労工委員会では在宅に替えてコミュニティ介護に外国人を雇用させる案も浮上している[6]。同時に内政部では介護保険制度の導入も議論され続けており，外国人家事労働者のあり方は今後の福祉制度の在り方に大きく規定されると考えられる。しかし先述の通り，外国人介護労働者はすでに広範に受け入れられていることを考えると，在宅介護は介護労働者で支えられていることも事実で，現在の制度を変更することは困難であるという意見もある[7]。労工委員会は低所得者世帯でも外国人介護労働者を雇用しやすくするため，雇用税の減免制度を導入した。現在は8,400人が減免を受け外国人介護労働者を雇用している。減免制度は雇用コストを減じるため雇用のすそ野を低所得者層にまで広げる効果を持つ。福祉政策上の含意としては，政府の役割がサービスの提供ではなく，国際労働市場から安価な労働力を調達するという労働市場の整備に偏っている点がある。こうした労働市場の整備による安価なサービスの提供は，サービスを受給する普遍的な権利としての制度整備ではない点に着目しておく必要がある。労工委員会によると外国人労働者の雇用を抑制できるか否かは福祉政策を担う内政部によるとしている[8]。

脆弱性と介護の質をめぐる議論

　台湾における高齢者介護は，外国人介護労働者の雇用が圧倒的な比率を占めていることが特徴として挙げられるが，これは伝統的家族介護規範と合致しているからである。つまり家族内での外部化であるが，外国人介護労働者の導入以前に実施した世論調査では，反対意見が多かった。導入後20万人

---

6)　労工委員会職業訓練局に対する聞き取りから（2010年6月）。
7)　労工委員会職業訓練局に対する聞き取り調査から（2010年6月）。同局においてもさまざまな意見が存在するが，外国人介護労働者が当初の労働政策から福祉政策に組み込まれつつある状況については明確に認識している。
8)　労工委員会職業訓練局に対する聞き取りから（2010年6月）。

まで増大したという歴史的経緯を考慮すると外国人介護労働者に対する評価は高いと言える。台湾政府行政院労工委員会編 (2009) の調査では，外国人家事労働者を雇用することの長所として，介護者の確保が92％，次いで精神的な負担の軽減が64％となっている。つまり家族介護者の不足と，老親介護に対する精神的な負担が存在することを意味している。したがって，外国人介護労働者の雇用は Lan (2006) が「親孝行の下請け」とも指摘されるゆえんであり (Lan 2006)，規範の整合性が取れる範囲において許容されるケアの外部化手段なのである。続いて外国人を雇用することの長所は女性の就業促進に関係している。同調査によれば外国人雇用の長所として54％が女性の就労を可能にするとしている。この割合は雇用総数からすると85,200人に相当し，台湾女性の労働力人口の1.8％に相当する。つまり，外国人介護労働者の雇用によって女性労働力率を1.8％押し上げていると推測することができる。これを年齢別にみると20代が2.7％，30代が3.0％，40代0.7％，50代以上0.03％となり，特に若い年齢層の労働力化に寄与していることがわかる[9]。家族介護の強化は女性の就労継続にも大きく関係しているのである。こうした「便利さ」が指摘される一方で，その裏返しである人権問題や質の問題も指摘されるようになる。

　従来の研究で，家庭内で外国人を雇用することにおける人権問題が多く指摘されてきた。親密なる領域における「他者」の雇用は労働法令の非適用問題，雇用主と労働者の非匿名性，それに由来する非対等な労使関係，第三者から隔離された空間による就労が原因となるさまざまな虐待問題を発生させてきた。しかし，こうした脆弱性が質の議論に置き換えられることがしばしばあった。

　2003年2月，作家で政府の政策アドバイザーをしていた障害者の劉俠氏が33歳のインドネシア人介護労働者によって虐待を受け死亡した。インドネシア人労働者は事件の当日，地震が起きるから劉氏を助けるようにと夢で告げられたという。そして，彼女は劉氏の部屋に入り劉氏をベッドから引きずり出し，劉氏は体を強く打って病院に運ばれ死亡した。医師によると彼女

---

[9] この労働力化への寄与率をシンガポールや香港にあてはめると，シンガポールでは13％，香港では9％の労働力率を挙げていることになる。

は極度のストレスから生じた転換性障害（conversion disorder）であり，現実と幻想の区別がつかない状態であったという。

　この事件はマスコミでも大きく取り上げられ，インドネシア人労働者に対してというよりも，外国人労働者政策に対する批判が大きく報道された。社会学者の薛承泰は，「政府が質の高い介護労働者の導入をしないことが原因」と，政府による安価な労働力導入について批判すると同時に，介護労働者の学歴やスキルといった「質」を問題視した。台湾では介護労働者に対する介護技術の資格要件はない。ただし送り出し国で90時間の訓練が義務付けられているが，実際には送り出し国における訓練の実施は困難であり，無資格者が重度の要介護者の介護を担っているのが実態である。労工委員会職業訓練局外国人労働者担当局長の廖為仁は，労働基準法が適用されていないことが問題とし（TT03年3月1日），家事サービス法などの労働基準法に代わる法令の整備を暗示したが，現在まで議論がされつつも法制化には至っていない。この事件は労働者の質の問題を取り上げるきっかけとなったという点において画期的だったが，最終的には労働法令不適用問題という人権問題に回収され，介護スキルという点においては議論されるに至らなかった。

　外国人労働者をめぐる最大の議論は，家事労働者の労働条件である。「借金漬け」となる制度的構造が過酷な労働条件を作り出す一要因となっているが，移住労働者が台湾に来る前に支払う斡旋コストの内訳をみてみると，多くは仲介手数料や銀行手数料，利子支払などに充てられており，その割合は50％を超える。特に手数料が大きく，斡旋をめぐる金融機関を巻き込んだ高コスト体質となっている。これら手数料を除いた場合に最も多くを占めるのは訓練や宿泊費用であり（表7-2），その割合は約50％を占めるに至っている。聞き取りの限りでは，インドネシアにおける求職者の訓練や滞在期間は約3ヶ月である。そこで渡航前にOJTなどを受けることになっているが，実際には介護の研修を受ける機会はほとんどなく，斡旋業者と契約した家庭に無償で研修と称して家事労働者を派遣するといったことが常態化し，台湾政府が求めている研修内容とは大きくかけ離れていることも多い。この「借金漬け」の構造は，外国人家事労働者を数年間拘束することができる状況を作り出しており，台湾社会への包摂の一側面となっている。

表7-2　台湾におけるインドネシア人在宅介護労働者の渡航前斡旋諸費用の内訳

(2007年，台湾ドル)

	費用（台湾ドル）	総合計に占める割合
リクルート斡旋料	1923.1	2.7%
パスポート発行料	461.5	0.7%
健康診断	1826.9	2.6%
宿泊及び訓練費用	15730.9	22.3%
検定試験と渡航前訓練	615.4	0.9%
ビザ代	2411.6	3.4%
労働保険費用	1538.5	2.2%
税	530.8	0.8%
航空チケット	8138.5	11.5%
航空税	384.6	0.5%
移動費	384.6	0.5%
仲介手数料（台湾）	15840.0	22.5%
利子	8000.0	11.3%
手数料	12758.0	18.1%
合計	70544.5	100%

出典：雇用締結宣誓書による。

社会化される介護と外国人労働者の位置づけ

　2000年代は介護政策が注目された時期である。2001年「照顧服務産業発展方案」（介護サービス産業発展計画）が策定され，内政部と経済建設委員会が中心となって内政部，経済部，行政院衛生署（厚生省に相当），行政院農業委員会，行政院原住民族委員会，行政院國軍退除役官兵輔導委員会，行政院労工委員会が計画と施行に関わった。労工委員会は外国人介護労働者の位置づけを見直しつつ台湾籍介護労働者の育成を図るという役割を担うこととなった。

　他にも介護の資格化や看護助手との資格の認証と互換性の担保といった資格制度整備，さらには高齢者の生活介護，健康，経済保障，社会活動の参加の促進を目的とした「加強老人安養服務方案」，コミュニティ介護の重点化を目的とした「建構長期照顧系先導計画」，長期介護の整備に重点を置いた「新世紀健康照顧計画」，介護サービス体系の整備，介護の質の向上と人材育成に重きを置いた「照顧服務産業発展方案」など一連の計画が出された

（邱・陳・気2004）。まだ実現には至っていないが，介護保険の導入も検討されてきた。

　こうした中で，台湾政府は高齢者ケアを新たな「産業」と位置づけ，台湾籍介護労働者の積極的な育成を始めた。「産業」とされているのは高失業率の改善，農業再編による農業者に対する代替所得の確保，少数民族の雇用問題といった労働問題への対処という側面があるからである。介護制度の整備において，単なる高齢化の進展に対する取り組みというだけではなく，後述する香港と同様，内国人労働者の育成と雇用確保の観点から外国人労働者を抑制する方針が示された。これは外国人労働者との競合問題が想定されており，国民主権の論理が高まったことを背景としている。

　労働市場を検討するにあたり，家庭内と施設従事の場合に分けて考えよう。一連の改革の中で政府は介護労働者の質の担保のため90時間以上の研修を要件とした「照顧服務員」の資格制度を導入し，衛生署所管の医療機関や医療付き介護施設で用いられてきた介護労働者「病患服務員」と，内政部所管の介護施設で用いられてきた介護労働者「監護工」の名称を「照顧服務員」に統一した[10]。名称の統一は資格の標準化と同時に，医療・福祉人材の流動性を高めることが狙いである。家庭内で就労する外国人介護労働者に対しても台湾に来る前に90時間以上の研修を求めており，国内外において矛盾のないようにした。しかし，研修を請け負っているのは送り出し国側の斡旋業者がほとんどで，台湾の介護に精通しているわけではないこと，本来教育機関ではないこと，送り出し国は人口構成が若く介護概念が未発達で，研修の実効性に乏しいことから，台湾のニーズに合った人材育成ができるとは考えにくい。そもそも人材育成はそれぞれの法令に規定されるため，台湾政府の求める人材育成をインドネシアで実施することは容易ではない[11]。さらに，労工委員会が求めるこの90時間の研修は，内政部によって認証されたものではなく，結局のところ外国人労働者と台湾籍労働者の矛盾を拡大する

---

10) 内政部および衛生署が2003年2月13日に発表した公告「照顧服務員訓練実施計画及其関連事項」による。

11) 労工委員会によると，できるだけ台湾の介護のカリキュラムに沿った研修を行うよう交渉を行っているという。しかし，講師要件，カリキュラム要件，施設要件など資格取得に必要な基本的要件の充足を確認できる機関は送り出し国には存在しない。

ものであった。

　このことは労働政策としてスタートした外国人労働者の導入が過渡期を迎えていることを示している。つまり，求められる介護スキルに対応した人材育成がうまくいっていないのである。当時，外国人を除く介護労働者の所管は内政部であり，施設関係者への聞き取りによれば2004年段階における施設の評価制度では外国人介護労働者の存在は評価を下げる要因として取り扱われ，内政部統計からも施設従事の外国人労働者は除外されていた[12]。

　こうした矛盾は拡大している。というのも，現場では重度の障害者に対する医療ケアも求められているからである。例えば，台北市政府労工局は外国人家事労働者を対象に在宅介護に関する多言語ハンドブックを発行している（台北市労工局編 2008）。この中には排泄ケア，経管栄養剤，スチーム吸入・体位変換・パッティング，排痰ケア，気管切開とケア，人口膀胱のケア，ストーマケア，入浴と清潔に関する介助，褥瘡予防，口腔ケア，血糖値測定，糖尿病患者と食事，血圧測定，排便と浣腸，救急時の対応と搬送，胃管装着患者のケア，高脂血症患者の食事介助を含み，医療行為が多く記載されていることが注目される。このことは無資格の外国人労働者が医療行為をも行っていることを示すものである。

　労工委員会によれば，ハンドブックは医療行為を含んでいるが，同委員会はこのハンドブックの存在を関知しておらず，現在に至るまで医療事故などの苦情はないとする[13]。ある職員はハンドブックに掲載されているのは，家族が担うことのできるケアであり，こうした医療行為は在宅の外国人労働者も担うことができるのではないか，という個人的見解を有していた。これは住み込みの外国人家事労働者が，家族の延長であるという認識を持っていることを意味し，親密な領域が家事労働者まで拡大解釈され，本来の労働者性が後退しているといえる。また，仮に医療事故が発生しても外国人労働者に責任を問うことはできないという。これは親密な領域における労働だからというのではなく，経済的な賠償能力からだという。ここでは外国人労働者

---

12) 現在は内政部の各統計において施設従事の外国人介護労働者も含まれるようになっている。ただし家庭内労働者については含まれない。
13) 労工委員会職業訓練局に対する聞き取り調査から（2010年6月）。

に対する眼差しが,「家族の延長」としての親密なる関係と「貧困なる他者」としての労働者が絡み合っている。台北県労工局によると 2009 年に 3 件もの医療事故の報告があったとされるが,社会問題化していないようである[14]。

　台湾の例は女性の労働力化を促進する目的で導入された外国人労働者が,高齢化の進展に合わせて介護重視へと制度が展開し,「福祉政策化」する一方,外国人労働者のスキルとケアニーズの間にギャップが存在するといった問題を抱えていることを示すものである。

1-2. シンガポール

工業化と外国人労働者政策

　シンガポールでも台湾と同様,女性の労働力化に伴う家事労働の補填という目的で家事労働者が導入された。面積と人口が限られていることもあり,シンガポールは東アジア地域で最も早く外国人家事労働者を導入した国の一つである。独立当初の 1960 年代は失業問題の解消が大きな問題だったが,工業化の到来とともに労働力不足に陥った。当初は伝統的労働供給国 (TS: Traditional Source) のマレーシアに労働力供給を依存していたが,やがて,マレーシア以外の東南アジア諸国,非伝統的供給国 (NTS: Non Traditional Sources) にも労働力を依存するようになる。労働力不足にあえぐ製造業や建設業部門に直接労働力を補填する場合と,シンガポール人女性の労働力化の促進を目的として外国人家事労働者を導入するという間接的な労働力補填の 2 本立てとなっている。

　工業化初期における労働集約産業の堅持は,雇用の創出という意味においても意義があったが,早くも労働力不足に見舞われたこと,他の NIEs 諸国やアセアン諸国のキャッチアップにより競争力が低下したこともあり政策の見直しが迫られた。1979 年,政労使からなる全国賃金評議会は賃金抑制政策を放棄してシンガポール人労働者の賃金の上昇を諮問し,労働集約産業か

---

[14] 台北市労工局の話による (2010 年 11 月)。

らの脱却と高付加価値産業への転換が明示された。1979年スキル開発基金（SDF: Skills Development Fund），1981年生産性委員会（Committee on Productivity）が設置されたことはこうした転換を示す。

労働力が限られるシンガポールでは，労働集約産業の温存は外国人労働者の需要を増大させるが，高付加価値部門へのシフトと賃金上昇策は，賃金の内外格差を生じさせるため,外国人労働者雇用のインセンティブを作り出す。そこで政府は内外価格差の是正のため外国人労働者の雇用主に対して雇用税を課し，外国人労働者雇用の高コスト体制を作り出すことで，機械化や自動化といった生産性向上のインセンティブを導入した。他方で女性の就業を促進するためにも，外国人家事労働者を導入したが，既婚有業女性以外には家事労働者の雇用を原則認めないという政策をとる（ST1995年5月13日）[15]。

経済成長と女性の高学歴化に伴い，家事労働者の雇用は徐々に浸透していった。1980年代後半，外国人家事労働者数は4万人程度（1988年）と，現在の20万人に比べるとわずかであったが，子どもを抱える有業高所得の女性の家事労働者雇用率は50％近くに達しており，特定の層には家事労働者が浸透していた（Ministry of Community Development 1986; 安里・中江 2008）。また，1992年段階では6歳児以下を抱える50％弱の女性がすでに外国人家事労働者を雇用していたともいわれる（ST1992年3月18日）。家事労働者の業務内容は3C（Cooking, Cleaning, Care for children）と指摘されており，育児の占める家事労働者の役割は大きく，また家事労働者の雇用が雇用主の就業と大きく結びついている（ST2003年9月30日）。家事労働者の雇用は子どもを抱える高所得有業既婚女性の「ぜいたく品」ではなく，高い労働生産性を要求する労働政策によって与えられた女性の選択肢の一つであった。

女性の就業促進と歓迎されない家事労働者のバランス —— 雇用税をめぐって

優生思想を人口政策に取り入れているシンガポール政府は，家事労働者の増大に警戒感を示してきた。そこで労働者数を管理する必要が出てくるが，

---

[15] 1984年当時の労働大臣の見解。1989年にはゴー・チョクトン第一副大臣が少子化対策としての家事労働者の雇用について提案しており，女性の就業継続と少子化対策としての家事労働者雇用はその後も政策の正統性となっている。

その機能の一つが雇用税である。内国人・外国人労働者の賃金格差を解消して外国人労働者を高コスト化することで，外国人労働者への依存から脱却すること，代わりに機械化や自動化などの効率化と産業の高度化を図るのが目的である。また雇用税額は経済情勢に合わせても頻繁に改定されており，景気が悪くなると企業負担を軽減するために税額を引き下げ，好景気で外国人労働者が増大すると課税により労働者数の抑制を図っている。

こうした量的管理は外国人家事労働者にも適用された。1984年11月，1人1ヶ月あたり120シンガポールドルで導入された雇用税は，1989年1月までに160シンガポールドルへと徐々に引き上げられた。1990年になると200から230シンガポールドル，さらには250シンガポールドルへと増税が行われた。その際，労働省は有業既婚女性に対して雇用税額分の所得控除を設け，有業既婚女性とそうでない女性の間で差別化を図った。その根拠は女性の就労促進と育児の両立に対する優先的な支援であった。同省は「教育水準の高い女性は，メイドを雇用することで就業の継続と出産を両立することが期待される」と所得控除を設けた理由を述べたうえで，所得控除の優遇税制を受けるためには，専業主婦は就労しなければならないと解説している（ST1989年12月20日）。翌91年からは所得控除が雇用税納付額の2倍まで認められるようになった（ST1991年3月2日）[16]。

これは当時の人口政策とも符合する。1980年代から90年代にかけ，シンガポールは高学歴女性に対する出産奨励策とそれ以外の女性に対する出産抑制策という優生思想を包含する人口政策をとっていた（The Business Times 1990年4月4日）。当時，外国人家事労働者の数は限られており，雇用主は概して高所得・高学歴女性であった。したがって，外国人家事労働者の雇用は，こうした女性に対する優遇政策でもあったと考えられる。ここに，労働政策，女性政策，人口政策との重なりがみられるといってよい。

しかし福祉政策の側面はほとんどみられなかった。1990年，障害者福祉

---

16) 雇用税が外国人労働者数の調整弁としての機能を果たしているというのは現在でも変わらない政府見解だが，効果はないという意見もみられる。また，家事労働者に対する雇用税の増額が低所得の女性の家事労働者の雇用を抑制するため，非熟練女性労働者が不足するという見解が新聞紙上で散見される（ST1993年1月23日）。

協会 Handicaps Welfare Association は障害者ケアのために雇用される家事労働者の雇用主に所得控除を求めた (ST1990 年 2 月 13 日)。しかし,すでに高齢者や障害者を対象にしている別の税控除の制度があるとし,これは認められなかった。1992 年にも高齢者ケアのための雇用税優遇税制に関する議論が高まり (ST1992 年 3 月 10 日),1994 年にはシンガポール全国労働組合会議 (NTUC) が高齢者ケアに従事する未婚女性に対する雇用税優遇の提案を行った (ST1994 年 8 月 15 日)。特に 1994 年は経済的扶養の強化をうたった両親扶養法が国会で提案されたこともあり,老親ケアが話題となったが,いずれも未婚女性に対する雇用税優遇は認められなかった[17]。1998 年,1999 年にも同様の問題が提起されているが,結果は従来と同じであった。労働省は家事労働者導入をあくまでも有子既婚女性の就業継続が目的であり「ケア」のためではない,という当初の理由を貫いている。財務省は,すでに別の制度で家族・親族が老親と居住する際に優遇税制が受けられるようになっていると説明している (ST1999 年 8 月 14 日)。この議論は 2000 年代に入っても続き,Lim Hng Kiang 第二財務大臣は未婚女性には控除が適用されないことを指摘され,「それじゃ結婚せよ」と発言したことが記されている (ST2002 年 11 月 27 日)。

先述の通り,家事労働者の雇用の大きな理由は保育の外部化と女性の就業継続であった。シンガポール政府はたびたび託児所や保育所の整備を打ち出してきたが,就業女性の外部化傾向を見ると,所得が高ければ高いほど託児所や保育所ではなく,家事労働者を雇用する傾向がみられる (安里・中江 2008)。つまり家族内部でケアを提供することが好まれ,家事労働者雇用以外の選択肢は所得に応じて少なくなるのである (Public Policy Research Centre Hong Kong Institute of Asia-Pacific Studies of the Chinese University of Hong Kong 2008)。このことは家事労働者の選好性が高いことを示している。

家事労働者依存に対する疑問も数多く出されている。増え続ける家事労働者に対する政府の管理能力や,社会コストの増大をめぐる議論 (ST1996 年 10 月 14 日),家事労働者の雇用が及ぼす家庭生活への影響も議論されてきた。

---

[17] ただし介護者に対する優遇税制は存在している。

例えば，家事労働者によって育てられる子どもが将来的に受ける負の影響「メイド依存症 maid dependency syndrome」(cf. Nehrling 2010) や，家事労働者の存在による家庭内のジェンダー関係の変化といった点である。とはいえ，家事労働者は増加の一途をたどった。

このように 1970 年代から 1990 年代にかけての工業化は家事労働者を導入することで女性の雇用能力を引き出すといった政策がとられたが，単に雇用政策だけではなく優生思想にもとづく人口政策とも絡んで，有業既婚女性に対して特に外国人雇用のインセンティブが付与されていた。ただし，総量規制として，雇用税を通じ外国人労働者数を管理するといった政策も併せてとられていた。

雇用税の限界と福祉政策としての家事労働者の幕開け

ところが人数抑制策としての雇用税は限界をみる。増え続ける家事労働者の抑制のため，政府は 1990 年，92 年，94 年と立て続けに雇用税額を引き上げた。さらに 2002 年，人材資源省は外国人家事労働者の量的抑制と内国人家事労働者育成を，雇用税を決定する経済レビュー委員会 Economic Review Committee に提言した (ST2002 年 9 月 17 日)。すでに雇用税は 345 シンガポールドルで家事労働者の賃金より高く，これ以上の雇用税引き上げは限界に来ていた。全国労働組合会議 NTUC の調査によると，雇用主の負担する雇用コストは，家事労働者に支払う賃金と雇用税を含め月当たり合計 530 シンガポールドルであった。このうち賃金は 185 シンガポールドル，雇用税が 345 ドルと後者が雇用コストの 65％を占めていた (ST2002 年 10 月 28 日)[18]。新聞誌上ではメイド不要論争が起こり，保育園の整備とシンガポール人による家事労働市場の整備を通じた失業者に対する雇用創出が指摘されるようになった。

ところが，雇用税による家事労働者数の調整機能が失われていただけではなく，経済成長を通じた女性の高所得化によって，家事労働者に対する需要

---

18) この賃金水準はおそらくインドネシア人家事労働者を示していると思われる。フィリピン人を雇用する場合には 700 ドル程度である。それでも雇用税が雇用コストのほぼ半分を占める。労働条件などについては，安里 (2009) を参照。

は増大し続けていたこと，さらには高齢化によるケア需要の増大という新たな要因により，外国人家事労働者の抑制や既婚女性に対する優遇の継続は困難に直面した。

　この転機となったのが，2004年の雇用税改正である。政府は65歳以上の高齢者や12歳未満の子どもを抱える世帯に対して既婚・未婚を問わず雇用税の優遇税制を適用すると法令を改正した[19]。2011年現在，雇用税は265シンガポールドルに定められており，以下の場合に優遇税制が適用され，税額は170シンガポールドルとなる（安里・中江　2008）。2007年には以下のように障害者を抱える世帯にも優遇税制を適用することになった。

- 雇用主またはその配偶者に，12歳未満のシンガポール国民の子供又は孫がいる。
- 雇用主またはその同居配偶者が，65歳以上のシンガポール国民である。
- 雇用主またはその配偶者がシンガポール国民であり，他方が65歳以上の永住者である。かつ，両者が国民登録番号証（NRIC）に登録された住所に同居している。
- 雇用主またはその配偶者が，シンガポール国民である65歳以上の父母，義父母，祖父母，または義祖父母と，NRICに登録された住所に同居している。
- 雇用主又はその配偶者がシンガポール国民であり，かつ65歳以上の永住者である父母，義父母，祖父母，又は義祖父母と，NRICに登録された住所に同居している。
- 雇用主又はその家族が障害を持っており，日常生活活動においてフルタイムで介護者の補助を必要とする。

　優遇税制が導入された背景には，高齢者ケアの需要増大と家族介護の誘導があった。というのも要介護度の低い高齢者を抱える世帯は，コストの安さから老人ホームへ入所するケースが増大し，施設介護依存が懸念されるようになっていた。しかし，施設介護依存はいずれ政府の財政負担を大きくすると考えられていたため，政府は家族ケアのコストを下げる必要性があったの

---

19) ただし，所得控除についての見直しは行われず，既婚女性のみに適用され続けられることとなった。

である（ST 2004年6月10日）[20]。

　また優遇税制の中に12歳未満の子どもを加えたのは少子化対策の一環でもあった。2004年はさまざまな少子化対策が取られた年であり，雇用税の優遇税制の開始の他，従来の第二子600シンガポールドル，第三子1,000シンガポールドルというベビーボーナスの増額，育児休業期間の延長，孫の世話をする祖父母がいる場合の母親に対する所得控除，従来の幼児ケア補助金に加え2歳から2歳半までの幼児の親に対するケア補助金 infant care subsidy，7歳以下の子どもを抱える親に対するチャイルドケア休暇 childcare leave の整備などがあった[21]。これらは子どもを持つ既婚女性に重きを置いた制度であり，その一環として外国人家事労働者雇用主に対する優遇税制が設定されていた。

外国人家事労働者政策と介護技術

　シンガポール政府は常に生産性の向上に力を入れ，外国人労働者にもそれを強調してきた。生産性は賃金とも結びついており，実際シンガポールの出入国管理政策は，労働者の賃金水準とビザカテゴリーが連動している。家事労働者は外国人に付与されるビザの中でも，市民権が制限され賃金水準の最も低い労働許可証が付与される。先述の通り，政府は従来から国際競争力の強化に向けた生産性の向上を強調しており，それはスキル水準がベンチマークとされている。スキルの向上をインセンティブとするため，スキルを保持する労働者の雇用主に対しては雇用税の優遇税制があり，スキルを保持しない労働者の雇用に対しては重税を課し，2段階の雇用税方式をとっている（図7-4）。つまり，人材育成と生産性向上のインセンティブを作り出すメカニズムを内包しているといえる。

---

[20] それ以外にも，政府は2004年，家事労働者の最低年齢基準を23歳と引き上げ，英語のテストを設けたため，労働力供給不足による賃金上昇が見込まれ，雇用主の負担軽減を図る必要があった。

[21] 現在は第一子，第二子が4,000ドル，第三子，第四子が6,000ドルとなっており，毎年1回，6歳まで受けることができる。https://www.babybonus.gov.sg を参照。2歳から2歳半までの幼児ケア補助については，有業女性に対しては最大月400シンガポールドル，職を有しない女性に対しては最大月75シンガポールドルとなっている。

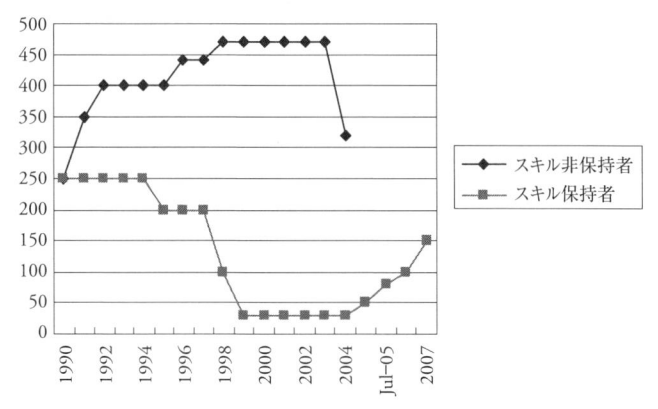

第 7 章　家族ケアの担い手として組み込まれる外国人家事労働者

図 7-4　建設業における雇用税の推移
出典：安里・中江 (2008) p.184 図表 3-82。

　スキルは資格で計られるが，雇用主は人件費を削減するため，スキルを持つ外国人労働者を雇用するか，資格を取得させるべく労働者に対して教育研修機会を設けている。研修は多くの場合，シンガポール渡航前か OJT という形で行われる。さらに資格取得を通じてシンガポールにおける長期的な在留許可が付与されることから，スキルと市民権が連動している。先の外国人労働者の量的管理という機能と併せて考えるのであれば，スキルを有しない人材の雇用を抑制し，よりスキルの高い人材が獲得して，こういった人材が長期滞在できるように入国管理制度が設計されている。
　スキルを通じた雇用税の 2 段階方式は 1991 年に設けられた。現在は図 7-4 のように，原則すべての職種で雇用税の 2 段階方式がとられている。施設介護においては介護職員を対象として，シンガポールのカリキュラムに沿った所定の OJT および座学を終了すると雇用税が大幅に優遇されることになっている。そのため施設は外国人介護従事者に対して資格取得を進めることになるため，現在では，多くの施設が付属の教育施設を設置し教育機能を有するようになった[22]。例えば介護職員が在宅介護士の資格を取得すると，通常の労働許可証保持者の在留期間である 2 年が 16 年まで延長される。ま

---

[22] 内部に教育施設を有しない場合には認証を受けた施設において訓練を受けることになる。

た送り出し国における看護師の有資格者は，OJT や Off-JT を通じて看護師免許の資格を取得することも可能だが，取得すると永住資格を申請することができる[23]。このようにスキルと雇用税額，あるいはスキルとシチズンシップを連動させていることが特徴的である。

ところが，こうした「高生産性」に対する取り組みや，以下のような動きがあるにもかかわらず，外国人家事労働者には雇用税の2段階方式や市民権に連動したスキル設定などは適用されない。政府は 2003 年，外国人家事労働者を対象に英語のテストを導入し，最低年齢基準の引き上げ行い家事労働者の「質」の改善を図った。また多くの VWO (Voluntary Welfare Organisations) が家族ケアの講習会を開催し，外国人家事労働者もその対象となっているが，雇用税減免の優遇税制は存在しない。

シンガポールは家族ケアにケアの重心を置いている。政府が直接サービスを供給することは少なく，福祉サービスは国家社会サービス委員会 National Council of Social Service による調整を通じ，VWO によって供給されることが多く，またそこは家族ケアの技術向上のためのプログラムを提供している。現在，16 の VWO 機関が 103 のプログラムを提供し，知的障害や筋ジストロフィーなど疾病別にケア講習会を提供し，多様な家族ケアのニーズに合わせた担い手育成を行っている。家族ケアの担い手育成プログラムは家事労働者も受講でき，補助制度も利用可能である。ところが，他の職種と異なり講習を終えても雇用税が減免されることはないのである。このことは以下の点を含意する。第一に 65 歳以上や 12 歳未満，障害者といった特定のケアニーズを有する世帯に対しては，雇用税の優遇税制を通じ外国人家事労働者の雇用促進が意図されている。第二に，ただし他の職種と異なり，雇用税を通じたスキル獲得のインセンティブは制度化されていない。これは親密な領域で営まれてきたケアという無償労働の「高生産性」や「労働の質」を認めないことを示していることと同時に，被介護者のためというよりも，あくまでも介護者のための制度であることを意味している。したがって，家事労働者の

---

[23] 通常は看護師の賃金では永住資格申請は可能でないが，看護師は永住資格付与の優先職業の一つとなっている。これは介護士や看護師不足が原因となっており，医療・福祉部門に人材が不足していることが投影されている。

雇用は安価な介護者確保の観点から「福祉政策的」側面を有するものの，基本的には有業女性の負担軽減を主眼とした外部化手段でしかない。人材資源省に対する聞き取り調査によると，家事労働者に対するスキル要件の導入は検討されていないという[24]。

シンガポールの特徴は，外国人家事労働者を雇用政策だけではなく，人口政策上においても実質的に関連付けてきた点と，特定の属性に対する優遇税制という選択的インセンティブの付与を通じた，家事労働の外部化手段の提供であった。したがって，家事労働市場は市場原理に一任されたものでは決してなく，具体的には子どもを持つ（高学歴・高所得）有業既婚女性や最近では高齢者や障害者を抱える世帯を主な対象とするという介入のもとで形成されてきたものである。政府の外国人家事労働者政策は当初，国際競争力の強化や高生産性を強調してきたが，2000年代以降はケア需要の増大に対応せざるを得ずケアも重視されるようになった。これはケアの「家族化」政策とも密接に結びつき，女性の労働力化とケアの担い手確保の両立が意図されている。しかしながら，ケアと密接に関わりあいながらも，スキルについては税制上のインセンティブを有せず，ケアの質は制度に内部化されていない。

1-3. 香港

香港は沖縄本島よりも小さく，面積1,100 km^{2}ほどに約700万人の人口と，那覇市の人口にほぼ匹敵する30万人もの外国人家事労働者が居住している。香港籍女性の家事労働者も約2万5,000人就労していると推測され（Census and Statistics Department 2001），10％強の世帯が家事労働者を雇用している計算になる。もともとイギリスの植民地下に置かれていた香港は，工業化の過程で労働力を中国大陸に依存してきたため，中国大陸系の移民が多く存在する。イギリス植民地政府によって家事労働者の雇用が禁止されたが，こうした人々も大陸出身であった。しかし，1978年フィリピンや他のアジア諸国から外国人家事労働者の導入を決定する。これも女性の労働力化を促進する

---

[24] 人材資源省に対する聞き取り調査から（2007年8月）。スキル要件は現在まで導入されていない。

ためであった。1997年，中国に返還された香港は，大陸との人の往来が活発化し，現在は居住権を取得する者も多い。外国人家事労働者の定義に中国大陸からの移民は含まれないが，家事労働者として就労する大陸出身者の割合は香港籍家事労働者の約半数程度存在すると考えられている (Asato 2005)。

台湾やシンガポールの例に同じく，香港においても家事労働者の雇用はケアと深く結びついている。外国人家事労働者の雇用主の属性を見てみると，5人以上の世帯員数を抱える世帯のうちの約4分の1が，また世帯所得が月に5万香港ドル以上の世帯のうちの約3分の1が外国人家事労働者を雇用しており，世帯員数や所得水準と外国人家事労働者の雇用には関係がみられることがわかる。後述するが子どもや高齢者を抱えた世帯ほど外国人家事労働者を雇用しており，特定の層に焦点をあてると家事労働者の雇用割合は増大する。

香港における外国人家事労働者政策の特徴は以下のとおりである。第一は，台湾が要介護者世帯に，シンガポールが優遇税制を通じた有子既婚女性や高齢者，12歳未満の子を有する世帯に雇用許可を優先的に付与するといった特徴を有するのに対し，香港はこうしたターゲット層を持っていないことである。女性の就業継続支援のための家事労働の補填という目的は共通するものの，それ以上の意味を持たず，相対的に「中立的」な政策をとってきた。とはいえ，高齢化に合わせ，ケアに深くかかわっている構造には変わりない。第二に人権の論理が相対的に貫徹されており，シンガポールが労働法令を適用せず，台湾が労働基本法に代わる家事服務法を導入できていないのに対し，労働法令の適用に加え標準雇用契約書の使用と労働者に対する搾取や虐待防止に力を注いできた点である (Constable 1997; 安里 2001; HKSAR 2009)。香港における家事労働者の労働条件は台湾やシンガポールと比較しても良く，アジアにおける家事労働のディーセントワークとしての確立を考える上でも意義深い。第三に，内国人家事労働者と外国人の労働市場における競合問題が社会問題化した経験を持つという点である。移民の流入が激しい香港では，中国大陸からの居住権を取得する人々の流入が年間約5万人に及ぶ。こうした人々の多くは，シンガポールで選択的に受け入れられているような高度人材なのではなく，社会経済的に下層の人々を多く含む。移民に対する

雇用確保は香港政府の大きな課題であり，香港籍家事労働者の育成を通じて，約30万人近く存在する外国人家事労働者との「入れ替え」が議論されてきた。香港における家事労働市場は大きく二つに分けられる。一つは市民権を持たない外国人が2年契約の短期就労ビザを取得して住み込みで就労する形態であり，もう一つは香港籍家事労働者から構成され，香港で出生した労働者と中国大陸で出生し移民として香港に渡った労働者に細分化できる。大陸出身者は永住資格取得者が多いと考えられ，家族を形成し職業選択も自由で言語や文化的にも近接していることが多い。このように家事労働市場は市民権，エスニシティ，言語・文化の近接性という点からも二つに大別されるが，両者はどのような関係にあるのだろうか。

家事労働市場の分節化 ―― 香港籍家事労働者のフォーマル化と外国人労働者との入れ替え

　香港では，1997年のアジア経済危機以降，失業が社会問題化した。90年代初頭において1％から2％で推移していた失業率は98年から急上昇し，99年には6％台を記録した。しかし，中国から香港の居住権を持つ移民も増加し，経済的に悪影響を及ぼす懸念が示されていた。香港政府は失業者のスキル開発を通じて失業者に対する雇用能力（employability）の創出を目的とし，大幅な職業訓練制度を導入した。香港政府は職業再訓練法（the Employees Retraining Ordinance）に基づき「職業再訓練スキーム」（Employees Retraining Scheme）を1992年から実施しており，家事労働に関して言えば，政府や中国系の労働組合連合（FTU: Federation of Trade Union）は香港籍失業者の就業のため，20万人もの外国人家事労働者の入国を制限し香港内で人材育成することを提案していた。

　1999年，僱員再培訓局（以下職業訓練局）は消費者の需要動向調査をもとに家事労働に関するカリキュラムモジュールを統一し，「標準化された家事労働者育成のコース」を整えた[25]。こうした動きは外国人によってフォーマル化された家事労働市場に加え，インフォーマル領域で細々と存在した香

---

25) LegCo "LegCo Panel on Manpower", LC Paper No. CB (2) 227/00-01, 13 October, 2000. Replies to written questions, LegCo questions No. 6, 10 April 2002.

港籍家事労働者をフォーマル化，可視化する過程でもあり，需要に対応したモジュールの開発，資格や職業訓練の標準化，職業紹介，各種手当の支給制度が整備された。また低学歴・低所得者が一定程度占める大陸からの移民，特に中年移住女性に対する就労支援，所得補償というセーフティネット構築の側面をもち合わせており，労働市場整備の波及効果は大きいものと期待されていた[26]。

　しかし，職業訓練制度の充実には膨大な費用が必要となるが，景気の悪化に伴い財政状況も悪化した。2003年度予算案によると財政赤字700億香港ドルが見込まれ，大規模な財政改革を実施せざるを得ずそのため職業訓練のための費用捻出が問題となった。政府は2003年，財政改革の一環として，また職業訓練費用の捻出のため，台湾やシンガポールに倣い外国人家事労働者の雇用主から雇用税を徴収するとした。これは毎月400香港ドルを雇用主に課すかわりに，雇用主負担を避けるため，家事労働者の最低賃金を400香港ドル引き下げたうえで雇用税を課すことで，事実上の雇用主の負担を避けたのである。これは法人税増税，公務員給与削減，福祉予算削減と同じく財政改革の一環であったが，中間層に財政再建の負担を求める恰好となったため，家事労働者の雇用主から強い反発があった。それだけではなく，家事労働者からも反発が強く，1万人規模のデモが行われた。この改定は外国人労働者の賃金引下げ分がそのまま政府の職業訓練の財源となること，労働市場の競合相手と想定される香港籍家事労働者の育成は外国人家事労働者の最低賃金を引き下げることによってその財源が確保されていることから，前者を包摂する動きと後者を排除する二つの動きを伴っていたのである。

---

26) 香港籍家事労働者の育成は言語・文化的近接性からもよりよい家事サービスの提供が期待された。

分節化される家事労働市場

　統計上，香港籍家事労働者数は明らかになっていないが，2000年末時点で約25,000人存在すると推定されている。住み込みの外国人労働者と異なり香港籍の場合には通いがほとんどで，70％がパートタイム雇用，残り30％がフルタイム雇用といわれている（Census and Statistics Department 2001）。また初等もしくは中等教育レベルがほとんどで，全体の約4割が中国大陸で教育を受けた者である（Asato 2005）。

　では，香港籍家事労働者に対する評価はどのようなものなのか。職業訓練局の調査によると，香港籍家事労働者に対する雇用主の満足度は高いものの，約30％の雇用主は労働者の料理の技術に問題があると考えている。また香港籍家事労働者に対する求人が多いにもかかわらず，マッチングがうまくいかないことも課題とされていた。これは就労時間帯について双方の希望が合わないためである（政府プレスリリース記事2002年2月27日，4月10日など）。香港籍家事労働者に対しては調理と子どもの世話に対する業務の希望がみられるが，生活の本拠を置く香港籍家事労働者は「通い」の労働者であり，本人の家族の家事労働にも従事しなければならない。したがって要望の高い夕食の準備や夕方の子どもの世話は自身の家庭での家事労働時間に重なるため，香港籍家事労働者はこの時間帯の就労を好まない傾向にある。つまり有償労働としての家事労働よりも，むしろ無償労働としての家事労働が優先されることが，家事労働市場の整備にあたって課題であることが明らかになったのである。もう一つは低所得者層が多い家事労働者の居住地区と雇用主の居住地区が異なるため，交通費が賃金水準に比べて割に合わないことも労働市場の整備の上で問題であることがわかってきた。

　こうした問題の解決に向けて，2003年，政府は6,000万香港ドルを拠出し，「香港籍家事労働者に対する特別手当スキーム（Special Incentive Allowance Scheme for Local Domestic Helpers）」を導入した。これは二つに分けられ，遠隔地勤務手当と夜間・早朝勤務手当に分けられる。遠隔地手当は雇用主と労働者の居住地が一致しないことに起因する交通手当であり，後者は労働需要が高いにもかかわらず，香港籍家事労働者が就労したがらない時間帯における就労に対する手当である。この時間帯は午後5時から午前9時までを指し，

「社会的ではない時間 (unsocial hours)」として定義され，1日あたり50香港ドルが支給されることになった。

この二つの手当は香港籍家事労働によって形成される家事労働市場の特性をよく表しているといえる。遠隔地手当は社会経済階層によって居住地区が異なるという地理的空間の制約を，後者は時間的制約を意味する。特に，子どもを抱えた女性にとっては就労場所が居住地から近接していることは重要である (Wong 1980: 44)。

職業訓練局の調査によると，香港籍家事労働者の業務内容は清掃 (88.6%)，夕食の準備 (29.6%)，アイロンがけ (25.7%)，買出し (17.1%) と時間制約の少ない業務が並ぶ (Employees' Retraining Board 2002)。ケアに関する業務は少なく，子どもの世話が7.8%，乳幼児の世話が6.8%，高齢者ケアが2.1%などとなっている。

この点，外国人労働者はこうした制約から自由である。というのも，出身国の生活の本拠を離れ，自身以外の再生産労働から解放されているからである。というより，移住労働の本質は再生産労働からの自由を通じて他者の再生産労働に集中して従事させることを可能にする制度であり，こうした労働力特性をつくりだすのが斡旋業者，法令，雇用契約といった移住過程であることは強調してもし過ぎることはないであろう。

いっぽう，住み込みのフルタイムである外国人家事労働者は，時間が限定されず家事・育児・介護を含む家事全般に携わることができる。別の調査では，次のように外国人家事労働者のケア役割が大きいことが読み取ることができる。外国人労働者を雇用する世帯のうち，12歳以下の子どもを抱える世帯は約61.2%，60歳以上の高齢者を抱える世帯は30.4%，その他障害者など特別なケアを必要とする世帯は16.2%を構成している。それに対して，香港籍家事労働者を雇用している世帯のうち，それぞれ12歳以下の子ども，高齢者，特別なケアを必要とする世帯の割合は，外国人家事労働者を雇用している世帯と比べると大きく低下し，それぞれ順に34.5%，26.3%，14.0%となる (Census and Statistics Department 2001)。つまり，外国人家事労働者を雇用しているのは，何らかのケアを必要としている世帯であると指摘することができる。後述するように，地元香港籍の家事労働者に対しては，ケアより

もむしろその他の家事労働に対する期待が大きいのである。

　別の角度からケアニーズと家事労働者の雇用についてみてみよう。外国人労働者は障害者など特別な介護を必要とする世帯で雇用される割合が非常に多く，香港全体の障害者を抱える世帯のほぼ 4 分の 1 に相当する 23.4％で外国人家事労働者が雇用されている。同じく香港全体で 12 歳以下の子どもを抱える世帯のうち，16.4％が外国人労働者を雇用しているのに対し，香港籍家事労働者は 1.3％に過ぎない。60 歳以上の高齢者を抱える世帯に関しては，該当する香港全体の世帯のうち 7.8％が外国人労働者を，0.9％が香港籍の家事労働者を雇用している。以上から，障害者など特別な介護を必要とする世帯，および 12 歳以下の子どもを抱える世帯で外国人家事労働者の雇用の割合が非常に高いことが理解できる。つまり，外国人労働者はケアニーズの高いところで雇用され，香港籍家事労働者は時間制約の少ない業務に従事しているといえる。

　家事労働者を雇用する理由についてもみてみよう。香港籍家事労働者はコミュニケーションが容易である (34.7％)，より信頼できる (18.9％)，賃金が低い (18.4％) が上位である[27]。一方，外国人家事労働者は賃金が低い (53.8％)，就労の時間の都合が良い (28.0％)，より勤勉である (20.2％)，より従順である (18.0％) という理由で雇用されている。両者が安価と考えられている理由については，パートタイムで短時間雇用が可能なため時間当たり単価は外国人のそれより高いが，賃金は低いこと，後者は長時間労働の割に単価が安いという意味で「安価」という違いがある。つまり，外国人は時間にフレキシブルで安価という点がケアの選好性と結びついているのである。おそらくこうした違いが，雇用主の意識にも反映され，47.1％の外国人労働者の雇用主は香港籍家事労働者では必要とする仕事ができないと考えているのである (Census and Statistics Department 2001)。香港政府が目指していた失業女性の雇用創出としての家事労働者の育成は，当初外国人労働者との入れ替えが期待されていたが，結論として香港籍家事労働者と外国人のそれは分節化された労働市場ということが明らかとなり，政府は後にこれを認めた上で

---

[27] ただし，数の上では香港籍家事労働者数は外国人家事労働者の約 10 分の 1 に過ぎないことに留意する必要がある。

家事労働者の育成にあたることになった。外国人家事労働者の最低賃金をも下げることによって捻出された職業訓練費用は，その後撤回されることとなり，両者の関係は競合関係から相互補完的関係へと見直されたのである。

専門性について

香港では，高齢者，障害者，女性，子ども，若者，難民，犯罪者更生など支援を必要な者を対象としている社会福祉局の歳出である390億香港ドルのうち，現金給付は71％を占め，他にサービス給付のための補助金が21％，それ以外はその他となっている。現在は現金給付が圧倒的な割合を占めているが，徐々にコミュニティサービスの供給に力を入れるようになっている。香港では街中でも老人ホームが多くみられるが，政府としては家族ケアをより浸透したいとしている。香港における60歳以上人口は113万人，これは総人口の16％に相当する（Census and Statistics Department 2009）。うち政府補助の高齢者用住宅を含む介護施設に居住する者は5万8,000人となっている。これ以外にも病院に「社会的入院」する者も相当数いるとみられ，社会的入院患者のための退院復帰試行プログラム（Integrated Discharge Support Trial Programme for Elderly Patients）も実施されている。ここでも家族ケアやコミュニティケア重視の動きがみられ，現金給付割合の高い香港では市場でサービスが調達されることを意味することから，外国人，香港籍を問わず家事労働者の役割は大きくなると考えられる。

外国人家事労働者に対する資格要件や人材育成の動きは見られないが，職業訓練局は香港籍失業者を対象とし，職業訓練によるケアの専門性の確立を通じてニーズの掘り起こしに力を入れている。同局のスマートリビング計画によると家事労働だけではなく，マッサージ，産後ケア，乳幼児・保育，高齢者ケアなどの分野において標準化されたカリキュラムの提供と評価基準を有している[28]。こうした動きは低所得者の多い家事労働者のスキルアップと所得向上を果たすワークフェア政策の一環であり[29]，同時に外国人家事

---

[28] 職業訓練局サイトを参照。http://www.erb.org/smartliving/en/service_certificate.php
[29] 香港立法会文書（2006年7月11日）。http://www.legco.gov.hk/yr04-05/english/hc/sub_com/hs51/papers/hs510718cb2-2727-01-e.pdf，またはCommission on Poverty (2005) "Assisting the Un-

労働者との差別化の一環として認識されているようである。

　台湾やシンガポールでは外国人家事労働者雇用のインセンティブが雇用税減税や所得控除という形で制度化されているが，香港でも 2003 年に雇用税が導入され国内の労働政策に使途を限って充てられていた。その後 2008 年，雇用税徴収はインフレ圧力の緩和と職業訓練局の財政バランス健全化を目的として，2013 年まで停止された (Audit Commission 2011)[30]。しかし，これは香港籍家事労働者の育成が中止されることを意味するのではない。むしろ雇用対策，貧困対策上のワークフェアとしてこうした人材育成は強化される方向にある。また高齢者介護のニーズも高く，現金給付の割合の高さからも家事労働者の雇用に結び付く可能性がある (Public Policy Research Centre, Hong Kong Institute of Asia-Pacific Studies of the Chinese University of Hong Kong 2008)。

　香港の家事労働市場における特徴は利用者からの観点でいえば，そのフレキシビリティであろう。住み込み，フルタイムの外国人と通いでパートタイムの香港籍家事労働者という選択肢は雇用主の置かれた条件に合わせて可能であることを意味する。この市場でのサービスの調達の多様な選択肢は，福祉政策の代替として実質化される可能性がある。というのも，市場の失敗の一つは低所得者がサービスを調達することができないという分配方法にある。しかし，現金給付を通じて多様な家事サービスを購入するという流れができれば，政府の役割は所得補償と市場の整備で一貫することになる。

　外国人家事労働者の雇用については，雇用コストは最低賃金の 3,920 香港ドルに諸費用を加えた額となり (2012 年現在)，ある程度の所得者層でなければ雇用は可能ではなく，また外国人家事労働者の雇用には雇用主の所得制限が存在し，低所得者層による雇用は容易ではない[31]。しかし，2000 年代に入って香港政府は，低所得の障害者が政府からの給付金で外国人家事労働

---

employed: Welfare-to-Work". 以下からアクセス可能。http://www.cop.gov.hk/eng/pdf/CoP%20Paper%2019.2005(e).pdf

30) 2013 年まで雇用税の徴収は停止されることが決まっている。したがって，職業訓練局はこれまでの基金の取り崩しで運用を続けている。以下よりアクセス可。http://www.aud.gov.hk/pdf_e/e57ch02.pdf

31) 世帯賃金 15,000 香港ドル以上でなければ外国人家事労働者を雇用することはできない。

者を雇用できるようにする法令案を出したこともある。したがって，現金給付とサービスの購入を関連付けた政策，つまりサービスは市場からという原則は，現金給付の割合が高い香港では経路依存性を考慮しても成立するであろう。

まとめ

　これまで三つの地域について外国人家事労働者と家族ケアについて検討してきたが，いくつか共通点を挙げておきたい。家事労働が内国人ではなく外国人女性に外部化されたのは，工業化の過程における労働需要の増大と余剰労働力の欠如，その解決策としての女性労働力の動員を背景としている。家事労働者の雇用の浸透は，国家の視点に立てば女性の労働力化は経済成長の要請によるものであり，主体に着目すれば高学歴化した女性の就業継続の手段であった。家事労働者の雇用は確かに多くの女性の労働力化に寄与した。台湾の例では約54％が家事労働者の雇用によって就業が可能となっており，これを女性の労働力率への寄与度として求めると，シンガポールと香港はそれぞれ13％，9.3％となり，無視できない数字であろう。しかし，これは性役割分業の変更によって成し遂げられたものではない。そのためエスニシティ／ナショナリティによる階層化，家事労働における階層化，女性内部の階層化という問いは不問にされている。

　家事労働者に期待される役割が高齢者ケアに及ぶに至り，福祉政策が遅れているようにもみえる。人口構成が若いからとはいえ，今後高齢化の進行に従って福祉政策の充実化に収斂するかといえば，必ずしもそうはならないであろう。福祉ポピュリズムという推進力がアジアの共通項であるという指摘もあるが，家事労働者数の増大をみるとむしろ家族規範を基盤とした，あるいはそれを利用した家族内部における福祉供給機能を強化する可能性がある。その意味において外国人家事労働者が導入されて以降の経緯は，将来的にケアの家庭内外部化を実現するための制度的整合性があると同時に経路依存的であるといえる。外国人家事労働者数が減少しないのはそれだけ強い選

第7章　家族ケアの担い手として組み込まれる外国人家事労働者

好性に支えられた実態があることを示す。つまり脱家族化よりも強家族化を通じた家事労働の外部化という方向性がみえるのである。

こうした構造的共通点があるものの，この3地域における違いも生じている。雇用許可要件を，要介護者を抱える世帯に特化しつつある台湾，有子既婚女性や高齢者，12歳以下の子どもを抱える世帯に優遇税制を与えるシンガポール，そして香港籍家事労働者の育成を重視し制度的中立を保つ香港。台湾は要介護者に雇用許可要件のウェイトが置かれているという面において，要介護者に対するサービスの供給という福祉的ニュアンスをもち，シンガポールは女性雇用主にウェイトが置かれており，特定女性の家事労働の軽減という労働政策的ニュアンスを帯びている。こうした違いは労働政策としてスタートした家事労働者受け入れに高齢者ケアを加味するかしないかという制度的違いによる。

急速な高齢化が社会問題化する中で，長時間就労が許容されている外国人家事労働者の需要はいずれにおいても増大している。労働者数の増加に加え選好性が高く，家族規範にも沿っていることを考慮すると，家事労働者を福祉サービスで代替することは困難であろう。これは香港の事例で典型的であったように，内国人と外国人のそれは労働条件の違いから競合的関係ではなく，相互補完的関係だからである。つまり，類推すると通いのホームヘルパーが導入されたとしても，外国人労働者の雇用に影響を与えることは少ないと考えることができるのである。

三地域とも高齢者，障害者ケアにおいて家事労働者がケアの役割を担う上で不可欠な存在であることが明らかであるが，医療行為を含むケアなど，求められるスキルについては不問にされている。また施設従事の外国人労働者に対する対応とは異なることから，家族の延長としての外国人家事労働者の処遇がみて取れる。労働法令の非適用，スキル要件の不在は家庭内の親密な社会的関係を前提としているが，福祉における家族役割を外部化する人々に対しては労働者としての確立した地位と，同時に求められるスキルの移住労働への内部化が必要になるであろう。ケアの不足は単に担い手の不足という意味だけではなく，高齢者や障害者介護，あるいは生活の質を維持し日常生活を支える上で必要な専門的スキルの担い手が不足していることの両方を意

味するのである。

• 参考文献 •

安里和晃　2010a「少子高齢社会における移民政策と日本語教育」田尻英三・大津由紀雄編『言語政策を問う！』ひつじ書房。
─────　2010b「EPA看護師候補者に関する労働条件と二重労働市場形成」五十嵐泰正編『労働再審②　越境する労働と〈移民〉』大月書店。
─────　2010c「東アジアで就労する家事・介護労働者」奥島美夏編『日本のインドネシア人社会』明石書店。
─────　2007「施設介護に従事する外国人労働者の実態―雇用主の評価をもとに」『Works Review』2：132-145, リクルート・ワークス研究所。
─────　2005「介護労働市場の形成における外国人家事・介護労働者の位置づけ ── 台湾の事例から」『龍谷大学経済学論集（民際学特集）』44(5)：1-29。
─────　2001「香港における出入国管理と外国人労働者政策 ── 90年代の外国人家事労働者をめぐる処遇を中心に」梶田孝道編『国際移民の新動向と外国人政策の課題 ── 各国における現状と取り組み』法務省東京入国管理局。
安里和晃・中江郁子　2008「シンガポール」東京海上日動リスクコンサルティング株式会社編『アジア諸国における外国人材の活用等に関する実態調査』経済産業省経済産業政策局産業人材政策担当参事官室。
Asato, Wako. 2005. "Negotiating Spaces in the Labor Market: Foreign and Local Domestic Workers in Hong Kong." *Asian and Pacific Migration Journal*, 13(2): 255-274.
─────. 2010. "Narrowing the Care Gap: Migrants at Home Institutions and Marriage Migrants." *Journal of Public and Intimate Spheres* Pilot Issue: 83-100.
Black, M. 2002. *A Handbook on Advocacy*. Anti-Slavery International.
Census and Statistics Department. 2005. "Relationships among Family Members." *Thematic Household Survey Report No. 21*. Hong Kong. Census and Statistics Department: http://www.info.gov.hk/censtatd/ よりアクセス可能。最終閲覧2011年5月1日。
Census and Statistics Department. 2009. "Socio-demographic Profile, Health Status and Self-care Capability of Older Persons." *Thematic Household Survey Report* No. 40, Census and Statistics Department: Hong Kong. http://www.info.gov.hk/censtatd/ よりアクセス可能。最終閲覧2011年5月1日。
Census and Statistics Department. 2010. "Relationships among Family Members." *Thematic Household Survey Report* 44, Census and Statistics Department: Hong Kong. http://www.info.gov.hk/censtatd/ よりアクセス可能。最終閲覧2011年5月1日。
Chang, Kyung-Sup. 2010. "Individualization without Individualism: Compressed Modernity and Obfuscated Family Crisis in East Asia." *Journal of public and Intimate Spheres* Pilot Issue: 23-39.

沈潔編　2007『中華圏の高齢者福祉と介護 —— 中国・香港・台湾』ミネルヴァ書房。
Chua, Beng Huat. 2007. "Emerging Issues in Developmental Welfarism in Singapore." James Lee and Kam-Wah Chan (ed). *The Crisis of Welfare in East Asia*, 27-42. Lexingtong Books.
Committee on Ageing Issues. 2006. "Report on the ageing Population." Ministry of Community, Youth and Sports, Singapore. www.mcys.gov.sg/successful_ageing/report/CAI_report.pdf からダウンロード可能，最終閲覧 2011 年 1 月 30 日。
Commission on Poverty. 2006. "Training, Retraining and Continuing Education -Home Help and Personal Care Services." CoP Paper No. 16, Commission on Poverty, HKSAR Government. 貧困委員会 HP，http://www.cop.gov.hk/ よりアクセス可能，最終閲覧 2011 年 4 月 27 日。
Council of Labor Affairs. 2009. "Report on Protection of the Rights for Foreign Workers in Taiwan." Council of Labor Affairs. http://www.evta.gov.tw/ よりダウンロード可能，最終閲覧 2011 年 2 月 2 日。
Devasahayam, Theresa W. 2003. "Organisations that Care: The Necessity for an Eldercare Leave Scheme for Caregivers of the Elderly in Singapore." *Asian MetaCentre Research Paper Series* 10, Asian MetaCentre for Population and Sustainable Development Analysis. Singapore: National University of Singapore.
Elizabeth Nehrling. 2010. "Beyond the Right to Rest: An Evaluation of the Social and Legal Structures Shaping the Agency of Foreign Domestic Workers in Singapore." *Southeast Research Centre Working Paper Series*, 107. City University of Hong Kong. http://www6.cityu.edu.hk/searc/Data/FileUpload/302/WP107_10_ENehrling.pdf 最終閲覧 2011 年 5 月 1 日。
Gonzalez, Joaquin L. III. 1998. *Philippine Labour Migration: Critical Dimensions of Public Policy*. Singapore: Institute of Southeast Asian Studies.
行政院內政部　2004『臺閩地區九十歲以上人口訪查報告』内政部。
行政院國軍退除役官兵輔導委員會統計處編　2004『榮民娶大陸配偶情形及服務協助之研究報告』行政院國軍退除役官兵輔導委員會統計處。
HKSAR. 2009a. "Hong Kong Special Administrative Region of the People's Republic of China's (HKSAR) Response to the Questionnaire to Governments on Implementation of the Beijing Declaration and Platform for Action and the Outcome of the Twenty-Third Special Session of the General Assembly of the United Nations (UN) Economic and Social Commission for Asia and the Pacific (Focused on developments made between 2004 and 2009)." HKSAR. 香港政府 Labour and Welfare Bureau の HP，http://www.lwb.gov.hk/eng/other_info/index.htm より入手可能，最終閲覧 2011 年 4 月 29 日。
HKSAR. 2009b. *Hong Kong Yearbook 2009*. HKSAR.

ホリデイ・ワイルディング編　2007『東アジアの福祉資本主義―教育，保健医療，住宅，社会保障の動き』(Holliday and Wilding (ed.) 2004. *Welfare Capitalism in East Asia: Social Policy in the Tiger Economies*, Palgrave Macmillan.)

伊藤るり・足立眞理子編　2008『ジェンダー研究のフロンティア2　国際移動と〈連鎖するジェンダー〉』作品社.

久場嬉子編　2007『介護・家事労働者の国際移動 ── エスニシティ・ジェンダー・ケア労働の交差』日本評論社.

徐明彷　2007「第III部　台湾編」沈潔編著『中華圏の高齢者福祉と介護 ── 中国・香港・台湾』170-232 頁，ミネルヴァ書房.

Lee, Hye-Kyung. 2005. "Changing Trends in Paid Domestic Work in South Korea." Huang, S. Yeoh, B.S.A. and Noor Abdul Rahman (eds) *Asian Women as Transnational Domestic Workers*. New York and London: Marshall Cavendish Academic.

Lin, Wan I. and Wen-Chi Grace Chou. 2007. "Globalization, Regime Transformation, and Social Policy Development in Taiwan." James Lee and Kam-Wah Chan (ed.) *The Crisis of Welfare State in East Asia*. Lexington Books.

Low, Linda. 2006. "East Asian Welfare Regimes in Transition: From Confucianism to Globalisation (Book Review)." *ASEAN Economic Bulletin*, 23(3): 393-395.

Midgley, J. 1986. "Industrialization and Welfare: The Case of the Little Four Tigers." *Social Policy and Administration* 20(3): 225-238.

Ministry of Community Development. 1986. *Report on National Survey on Working Mothers*. Ministry of Community and Development.

Ngan, Raymond Man Hung. 2007. "The Crisis of Social Security Financing in Hong Kong." James Lee and Kam-Wah Chan (ed.) *The Crisis of Welfare State in East Asia*. Lexington Books.

Nicole, Constable. 1997. *Maid to Order in Hong Kong*. Cornell University Press.

大沢真理　2004「東アジア諸国の福祉戦略と開発戦略」大沢真理編著『講座・福祉国家のゆくえ4　アジア諸国の福祉戦略』ミネルヴァ書房.

Public Policy Research Centre Hong Kong Institute of Asia-Pacific Studies of the Chinese University of Hong Kong. 2008. "A Cross-National Comparison of Family Policy." report submitted to Central Policy Unit of HKSAR Government.

佐藤誠編　2010『越境するケア労働 ── 日本・アジア・アフリカ』日本経済評論社.

竹沢純子　2007「高齢期の所得保障」篠塚英子・永瀬信子編著『少子化とエコノミー』作品社.

労工委員会職業訓練局　2009「98 年外籍勞工運用及管理調査」労工委員会職業訓練局. http://www.evta.gov.tw からも入手可能.

労工委員会職業訓練局　2007「96 年外籍勞工運用及管理調査」労工委員会職業訓練局. http://www.evta.gov.tw からも入手可能.

労工委員会労工保健局編　2004「女性監護工的職場安全與身心健康調査研究」未刊行調査報告書。
台北市政府労工局編　2008『台北市外籍労工看護手冊』台北市政府労工局。
武川正吾・イヘギョン編　2006『福祉レジームの日韓比較 ── 社会保障・ジェンダー・労働市場』東京大学出版会。
上野千鶴子・立岩真也　2009「労働としてのケア ── 介護保険の未来」『現代思想』2月号，38-77。

第8章 韓国の社会投資政策

イト・ペング(佐藤綾子訳)

　大韓民国(以下,本章では「韓国」という)政府は2000年代初めから,社会投資戦略を明確に打ち出している。その中でも一番顕著なのは,ソーシャルケアの拡大だ。まず2003年から2008年の盧武鉉政権下で,家族や子育て(child care)への福祉的支援が拡大され,長期介護保険(LTCI)制度が導入され,全高齢者が介護の対象となった。その後2008年に李明博大統領率いる保守政権が発足した当初は,社会支出が削減されて福祉の拡大に歯止めがかかるかと思われたが,その心配は杞憂に終わった。むしろ李明博政権は,前政権の社会政策を踏襲しているだけではなく,社会福祉やケアを拡大し,社会投資重視の姿勢を明確に打ち出している。本章において筆者は,第一に韓国政府が2003年以降導入しているソーシャルケア政策が,いくつもの社会的・政治的圧力への現実的な対策であること,第二に,韓国の政策立案者が積極的な政策学習および政策移転の結果としてこの路線を選んだことについて論じる。韓国の事例は,(1) OECD諸国で現在広く取り入れられている社会投資パラダイムの性格,(2) 政策の変更,あるいは政策の学習や移転に関する国際的なプロセス,について考える有益な手かがりとなろう。

　本章の第1節ではまず,政策の学習や移転に関する文献を概観する。第2節では2000年以降,韓国においてソーシャルケアがどのように拡大していったかをみる。子どもと高齢者に対する福祉は,いずれも大きく拡大しているが,ここでは子育てと家庭と仕事の両立支援政策に絞って,どのような社会経済的および政治的要因が政策転換に影響を及ぼしたかに焦点を当てる。第

3節では,子育てを事例として,政策の学習と転換のプロセスについて検討し,韓国の政策立案者などの政治アクターが,それまでの政策を変更し,新たな政策や計画を打ち出していく上で,OECDやUNICEFなどの国際機関が提示した社会政策モデルをいかに利用したかを説明する。政策の学習や移転のプロセスは,一見簡単そうだが,実際に変えていくのは容易ではない。子育て政策改革の事例が示すように,韓国における政策決定のプロセスは,非常に政治的なプロセスなのである。最後に結論として,韓国の事例が政策学習に何を示唆するかについて述べる。

1 政策の学習と移転

　政策立案者などの政治アクターが社会問題をいかに認識し定義するか,そしてそれに基づいて政治的な解決策や代案をいかに決定するかに影響を及ぼすのは,アイディア(発想や考え方),認知パラダイム,常識的な世界観などである(Campbell 2002, 2004)。たとえば家族主義的福祉国家(韓国,日本,イタリア,スペイン等)では,個々人に対する福祉やケアは家族が提供するのが前提となっており,社会福祉の提供責任を国家が家族に委ねる上での強力な論拠となっている。同様に多くの国では,男性を世帯の稼ぎ手とするモデルを基本として,男性の雇用を保護し,世帯賃金を支持し,専業主婦の年金受給権を擁護するような政策が策定される。そして一旦そのような政策が作られると,それが逆に家族や性別間関係についての文化的,観念的規範を形づくり,既存の制度をさらに強化する。つまり社会政策は,一方で体制と制度との間のやり取りが繰り返されることを通じて,また他方で政治アクターが問題を定義して解決する過程で形成される認知パラダイムを通じて,作られるのである。

　新しい政策のアイディアは,政策の学習や移転の過程で生まれ,伝達されることが多い。たとえばRose (1991a, 1991b)は,政策立案者の多くが他国の政策を調べてそこから知見を得ていると述べている。社会政策の理論や実践がそのように国際的に広がるのは,(1)ある国における政策学習やイノベー

ションにとって他国の政策は優れた情報源となる．(2) ある国の政治的な目的を達成する上で役立つ，という2つの点から重要である．国内の政策立案者が，「ある問題を組織の検討課題とし，政治的圧力を緩和し，手本とするものの行動を模倣し，選んだ最良の政策を最大限利用し，すでに出されている結論を正当化する」(Bennett 1991: 33) ために，国際的な政策の事例を引き合いに出す例は多い．さらに政策学習の過程で得られたアイディアから，問題を解決するための具体的な道筋が提供されることにもなる．たとえばBlyth (2002) や Somers and Block (2005) は，政治が危機に陥った際，政治アクターが社会問題を再検討して，解決のための新たな道筋を見いだす上で，アイディアが役立つことがあると述べている．

では政策の学習や移転のメカニズムとは，どのようなものだろうか？　これまでその経路として，知識共同体や，政策支援者のネットワークや連合の役割が注目されてきた．Haas (1992) と Hulme (2006) は，アメリカと欧州各国の間では社会政策のアイディアが活発にやり取りされてきたと指摘し，「科学的知識」に基づく観念を共有する知識専門家が構成する知識共同体は，社会政策モデルの移転において重要な役割を果たすと主張する．同様にSabatier and Jenkins-Smith (1993) は，共通の利害や価値観をもつ人々のネットワークから構成される支持者の連合は，政策立案者との長期にわたる交流を通じて，政策の方向性を変え得ると主張する．

近年，OECD, 国連，IMF, 世界銀行などの国際機関は，社会政策の知識共同体においてますます重要な役割を果たすようになっている．これらの国際機関はシンクタンクとして，政策のアイディアを国内的，国際的に普及，移転，提唱する上で重要な役割を果たすだけではない (Stone 2000)．たとえばOECDなどの機関は，政策のイノベーションや移転・適合 (translation) を仲介する役割を担うようになっている (Mahon and McBride 2008)．OECDは「アイディアの提供者」として，国際的な調査を実施してその成果や政策アイディアの普及をはかるだけなく，問題を特定し，一連のベスト・プラクティスともいうべき解決策を提示することによって，国際的な政策規範 (policy imperatives) を積極的に打ち出している．Mahon et al. (2008) もまた，国際機関や国際NGOが国際政策協調を進めたことにより，乳幼児期の教育と保育

（ケア）（ECEC，後述）や社会投資政策に関する社会政策上の議論が国際的に活発化していると述べている。

　そして実際に，平等，人権，社会経済開発等の行動や価値の「国際モデル」を採用する結果，現代の各国民国家やそれぞれの政策は，非常に似通ってきている。これらの国際モデルとは，国連などの国際機関が構築して宣伝しているものだと述べる人もいる。たとえば Meyer et al. (1997) は，国内の政治アクターや政策立案者は，自らのアイディアに基づいて行動する合理的かつ自主的なアクターというよりはむしろ，国際機関が開発した「台本を上演」しているにすぎないと述べている。だが本章において筆者は，国内の政治アクターは台本通りに演技しているわけではないと主張したい。彼らはむしろ，それを解釈し直し，書き直し，国内情勢に合わせて選択導入しているのである。

　韓国では，社会福祉を単に経済発展に付随するものとみなす発展途上国的な考え方は，1997年のアジア経済危機の後に大きな壁に直面した。変化は急激だと思われたが，実際には，それまでの福祉制度や政策の有効性に疑問をつきつける，より深い社会経済的変化が，その変化に影響を及ぼしていたのだ。危機の原因や解決策についての政治的・理念的論争は，政治の場でも公共の場でも行われた。そのプロセスを通じて，政治アクターは，意見を主張したり，これまでの政策に替わる代案を作成したりするために，グローバルな政策のアイディアやネットワークを利用した。その結果，新たな視点が見えてきた。それまでの「開発派」（経済開発を最優先させる）の考え方が後退した一方で，「福祉派」（経済の再分配を政策の優先課題とする）の考え方が優勢となっただけでなく，政策立案者や政治アクターは，他の先進工業国が共有する理念・規範に基づく「福祉派」のみが妥当な考え方であるという合意に達したのである。

2 韓国におけるソーシャルケアの拡大

　韓国政府は，法律や奨励金，または一部では直接給付を通じて，家族・子育て支援計画の拡大において先導的な役割を果たしてきた。2004年以降は，経済的に恵まれない低所得家庭の子どもたちが優先的にECEC (Early Childhood Education and Care, 乳幼児期の教育と保育) 計画を利用して「公平な立場」に立てるよう，ECE (Early Childhood Education, 乳幼児の教育) とECC (Early Childhood Care, 乳幼児の保育) のプログラム統合のために多大な努力を費やしている。ECEC改革計画には，未就学児を対象とした完全統合ECECや，5歳児全員を対象とした無料のフルタイムECECの制定などが含まれる (UNESCO 2006; Rhee 2007)。目標はまだすべては達成されていないものの，改革の成果は，フォーマルなケアを受ける子どもの数の増加に示されている。2006年，フォーマルなECECサービスの対象となっている乳幼児の割合は，0-2歳児が37.7%（2004年の19.6%より増えている），3-5歳児が79.8%（こちらも2004年の59.5%から増加）となっている (OECD 2004, 2009)。

　乳幼児教育法 (Early Childhood Education Act) と保育法 (Child Care Act) の近年の改定に伴い，子育てへの公的支援を拡大し，ECEおよびECC提供者の資格制度を整備するために，政府部間委員会やECEC関連の中央－地方委員会がいくつも設立された。中央政府のECE予算は2002年の3,347億ウォンから2006年の8,860億ウォンへと2倍以上に増えた。同じ間にECC予算も4,790億ウォンから2兆380億ウォンへと急増している。2004年にスライド制のECEC資金援助制度が導入されると，受給対象の子どもの数は2002年の106,000人から2007年には563,000人に増えた (Rhee 2007)[1]。また2007年には，3-12ヶ月児を対象に低料金のベビーシッターや夜間保育を提供するために26億ウォンの予算が計上された (Chosun Daily 2007)。

　子育てに加えて，2001年の母性保護法 (Maternity Protection Act) において出産休暇が60日から90日に延長され（賃金は100%補填），さらに9ヶ月の

---

[1] 2004年以前は，子育て支援の対象は低所得家庭に限定されていた。

育児休業が加わって保護者は最大1年間の育児休業を取ることが可能となった。2004年，育児休暇の取得を推奨するために，休暇に加えて月額30万ウォン（約300米ドル）の賃金一律補填制度が導入された。この金額は2006年に40万ウォン，2007年には50万ウォンに増額された。2006年，公務員の育児休暇期間が1年間から3年間に延長され（Korea Net 2006），さらに2008年，父親を対象とした3日間の産休制度が導入された。2006年には働く女性を対象とした差別撤廃法が導入された（Choi 2008）。国民基礎生活保障制度（National Basic Livelihood Security Program）が導入されると，受給者（特にシングルマザー）が職を得られるよう，自活支援計画が実施された[2]。さらに政府は2005年から2006年にかけて，ひとり親家庭への援助プログラムを約150％増やしている。

政策転換の裏にはいくつかの要因があった。第一に，構造的，規範的な変容，たとえば世帯構造，結婚・出生行動，男女間関係意識などの変化が挙げられる。

韓国の一世帯あたりの構成人数は1980年の4.5人から2006年には3人に減少した。これは出生率の低下（1980年の2.83が2006年には1.13に）と，単身世帯の比率の増加を反映している（KWDI 2008）。また，成人の子どもと同居する60歳以上の高齢者の割合も1981年の80％から2006年の39％へと減少し，伝統的な世代間支援機能が低下した。同時に，高等教育を受けた25歳以上の女性の割合は，5.2％（1985年）から25.4％（2005年）に増え，既婚女性の就労率も1985年の44.7％から2007年の51.3％に増えた（KWDI 2008）。過去20年の間に結婚年齢は男性が27.8歳から31.4歳に，女性が24.8歳から28.3歳へと高まった（KWDI 2008）。世論調査によると，韓国人の過半数が，女性は結婚または出産後も仕事を続けるべきだと考えている（Na and Moon 2004; KNSO 2002）。

このように，過去数十年で韓国社会は急激な変貌を遂げ，それに伴って人口の高齢化，高齢者や子どものケア，労働力不足，男女平等の実現に対する国民の期待の高まり等の新たな社会経済問題が生じた。いずれを見ても，政

---

[2] これらの計画の大部分は，女性が高齢者介護施設で働くための雇用創出と職業訓練である。

策の変更が必要なのは明らかだった。

　政策転換の第二の要因として，韓国が過去数十年に2度の大きな政治的，経済的変化，すなわち1988年の政治の民主化と，1997年のアジア経済危機を経験したことが挙げられる。政治の民主化により，競争的な選挙政治が導入され，自主的に組合を結成してストライキを実施する権利が労働者に与えられた。その結果，労働運動が活発化し，厳格な労働法が作られ，経済成長が続いたものの，それによってもたらされたのは，特にアジアの新興工業国と比べた場合の韓国経済の競争力の低下だった。そこで，雇用側や経済政策担当の官僚から，賃金統制と労働市場の規制緩和を行うべきだという圧力が韓国政府にかけられた。韓国が1995年にWTO，そして1996年にOECDに加盟すると，双方の国際機関ともに労働市場の規制緩和を強く支持していたことから，圧力はますます高まった。そして1997年のアジア経済危機の後，韓国政府はIMFの経済救済措置の対象となり，その一環として労働市場の見直しを迫られたのである。

　1997年の経済危機は，経済の破綻を招いただけでなく，政治状況を大きく変え，それが社会政策の変更にもつながった。IMFが提示した融資条件に対して，新たに選ばれた中道左派の金大中政権（1998-2003年）のもと，国と財界と労働部門の三者は社会協定を結び，福祉国家の拡大と引き替えに雇用の規制緩和を進めた。その結果，大量の労働者が解雇や退職を強要され，正規労働者の代わりに非正規労働者が雇用され，所得格差が広がり，貧困層も増えた。それと同時に政府は，労働市場における規制緩和の影響への対策として，雇用保険，年金，国民基礎生活保障計画など，社会保障や福祉関連支出を増やし，社会支出の対GDP比は，1996年の約3％から1999年の10％に増えた。だがそれでも，社会経済状況の悪化を食い止めるには十分ではなかった。韓国経済は経済危機の後も停滞し，もはや高度経済成長の時代は終わったという見方が強まった。

　アジア経済危機は，韓国経済がグローバル経済に深く組み込まれているという実態を明らかにし，またそれは韓国の「黄金時代」（国家主導，輸出主導の工業化と急速な経済開発）が終わり，社会経済がポスト工業段階に移行したことを示すものだった。そして21世紀に入ると，これらの社会経済的およ

び政治的要因がひとつとなって,大きな圧力が政府にかかり,政府は新たな政策ビジョンの策定を迫られるようになったのである。

3 2000年以降の政策転換の政治経済的背景：政策規範と政策学習

　2003年に発足した盧武鉉政権は,当初から幾多の問題を抱えていた。当時,経済成長の鈍化に加え,所得格差や貧困は拡大し,出生率の低下は続き,高齢化やそれに伴う介護の労働力不足が懸念されるようになっていた。さらに新政府の経済運営に失望した国民やメディアは大統領を非難した。政府が国民の支持をつなぎ止めるためには,新たな政策ビジョンが必要だった。そこで2004年,盧武鉉大統領は直属の諮問委員会をいくつか設置した。たとえば,「社会統合委員会 (Commission on Social Inclusion, 貧困と所得格差の問題の検討)」,「少子高齢社会委員会 (Commission on Aging Society and Population Policy, 出生率低下と高齢化への対策の策定)」,「政策企画委員会 (Committee on Policy Planning, 中長期の政策戦略の策定)」等である。いずれの委員会も,政府の政策では家族や子どもを優先すべきであるという認識では一致しており,互いに協力して社会経済政策の未来計画「ビジョン2030」を取りまとめた (Ministry of Planning and Budget 2007)。「ビジョン2030」では2030年までに,韓国の一人あたり所得を49,000米ドル (2006年は14,000米ドル) に,社会支出の対GDP比を21% (2007年は8.6%) に引き上げるという目標が掲げられた。これらの具体的な数値以上に重要なのは,「ビジョン2030」が新しいパラダイム,すなわち人的資源への社会投資と,経済成長と社会福祉開発の両立が好循環を生み出すというパラダイムに合わせて,新たな政策目標を設定したことである (Y. Kim 2007)。特に経済開発の「成長エンジン」として,子どもと高齢者のケアという分野での社会福祉の拡大をターゲットに掲げた (H. Lee 2007)[3] 点が注目される。

---

3) 韓国保健社会研究院 (KIHASA) のLee Sook Jin氏へのインタビュー (2007年12月18日に実施) も参照のこと。

第 8 章 韓国の社会投資政策

　社会投資は，従来の政治体制とは決別した，盧武鉉政権の新しい政策パラダイムのシンボルとして歓迎された。2007 年 3 月，韓国保健福祉部の柳時敏（Simin Rhyu）長官は，ワシントンのニューアメリカ財団において，アメリカの政策立案者や政策専門家を対象に，「韓国に学ぶ：将来世代のための革新的な社会投資戦略」と題する基調講演を行い，政府政策の新たな方向を以下のように紹介している。

> （韓国の）保健福祉部は，パラダイムの変換を決断した。すなわち，すべての国民，特に恵まれない人々の自己啓発を促し，平等な機会を提供する方向へとだ……従来，福祉はどちらかというと「あれかこれか」と二項対立的に考えられてきた。成長か分配か，開発か福祉か，などである。しかし私たちは，次のような結論に達した。国家が個人に投資する際は，だれもがその能力を伸ばし，だれもが平等な機会を与えられるように投資を行わねばならない。そのためには経済成長と社会政策が互いに補い合うような制度を作り出さねばならない。私たちは，人的資源，とくに子どもと高齢者への投資，健康への投資，そして退職後の生活のための投資を優先する。（Rhyu 2007; 2-3）

　確かに韓国の社会投資パラダイムには，盧武鉉政権内で政策の学習と再検討を積み重ねた結果が，反映されている。韓国の政策立案者や研究者は，すでに 1960 年代に欧米や日本の社会政策モデルの研究を行っていた（Peng 2008; Peng and Wong 1998）。さらに政治の民主化後，特に韓国が OECD に加盟した 1996 年以降，グローバルな社会政策の研究が加速した。韓国のような新興工業国にとって，OECD への加盟は，国の経済や社会が進展して国際社会での地位が約束されたものであり，先進工業国への仲間入りを意味した。だがそれは一方で，韓国に対して，他の先進国並みの社会政策レベルを達成しなければならないという圧力ともなった。そこで韓国の政策立案者は，OECD などの国際機関の社会政策フレームワークや社会政策改革に関する国際的な議論にも注目せざるを得なくなった。

　そして OECD への加盟後間もなく，韓国の社会政策パラダイムは社会投資へと転換した。子どもへの投資の重視には，(1) 国際機関が基準を定めて期待している，(2) 国内の政治アクターがこれらの達成を重要視するように

なった，という2つの要因が絡んでいる。1996年，韓国のECEを国際基準に合わせるために，大統領諮問機関の教育改革委員会が設置され（多くのECE専門家はこれを，ECEとECCが並立する韓国の制度を合理化する機会だと考えた），委員会はUNESCOの提言に基づき，3-5歳児を対象とした統合・全日ECEC制度を設けるべきだと主張した。そして委員会は1997年に，委員案としてECE改革法案を議会に提出したが，不採択となった。法案はその後3度（1999年，2001年，2003年）提出されたが，いずれも成立には至らなかった。

　教育改革委員会のECE改革法案は，公立幼稚園やECE専門家からの圧力もあって，国会議員によって作成され，国会に提出された（UNESCO 2003）。だがこの法案は，成立には至らなかった。第一の理由は，公立幼稚園以外の乳幼児教育や保育の関係者，とくに保育界や民間のECE事業者の意見を聞かなかったことだ。彼らは，乳幼児の保育と教育が並立する現行制度，あるいは民間ECEの市場分野で既得権を有しており，この法案が通過すると，ECECが政府の教育人的資源部（MOEHRD）の管轄となって，自分たちの仕事が脅かされることを恐れた。そこで，幼稚園やECE界よりもはるかに多くの雇用主や働く人々の集まりである，保育事業者（公立と私立の保育施設と保育従事者）や「ハゴン」(Haekwons)[4]は，改革法案に断固として反対した。さらに保健福祉部も，ECE改革によって3-5歳児の保育に対する権限が失われる可能性があるため，改革法案には消極的だった。第二の理由は，ECE改革法案の推進派が，当時MOEHRDが策定を進めていたECE改革法案との違いを明確に打ち出せなかったことだ。結局，ECE改革はMOEHRDによる大きな教育改革の一部であるとみなされ，国民の注目も集まらなかった。

　だが，大統領教育改革委員会とECE改革推進派の意思は固く，何度も廃案となった経験から，この法案を修正して改めて提案すべきであると合意した。2003年，UNESCO特使とのインタビューにおいて，韓国教育開発院の主任研究員であり，ECE改革法案の作成者であるJung Na氏は，手段は何

---

[4] ハゴン (Haekwons, 学院) は，3歳-5歳児を対象に，英語，音楽，美術，スポーツなどの専門教育を行う，日本の塾のような民間教育機関である。

であれ，韓国が途上国から先進国へと移行するのに伴い国の政策も発展するものであり，その一環としてECE改革を実現するのも時間の問題であると述べた。

> 改革は，韓国にとって正しい方向を示しています。たとえ実施は困難であってもです。今や，私たちが将来を真剣に考えるべき時です［中略］先進国では最近，教育担当部門の管轄下で保育と教育を統合したり，統合を検討したりという動きが見られます。でもしばらく前には，これらの国々においても，女性労働力を増やして男女平等を進める手段だとして，乳幼児への投資が正当化されていました。韓国はまだ発展の初期段階にありますが，すぐにもっと進んだ段階に達するでしょう（UNESCO 2003; 2）。

この時点まで，少数のECE専門家を除いては，これを社会投資という観点からは考える人は誰もいなかった。だが2003年以降，状況は変わった。まず韓国のさまざまな社会経済問題が明らかになるにつれ，政治状況が大きく変わった。盧武鉉政権は，景気対策として，前任の金大中政権から継承した「生産的福祉政策」を作り直すこととした。そしてここで，新自由主義的な修正主義と社会資本主義という，2つの全く異なる考え方が1つとなったのである。

企画予算部，労働部，韓国開発院などの経済官僚が支持する新自由主義的で修正主義的な考え方では，金大中前政権の生産的福祉政策は「一貫性」がなく「時代遅れ」で（Cho 2005, 84），政府は「市場寄りの生産的福祉政策」を取るべきであるとされた。その頃には，韓国の経済問題は循環的なものではなく，ポスト工業化社会への構造変化が真の原因であるということも理解されるようになっており，彼らの意見は，行財政改革の推進を働きかけるOECDなどの国際機関の提言に同調するものだった。そこで韓国の経済政策専門家のグループは，特に英国ニュー・レイバーの考え方をはじめとする，ポスト工業化後の変革や「第三の道（The Third Way）」についての国際的な議論から知見を得た。Chae-Won Im, Jae-Jin Yang, Yong-Soon Kim, Jae-Heung Anなどの経済学者は，韓国は英国のような新しい社会投資パラダイムを採択すべきだと述べている（W. Kim 2007）。その結果，経済官僚は，雇用創出，社

会的セーフティネットのさらなる拡大や改善，労働市場の柔軟化，教育や訓練を通じた人的資源開発の支援を重視するようになった（Cho 2005; Sul et al. 2006）。

それとは対照的に，社会資本主義的な考え方では，経済格差の拡大によって社会的な疎外や分裂が引き起こされる恐れがあるとされる。多くの研究者は，1980年代以降，市民やボランティア活動への参加が減ったのは，社会への信頼感や社会的結束の低下の兆しであると失望を述べている（Joo et al. 2006）。韓国経済の「二極化」は，社会的結束のさらなる低下につながると危惧するこれらの研究者は，社会資本（社会基盤整備，NGO支援，コミュニティ開発計画，通信・コミュニティ施設の構築等）に投資するよう政府に呼びかけた。そして社会的結束の低下を憂えていたのは，社会学者や地域団体だけではなかった。経済学者の中でも，たとえば韓国開発院の上級研究員で政府企画財政部の上級顧問でもあるChoi氏は，社会的結束の維持には経済的根拠もあると述べている（Choi 2009; 2）。

> 結束した社会とは，社会の構成員が価値を共有し，共通の活動に従事しているという意識を持ち，同じ課題に取り組み，同じ社会に属していると思えるような社会である。このような社会では，政府は再分配政策ではなく成長の方に専念できる。経済の成長戦略において社会の結束が重要なのは，そのためである。所得がより平等に分配される社会では，経済成長の恩恵を受ける人も増え，経済を成長させるような政策，たとえば経済開放，あるいは教育，保健，研究開発への投資，産業界や社会基盤への投資，経済の規制緩和などを支持するようになる。

上記の2つの考え方は目的こそ違え，国の発展のためには社会投資が重要だという点では同じである。ECECその他のソーシャルケアなどの社会福祉の拡大は，いずれの考え方にとっても理に適ったものだった。Mahon（2008）が「包摂的自由主義（inclusive liberalism）」と称するものと社会結束理論とが組み合わさったこの不思議な副産物が，経済学者と社会福祉の専門家にとっての突破口となり，両者は政治改革について交渉する際に同じ言語を使えるようになったのである。ECE改革をめざす者たちは，思いがけなくも社会

政策の論争を見直して新たに始める契機を得た。そして当初は政治的に失敗したものの，国内の政策アクターによる政策の学習と移転の努力は続けられた。彼らは，ECECへの理解を新たにし，それを韓国の状況に合わせて作り替えていこうという過程において，UNESCOやOECDとの関係構築を図ったのである。

4　2003年以降の子育て改革プロセス：社会投資パラダイムのもとでのソーシャルケアの進展

　2003年以降の韓国の子育て政策改革は，1つの政策の枠組みの中にさまざまなアクターが結集し，横断的に政策策定プロセスに関わったという好例である。子育て政策の改革では，政府の閣僚グループが提示したさまざまな政策課題への取り組みがなされた。第一に，未来志向的な社会投資パラダイムにおいては人的資源に投資すべきであることが強調された。さらに政府の保健福祉部は，子育て政策は，出生率の低下，高齢化，進まない女性雇用，貧困の拡大などの問題と取り組む絶好の手段だと考えた。子育て改革はまた，女性部にとっては男女平等を達成する手段，労働部や企画財政部にとっては，ソーシャルケアの市場と新たな雇用の創出によって景気を刺激する手段だとみなされた。そして最後に，MOEHRDとECE政策の専門家は，改革はECECの幼・保並立体制から生じる問題を解決する手段だと考えた。

　閣僚グループの誰もが，子育てへの支援を拡大すべきだと認めたものの，その方法についての意見は分かれた。政府女性部とその付属機関の韓国女性政策研究院（KWDI）は，子育て支援戦略について保健福祉部と何回も協議を重ねたが，方法について合意に至ることはできなかった。

　女性部は，KWDIが推奨する子ども全員を対象とした公的な子育てモデルを支持した[5]。KWDIの調査によると，韓国国民は既存の子育て政策に対

---

[5]　韓国女性政策研究院（KWDI）フェローのSeung-Ah Hongへのインタビュー（2007年12月14日）。

して大きな不満を抱いていた。調査対象の母親の多くは，子育てに対する補助金の額はあまりにも少なく，公立保育園（母親全員がこちらの方が良いと答えた）の数も十分ではないと答えていた。KWDIの見解はまた，スウェーデンやデンマークなどの社会民主主義的な事例の研究に基づいたものだった。KDWIの研究員の多くはスカンジナビアの福祉国家モデルを研究し，すべての子どもを対象とした子育て支援制度には意義があると確信するに至った。そこで彼らは，補助金に頼るよりも，公立の子育て支援施設を提供する方が，政府にとってもコスト効果が高いとして，ケアの社会化を支持するようになったのである[6]。

このように女性部は，子ども全員を対象とした公立の子育て支援施設を支持したものの，保健福祉部の中では意見が分かれた。保健福祉部の多くの政策立案者は，公立制度への転換は非現実的だと考えていた。というのは韓国の保育園の95％は，公的な規制を受け，一部公的補助も受けている民間の営利・非営利施設だったからである。だが女性部も保健福祉部も，子育てが政府政策の重要な一部を占めているという理由から，ECCの拡大には同意していた。さらに，ECCとECEの一体化を検討している教育人的資源部（MOEHRD）に対して危機感を抱いている，彼らにとっての最大の政治勢力，すなわち子どもの保育・福祉サービスの提供者に対応する必要もあった。

MOEHRDは，子育て支援の拡大を慎重ながらも支持していた。大統領の教育改革委員会が以前にECE改革法案の実現に失敗したことから，ECE政策専門家は，委員会の委員が作成した法案ではなく，MOEHRD経由で新たな改革法案を提出した方がよいという教訓を得ていた。またこれと同じ経験から，MOEHRD内のECE専門家も，最初はECEと子育て支援の拡大を平行して進め，その後で別のチャンネルを通じてECEC開発をすすめるのが一番良いだろうということを学んでいた。

閣僚グループの内部では，経済系の企画財政部と労働部と，社会系の女性部と保健福祉部との間で意見が大きく対立した。企画財政部は，サービスを公・民のいずれが提供するかという問題から一歩進んで，子育て市場全体の

---

6) Seung-Ah Hongへのインタビュー（2007年12月14日）。Hongは2005年と2006年の子育て政策の改革の過程で行われたKWDIの子育て調査にも関わっている。

規制緩和を進める方がよいという立場だった。市場こそが保育サービスに対する個々のニーズを最も効率的に満たすことができるという考えからである。同じ経済系の労働部は，子育て支援を拡大すれば，民間部門において雇用を創出できる見込みがあると考えていた。他方，社会系の保健福祉部は，子育て支援の公的提供のメリットについて必ずしも納得してはいないものの，規制の全面緩和という企画財政部の考えにも，保育の質が低下しかねないことから賛成しているわけではなかった。それとは対照的に，労働部は，子育て市場の急成長は，雇用を創出して女性の雇用を促進する絶好の機会だとみなしていた。

閣僚グループの外をみても，子育て政策改革に関する国民の議論は過熱化していた。保育関係者では，NGOや研究者の大部分が子育てサービスの公的提供を支持していた。保育サービス提供者の95％近くが民間業者であるため，民間保育事業者協会（Private Childcare Providers' Association）は，子ども全員を対象としたKWDIの子育ての公的支援案に反対する最大の勢力となった。協会は，保育サービスの公的提供は非効率で柔軟性に欠けるとして，子育て支援の公的拡大に激しく反対した。一方，会員の大部分が民間部門の保育従事者であるKCTA（Korean Childcare Teachers' Association, 韓国保育士協会）の中では意見が分かれていた。子ども全員への公的子育て支援提供には，メリットとデメリットの両方が考えられたからだ。保育園が公立になれば，雇用者は公務員としての地位が得られ，雇用が安定し，組合が結成でき，賃金が上がり，労働条件も改善される。しかし同時に，資格要件が厳しくなることが考えられ，そうするとKCTA会員の多くが資格を失ったり，再研修が必要となったりする可能性もあった。

2005年から2006年にかけて，閣僚委員会（interministerial committee）は子育て支援の提供方法について協議した。委員会が作成した政策提案書は，関係部の副大臣に配布されて各部内で協議され，さらに委員会で検討が重ねられた後に，大統領に提案書が提出された。それを受けて大統領は，全閣僚によって構成される委員会に，学識経験者や政策専門家，ECE事業者，市民団体の代表などを招聘して協議を行った。2005年，韓国の合計出生率は史上最低の1.08にまで落ち込み，子育て支援はますます重要な問題となっ

た[7]。しかし，雇用創出や財政抑制などの政策が優先されて，すべての子どもを対象とする公立の子育て支援施設という提案はかすんでしまった。また2005年は，家族や保育などの所管業務の一部が女性部に移管された結果，保健福祉部がかつての既得権の一部を失った年でもあった。さらにそれによって，保健福祉部の中心業務は年金改革や長期介護保険へと変わった。その結果，保健福祉部は，子ども全員を対象とした公立の子育て支援施設ではなく，子育てへの補助金を増やすという企画財政部の意向に同意した。そして改革によって結局，保護者への補助金提供によって子育て支援に多額の財政支出が行われることとなり，保育の提供者の大部分は民間業者であるという構造を改革するには至らなかった。

　閣僚が一旦合意に達した後は，計画は速やかに進展した。「ビジョン2030」の発表後，政府は社会サービス産業の育成によって80万人分の雇用を創出すると約束した。2007年には，社会的企業育成法（The Social Enterprise Promotion Law）が成立し，社会的企業への政府支援が制度化され，社会的企業としての認定を受ける道が企業やNGO団体に開かれた（Korea Foundation for Working Together 2008）。

　労働部は，NGOに補助金を提供して，社会サービス関連雇用を創出するためのプロジェクトに着手した。2003年には73億ウォンの年間予算が計上された。社会的企業育成法の導入後，プロジェクトは複数の部が共同で管轄するようになり，予算総額も2007年には1兆3000億ウォンに膨らんだ（Ministry of Labor 2008）。新たに創出される社会サービス関連雇用の大部分は，子どもや高齢者のケアが中心だった。労働部にとっての子育て支援改革の目的は，子どもへのケアを確保するだけではなく，新しい社会的企業の種をまいて新しい雇用を作り出し，景気を刺激することにあった。

> 社会サービス雇用の創出は，韓国経済の成長ポテンシャルを押し上げ，主婦や高齢者など経済活動を行っていない人々を経済活動人口に取り込む上で役立った。特に，保育，家事，病人の介護などの社会サービスの提供により，女性は家庭内労働から解放され，その代わりに雇用が増えた。社会サービス

---

[7]　大統領の少子高齢社会委員会（Commission on Aging Society and Population Policy）運営委員会の事務局長兼委員長のJoo-Hyun Park氏へのインタビュー（2007年12月17日）。

雇用を創出するプロジェクトは弱い立場にある労働者のための雇用を創出しただけではなく［中略］もともと供給が不足していた社会サービスの供給量を増やし，それによってサービスを希求してはいるものの十分な購買力を持っていない低所得・中流の下の層に社会サービスを提供することに貢献した。このプロジェクトは，私立・公立部門に次ぐ第三の部門とも呼ばれる社会サービス部門における雇用創出を通じて，新たな展望を切り開いた点で大きな意義がある。今後は NGO と政府との協力を通じて全雇用に占める社会サービス部門の割合を拡大すべきである。（Ministry of Labor 2008）

つまり，子育て市場の育成に複数の部門が関わった韓国の子育て政策改革は，保護者への補助金提供を通じてソーシャルケアの大幅な拡大へとつながったわけだが，そこに至るプロセスは平坦ではなかった。政府の内外で政策の議論に 2 年近くが費され，そのなかでは複数のアクターがそれぞれの立場を主張して政策課題を議論してきた。そして，時間的・財政的制約からいずれのアクターも譲歩し，最後に現実的な政治が選ばれた。だが譲歩がなされたのは，厳しい財政状況においても拡大的なソーシャルケア改革が可能であるという社会投資パラダイムがあってこそのことだった。経済開発が社会福祉と対立することが多い社会政策パラダイムとは異なり，互いのウィン・ウィン戦略をめざす社会投資パラダイムは，両者にとって魅力的だった。このように韓国の子育て政策改革は，理想を追求するというよりは，むしろ政治的プラグマティズムに根ざす，社会政策の新たな考え方を示すものである。

5　結　論

本章では，2000 年以降の韓国における，子育てや家庭と仕事の両立に関する政策の変化に焦点を当て，ソーシャルケアがどのように拡大していったかをみた。同国では近年，社会政策に対する先進的なアプローチやプラグマティックなアプローチが組み合わさった結果としてソーシャルケアが拡大したが，いずれのアプローチも社会投資パラダイムの影響を受けている。社会投資というレンズを通してみた複数の社会経済問題に取り組むにあたり，盧

武鉉政権は，ソーシャルケアの拡大こそが，さまざまな政治的要求（雇用創出，子どもや高齢者へのケアサービスの提供，女性労働力の活用，経済成長の新たなエンジンを育成するための種まき等）に同時に応えるための戦略だと考えた。

　もちろん，社会投資戦略は，韓国独自のものではない。この考え方は1990年代以降，世界の政策関係者の間に広がっており，世界の政策専門家は，1997年以降，英国ブレア政権の社会投資の実験から教訓を得ている。韓国の学者や政策立案者も社会投資についての知見を蓄積し，1998年以降の金大中政権の生産的福祉政策においてその検証を試みた。次の盧武鉉政権にとっては，政策のイノベーションが金大中政権よりもさらに緊急な課題となり，生産的福祉政策の見直しと改善が行われた。新しい社会投資戦略においては，経済成長の新たなエンジンとしてのソーシャルケアと重点的な福祉の拡大に焦点が絞り込まれた。

　ソーシャルケアの拡大という韓国の事例は，いくつかの重要な教訓を明らかにしている。第一に，（福祉国家という伝統的な概念におけるような）社会福祉を提供する上においてだけではなく，経済開発の積極的にプロセスを形づくり，方向を示す上において，国の社会政策がいかに重要かを浮き彫りにしている。もちろん，これまでの福祉国家政策も，経済成長や労使関係の変化を常に促してきたと主張することも可能だ（例えば，社会的セーフティネットや社会保険の提供を通じて）。しかしそれらの経済的目標は，これまでは目に見える形では示されてこなかった。つまり，従来，福祉国家の主な役割は市場の過ちを正すことであり，市場を形づくることではなかったのである。他方，社会投資パラダイムは明らかに市場志向であり，経済成長志向であるという点で従来の考え方とは異なっている。社会投資パラダイムは市場を形づくる上でもっと積極的な役割を果たし，従って経済開発のモードに直接影響を及ぼす。となると韓国は，社会政策や，福祉国家の役割の概念化について新しい考え方を提供してくれるかもしれない。

　第二に韓国の事例は，これまでとは異なる社会投資パラダイムの使われ方を示すことで，社会投資に関する新たな文献を追加するものである。英国の社会投資政策が主として所得補助に依存する失業中の若者，女性，工場労働者の活用を主な目的としていたのに対して，韓国の社会投資政策は，高齢化

対策として，サービス部門で雇用を創出し，女性労働力を活用するのが主眼であった。したがって英国の社会投資が，どちらかというと教育による技能開発や成人の再教育に力点がおかれていたのに対して，韓国では，子どもと高齢者という2つの人口集団に対するソーシャルケアの拡大に社会投資の重点が置かれた。そして取り組みを積み重ねた結果，女性の無給のケアワークの商品化が進展したのである。英国でも韓国でも，社会投資政策にはジェンダー的側面が多分にあったが，両者の目標は異なっており，したがってジェンダー特性も異なっていた。このように韓国の事例は，グローバルな社会政策でも，異なる状況において異なる適用がなされることを示している。

最後に，グローバルな政策の学習や移転がどの程度の規模で行われており，どの程度重要であるかも，韓国の事例から明らかである。過去数十年，経済のグローバル化の進展により，地域機関やグローバルな機関による社会・経済政策を調和させようという取り組みも進んだ。本章で見てきたように韓国では，グローバルな政策の学習や移転を行うべきだという圧力は，下から，すなわち政策改革への要求というかたちで国内において高まっただけではなく，上から，すなわち政策調和というグローバルな動きによっても高まった。したがってOECDやIMFなどの国際機関からの政策提言は，グローバルな動きに対応した政策調和のための重要なツールとしての役目を果たした。国際政策文化を取り入れ，それへの適合を図っていくことに，韓国が深い関心を抱いていたのは確かである。最近先進国の仲間入りをしたばかりの国（韓国等）にとり，自国の社会政策が手本とする国々の政策にどの程度ならっているかは，社会の発展レベルの重要な指標であり，それを国際的にも認めてもらうことで，国威の発揚にもつながる。つまり，グローバルな政策学習や移転は，昔よりも遙かに動機が複雑化し，多方向へと展開するようになっている。韓国の事例は従って，政策学習および移転の問題に対しては，多面的な角度からアプローチすべきであることを教えている。

• 参考文献 •

Bennett, Colin J. 1991. "How States Utilize Foreign Evidence." *Journal of Public Policy* 11(1):

31–54.

Blyth, Mark. 2002. *Great Transformations: Economic Ideas and Institutional Change in the Twentieth Century.* Cambridge: Cambridge University Press.

Campbell, John L. 2002. "Ideas, Politics, and Public Policy." *Annual Review of Sociology* 28: 21–38.

Campbell, John L. (ed.) 2004. *Institutional Change and Globalization.* Princeton, NY: Princeton University Press.

Cho, W.H. 2005. "Productive Welfare: Welfare of Korea." In Lee-Jay Cho, Hyungpyo Moon, Yoon Hyung Kim and Sang-Hyop Lee (eds) *A New Paradigm for Social Welfare in the New Millennium.* Seoul: Korea Development Institute, pp. 55–98.

Choi, Eunyoung. 2008. "New Social Risks in Korea: balancing work and family, income polarization," presented at Trilateral Social Policy Research Project Health Care, Work-Family Responsibilities and Income Redistribution in Diversified and Aging Societies, Tokyo, Japan, Feb. 16–17, 2008.

Choi, Kyungsoo. 2009. "Social Cohesion (4): Korea's social cohesion: issues and prospects." *The Korea Herald* August 12, 2009 [analysis section]. http://www.koreaherald.co.kr/NEWSKHSITE/data/html_dir/2009/08/12/200908120042.asp (accessed 10/01/2009).

Chosun Daily. 2007. "Family Ministry to Offer Low-Cost Nanny Care." *Chosun Daily* April 5, 2007.

Haas, E. 1992. "Introduction: Epistemic Communities and International Policy Co-ordination." *International Organisation* 46(1): 1–35.

Hulme, Rob. 2006. "The Role of Policy Transfer in Assessing the Impact of American Ideas on British Social Policy," *Global Social Policy* 6(2): 173–95.

Joo, Sungsoo, Seonmi Lee, and Youngjae Jo. 2006. The Explosion of CSOs and Citizens Participation: An Assessment of Civil Society in South Korea 2004. CIVICUS Civil Society Index Report for South Korea.

Kim, Won-Jong. 2007. "Social Investment and Health and Welfare Policies, Presented at the Special Seminar of the Korean Association for Local Finance." Seoul, Korea. April 2007.

Kim, Yeon-Myung. 2007. "Social Investment Strategy in Korea: Possibilities, Issues, and Prospects." Presented at Conference on Social Investment Strategy, Seoul Welfare Foundation, Seoul, Korea. November 16, 2007.

Korea Foundation for Working Together. 2008. *Annual Report, 2008.* http://eng.hamkke.org/resources/down.php# (accessed 12/02/2009).

Korea Net. 2006. "Childcare leave to extend to 3 years," (reported May 10, 2006) http://www.korea.net/News/News/NewsView.asp?serial_no=20061004019 (accessed 14/04/2008).

Korea Women's Development Institute (KWDI). 2008. *Statistical Handbook 2008: Women in*

Korea. Seoul: KWDI.
Lee, Hyekyung. 2007. "Keynote Speech: Future Direction of Social Services in Korea." In International Symposium: Social Service Provision System: The Issues of Public-Private Partnership in Korea, Seoul, 11–12 December, 2007.
Mahon, Rianne. 2008. "Varieties of Liberalism: Canadian Social Policy from the "Golden Age" to the Present." *Social Policy and Administration* 42(4): 342–61.
Mahon, Rianne and Stephen McBride. 2008. "Introduction," In Mahon, Rianne and Stephen McBride (eds) The OECD and Transnational Governance. Vancouver: UBC Press.
Meyer, John W., John Boli, George M. Thomas, and Francisco O. Ramirez. 1997. "World Society and the Nation-State," *American Journal of Sociology* 103(1): 144–81.
Ministry of Labor. 2008. http://english.molab.go.kr/english/Employment/print.jsp (accessed, 17/06/2008)
Ministry of Planning and Budget. 2007. *Vision 2030.* Seoul: MPB [in Korean].
OECD. 2009. OECD Family Database. http://www.oecd.org/document/4/0,3343,en_2649_34819_37836996_1_1_1_1,00.html (accessed 13/09/2009).
―――. 2004. Early Child Education and Care 2004–Country Profiles: Korea, http://www.oecd.org/dataoecd/15/61/3723628.pdf (accessed 10/09/2009).
Na, Jung and Mugyeong Moon. 2003. *Integrating Policies and Systems for Early Childhood Education and Care: The Case of the Republic of Korea.* UNESCO, Early Childhood and Family Policy Series, No. 7, June 2003.
Peng, Ito. 2008. "Welfare Policy Reform in Japan and Korea: Cultural and Institutional Factors." In Wim van Oorschot, Michael Opielka, and Birgit Pfau-Effinger (eds.) *Culture and Welfare State: Values of Social Policy from a Comparative Perspective.* London: Edward Elgar.
Peng, Ito and Joseph Wong. 2008. "Institutions and Institutional Purpose: Continuity and Change in East Asian Social Policy." *Politics and Society* 36(1): 61–88.
Rhee, Ock. 2007. "Childcare Policy in Korea: Current Status and Major Issues," *International Journal of Child Care and Education Policy* 1(1): 59–72.
Rhee, Ock, Eunseol Kim, Nary Shin, and Mugyeong Moon. 2008. "Developing Models to Integrate Early Childhood Education and Childcare in Korea." *International Journal of Child Care and Education Policy* 2(1): 53–66.
Rhyu, Simin. 2007. "Making a Better Future with Social Investment," Speech given at New American Foundation, Washington, D.C., March 26, 2007, also on website under: "Learning From Korea: Innovative Social Investment Strategies for Future Generations With Special Guest Simin Rhyu, Minister of Health and Welfare, Republic of Korea." http://www.newamerica.net/events/2007/learning_from_korea_innovative_social_investment_strategies_for_future_generations (accessed 03/10/2009).

Rose, Richard. 1991a. "Introduction: Lesson Drawing Across Nations." *Journal of Public Policy* 11(1): 1–2.

———. 1991b. "What is Lesson Drawing?" *Journal of Public Policy* 11(1): 3–30.

Sabatier, P. and H. Jenkins-Smith. (eds) 1993. *Policy Change and Learning: An Advocacy Coalition Approach.* Boulder: Westview Press.

Somers, Margaret and Fred Block. 2005. "From Poverty to Perversity: Ideas, Markets, and Institutions over 200 Years of Welfare Debate," *American Sociological Review*, 70(2): 260–87.

Stone, Diane. 2000. "Non-governmental Policy Transfer: the Strategies of Independent Policy Institutes." *Governance* 13(1): 45–70.

Suh, Jung-hae. 2007. "Vision 2030 Seeks Synergy Effects from Welfare and Development," Korea Net, reported January 5, 2007. http://www.korea.net/news/news/newsprint.asp?serial_no=20070105004 (accessed 17/04/2008).

Sul, Kwang-Eon, Kyungsoo Choi, Hasuk Yun, Hanwook Yoo, Joonhyuk Song and Yoon Young Cho. 2006. Directions for Social Policy in Changing Economic and Social Conditions (in Korean). Seoul: Korea Development Institute.

UNESCO. 2006. Republic of Korea: Early Childhood Care and Education (ECCE) Programs. Country Profile prepared fort eh Education for All Global Monitoring Report 2007, Strong Foundations: Early Childhood Care and Education. UNESCO International Bureau of Education, Geneva, Switzerland.

———. 2003. "Early Childhood Care and Education Reform in the Republic of Korea: Part 2–Early Childhood Education Law." UNESCO Policy Brief on Early Childhood. No. 16, September 2003.

第9章 比較法の視点から見た家族法

水野紀子

1 法のイメージと機能

　法学は言葉の学問，観念の学問である。人間は，観念で思考して意識をもつ，言葉の奴隷であり，言葉ないし観念を利用し，それに縛られて，社会を形成する。たとえば古代社会以来存在する結婚という観念，そして近代になってからは，国家という観念，人権や自由という観念の存在を考えれば，観念の機能が容易に想像できるだろう。「社会あるところに法あり」といわれるように，法は言葉つまり観念を利用して社会の秩序を形成する。とりわけ近代法においては，法が公権力を縛ることになるので，法学者は言葉の定義や用い方に厳格であるのが通常である。しかしここでは，法学者らしくないささか乱暴な言葉の用い方も交えて，法の機能をわかりやすく説明したい。

　「社会あるところに法あり」というが，法の形態には，さまざまな種類がある。現代のわれわれがまずイメージする法は，国会が立法する明文の国家法であるが，共同体の慣習として存在する法も法である。人々が村落共同体に帰属して，生産も消費もその共同体内での生活に依存して生活している場合には，共同体の慣習や慣行は，強い強制力をもつ。そのような社会では，実際の生活から遠い国家法は，相対的に力をもたないことも多い[1]。しかし

---

1) たとえばアジア諸国において，国家法が法律婚主義を立法しても，人々が事実婚を続ける場合には，裁判所も事実婚を婚姻として扱うことになる。鉄木尓高力套（2009）参照。

資本主義が進展して，共同体の拘束力が失われると，強制力をもつ法は，主として国家権力が担保して強制する国家法になる。ここでは，おもにその国家法を対象として論じる。

　国家法といっても，西欧法と東洋法（中国法）では，そのイメージにおいても機能においても大きく異なる。東洋法においては，法のイメージは律令，すなわち刑法と行政法が主である。律令は，権力に限界を画すものというより，権力者が施政を行うための道具として機能する。したがって東洋法における法は，適用に当たって用い手の裁量如何を予定しているために，法の全体が矛盾なく法の世界で体系化されることは要求されていない。一例を挙げれば，婚姻外の性関係を刑事罰をもって厳しく断じながら，非嫡出子（中国法では非婚生子）と嫡出子（中国法では婚生子）の平等を謳う中国婚姻法のもとでは，非嫡出子の出生を届け出ることは刑事罰を受けるリスクがあり，そもそも嫡出子でさえ出生届は条件付きでなければ受け付けられない厳しい出産規制のもとで，非嫡出子の出生は，当然に受理対象外となる。非嫡出子の人権保障にとって出生を国家に登録されることが基本的保護として必要なはずであるが，その矛盾は問題にされない（陳　1994）。

　日本人の法意識も原点は東洋法にある。戦後の日本においては，日本国憲法の法イメージ，つまり自由・平等・基本的人権の保障が大きくなっているが，それでも日本人にとって自然に想像される法と言えば，民法よりは刑法であろう。東洋法では，民法の領域，つまり私人間の紛争は，法に拠らず，まず当事者間の話し合いによって解決されるべきものとされ，その話し合いが当事者だけで難しければ「調停」という形式で，共同体に見守られながら行われる。話し合いや調停にどうしても納得できない当事者が，最後にお上である裁判所に提訴することになる。裁判では，共同体の文化を熟知した人格者である上位の第三者が，柔軟な大岡裁きを行う。裁判官は，遠山の金さんのように，情理を兼ね備え，真実を見通す目をもつことが期待される。このような大岡裁きは，おそらく少人数の緊密な共同体では，もっとも効率的な紛争解決方法であろう。

　これに対して，西欧法の法イメージにおいては，市民社会を規律する法である民法が大きく立ちあらわれる。法は，権力に限界を画し，人々の欲望に

限界を画することを目的とする，いわば限界の表明である。裁判官はさまざまな価値観と欠陥をもった普通の人間にすぎないが，法の存在が裁判官の背後にあることによって，彼は裁きをすることが可能になる。というのも，法は適用すると必ず決まった答が出るルールの集積であり，その法を適用することは，裁判官の個性の違いによって左右されない公平な裁判を保障するからである。西欧ことにヨーロッパ大陸法には，裁判官個人の正義観に依存した裁判に対してとかく強い警戒心があり，この点で東洋法と鋭い対立をなす。この西欧大陸法の警戒心の背景には，正義が自らにあると信じる者同士が凄惨な殺し合いをした宗教戦争の経験も感じられる。

　では，西欧法において民法体系は歴史的にどのように構築されてきたのだろうか。民法の起源は，ローマに遡る。共同体の価値観，共同体の文化が，構成員に完全に共有されている社会では，民法に基づく秩序の必要性はそれほど生じないかもしれない。しかし共同体がある程度以上大きくなると，そのような全き共有は難しくなる。ローマ法は，広大なローマ帝国のもとで異なる「文化」の人々を平和に秩序づける「文明」として成立した。この「文明」は，近代ヨーロッパによる再発見を経て，明治時代の日本に受け継がれた。民法は，その全体で矛盾がないように体系化された法であり，対立する多様な法益間の妥協をはかり社会における人々の共生を可能にする秩序である。「法＝正義」といわれるが，民法は短い言葉による正義の対極にあって，むしろ，正義は不可知であるという諦観が，民法の底にあるように思われる。言い換えれば，民法は，多様で相互に矛盾する多くの正義を内包しているともいえる。家族法の領域で例を挙げれば，安定した婚姻生活を続けたい配偶者や嫡出子の利益や権利と，離婚を望む配偶者の利益や権利と，配偶者の恋人やその婚姻外の関係から出生した子の利益や権利は，それぞれ対立し相互に矛盾する。このような対立や矛盾の相克について，数多くの言葉と概念を駆使して，妥協と共生の秩序を作り上げてきた民法は，少なくとも度し難い人間社会を何とか平和裡に運ぶ知恵と技術をローマ時代から蓄積してきた成果である点で，短い言葉による正義のスローガンよりも，社会にとって安全なものであることは間違いない。

2　日本家族法の特徴

　民法は，私人間の権利義務関係を規律する法規の基本法である。家族関係も私人間の関係であるから，民法に含まれる。この権利義務は，不履行があった場合には，裁判を通じて強制されることによって，国家権力によって担保されている。このような法による担保がなければ，私人間は，力関係に任されたむき出しの弱肉強食の世界になってしまう。それを防ぐために，家族間の権利義務を規律することを通じて国家が家族に対して介入するが，民法は，その強制にあたって，道徳が法の領域に入り込みすぎないように謙抑的に規制し，国家が強制できる権利義務を自覚的に制限している。たとえば法が家族間に強制できるのは，親が未成熟子を育てる親権行使の場面[2]を除けば，基本的には経済的な債務だけであり，高齢者を介護する労働は法的な義務とされない。

　日本民法では，民法の第4編親族と第5編相続が，家族法といわれ，家族間の権利義務関係を定めている。日本民法のモデルとなった母法は，フランス法とドイツ法であるが，家族法の規定は特にフランス法に範をとった規定が多い。しかし日本民法は，母法の規定とはずいぶんと様変わりしたものとなっている。その変容のベクトルは，西欧法の民法を東洋法へと向かわせる方向に一貫していた。

　日本民法の母法からの変容の過程は1898年に施行された明治民法の立法時に遡る。一般には，明治民法は家制度を定めた保守的な法典であり，戦後，日本国憲法の命じる自由と平等の原則に合わせて家制度を廃止した現行民法は，家族法の姿を一変させたものと理解されている[3]。しかしそれは「家」制度を創設した明治民法のイデオロギー的な威力に着目した，一面的な真実に過ぎない。母法と比較したときに浮かび上がる民法としての日本法の特殊

[2)] 近時の西欧諸国の民法ではドメスティック・バイオレンスに対応するため，別居命令なども，民法に立法される傾向にある。
[3)] 「明治民法」という表現は，民法の第4編と第5編が戦後改正によって大幅に改められたために，それ以前の民法第4編第5編を指すものとして用いられるが，民法典としては，明治に立法されて以来，継続している現行法である。

な性格は，明治民法と現行民法に共通しており，むしろ現行民法のほうがより強まってさえいる。その特殊性とは，家庭内における弱肉強食を防ぐために，弱者の権利を確実にまんべんなく保障する機能をもたないこと，つまり弱者保護のための国家介入が担保されていないことである。具体的には，日本家族法には，権利内容を明確に規定しない「白地規定」が多く，権利の内容は当事者の「協議」に委ねられている。しかし強者と弱者のあいだでの，法の定める基準のない「協議」は，実質的には強者の自己決定と弱者のあきらめを認証するものにすぎない。さらに，もしどうしても「協議」が成立しなければ裁判に訴えることになるが，裁判離婚の裁量棄却規定（民法770条2項）が象徴するように，条文が裁判官の判断を拘束することを嫌い，裁判官の裁量の範囲が非常に大きい，裁判官個人の良識に委ねられるような規定ぶりになっている（水野 1998）。

　明治民法の立法は，欧米諸外国との不平等条約にあった治外法権を撤廃してもらうために民法を立法せざるを得ないという，いわば外圧によるものであった。国内には，家族倫理の維持はもっぱら教育と道徳に任せるべきもので，家族員の権利義務として法律に規定すべきではないという強い反対があった。民法草案を読んだ保守層は，「妻が夫を訴へ子が父を訴へることが出来るという」民法に驚いたが，立法しないと「治外法権の撤廃を各国が承知しないから」やむを得ないとあきらめ，「この上は教育の方面で善く始末をつけねばならぬ」という動機で教育勅語制定のきっかけとなったほどである。けれども保守派のこのような敗北感にもかかわらず，完成した明治民法では，母法にあった弱者保護のための法の介入規定が失われて，日本的に変形させられている[4]。

　明治民法の立法過程では，フランス人法学者ボアソナードが中心となって起草（家族法部分はボアソナードではなく彼の教えを受けた日本人が起草）した旧民法が，明治民法に先立って1890年に公布された。しかし穂積八束の「民法出デテ忠孝亡ブ」という論文で有名な民法典論争の結果，旧民法は施行を延期され，その後新設された法典調査会で，旧民法の修正を基本としつつド

---

[4] 日本民法の特徴については，水野（1998）を参照。英語文献としては，Mizuno（1992, 2007）を参照のこと。

イツ民法草案などを参照して明治民法が新たに起草されて，こちらが施行された。もっとも公布された旧民法も，穂積の論文の印象的な題名にもかかわらず，実際にはすでに日本的に変形されたものであった。旧民法の第一草案の段階では母法から継受した弱者保護規定が維持されていたが，元老院における審議が旧民法に決定的変容をもたらした。元老院では，夫や親権者の行為が権限濫用にわたらないように裁判所の許可にかけた条文や協議離婚を裁判所の認可にかけた条文や離婚後扶養を定める条文などが削除されて，権利義務の内容を実効的に規制する規定が大幅に失われた。明治民法は，こうして家庭内の権限に基づく行為を実効的に規制する力を削がれた旧民法の条文をもとに，明治前期に整備された住民登録から発展した日本独自の身分登録簿である戸籍制度を基礎にして，戸籍に体現される「家」を基幹の家族制度として家族法の規定を整備したものである。

　このような家族法は，現実の家族に対して何らかの実効力をもつ法としての性格が薄くなる。第一に，主要な身分変動のほとんどすべてが戸籍行政への届出のみによって行われるものとされたことは，当事者と家族との自律，およびこれに影響する習俗の作用が最大限に尊重されていることを意味する。なかんずく身分変動のうちでも，離婚についてすべてを当事者の自由に任す協議離婚制度が存在することが，日本民法の最大の特徴といえよう（水野 2000; Mizuno 1999）。母法であるフランス法やドイツ法では，当時はもちろん現在においても，当事者間に全く争いのない離婚合意がある場合でさえ，すべての離婚は裁判所を経由して裁判所の判決に拠らなければならない。日本の協議離婚制度は，西欧法の観点からみると，きわめて非常識な離婚法である。第二に，主要な身分変動のみならず，家族間の権利義務の具体的内容についても，日本民法は，その規定を欠くことによりあるいは規定する場合でも当事者の協議に内容決定を委ねることによって，内容を規定しない。

　戦後の改正は，このような明治民法の基本的性格を変更するものではなかった。むしろ男女平等の要請により決定権限を夫に帰すことができないことや諸子平等の要請のため，戦後の改正によって協議に委ねる領域がさらに増加して，権利義務の具体的内容の「白地規定」性は，より顕著になった。このような家族法は，家族間の権利義務を定めて権限行使が濫用にわたらな

いように制限するとともに婚姻や親子という身分関係に従った法的効果を家族員に保障する法というよりも，相続という効果を除けば，戸籍の登録基準を定めることをおもな機能とする法となった。

　戦後創設された家庭裁判所は，家事調停を主要な紛争解決手段として制度化した。日本の裁判官の数は西欧諸国に比べて桁違いに少ないために，裁判所が十分な機能を果たせないという構造的なインフラの不備を抱えているが，調停委員のおかげで家庭裁判所の利用手続きは安価なものとなり，敷居の低い裁判所ができた点は，弱者保護のためにプラスであったといえる。しかし，「調停」においては，ただ当事者の互譲の精神による合意成立が優先される。また調停委員は専門職としての訓練を受けた者ではないため，功成り名遂げた名誉職としてこの職に就いた者が，妻に忍従を説く事態も生じる。日本法ではドメスティック・バイオレンスの加害者である夫から逃れたいという妻は，あらゆる経済的な権利を放棄しても夫の離婚合意を得たいと望むため，とかくひどい夫ほどなんの義務も負わない結果になりがちである。これに対して，日本民法の母法であるフランス法やドイツ法では，すべての離婚紛争は裁判所を経由するので，裁判官は一方当事者が申し立てた時点で，離婚事由の実質的審議に入る前に，住居や生活費の分担，子の処遇などを決定して，別離を実現し，養育費や生活費は，支払わないと刑事罰をもって強制される重い債務とされている。そうでなければ家族法の意味がない，すなわち法が弱者を守れないと考えられているからである（水野 2008）。

３　家族の観念と家族の保護

　家族という概念は多岐にわたっており，共通する定義をもたない。血族または姻族関係で結びついたすべての人々を含む広義の概念から，夫婦とそのあいだの未成熟子をいう狭義の概念まで幅がある。財や私的労働を持ち寄ってお互いの生存を支え合う義務を負う集団をかりに家族と名づけるとすると，その家族イメージは，時代と民族によってさまざまであることがわかる（水野 2003; Mizuno 2002）。中国の伝統的な宗族概念は広い血族集団にそのよ

うな義務を負わせる。一方，西欧諸国の一般的な家族概念は，核家族になるだろう。

　日本では，江戸時代の商家のように，共同生活者にそのような相互扶助関係を要求する近世のイエ制度の伝統がある（水野 2011）。集団構成員の相互扶助を法的な義務とするためには，その集団の外縁を画することが必要になる。通常はそれができないために，民法は婚姻や親子関係を基準に法的義務を課す。しかし，明治民法は，戸籍が先行して作り上げられていたために，戸籍を家族の基準とすることができた。明治時代当初の戸籍は，屋敷番号による「家屋」ごとの住民登録であって，今日の住民基本台帳に近いものであった。しかし住民の移動を追いきれなかったため，やがて寄留簿などの整備によって現行戸籍制度のように現住所と切り離された身分登録簿に成長していった。こうして戸籍は，家族を一枚の戸籍に掲載するものとなり，これによって家族メンバーの外縁を画することが可能となった。この戸籍と氏が合体して，氏が家名となったのが，明治民法の「家」制度であった（水野 1992）。

　明治民法は，本来的な家族法としては無力な法であったけれども，家制度を定めて家族の正統的なあり方を宣言することにより国民の家族意識を形成する法としては，圧倒的に強力なイデオロギー的効果をもった。戸籍は，もともと実際の生活を反映したものであったから，家制度は生活実態や感情と重なるものではあった。しかし逆に，明治民法の家制度や戸籍制度によってそれが制度化され，その制度の側が国民の意識を形成したことも大きかった。産業構造の変化に伴い子世帯が経済的独立を獲得して事実上の別居が行われるようになっても，親と氏を同じくする子世帯は，必要となれば親世帯と同居して家内労働や介護などのシャドウワークを提供すべき義務を負うものと意識された。

　家制度は，国家公認のイデオロギーとして推進された。明治民法立法以前はわが国では戸籍上も夫婦別姓であったのだが，その記憶は瞬く間に遠のいた。明治民法そのものよりもあるいは戸籍制度や氏のほうが，国民の家族意識形成に働いた力は大きかったかもしれない。住民登録とも連絡しており公開原則のもとで本人の意思にかかわらず他人から容易にアクセスできる戸籍

という家族簿は，国民各人が人生の重要な場面で記載内容が問題とされる逃れられない身分証明でもあって，その記載はさまざまな差別をもたらしうるものであったから，戸籍の記載内容への関心は絶大なものであり，その存在が国民の意識に重大な影響力をもつのも当然のなりゆきであった。もっとも家制度の規制は，国家権力が家族に介入して現実に強制するものではなく，あくまでもイデオロギー的なものであったから，経済力のない家族員には強い拘束力をもって働くが，経済力をもって家から独立することができる家族員には，実際には規制の拘束力は弱くなる。日本社会の産業構造が変化するにつれて家制度の圧力は次第に弱くなり，大正時代には，家制度の弱体化を嘆く保守層の声も強くなっていった。

　戦後改正はイデオロギー的にはたしかに大きな転換ではあったけれども，実際には，家意識は，戦後改正による家制度の解体後も根強く残った。それには，氏の果たした機能が大きかったと思われる。個人の表象である氏名は本人にとって人格権的な意味をもつ非常に重要なものであるから，本人の意思に合致した変更であればともかく，意思に反しても婚姻に伴って氏を変更させることは，「家」の変更として人々の意識に圧倒的な影響力をもたらしたであろう（水野 1993）。この「家」制度の重さゆえに，たとえば団体としての家族を考えるときに，自ずからイメージする家族の一つの候補として，「家」団体の可能性が含まれてしまう。この可能性をイメージすると，まず団体としての家族の拘束性に対して警戒的になるであろう。その見方からは，家族の結びつきを民法が規定することが，まず家族員や女性の隷属の強制を意味すると受けとられてしまい，夫が妻や子に責任をもつという意味は前面に出てこない。事実婚の支持者たちには，それに氏の強制的変更と戸籍制度のもたらす人格権やプライバシー権への侵害機能が渾然一体となって意識されることになり，それゆえに法律婚に対して批判的になるのかもしれない。しかしそれは同時に氏や戸籍制度が，個人にとってきわめて威力のある拘束力をもつということでもあるから，家族制度支持者にとっては，家族秩序を維持するこの上なく重要な手段とみなされることになる。

　しかし日本法の喫緊の課題は，このような家族観をめぐる問題にはない。国民のあいだに家族の観念の対立があるとしても，国家が家族に法的に介入

できる領域は，未成熟子を育てる親権行使などの限定された場面のみとならざるをえないからである。問題なのは，まさにそこで家族に実効的に介入できないという日本法の無力さであり，その課題の前には，家族観の対立はさほど重要な問題ではない。なにより重要なのは，次世代である子が育つ健康な環境を確保することである。家庭が子の幼い日々を守る暖かい繭としての機能を果たすためには，法が家庭を守らなければならない。法が弱者保護のために介入しないとき，家庭内は力関係がむき出しになる無法地帯となる。

急速に都市化・近代化した日本社会では，育児の安全弁としての共同体が急速に失われ，孤立した家庭の中における暴力や児童虐待のような病理の発現が深刻化した。暴力のある家庭で育てられた子どもたちの予後は深刻であり，被害者を一人でも少なくすることが国家的急務である。しかし過去の社会の常識が人々の発想を縛り，人々の認識が追いつくには時間がかかる。日本法は，妻子のために夫から婚姻費用や養育費や離婚給付を確実に取り立てる西欧民法の力を長らくもってこなかった。その結果，妻の親族集団である「実家」が代わって保護する場合以外は，妻子は忍従するか，公的福祉にすがるしかなかった。経済的な保護ばかりではなく，暴力からの保護となると，さらに介入の緊急性と必要性が増す。フランス法やドイツ法などでは，従来の民法や刑法の介入を修正して保護を上乗せすることによって暴力に対応することができているが，日本法はそもそもそのような介入の伝統をもたない。

悲惨な現状が伝えられたことによって，児童虐待防止法やDV防止法などが議員立法として立法されたが，児童相談所が圧倒的な人手不足で虐待通報に対応しきれないことにみられるように，いまだ必要な体制は整っていない（水野 2010）。被害者を救出するために必要な措置はすべて人手と費用のかかる援助措置であり，経済力のない弱者の救済であるから，公的な援助によるしかないが，日本には，そのような援助の伝統もなかったため，行政や司法の基礎的なインフラが圧倒的に乏しい状態にあるからである。またこれらの単行法による立法は，体系性を欠くために，たとえばDV防止法の保護命令が加害者の人権を侵害するという憲法論が存在するように，国家権力の介入とその限界の調整をうまくはかれないきらいがある。圧倒的に無力であった日本民法も，児童虐待防止法などの関連する諸法や行政との連係をはかり，

実効的な家族保護ができる民法に早急に改正される必要があろう。民法が家庭を十分に守らないときには，放置された弱者の人権や生活が脅かされるのみならず，むしろ国家がその必要な謙抑性を失い，抽象的な短い言葉の秩序を強制することによって，侵害してはならない個人の領域まで侵入してくる事態を招くおそれがある。家族の保護も，家族に介入する力を民法にもたせ，救済策を民法体系と整合的に制度化したときに，自ずから安定的に実行可能なものにすることができるだろう。

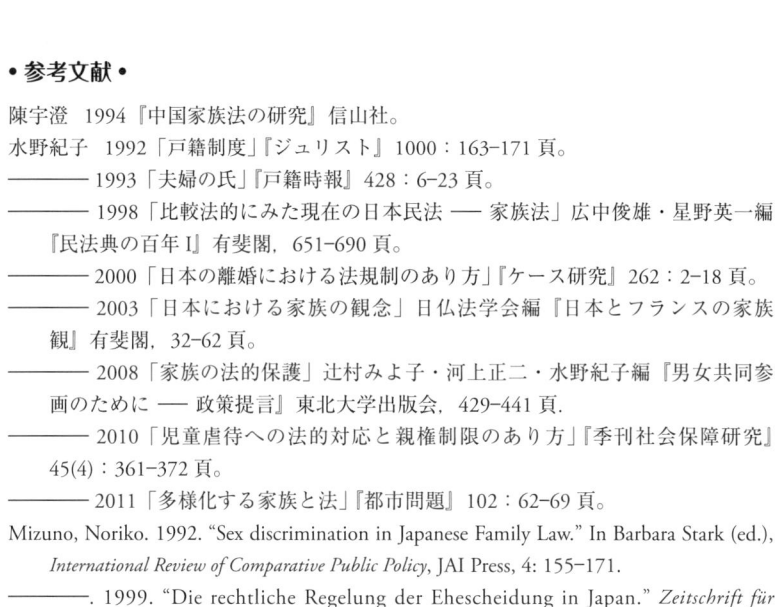

● 参考文献 ●

陳宇澄　1994『中国家族法の研究』信山社。
水野紀子　1992「戸籍制度」『ジュリスト』1000：163-171 頁。
——— 1993「夫婦の氏」『戸籍時報』428：6-23 頁。
——— 1998「比較法的にみた現在の日本民法 —— 家族法」広中俊雄・星野英一編『民法典の百年 I』有斐閣，651-690 頁。
——— 2000「日本の離婚における法規制のあり方」『ケース研究』262：2-18 頁。
——— 2003「日本における家族の観念」日仏法学会編『日本とフランスの家族観』有斐閣，32-62 頁。
——— 2008「家族の法的保護」辻村みよ子・河上正二・水野紀子編『男女共同参画のために —— 政策提言』東北大学出版会，429-441 頁．
——— 2010「児童虐待への法的対応と親権制限のあり方」『季刊社会保障研究』45(4)：361-372 頁。
——— 2011「多様化する家族と法」『都市問題』102：62-69 頁。
Mizuno, Noriko. 1992. "Sex discrimination in Japanese Family Law." In Barbara Stark (ed.), *International Review of Comparative Public Policy*, JAI Press, 4: 155-171.
———. 1999. "Die rechtliche Regelung der Ehescheidung in Japan." *Zeitschrift für Japanisches Recht*, 7: 120-137.
———. 2002. "La famille au japon, la notion de famille'." *Revue international de droit comparé* 4-2001, pp. 831-851, *Societe de legislation comparee, La famille au japon et en france*, pp. 23-46.
———. 2007. "Family and the Family Law in Japan." In Miyoko Tsujimura and Emi Yano (eds), *Gender and Law in Japan*, Tohoku University Press, pp. 147-155.
鉄木尔高力套　2009「中国における婚姻の法的規制の構造：婚姻の成立と事実婚」『法学』72(5)：790-862, 73(1)：112-176 頁。

第10章 フェミニズムにおける「私」と「公」のダイナミクス[†]
―― ドイツと日本

イルゼ・レンツ（古谷野　郁・左海　陽子　訳）

1　公と私の変化する関係

　「公」と「私」の関係は，20世紀最後の四半世紀以降，劇的な変化を遂げてきた。あらゆる福祉国家で急激な出生率の低下に対する悲鳴があがっている。その結果，育児への公的支援が拡大されてきた。最近では，多くの三歳以上の子供は，1950年代のように母親や主婦に見守られてたくさんの兄弟姉妹と遊ぶという経験がない。一人っ子家族の傾向が強いので，子供たちが遊び仲間を見つけるのは幼稚園である。父親もある程度は育児に関わる。かつて父親は多くの家庭において「日曜日のお客様」だったものだが，今ではより多くの時間を子供のために割くし，子供の教育のために有給休暇をとる父親もいる。このように，ドイツでは私的領域にある家族関係は変化のただなかにあり，またそれは日本とも若干類似したかたちをとっている。
　しかし，「公」もまた変化している。政治においては，女性の参入があったり，移民のような国際的な声があがったりするなどの多様化が起きている。ドイツでは保守党（キリスト教民主同盟；Christlich Demokratische Union (CDU)）出身の女性首相であるアンゲラ・メルケルが再選を果たした。議会における女性の占める割合は現在32％であり，いまやほぼ3分の1の比率にまで高

[†] 本章は，2009年京都大学大学院文学研究科・文学部シンポジウム「変容する親密圏／公共圏」での講演に加筆した論文を邦訳したものである。

まっている。

メディアにおいては,「公」の「私事化」傾向が注目されている。例えば政治家たちは,ビル・クリントンのようにその個人的な恋愛生活によって判断を下されるし,あるいは共和党副大統領候補のサラ・ペイリンのように,その子供たちの性的行動（十代の妊娠出産）によって評価される。皮肉なことにサラ・ペイリンは似たようなゲームを行っていた。彼女は「私的領域の政治化」を強く支持する保守的立場にあった。結婚前の禁欲主義と純潔に賛同し,人工中絶に反対していたのだ。だから彼女の娘が未婚で妊娠した時にも,彼女は娘に結婚するように説得,あるいは強制したのだった。

近代国家の「公」と「私」の秩序は揺らぎ,侵食されつつある —— それはポスト産業化社会の出現のなかで「解き放たれた」ものであった。これから先,未来の公と私の関係はまだ不確定であり,現在のところ,多くのミクロ次元の政治過程に翻弄されて,ジグザグな方向性を示している。この過程は「公の私化」や「私の政治化」といった奇異な状況を生み出している。

私の最初の主要論点は,公と私の関係性をつくりあげてきた近代のジェンダー秩序を変化させるうえで,フェミニズムが一つの重要なアクターであり続けてきたということである。これについては,後述する。この40年間,新しい女性運動は公と私の新たなダイナミクスの構築に貢献したのだが,それは今日になってようやく認められるようになった。新しい女性運動はまた,いかにして公と私の間に新しい平等なバランスが達成されてきたのかについての多くの思想や実践的モデルに貢献してきた。

本章では,最初に,女性運動はどのようにして理解されるべきかについて,社会学的な観点から手短に述べたい。そして新しい女性運動が「公と私」の問題といかにして格闘するのかについての例をいくつか挙げたい。そのために,フェミニズムの思想と実践に触れながら,現在の話題から始めようと思う。

第3節では,これらの言説を近代の国民国家の覇権的なジェンダー秩序と関連づけたうえで,女性運動の影響下でこうしたジェンダー秩序がどのように変化してきたのかを論じたい。

簡潔な第4節では,ジェンダー秩序における現在の変化を直視しつつ,未

来の「公」と「私」について考察する。「私的領域の公共化」はジェンダー問題に対する解決策たりうるのか。換言すれば，我々は公と私の間に新しい平等主義的バランスを考えることができるのだろうか。

2 女性運動とは何か

　社会学的に言えば，社会運動とは集合的行為の担い手を動員するものである。つまり，個々の人間が集団を形成し，それが社会を変えるために結集し，動員される（Snow et al. 2004）。女性運動もこうした見方に倣って捉えることができる。したがってこの観点は，小さな学術雑誌や岩波文庫などにみられるフェミニズムの思想や言説だけを考慮しているのではない。むしろいかにして女性運動が集合的行為の担い手を動員しながら発達し，そしてどのように彼女たちが共に考え共に行動したのかを問う（Lenz 2010, 2013）。この目的のために，彼女たちは以下のようなものを形成してきた。

　第一に，私的な家庭内における女性の従属を批判するときに用いるような，共通の思考の形成。彼女たちはまた，特定のシンボルを活用して象徴的な連帯をつくりあげた。それは例えば，1960年代の日本の主婦運動においては，しゃもじとエプロンだった。主婦たちは「公」的な場であるデモでもそれらを身に着けていた。新しい女性運動においては，言葉もまたこういったシンボルとして活用された。フェミニストたちは，公的領域において女性/妻を表す敬称である「婦人」という言葉を使うのをやめた。なぜなら彼女たちは近代の「私」的家族や，そこにおける女性の役割について批判的だったからである。フェミニストたちは，「婦人」に代えて「女」あるいは「女性」という言葉を使った。

　第二に，共同の行為を動員し，維持するための組織とネットワークの形成。これらのグループは，金銭，時間，支援といったような資源を集約し，それを公的な力へと変換していった。こうした活動を行う組織なしには，計画された共同の行為を長期間維持・組織することは不可能だった。

　第三に，これらの組織によってつくられた半公共的な領域（semipublics）。

例えば女性組織のミーティング・スペースやメディアなどである。これらの半公共圏は，家族のような私的領域と，公的な政策や経済との間を架橋する明確な社会空間をかたちづくる。この社会空間を通して，女性運動は女たちの声や経験を集約できたのである。

　ではここで，1968年以降のドイツと日本において，いかにして新しい女性運動が集合的行為主体として発展したかを示したい。運動の初期から彼女たちは，私的領域と公的領域の分離という問題や，社会におけるジェンダーのイメージや性的役割の問題と格闘してきた。

　ドイツにおいて，新しい女性運動は1965年以降の学生運動の中にあった小さな集団から始まった。一つの有名な事件がある。それは1968年9月12日にフランクフルトで行われた総会で，男性の学生運動リーダーに向かってフェミニストたちがトマトを投げて抗議した，というものである。このとき，西ベルリンの女性活動評議会の代表として参加していたヘルケ・ザンダーが，ある問題提起を行った。しかし男性のリーダーは，ザンダーの政治的メッセージを討議に付することを拒否し，彼らが決めていた議題に沿って議事を進めようとした。そのとき，一人の女性のリーダーが彼ら男性幹部に向かってトマトを投げつけたのである。当時，教授に向かって抗議を表明するときに野菜を用いることは，学生運動ではよくある手段だった —— しかし学生活動家たちは，そういった抗議の方法が，自分たち自身に向けてなされたことにショックをうけた。この事件をとりあげた本が30年後に出版されたのだが，タイトルは，『そのトマトはどれくらい飛んだのか？("How far did the tomato fly?")』だった。

　ヘルケ・ザンダーはこう宣言した ——「私的な生活と社会的な生活との間の区分は，いつも女性たちを隔離という葛藤の中においやり，その葛藤を彼女自身で解決するよう促してきました……女性の社会的服従を個々の女性の手によって解決していくことはできません。……私たちは，男女間の競争が廃止されるような生活環境を望んでいます。そのためには生産関係と，それに権力関係も変革して，民主的な社会をつくっていくことが必要なのです……子供をもつ女性こそが，社会的連帯や政治に対して最も強いコミットメントをしているのだから，私たちは自分たちの活動実践において，彼女た

第 10 章　フェミニズムにおける「私」と「公」のダイナミクス

ちの抱える問題の解決に集中しました……私たちは社会にこうしたユートピア的社会モデルを発展させていきたいと考えているし，このユートピア的社会のなかに私たち自身のニーズを根付かせねばならないと考えています」。女性たちは，自らを被害者としては表象しなかった。その代わりに，自信を持って学生運動との協働を求めた。「歴史的な正義は私たちの側にある」のだから，と（Lenz 2010: 60-62）。

　こうして女性活動評議会は，自由幼稚園と教諭たちの組織化に着手した。子供たちや母親たちのニーズに応じた集団的自由教育を，社会解放に向かう一つの手段とみなしたのである。

　数年後の 1975 年，ドイツの最も有名なフェミニストであるアリス・シュヴァルツァーは，ベストセラーとなった『小さな差異と，その大きな社会的帰結（"The little difference and its great social consequences"）』を著した。彼女は女性のカウンセリングを通して集めたライフヒストリーを分析することによって，愛とセクシュアリティという最も親密な領域における女性の経験に光をあてた。これらの劇的なライフヒストリーを通して，戦後ドイツのジェンダー関係にある深刻な問題が浮き彫りにされた。シュヴァルツァーは，彼女の目にはジェンダー間の不平等を正当化するものとして映った性差の神話を脱構築して，次のように結論づけた——「私たちは"小さな違い"とその莫大な社会的帰結に疑問を投げかける……。男性らしさや女性らしさは自然のものではなく，文化である。……ペニスや子宮ではなく，権力を持つことや権力を持たないことが，私たちを男性や女性にしているのである。愛の名のもとに，女性は男性のシャツを洗い，一人で子供の面倒をみて，男性のキャリアを支える。……女性は愛の名において搾取されている。それゆえにセクシュアリティは私的なものではない，政治的なものなのだ……私たちは女性であるためだけではなく，人間であるために権利を行使する」（Lenz 2010: 106-113）。

　日本における最初のリブ・グループもまた，不平等な結婚や女性のセクシュアリティ，そして基本的なジェンダーイメージや役割の問題に取り組んだ。彼女たちが批判したのは，母親か，そうでなければ男性の性的衝動の対象かのどちらかであるという女性の引き裂かれたイメージである。さらに彼

女たちは，自分自身の愛に従って生き，自らの生の主体となることを要求した。彼女たちはこれを，優しさとセクシュアリティという言葉で表現した ——「私たちは，抱かれるだけではない女性，他者を抱く女性になりたい」（「女を抱く男，男を抱く女……抱く-抱くの関係へ」（三木ほか 第1巻: 204））。リブ・グループは1973年に，社会的条件のもとで人工中絶を認める条項を優生保護法から削除しようとする国の計画に対して，次のようなモットーを掲げて抵抗した ——「生める社会を，生みたい社会を」（三木ほか 第2巻: 176-180）。彼女たちは自由な母性は女性の潜在的な力であると考え，この方向に沿って社会を変革しようとしたのである。

こうした事例は，女性運動が有する基本的な機能を示している。

第一に彼女たちは，私的で依存的な主婦や，抱かれるのを待っている受動的な女性といった現存するジェンダーイメージに挑戦し，より平等で自立したジェンダーイメージを構想している。このようにして女性運動は，基本的な社会的ジェンダーイメージを変革することに貢献した。彼女たちはしばしば，女性を生まれながらの母親や主婦とみなしがちな教会，保守政治家，あるいは社会科学者といった強力な認識論的な（＝知識生成的な）集団と論争や交渉を行った。

これらの絵や写真は，女性運動が有するこの基本的な機能を説明している。図11-1は，失敗した1848年民主革命のものだが，そこでは「ジェンダー」は女性を意味していた。男性は市民だが，女性は社会から締め出された特別な政治的存在であり，より多くの権利を要求するために集合している。図11-2はワイマール共和国時代の社会民主党のものである。ジェンダーは，この時代ではカップルを意味した —— 男性は女性より少し背が高く，一歩前に出ているが，しかし，旗を持っているのは女性である。図11-3は，ジェンダーの脱構築や「ジェンダー・フリー」に基礎を置く緑の党などが提唱している，ジェンダー民主主義アプローチである。この図から見て取れるのは，宙を飛ぶ身体，つまり宙を飛ぶジェンダーである —— ジェンダーはもはや固定された構造ではなく，動態的なものになっている。ただし，それがどの方向に向かうのか，私たちはまだわかっていない。

第二に，女性運動は，独自の半公共圏あるいは部分的公共圏（partial

第10章 フェミニズムにおける「私」と「公」のダイナミクス

図 11-1　ドイツの女性運動活動家たちの公共集会

図 11-2　ワイマール共和国，社会民主党の選挙ポスター

図 11-3　ジェンダー民主主義会議のポスター，ハインリヒ・ベル財団

publics）を創りだした。すなわち，前述のような組織や女性たちのミーティング・スペース，メディアである。これらの半公共圏は，家族などの私的領域と公的な政策や経済との間を結ぶ明確な社会空間を形成する。この社会空間を通して，女性運動は自分達の声や経験を集約することができるのである。

　ユルゲン・ハーバーマスは，ブルジョア社会における公共圏の構造的変化を分析し，近代国民国家における公共圏に関する思考に多大な影響を与えた。彼が示したこの市民的公共圏を構成していたのは，例えば新たに出現したカフェ（ミーティング・スペースでありメディアでもある）でコーヒーを飲んだり新聞を読んだりしながら，市民的結社（組織）を創設し，民主主義的な市民的公共性の文脈において議会開設を要求するような市民たちである（Habermas 1989）。しかしハーバーマスが注記し忘れていたのは，こうした市民たちは男性で，自分たちの妻の居場所は私的な家庭であると主張していたことである。男性市民は，彼らの市民的民主主義的公共圏と私的な家庭との間に深い溝を設定していた。女性運動は，この溝の撤廃に取り組まなくてはならなかった。そこで女性運動家たちは，私的領域と政治や経済という公的領域との間を架橋する半公共圏を自ら創りだしていったのである。

　私が半公共圏という表現で意味しているのは，一連の言説やコミュニケーション，組織，制度であり，それらは公共性に関連のある特定の問題を議論（そしてまた実践）し，その問題は政治的・社会的な公論のなかに定位していくメディアのようなものである。換言すれば半公共圏は，その内実や内実同士の交換，そして半公共圏を維持したり再生産したりする組織・制度を含む。そうすることで，半公共性は一般的公共性とつながっているのである。その意味では半公共圏は，ナンシー・フレイザーがハーバーマスの公共圏（論）を批判するなかで提起した「対抗的公共圏」と重なり合うものだ。

　半公共性の重要な要素の一つは，その行為者と行為の内容を公的な事柄にとって重要だと認識している点である。育児と勉学あるいは賃金労働を結びつけることは，挫折した主婦たちのあいだの私的ゴシップだと1960年代には考えられていた。しかし，新しいフェミニズムや半公共性という考え方のもとでは，それは明確に公的な問題であり，ジェンダー政策にとって必須の問いかけとみなされるようになった。今日では，ジェンダー政策のダイナミ

第10章　フェミニズムにおける「私」と「公」のダイナミクス

クスはさらにその先まで進展して，父親としての男性を巻き込んだ。私的な家族の中で子供を世話するために，育児休暇を取得する父親も出現している。

　半公共性のもう一つ重要な要素は，コミュニケーションと，それを規制する組織や制度の質である。新しい女性運動は，コミュニケーションと組織に関して言えば，平等主義的で水平的な政策スタイルを持っている —— 集団の全てのメンバーは，個人的な生活史や思想，独自の役割をもつかけがえのない個人であると考えられている。労働組合と比べると，この平等主義的で個人重視のスタイルは，たしかに上から方向づけられる動員力は弱い。その一方で，個々の女性はそれぞれ自分流の能力や技術，時間の使い方を持ち込んで，それを運動の中で発展させることができる。それゆえフェミニストの半公共圏は巨大な市民教育の枠組みとして作用し，幅広い世代の女性たちに政治的訓練やリーダーシップの涵養を与えてきた。

　こうした半公共圏の概念は，私的領域と公共的領域の間にあるフェミニズムの戦略的な場所を指し示すのに，とりわけ有効である。女性運動は，女たちの経験や声を「私」的領域から集め，それを「公」の思想や言説のなかに位置づけ直した。そのためには，半公共圏を女たち自身の社会空間として創りだす必要があったのである。こうして女たちは，一般的な政治的公共圏ともつながりをもち，言説あるいは公的行為によって公共的思考を生み出していった。ドイツの学生運動を担った女性活動家は，「私的な生活と社会的な生活の区分によって，女性はいつも，自らの抱える問題を自分一人で個人的に解決するように求められてきた。こうして女性は孤立した葛藤へと追いやられたのである」と主張し，問題の公的な解決を要求した。日本人のリブ・フェミニストたちもまた，「生める社会を，生みたい社会を」と主張したのであった。

　他の社会運動もまた，平和運動のように，自前の半公共圏を創りだしてきた。しかし平和活動家は戦争や平和のような公共的な問題に関する交渉をしていたので，フェミニズムのように私的領域と公的領域の境界を克服する必要はなかった。

　ここまで，新しい女性運動においては私的なものに関する言説が非常に多様であり，それらが高度に差異化されていることを見てきた。それは，子供

を望むことや強制されない母性といったものに始まり,育児,女性のセクシュアリティ,差別,ジェンダーイメージ,そしてジェンダー規範といったものを含んでいる。ちょうどハーバーマスが述べる公共圏が複数かつ多様な空間を形成しているように,私的領域もまた決して一枚岩でも覇権的でもない。複数多様な空間をもつ公共圏においては,市民が民主主義や良い生活についての基本的な問題をさまざまな生活様式の立場から議論することになる。それと同じように,私的領域もさまざまな視点から構成される。ただし私的領域は,それ自身による声を持たない。しかし私的領域は,人々の間のミクロレベルで結ばれる無数の関係性によって構成されている。フェミニスト的な半公共圏は開かれた社会空間として形成されているのだ。そこでは,母親,移民,レズビアン,フェミニスト男性といった多様な視点が関連づけられたり相互に接合されたりする。そしてそれらの多様な視点を政治的な空間に転置していくのである。

　フェミニスト的な半公共圏は,このように多様で個人的な考えや行為を動員し,それらを私的領域から公共的領域へと転置させる。本章の主張は,フェミニスト的な半公共圏が近代資本主義社会で発展を遂げつつ,「私」と「公」の不平等ジェンダー秩序の変容にも寄与したということである。

③ フェミニズムと近代ジェンダー秩序の変容[1]

　次に,私的領域と公的領域の再編にフェミニズムが与えた衝撃を中心に,近代のジェンダーの変容を駆け足で概観したい。

　近代において,ジェンダーの不平等は廃絶されるどころかむしろ再編成された。今日では生物学的な性差を構築することによって正当化されている。性別分業および性別分業と同時発生する公的領域と私的領域の分離によって,不平等なジェンダーは社会構造と分かちがたく結びつけられた。男性が公を表象し賃金労働と政治に参与する一方で,女性は無給でケアや家事を行

---

[1] ここでは,近代ジェンダー秩序とその変容についてのごく概略のみである。この部分は,日独の事例比較により練られた Lenz（2013 及び 2013a）の主張を基にした。

第 10 章　フェミニズムにおける「私」と「公」のダイナミクス

う母・妻として構築された (Honegger 1991; Frevert 1995)。こうした近代の不平等分業と，公的領域と私的領域の分離は，ほとんどの近代社会で発展してきた。

　しかし近代のジェンダー関係と不平等の形態は，一つの方向に収斂すると同時に，さまざまな差違も生み出す。ジェンダー秩序という概念は，近代社会におけるジェンダー関係の分析のために発達したものであり，国際比較にもたいへん役に立つ。ジェンダー秩序は，「特定のジェンダーレジーム」と「社会のジェンダー文化」との結合と定義される。この概念は，レーウィン・コンネルによるジェンダーの権力関係への構造的アプローチから得られたもので，比較福祉国家研究に適用されてきた (Connell 1994; Pfau-Effinger 2000)。

　レジームとは，広い意味では，人間の行動を規定する，大多数の人には正当と思える，規範と規則の集合である。つまりジェンダーレジームとは，ジェンダーによる労働の分業やジェンダー間の権力関係，それに生活機会のジェンダーによる配分などを規定する，制度化されたルールである。ドイツや日本において女性が参政権や高等教育から合法的に排除されていたように，法において成文化されている場合もある。一方で，子供の面倒をみるのは第一に母親であり，子供が小さいうちは母親は家庭にとどまるべしという近代的規範のように，日常的規則と慣習に組み込まれている場合もある。この規範は，落合 (Ochiai 1996) が「主婦化」(housewifization) と呼ぶ過程において，高度経済成長期の日本で支配的となった稼ぎ手 / 主婦モデルの一部となった。後述のウーマンリブ運動は，自立できない母親をつくるこの規範を批判し，ジェンダー秩序の刷新に寄与した。

　ジェンダー文化は，ジェンダーの言説と表象からできている。日本の大衆文化に登場する，強くて創造的な人間という歴史的女性像はその例と言える。大衆作家や詩人として知られた女性たちもいる。また農家や小商いの世帯経済の中心的な働き手であり，育児役割は二の次で，多くの人たちによって分担されていたりする。しかし社会的・法的には，彼女たちは従属的位置に押し込められていた。したがって大衆文化における女性像の特徴は，社会的従属性と文化的・経済的強さの組合せである。そしてこの組合せは，女性運動に表現の場を見出した (Lenz 2013)。

近代化と国際化のなかで，ジェンダー秩序もまた近代化される。主な動因となったのは，資本主義や近代国家，女性運動を含む市民社会などの発展である。特に女性運動は，支配的なジェンダー秩序を批判し，それを変えようとする。しかしこの試みにおいて，女性運動は，とりわけ教育・知識・コミュニケーションといったメディアにおいて，その社会のジェンダー秩序が女性に与える政治的機会を活用して動員を果たそうとする。換言すれば，後述のように，ジェンダー秩序の近代化は，国際的影響のみならず，内的矛盾とも関連しているのである。

　ではここで日本に焦点をあて，近代ジェンダー秩序の近代化を概観しよう。公私の境界の描きかえと再編成に，女性運動がいかに寄与したかについても簡潔に述べることにする。日本の発展は，広い意味での保守的なジェンダー福祉レジームに分類でき，驚くほどドイツの事例と似通っている。しかし，近代化における日本特有の道と，天皇制と新家父長制的家族法のもとでの男性中心的近代国家として国際的近代制度に適応したことによる顕著な特徴もある。

3-1. 近代新家父長制的ジェンダー秩序の発展

　「ジェンダー問題」は，日本の近代化において欠くことのできない問題である。福沢諭吉のような改革者は，近代国家創設のために女性向けの近代教育を主張したが，保守派は天皇制のもとで堅固で国際的競争力のある国家創設のために，ジェンダーヒエラルキーと社会ヒエラルキーを以前にも増して強調した。西洋の帝国主義に抵抗するべく，日本のエリートは自分たちの近代的な帝制国家を選択したのだ。この過程において，近代的新家父長制ジェンダー秩序が徐々に導入されていった。この場合の新家父長制秩序では，年配の男性が家長であり，父親は支配権と権威を持ち，従属的女性だけではなく年下の男性，特に息子たちを支配する。

　政府は，政治参加と参政権を裕福な男性市民に与え，女性を排除すること

第10章　フェミニズムにおける「私」と「公」のダイナミクス

で，まず公的・政治的領域を規定した。自由民権運動（自由と国民の権利の運動）は，国民の政治参加と憲法制定を目指し，1874年から1889年に盛り上がった。岸田俊子や福田英子のような女性たちは，政治や教育において女性にも平等な権利を要求した。これに対して明治政府は，女性が政治組織の会員となったり政治的集会に出席したりすることを1890年の集会及政治結社法で禁じ，参政権のみならず政治界からも女性を締め出した。これには，女性の政治参加を排除するドイツの法律も影響を与えた。

　これに続き，近代新家父長制家族も確立された。「家」である。新たな研究が強調しているが，家は，天皇制国家を支える強固な基盤として，近代国家によって制度化された（Neuss-Kaneko 1990; Ochiai 1996）。つまり家とは伝統でも封建制の残滓でもなく，むしろ近代的な新家父長制的集団なのである。1898年の民法の一部である明治の家族法は，武士の家のモデルと同じくらい，団結した家族と男性のリーダーシップを強化するドイツの家族法にも影響を受けた[2]。家長は主に男性で，家族の構成員 ── 妻や未成年の息子や娘 ── とその所有財産に権力をふるった。家は主に経済的・社会的単位であり，女性の労働が重要な役割を果たしていたとする研究者もいる。つまり，男性と同じく女性も，生産に従事するという国民の義務を負っていた。しかし女性は，次第に国民の母とみなされるようになっていった。「国家は家は公的な場所であると主張した」のだ（Notle and Hastings 1991: 156; Mackie 1997: 40; Lenz 2013）。このように，日本の家族は，ヨーロッパのように主婦や母親が無償のケアワークに従事する私的領域とは定義されなかった。むしろ「良妻賢母」は家庭を経済的に支え，よき臣民を産み教育することで，家族と国家のために働いていたのである。天皇のもとでの家族国家において，家族は国家に匹敵するものだった。「公」との関連を考慮すると，戦前日本の新家父長制ジェンダー秩序においては，家族の家庭的領域を話題にするのはむしろ適切と言えるだろう。

　台頭しつつあった女性運動は，新家父長制ジェンダー秩序と天皇制国家[3]

---

2)　当時のヨーロッパの家族法は，ナポレオン法典と家父長制国内法令を基とした，新家父長制であった。

3)　この部分についてはLenz (2013)，Mackie (2003) 鈴木 (1986)，上野 (1998)。

と対峙した。活動家たちは，近代が与えた高等教育や文化的・経済的強さという女性の自己イメージを行使できた。フェミニストの指導者たちは，高等教育を受けている者が多かった。作家やジャーナリスト，そして与謝野晶子のような歌人たちである。市川房枝や奥むめおといった他の指導者たちの出自は農家や零細企業で，女性の労働と参加という民衆倫理を代表していた。市川は，「女性 —— 母ではない —— と平等の名において」参政権を要求し，1930年代に広く衆目を集めた女性参政権運動の主要な指導者だった。限定的な女性参政権は2回衆議院を通過したが（1930年，1931年），決まって貴族院で否決された。こうした国民参加派とでもいうべき女性運動の潮流は，米国占領下初期の1945年に連合国最高司令部が認めた参政権への道を拓いた。

奥むめおは消費者運動の指導者となり，後には主婦運動の指導者にもなった。主婦たちはすでに1930年代には社会に向けて主張をしていたが，特筆すべきは高度経済成長期である。彼女たちの公的主張の基盤となっていたのは，ジェンダーの差異とジェンダー分業である。主婦たちは暮らしを切り盛りしていくために良質で安価な製品を支持し，自らを男性の賃金労働者や大黒柱と協働する再生産労働者と見なしていた。

作家であり詩人の平塚らいてうは，母性の公的な意義を論じ，1918年の有名な母性保護論争では，母性保護運動を鼓舞した。平塚らいてうは，母親は生命の起源であり，生命を授け子供の面倒をみることで女性は社会や国家・人類に貢献していると主張した（平塚1918）。しかし同時に彼女は，国家による支援を受けて，母親たちが個人として自律できるように求め，親密な家族内での母親たちの愛情を賛美した。

超国家主義が増大した1931年以降，母親と主婦に焦点をあてた差異派が強さを増した。けれども，差異派の指導者も参政権の指導者も，双方とも日中戦争・太平洋戦争に協力した（鈴木1986; 上野1998）。

こうして女性運動は新家父長制ジェンダー秩序の変革に寄与した。近代明治政府は男性の公的政治領域を作ったが，女性は政治参加と選挙権を得た。女性は家庭の枠を越えて，公的な発言権といくばくかの権力を得たのだ。また家庭領域も，母性と家事に公的意味が与えられ，女性の公的発言権が拡大

すると共に「公共化」された。日本では，無償の家事労働の経済的価値について，1970年代に国際的フェミニストの論争の的になるずっと以前に，議論が起きた。女性運動は，家庭領域を公共化すると同時に親密化した。女性運動はジェンダーの差異と母親としての女性の役割を強調するばかりでなく，個人の自律性と母親の愛情も喚起した。

3-2. 差異に基づくジェンダー秩序

民主化が進み資本主義が進化するにつれて，「差異に基づくジェンダー秩序」が発達してきた。今日では，ジェンダー分業とジェンダー不平等は，家長の権威ではなく，「生物学的性差」と「自然な性役割」の構築を基盤としている。

一つの機動力となったのは，大量生産に基礎を置く高度経済成長と，フォーディズム（Fordism）の日本版であるトヨティズムの隆盛だった。大量生産の工場では，男性の中核的労働者（本工）には長期雇用と昇進，家族手当がついてきた。労働者は国民生産の戦線に組み込まれ，会社に高い忠誠心を持ち，長時間労働を行なった。しかし企業戦士の戦いは，家庭という分離した領域で家事や育児・介護を担う主婦の存在を前提条件としていた（木本2003）。農家や零細企業で女性が経済的に貢献し，しばしば男性と肩を並べて働いていたのに対して，巨大産業におけるこの二極化分業は新しいものだった。ジェンダーの差異は，ケアをする母親と養う父親という，構築された「自然な役割」を基盤としてあり，賃金労働と無償労働という二極化したジェンダー分業を正当化した。こうして稼ぎ手／主婦モデルは，トヨティズムと日本の企業社会の基盤となった（大沢2007）。

これと同じ文脈で，日本の保守的なジェンダー福祉レジームも，この稼ぎ手／主婦モデルを軸に発展した。企業の規定だけではなく，年金や税制といった政府の福祉計画もこれに応じて形成された（大沢2007）。稼ぎ手／主婦＋パートという修正されたモデルでは，主婦優遇税制が主婦たちがパート労働を選ぶ誘因となっている。いささか誇張して言えば，政治や賃金労働という公的領域は，男性が活躍する場として定義される一方で，家族は母親の私的

王国となってしまった (Ochiai 1996)。

　戦後の民主化は，1946年に，憲法の社会と家族におけるジェンダー平等のための条項により制度化された。こうした要求は戦前の女性運動によって広められていたので，女性たちの政治に対する関心も投票率も高かった。けれども女性は政府や国会の主流から排斥され，経営者団体や労働組合での発言力も小さかった。女性たちは，婦人民主クラブや母親大会，主婦連合会，左翼政党の婦人部などの自分たちの連合を結成した。こうしたグループの大半は，ジェンダーの差異やジェンダー分業を前提に活動していた。一方，母親や主婦たちのグループは，家族関係の民主化や親密化を進めることを論じ，母親の子供への愛情や教育への監督責任を主張した。他方で彼女たちは，平和やクリーンな選挙といった問題について公的に主張し，母親や主婦の役割を公的なものとした (Mackie 2003; Mae and Lenz 2013)。彼女たちは，「婦人」として公的に可視化され，自分たちの声が尊重されるように主張した。

　新しい女性運動は，この差異に基づくジェンダー秩序を批判し，攻撃した。「婦人」ということばと，ジェンダーの差異への敬意として定着しているその意味を拒絶して，「おんな —— 規定されない女」として話すと主張し，自律と平等を要求した。彼女たちは，高等教育，1970年代半ば以降の質が向上した賃金労働，国連および女子差別撤廃委員会[4]を中心としたジェンダー平等の世界的進展といった政治的機会を利用することができた。

　前述のように新しい女性運動は，私的なことは政治的なことだと主張し，公共圏と親密圏の双方の相関的な変化を求めた。彼女たちは，フレキシブルなジェンダー秩序とでも呼べるような今日の変化に関わってきたのだ。

3-3. フレキシブルなジェンダー秩序は現れつつあるのか？

　マニュエル・カステルやナンシー・フレイザーといった社会学者たちは，脱工業化社会と新自由主義，そしてフェミニズムの間にある

---

[4] 日本人が設立し，フェミニスト女性運動が率先して利用してきた国連女性の十年の歩み，および女性差別撤廃条約 (CEDAW) に日本政府が署名したのは1980年，批准したのは1985年であった。

Wahlverwandtschaft（親和性，マックス・ウェーバーの用語）を指摘してきた（Castells 1996-1999; Fraser 2009）。グローバル化や脱工業化，脱トヨティズムの風潮が台頭し，インターネットに基盤を置く市民社会の出現ののち，未来が再び開けてきた。未来に向けた実現可能なシナリオはいくつかあるが，中心となる傾向は，労働市場や福祉制度の柔軟化（Lessenich 2008）であり，結婚や関係性の柔軟化であり，生物学的に根拠ある概念として強固な分業を正当化してきたジェンダーの柔軟化である。ゆえに筆者は，あくまで試論ではあるが，柔軟化されたジェンダー秩序について語ってみたい。

　ジェンダーの柔軟化の手始めとして，フェミニズムに刺激を受けたジェンダー研究は，社会科学と人文学に導入されていった。ジェンダー研究は，ジェンダーの社会的構築を強く主張し，社会的不平等を生物学的に還元することからの脱却を唱えた。新たな女性運動はまた，新しい平等な関係性や（特にリブ運動において）性愛・セックスの満足，政治や専門職への女性の全面的参加にも賛意を示した。

　意識変革においても，女性がより高い資格を得ることにも，そして女性の雇用拡大 ── 特に熟練を要する仕事の雇用拡大 ── にも，新しい女性運動の影響力は強大だった。ドイツでは，女性の政治参加が急速に促進された。一方，日本では，公的な政治との境界はより強固だった。けれどもフェミニストたちは女性の雇用のために論陣を張り，多くの女性がサービス産業に進出して，その結果として，経済的構造変化の波に乗ることができた。新自由主義が市場原理の覇権を広げた一方で，家庭内の無償のケアワークはこのパラダイムには適合しなかった。つまり，経済の構造的変化や新自由主義，グローバル化，そしてフェミニズムといった多様な勢力が，従来のジェンダー秩序を攪乱し，解放したのである。いま，未来のジェンダー秩序が構築されつつあるが，今後の展開に関してはいくつかのシナリオが考えられる。従来の差異に基づくジェンダー秩序は明らかに変貌しつつあるが，現在の段階では転覆したとまでは言わず，柔軟化したと言うべきだろう。

4 「私的なるもの」の未来？

　女性運動は，私的領域における不平等と暴力に対して立ち上がったとき，公私の境界を突破した。彼女たちが求めてきたのは，公的育児と，法や企業によって保障された父親・母親のためのワーク・ライフ・バランスである。また女性運動は，家庭内暴力をスキャンダル化し，セクシュアル・ハラスメントを公にすることによって，それらを政策課題へと転換することにも成功した。

　けれども，私的なものを公的なものに転換することが，果たしてこれらの問題を解決するための理想的な方法といえるのだろうか？　特に，もしも「公」が「私事化」されて，公共道徳意識の侵食が起きたなら？　筆者は，私的な暴力を公的なものに転換することは，正当な解決であると考えている。結局のところ，ジェンダーに基づく暴力は深刻な人権侵害であり，必要とあらば，国家や法によって認識され解決されなくてはならない。ジェンダーに基づく暴力を私的領域にとどめておくことは，被害者ではなく加害者を守ることを意味してしまうだろう。

　しかし親密な関係性の場合，その境界は「公」の侵入に対する障壁になりうる。例えば，若い男女がウェブサイト上に自らの性差別主義的な写真を掲載するといったケースである。儲け主義のトークショーで，私的な関係を見世物にするケースもある。そういう番組は，私的な葛藤を食い物にして人気を得ているのだ。

　未来について考えるとき，問題は，公私の境界よりも，公私いずれの領域にも見られる不平等や女性に対する認識の欠如にあるだろう。だからこそ，平等と，個人やそのニーズの尊重に基礎を置く，公私の新しいバランスについて考えることが必要なのだ。

　この未来像に必要なのは，ジェンダーと福祉政策における新志向である。主要な論点は以下の通りである。

　　・公共圏と親密圏における平等（公 / 私における平等な分業）
　　・ケアワークについての認知 / 価値評価

・個人の自律と無料のケアネットワーク
・ライフコースや個人の選択の脱ジェンダー化
・身体的差異の承認(ケアワーク,妊娠)
・あらゆる人に対する市民権の保障(シングルマザーや移民などの排除されたグループに対しても)

　女性運動の半公共性は,言説や経験を私的な領域から取り出して公的な議論の俎上に載せることを目的としてきた。そして,ケアワークにみられるような新しい公私モデルを発展させることをめざしている。また,ジェンダーのイデオロギーによって強制されたり抑制されたりすることなく,ジェンダーからの自由を謳歌できる個々の人間というイメージを広めてきた。公私の新しいバランスという未来像に向けた観念とインスピレーションがここに見出せる。

•参考文献•

Castells, Manuel. 1996-1999. *The Information Age*: Economy, *Society and Culture*. Malden, Mass. et al.: Blackwell

Connell, Raewyn. 1994. *Masculinities*. Berkeley, Calif.: University of California Press.

Fraser, Nancy. 2009. "Feminism, Capitalism and the Cunning of History." In: *New Left Review*, 56: 97-117.

Frevert, Ute. 1995. „Mann und Weib, und Weib und Mann". *Geschlechter-Differenzen in der Moderne*. München: Beck.

Habermas, Jürgen 1989. *The Structural Transformation of the Public. An Inquiry into a Category of Bourgeois Society*. Cambridge, Mass.: MIT Press.(細谷貞雄訳『公共性の構造転換』未來社).

平塚らいてう 1918「母性保護の主張は依頼主義か」『婦人公論』3(5).

Honegger, Claudia 1991. *Die Ordnung der Geschlechter. Die Wissenschaften vom Menschen und das Weib 1750-1850*. Frankfurt am Main: Campus.

木本喜美子 2003『女性労働とマネジメント』勁草書房.

Lenz, Ilse. 2010. *Die Neue Frauenbewegung in Deutschland. Abschied vom kleinen Unterschied. Eine Quellensammlung*. 2. Auflage. Wiesbaden.

Lenz, Ilse. 2013. „Differente Partizipation: Die Frauenbewegungen im modernen Japan." In: Mae, Michiko and Lenz, Ilse (eds.) *Frauenbewegung in Japan: Gleichheit, Differenz, Partizipation*. Wiesbaden: VS Verlag.

Lenz, Ilse. 2013a. Geschlechterkonflikte um die Geschlechterordnung im Übergang. Zum neuen Antifeminismus. In: Appelt, Erna; Aulenbacher, Brigitte; Wetterer, Angelika (ed.) *Gesellschaft – Feministische Krisendiagnosen*. Münster: Westfälisches Dampfboot.

Lessenich, Stefan. 2008. *Die Neuerfindung des Sozialen. Der Sozialstaat im flexiblen Kapitalismus*. Bielefeld, Transcript.

Mackie, Vera. 1997. *Creating Socialist Women in Japan. Gender, Labour and Activism 1900–1937*. Cambridge University Press.

———. 2003. *Feminism in Modern Japan: Citizenship, Embodiment and Sexuality*. Cambridge: Cambridge University Press.

Mae, Michiko and Lenz, Ilse (eds.) 2013. *Frauenbewegung in Japan: Gleichheit, Differenz, Partizipation*. Wiesbaden: VS Verlag.

溝口明代・佐伯洋子・三木草子編 1992–1995.『資料日本ウーマン・リブ史 [1] ～ [3]』松香堂.

Neuss-Kaneko, Margret, Kaneko. 1990. *Familie und Gesellschaft in Japan von der Feudalzeit bis in die Gegenwart*. München: Beck.

Nolte, Sharon and Hastings, Sally. 1991. "The Meiji State's Policy towards Women, 1890–1910." In: Bernstein, Gail (ed.) *Recreating Japanese Women: 1600–1945*. Berkeley, Calif.: University of California Press, pp. 690–713.

Ochiai, Emiko. 1996. *The Japanese family system in transition*. Tokyo: LCTB International Library Foundation.

大沢真理 2007『現代日本の生活保障システム ―― 座標とゆくえ』岩波書店.

Pfau-Effinger, Birgit. 2000. *Kultur und Frauenerwerbstätigkeit in Europa. Theorie und Empirie des internationalen Vergleichs*. Opladen.

Snow, David; Soule, Sarah; Kriesi, Hanspeter (ed.) (2004): *The Blackwell companion to social movements*. Malden u.a.: Blackwell.

鈴木裕子 1986『フェミニズムと戦争 ―― 婦人運動家の戦争協力』マルジュ社.

上野千鶴子 1982『主婦論争を読む（全2巻）』勁草書房.

——— 1998『ナショナリズムとジェンダー』青土社.

第11章 アジアの市民的公共圏と市民社会
―― 新たな公共性に向けて

五十嵐誠一

はじめに

　市民的公共圏と市民社会に関する議論が，百花繚乱の様相を呈している。今やこの2つの概念は，法学，政治学，社会学，経済学，政策科学などの社会科学は言うに及ばず，哲学，文学，歴史学，教育学などの人文科学をも貫く超学際的な概念に成長を遂げたといっても過言ではあるまい。

　端的に言って市民的公共圏とは，政治権力と経済権力から独立し，市民が自律的かつ合理的な議論を行う場を意味する。そこでのアソシエーションの役割を重視するなら，市民社会という概念で言い換えることも許されよう。いみじくもチャンが「圧縮された近代」と呼ぶように (Chang 2010)，アジアは数世紀かけてヨーロッパで展開した政治，経済，社会，文化の変容を時空間的に極めて圧縮された形で経験してきた[1]。このような急速な構造的変化は，多くの国で市民社会という空間の拡大を促してきたことは間違いない。変化が生じているのは，国内だけではない。各国で成長を遂げた市民社会は，国境を超えてネットワークを形成し，地域内で「トランスナショナル市民社会」(Transnational Civil Society = TCS) と呼びうる空間領域を創出している。1990年代後半以降に，アジアの市民社会に関する学術書が矢継ぎ早に

---

1) 本章で言うアジアとは，概ね東北アジア，東南アジア，南アジアの3つの地域を指す。

刊行されていることは，このような市民社会の成長ぶりを反映していよう (岩崎 1997a; 西川・蕭 2007; 田坂 2009; Farrington and Lewis 1993; Yamamoto 1995; Heyzer, Riker, and Quizon 1995; Clarke 1998; Lim, Smith, and Dissanayak 1999; Callahan 2000; Schak 2003; Kitley 2003; Lee 2004; Alagappa 2004; Quadir and Lele 2004; Piper and Uhlin 2004)。むろん，全ての国で市民社会が一様に成長を遂げているわけではない。強権的な政治体制の下で市民社会の自律性が極めて制限されている国も，アジアには未だに多く存在する。アジアという地域を鳥瞰すると，市民社会の成長と停滞という二面性がみて取れる。それでも，過去30年というタイムスパンでみた場合，成長が停滞を凌駕していることは疑いを入れない。

　本章では，このように変容を遂げるアジアの市民的公共圏と市民社会の現状，特徴，機能を俯瞰的に考察し，その全体像を捉えることを主たる目的とする。その主題の背景には，市民社会が国家レベルのガバナンスはもちろん，地域レベルのガバナンスにも変容をもたらすほど成長を果たしつつあるという認識がある。かかる認識から本章では，国家レベルの市民社会アクターに加え，未だ十分に研究が進んでいるとは言い難い地域レベルのTCSアクターの役割にも着目する。現在，アジアでは，東アジア共同体構想に代表されるように，地域主義（リージョナリズム）に関する議論が活況を呈しているが，市民社会の役割については等閑視されている感は否めない (進藤・平川 2006; Severino 2006; 山本・天児 2007; Mudi 2010; Sáez 2011)。本章の考察は，このような先行研究の間隙を埋め，新たな分析的地平を切り開く役目を果たそう。

　第1節では，本章の中心的概念となる市民的公共圏および市民社会とそれに関わる諸概念の整理を行う。その上で，地域レベルのTCSに関する分析視角を検討する。第2節では，定量的側面からアジアの市民的公共圏と市民社会の現状を把握する。第3節では，ナショナル・レベルにおける市民社会の成長と停滞の様相を各国の実態を参照しながら考察する。ここでは，政治システムへの対抗力としての市民社会，弱い国家を補完する市民社会，政府管理下の市民社会，抑圧された市民社会に大別して検討する。第4節では，市民社会アクターのイシュー（争点）志向性とシステムとの対抗的関係に注目しながら，地域レベルのTCSネットワークの実体と役割を具体的な事例

第 11 章　アジアの市民的公共圏と市民社会

を通じて考察する。ここではまず，地域機構の政策決定過程に TCS アクターが明確に関与した事象として，「東南アジア諸国連合」(Association of Southeast Asian Nations＝ASEAN) の憲章制定過程に着目する。次いで，TCS ネットワークが比較的発達している 4 つのイシュー，すなわち人権，移民労働，環境，紛争予防を取り上げて，そこでの TCS ネットワークの活動を実証的に検証する。最後に，本章の考察をまとめながら，今後の展望を示す。

1　分析の視点

1-1．市民的公共圏と市民社会

　現代における市民的公共圏および市民社会の議論は，批判理論の旗手とも言えるフランクフルト学派のハーバーマスに端を発する。ハーバーマスは社会空間を，相互理解を志向する社会的行為者による直接的なコミュニケーションから成る生活世界と，権力と貨幣の非人格的な交換から構成されるシステムとに分け，前者の中に親密圏と公共圏，後者の中に国家と市場をそれぞれ配置した (ハーバーマス 1987)。
　ハーバーマスによれば親密圏とは，市民層の中に形成された小家族の空間であり，愛と自由と教養を特徴とする (ハーバーマス 1994: 65-68)。より広義には親密圏は，家族に限らず，毎日顔を合わせる友人などを含む人間関係の総体とも言えよう[2]。親密圏は，18 世紀にサロンやカフェなどで芸術を語り合う文芸的公共圏を育む基盤となり，それが国家を含む公的な話題を語り合う批判的空間としての政治的公共圏へと発展していった。しかし，高度資本主義の発展に伴い，政治システム（権力）と経済システム（貨幣）による生活世界の侵犯（「生活世界の植民地化」）が進むと，公共圏は国家の外部の批判的空間としての機能を次第に喪失していった (ハーバーマス 1994: 215-236)。このようなシステムによる生活世界への侵犯を阻止し，公共圏がその批判的

---

[2]　例えば，齋藤は，「具体的な他者の生／生命への配慮・関心によって形成・維持される」領域と定義する (齋藤 2000: 92)。

機能を回復させてゆくことが現代的課題として論じられている。

その生成過程から窺えるように公共圏とは，政治権力と経済権力から独立し，市民が公共性に関して自律的かつ合理的に議論する場に他ならない。かかる性格ゆえに，公共圏はしばしば「市民的公共圏」とも呼ばれる。より主体に注目するなら，それを国家と市場とは区別されたアソシエーションとネットワークの領域としての「市民社会」と言い換えることも許されよう。ハーバーマスは，市民社会の制度的核心を，「自由意志にもとづく，非国家的・非組織的な共同決定および連帯的結合」とし，「これらの決定と連帯的結合によって，公共圏のコミュニケーション構造は生活世界の社会的構成要素に根をもつ」と唱える（ハーバーマス 2003: 97）。そうした市民社会は，自生的に成立した団体，組織，運動によって成り立っており，その核心をなすのは「成立した公共圏の枠内で一般的関心を引く問題のために問題解決討論を制度化する，連帯的結束にかんする制度」である（ハーバーマス 2003: 97）。市民社会の「いくつかの例を挙げれば，教会，文化的なサークル，学術団体を初めとして，独立したメディア，スポーツ団体，レクリエーション団体，弁論クラブ，市民フォーラム，市民運動があり，さらに同業組合，政党，労働組合，オルターナティブな施設にまで及ぶ」（ハーバーマス 1994: xxxviii）。付言するに，「非政府組織」(Non-Governmental Organization) や「非営利組織」(Non-Profit Organization) は，市民社会の領域で活動する代表的なアクターである[3]。社会改革を求める様ざまな社会運動も，市民社会の重要な担い手と言えよう[4]。

我が国では，公共圏と公共性が同義に扱われることが多いが，概念の分析的有効性を確保するためには，両者を峻別しておく必要があろう[5]。齋藤に

---

[3] 我が国では，海外で援助活動などに従事する組織を NGO，地域の福祉活動など国内で活動する組織を NPO と呼ぶことが多い。本章では，両者をとくに区別しないで用いる。

[4] 例えば，現代市民社会論の代表的論客であるコーヘンとアラトーは社会運動を，「活発で近代的な市民社会の鍵となる特徴」「市民生活への参加の一形態」であり，「諸権利の拡大，市民社会の自律性の防御，市民社会のさらなる民主化を求める社会運動は，民主的な政治文化をより存続させ」，「現代市民社会のポジティブな潜在力を具象化しうる動的な要素」と捉えている（Cohen and Arato 1992: ix, 19-20, 492）。

[5] 当初，領域的な言論空間を意味するドイツ語の Öffentlichkeit が，「公共性」と訳されたことで概念の混乱を招いたことも少なからず事実であろう。こうした理由から花田は，「公共圏」と訳

よれば公共圏とは，不特定多数の人びとが織り成す言説の場であり空間に他ならない（齋藤 2000: x）。よって，公共圏を公共空間と言い換えることも許されよう。他方で，山口は，公共性を形成する空間を公共空間もしくは公共圏とし，公共性を判定する「正当性基準」を提起する。すなわち，社会的有用性，社会的共同性，公開性，普遍的人権，文化横断的価値観，集合的アイデンティティの特定レベル，新しい公共総論への開かれたスタンス，手続きにおける民主性である（山口 2003: 21-26）。

このように公共性が形成される場を公共圏と捉えた場合，それに関わるのは第三セクターとしての NGO や NPO だけではあるまい。第一セクターとしての国家政府，第二セクターに属する企業も関わってこよう。公共圏を広義に捉え，これら複数の主体によって公共性が形成される空間と捉えることも可能である[6]。それにも拘わらず，公共圏が市民的公共圏や自立的公共圏などと修飾語句を付して狭義に用いられるのは，システムに対抗しながら公共性を市民の手の中に取り戻し，それを再構築してゆく必要性が意識されているからに他ならない。市民社会による「新たな公」の創生とも言いうる。

複数の主体によって公共性が実現されうるという立場に立却するなら，システムに対する市民社会の批判的機能ばかりではなく，その補完的機能にも着目する必要があろう。開発経済の観点でみれば，他の主体が供給できない財やサービスを市民社会アクターが補完することを意味する。この現象を，重冨は「経済的スペース」という概念で説明する。図 11-1 の三角形は，個人が必要とする財やサービスの総量であり，網掛けの三角形は個人が政府，市場，コミュニティ（共同体）という手段を通じて獲得できる資源量を表す。空白の部分が，3 つのセクターによってカバーされない資源領域である。単純化が許されるなら，経済発展が乏しい国ほど空白領域が大きい。そこで，3 つのセクターが供給できない領域を埋めるために市民社会アクターとしての NGO が登場する。三角形のそれぞれの頂点が供給しうる資源領域の大き

すことを提唱している（花田 1996: 24-26）。
[6] 京都大学のグローバル COE「親密圏と公共圏の再編成をめざすアジア拠点」は，このような広義の定義を採用している（http://www.gcoe-intimacy.jp/staticpages/index.php/policy_ja）。以下，URL は全て 2011 年 9 月 30 日にアクセス確認済み。

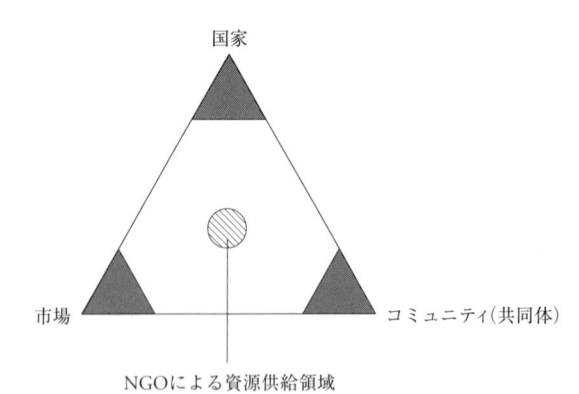

図 11-1　途上国における NGO の位置
(出所) 重冨 (2002: 42) の図1を一部修正して筆者作成。

さは，当然のことながら国家によっても分野によっても異なってこよう。また，空白が大きいからといって，必ずしも NGO の活動領域が大きいわけではない。1つには，NGO 自体の資金力といった内生的要因，もう1つには，NGO の活動を規制する政府の存在という外生的要因がある。後者を重冨は，「政治的スペース」と呼ぶ（重冨　2002: 43-48）。

以上の議論は，もっぱら国家や市場による資源供給が不十分な発展途上国が意識されているが，「小さな政府」を志向する先進国においても同様の議論が可能である。多賀が提起する「官民公私」という概念を踏まえて（多賀　1999: 140-141），上述の議論を敷衍してみよう。最も分かりやすいのは，高齢者介護の問題である。政府が国民の合意に基づき強制力を発揮して資金を集め，施設を作って行う。「官」である。そうした施設が企業によってビジネスとなる。「民」である。自宅で家族がお世話をする。「私」である。外苑を少し拡大すれば親密圏である。この3つの手段以外の方法として，町内会などの生活共同体によるお世話や NPO 法人による介護施設サービスがある[7]。「公」であり，市民社会（市民的公共圏）である（図 11-2）。

---

7)　山口は，共同体という概念を2つに区別する（山口 2004: 237-238）。1つは，家族を中心とした運命的な性格の血縁と地縁によって生み出され，個人を拘束する「運命共同体」である。これは，前述した親密圏に近く，それを包括するものと位置づけられる。もう1つは，人びとの選択

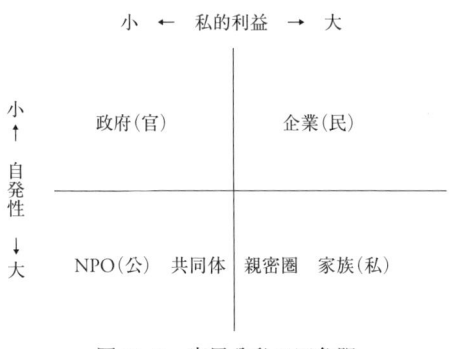

```
          小  ←  私的利益  →  大
               │
  小           │
  ↑   政府(官)  │   企業(民)
  自          │
  発──────────┼──────────
  性          │
  ↓           │
  大  NPO(公) 共同体│親密圏 家族(私)
```

図 11-2　官民公私の四象限
(出所) 筆者作成。

　さらに踏み込んでシステムと市民社会との関係を論じるなら，両者の協働関係も注目に値しよう。世界銀行の研究報告書にもあるように，政府と市民社会との協働関係は世界各国で観察され，市民社会は政府のアカウンタビリティを向上させることで，公共の利益を促進する堅固な官僚組織の形成と政策の実行を可能にしている (World Bank 2004: 1-4, 13-35)。協働関係は，第二セクターに属する民間企業との間でも生じており (山本 2000; 岸田 2006)，さらには政府，企業，NGO という三者による協働も広くみられる (長坂 2004; 小島・平本 2011)。国家政府の統治能力の低下が喧伝される現在，NGO・NPO や企業などの非国家アクターが政策に関わる姿が広く観察される。「協治」や「共治」としてのガバナンスである[8]。

　によって生まれた組織や集団で，そこで生じる関係の長期にわたる持続や共通の苦幸を拠点とした連帯感によって生じる「選択的 (連帯) 共同体」である。これは，上述の生活共同体とほぼ同義であり，市民的公共圏により近い。地域を媒介として新しい共同性を模索しようとする住民運動や町おこしなどは，その最たる例であろう。

8)　筆者は，ガバナンスを「統治」と訳すのは正確ではないと考えている。ガバメントが政府単独による「統治」，ガバナンスが複数の主体による「統治」を意味するとすれば，後者は「協治」もしくは「共治」と訳す方がより適切と思われる。

1-2. トランスナショナル市民社会と地域主義

「地球市民」や「地球市民社会」という言葉の氾濫が示すように，主権国家の枠を超えたトランスナショナルな空間領域を対象とした市民社会に関する議論も盛んである。とりわけ冷戦終結後にその実体化が急速に進み，グローバルなレベルで影響力を行使する場面もみられるようなった。例えば，1997年に対人地雷禁止条約（オタワ条約）を発効へと導いた最大の功労者は，「地雷禁止国際キャンペーン」(International Campaign to Ban Landmines = ICBL) という国際 NGO であった（目加田 2003: 67-113）。99 年にシアトルで開催された世界貿易機関の第 3 回閣僚会議を流会に追い込んだのは，そこに世界各地から終結した NGO や労働組合であった。クラスター爆弾禁止条約（オスロ条約）が 2007 年に制定される過程でも，約 200 の NGO からなる「クラスター爆弾連合」(Cluster Munitions Coalition = CMC) が主導的な役割を果たした（目加田 2009）。地雷やクラスター爆弾の禁止という新たな国際規範の促進に貢献した NGO のトランスナショナルな活動は，国際レベルでの政治システムに対する対抗機能と言えよう。

他方で，シアトルの事例が端的に示すように，「ターボ資本主義」(turbo capitalism) や「カジノ資本主義」(casino capitalism) と揶揄されるほど加速度を増す経済のグローバリゼーション (Strange 1986; Luttwak 1999)，より正確にはグローバル資本主義が急速に拡大する中で，その修正を要求するグローバルな市民社会運動が世界各地で展開している。「反グローバリゼーション運動」，「反企業グローバリゼーション運動」，「オルター・グローバリゼーション運動」などとも呼ばれよう (George 2004; Juris 2008)。市民社会の経済システムに対する批判的機能も，国境を超えたグローバルなレベルで発揮されている。

むろん，NGO は，政治的なアドボカシー活動にのみ従事しているわけではない。NGO は，早くから災害救助，飢餓救済，開発援助，難民救済などを初めとする社会経済分野の活動を展開してきた。周知のように国際連合は，このような NGO との協力関係を育んできた。国連憲章第 71 条に従い，必要に応じて「経済社会理事会」(Economic and Social Council = ECOSOC) は，そ

の活動に関心を持ち，国際経済，社会，文化，教育，衛生，科学，技術，人権の分野で国連の目的の達成に貢献する NGO と協議できる。この協議資格を持つ NGO が，いわゆる ECOSOC・NGO である[9]。このようなグローバルなレベルにおける複数のアクターによる「協治」とも「共治」とも言いうる動きを「グローバル・ガバナンス」という概念で捉えた研究が，1990年代になってから盛んである (Rosenau and Czempiel 1992; Paolini, Jarvis, and Reus-Smit 1998)。

　ナショナルとグローバルとの間にあるリージョナルなレベルではどうであろうか。先行研究を俯瞰するに，リージョナル・レベルの市民社会に関する研究は，理論的にも実証的にも未だ萌芽段階にあるのが実状であろう。既存の地域主義研究では，国家中心的な理論とアプローチが支配的であり，政府間合意を通じた条約や地域機構などのフォーマルな制度面ばかりに注目が集められている。しかし，現実レベルでは，それを凌駕する勢いでイシューやアイデンティティにより密接に関わる市民社会アクターによる地域の形成力学が拡大している。フォーセットの言葉を借りるなら，前者を「ハード地域主義」，後者を「ソフト地域主義」と呼びうる (Fawcett 2004: 433)。さらに後者は「イシュー志向型地域主義」とも言い換えられよう。

　1990年代半ばに批判的国際関係論から派生して登場した「新地域主義アプローチ」(New Regionalism Approach = NRA) は，市民社会による「下」からの「ソフト地域主義」を強調したアプローチを展開している点で注目に値する。NRA は，地域主義を地域的プロジェクトに関連するアイデア，アイデンティティ，イデオロギー，地域化を地域的空間を生み出す地域的相互作用のプロセスと捉える。後者の地域化プロセスに着目する NRA は，社会的，文化的，経済的ネットワークがフォーマルな政治的協力よりも急速に拡大しているという認識から，国家（政府）を「上」からの地域主義の主体，市場（企業）と市民社会を「下」からの地域主義の主体と位置づける (Schulz, Söderbaum, and Öjendal 2001: 250-255)。ただし，企業と市民社会は，同じ「下」からの主体であっても相補的な関係にあるとはかぎらない。しばしば両者は

---

9) http://esango.un.org/paperless/reports/E2010INF4.pdf

拮抗的な関係を呈するとNRAは捉える。このような行為主体の設定は，前述したハーバーマスの議論を踏襲したものと言える。

例えば，NRAの代表的論客であるヘトネは，ポランニーの「二重運動」を分析枠組みに採用し，現在の市場志向のグローバリゼーションを「第一の運動」，それを「政治化」もしくは社会へ「再埋込」しようとする様ざまな政治勢力が「第二の運動」を形成しているという認識を示す。この「第二の運動」の一形態が，とりわけ冷戦終結後に各地で深化を遂げる「新しい地域主義」とそこで形成されるTCSであり，これらがポスト・ウエストファリア的な国際秩序への促進剤になるとヘトネは主張する (Hettne 2003: 30-38)。

しかし，「第二の運動」としての「新しい地域主義」は，経済のグローバリゼーションへの対抗軸となっているわけではない。1930年代に跋扈した保護主義的な「自己志向型地域主義」と異なり，「新しい地域主義」の多くは開放的な「新自由主義型地域主義」を志向しており，むしろ経済のグローバリゼーションの推進力となっている (Hettne 2003: 30-38)。NRAは，このような志向性に修正を迫る主体として地域のTCSを位置づける。ミットルマンは，そうしたボトムアップ型の対抗力を「改革型地域主義」と呼んでいる (Mittelman 2000: 128-129)。既にTCSによる「改革型地域主義」は，各地域で実体化しており，「新自由主義型地域主義」に修正を迫る機能を果たしつつある。

実証事例として注目されるのは，「オルターナティブな地域主義に向けた民衆アジェンダ」(People's Agenda for Alternative Regionalisms = PAAR) という緩やかなTCSネットワークであろう。PAARには，東南アジアの「アジア民衆によるアドボカシー連帯」(Solidarity for Asian People's Advocacy = SAPA)，南アジアの「民衆による南アジア地域協力連合」(People's SAARC)，南北アメリカの「半球社会連合」(Hemispheric Social Alliance = HAS)，南部アフリカの「南部アフリカ民衆連帯ネットワーク」(Southern African People's Solidarity Network = SAPSN)，欧州の「トランスナショナル・インスティチュート」(Transnational Institute = TNI) など，いずれも100を超えるNGOからなるTCSネットワークが関わっている。これらのネットワークは，各々の地域で形成された地域機関が主導する「上」からの「新自由主義型地域主義」に修正を迫るべく，

「下」から「オルターナティブな地域主義」を掲げて様ざまな政策提言を行っている[10]。

さらに，リージョナルなレベルにおいても，市民社会と地域機関との協調的な関係がみられる。例えば，1951年に南北アメリカの国々の平和と安全保障・紛争の平和解決や加盟諸国の相互躍進を目指して発足した「米州機構」(Organization of American States = OAS) は，NGOとの協力関係を促進するために，99年に市民社会の参加を制度化するガイドライン (Resolution CP / RES. 759) を採択している。2010年12月末現在，342のNGOがOASによって認証されており，その多くがTCS組織である[11]。ヨーロッパの統合に取り組むために49年に設立された「欧州評議会」(Council of Europe = CoE) も，早くからNGOとの協力関係を構築してきた。現在のCoEの主要な課題は，NGOと市民社会を強化し，汎欧州を基盤とする参加型民主主義を促進することにある[12]。後述するように，ASEANにおいても，政策決定過程への市民社会アクターの参画が進んでいる。地域主義の深化とTCSの成長に伴い，アチャルヤの言う「参加型地域主義」が各地域で具現化されつつある (Acharya 2003)。

② アジアの市民的公共圏と市民社会の定量的検討

2-1. ナショナル・レベル

アジアの市民的公共圏と市民社会の具体的な特徴を考察する前に，定量面からその全体像を捉えておきたい。市民的公共圏と市民社会の成熟度を客観的に評価するのは困難ではあるが，「フリーダムハウス」(Freedom House) の指標は参考に値する。フリーダムハウスは，1972年に設立された非営利団

---

10) 詳しくは，PAARのウェブサイトを参照されたい (http://www.alternative-regionalisms.org/)。
11) http://www.oas.org/en/ser/dia/civil_society/faq.shtml, http://www.civil-society.oas.org/pages/Registry_ENG.htm
12) http://www.coe.int/t/ngo/overview_en.asp

表 11-1 政治的権利と市民的自由のサブ・カテゴリーの合計と評価

政治的権利		市民的自由	
合 計	評 価	合 計	評 価
36-40	1	53-60	1
30-35	2	44-52	2
24-29	3	35-43	3
18-23	4	26-34	4
12-17	5	17-25	5
6-11	6	8-16	6
0-5	7	0-7	7

(出所) http://www.freedomhouse.org/template.cfm?page=351&ana_page=364&year=2010 より筆者作成 (アクセス日は 2011 年 6 月 12 日)。

体であり，ニューヨークに本部を置き，73 年以来，世界各国の政治体制をモニタリングしてきた。同団体は，世界各国の自由度を継続的かつ慎重に考察しており，アメリカ国際開発援助庁や世界銀行なども，発展途上国への援助にあたってそのデータを参考にしている。

　フリーダムハウスは，政治的権利と市民的自由の 2 つの指標を用いて評価を行っている。その際に用いられているサブ・カテゴリーが，市民的公共圏と市民社会の成熟度，とりわけその政治システムからの自律性を測る上で参考になる。政治的権利には，(A) 選挙プロセス (3 項目でそれぞれに 4 ポイント)，(B) 政治的多元主義と参加 (4 項目でそれぞれに 4 ポイント)，(C) 政府の機能 (3 項目でそれぞれに 4 ポイント)，市民的自由には，(D) 表現と信念の自由 (4 項目でそれぞれに 4 ポイント)，(E) 結社と組織の権利 (3 項目でそれぞれに 4 ポイント)，(F) 法の支配 (4 項目でそれぞれに 4 ポイント)，(G) 個人の自律性と個人の権利 (4 項目でそれぞれに 4 ポイント)，がある (表 11-1)。この中でも (D) には自由で独立したメディア，宗教的施設・コミュニティの自由な実践，学問の自由，開放的で自由な私的討論，(E) には集会・デモ・開かれた公開討論の自由，NGO の自由，労働組合と農民組織の自由が含まれている。よって，この 2 つは，言説空間としての市民的公共圏とアソシエーションの領域としての市民社会の成熟度を図るメルクマールとして使用できよう。なお，政治的権利と市民的自由の評価の平均が 1 から 2.5 なら「自由」(free)，

3から5.0なら「部分的自由」(partly free), 5.5から7なら「非自由」(not free) に分類される (Karatnycky 2001: 597-598)。数字が小さいほど自由度が高い。この分類は，政治体制としての民主主義の成熟度に読み替えることができる。

以上のフリーダムハウスの指標を用いてアジア諸国の概況をまとめたものが表11-2である。アジアには，市民的公共圏と市民社会の自律性が確保されている国(モンゴル，台湾，韓国，日本，インド，フィリピン，インドネシア，東ティモール)，自律性が極めて制限されている国(ブルネイ，ベトナム，中国，ラオス，ミャンマー，北朝鮮)，両者の中間にある国(モルディブ，ネパール，バングラデシュ，スリランカ，マレーシア，シンガポール，タイ，パキスタン，カンボジア，ブータン)まで，多様な国が存在することが読み取れよう。

他方で，社会的，文化的，経済的活動を中心とする非営利セクターとしての市民社会にも目を向けるなら，市民社会の自律性に制限を課す「部分的自由」と「非自由」に分類される諸国においても，それが拡大している様子がみえてくる。ここでは，市民社会アクターとしてのNGOの総数に注目したい。表11-3は，「国際団体連合」(Union of Inter-national Associations = UIA) が毎年刊行する『国際組織年鑑 (*Yearbook of International Organizations*)』のデータをまとめたものである。図から明らかなように，冷戦終結後，北朝鮮を除き全ての国でNGOの数は増加傾向を示している。

アジアの市民的公共圏と市民社会の成長を促す要因として，まず冒頭でも述べた「圧縮された近代」が挙げられよう。アジアは，欧米が数世紀かけて経験してきた近代化，より端的には市場経済化と民主化を半世紀あまりの間に経験した。市場経済の原理を活用した資本主義イデオロギーは，冷戦の終結を経てさらに加速度を増しながらアジアにも浸透し，今や社会主義国(中国，ベトナム，ラオス)までもが市場経済の導入を積極的に進めている (Chang 2005: 251-258)。

このような市場経済を通じた経済成長は，必然的に中間層を増大させた。成長した中間層は，各国でNGOなどの市民社会アクターの担い手となっている (Yamamoto 1995: 10-11)。また，第3節でみるように，中間層は，フィリピン，韓国，バングラデシュ，インドネシアなど各国で，非民主主義体制

表 11-2　フリーダムハウスによるアジア諸国の政治的権利と市民的自由 (2010 年)

	政治的権利					市民的自由					
	A	B	C	合計	評価	D	E	F	G	合計	評価	ステイタス
モンゴル	10	15	10	35	2	15	11	12	12	50	2	自由
台湾	11	15	10	36	1	15	10	14	13	52	2	自由
韓国	11	15	10	36	1	14	11	13	12	50	2	自由
日本	12	15	10	37	1	13	10	15	13	51	2	自由
インド	11	14	9	34	2	13	10	9	10	42	3	自由
フィリピン	6	9	6	21	4	13	8	5	10	36	3	部分的自由
インドネシア	11	13	6	30	2	11	9	6	9	35	3	自由
東ティモール	11	11	6	28	3	12	7	6	9	34	4	部分的自由
バングラデシュ	9	11	6	26	3	9	8	7	9	33	4	部分的自由
モルディブ	9	9	7	25	3	8	8	8	8	32	4	部分的自由
ネパール	6	11	4	21	4	10	6	6	7	29	4	部分的自由
スリランカ	8	8	6	22	4	8	7	6	9	30	4	部分的自由
タイ	3	5	4	12	5	9	6	6	11	32	4	部分的自由
マレーシア	6	8	6	20	4	9	6	6	8	29	4	部分的自由
パキスタン	6	9	4	19	4	7	7	4	6	24	5	部分的自由
カンボジア	3	5	3	11	6	9	5	1	6	21	5	非自由
シンガポール	4	6	7	17	5	9	3	7	12	31	4	部分的自由
ブータン	7	7	6	19	4	8	3	5	8	24	5	部分的自由
ブルネイ	0	3	3	7	6	6	3	6	8	23	5	非自由
ベトナム	0	1	1	2	7	6	1	4	8	19	5	非自由
中国	0	1	1	1	7	4	3	2	7	16	6	非自由
ラオス	0	1	0	1	7	4	1	2	5	12	6	非自由
ミャンマー(注)	0	0	0	-3	7	2	0	0	3	5	7	非自由
北朝鮮	0	0	0	0	7	0	0	0	1	1	7	非自由

(出所) http://www.freedomhouse.org/template.cfm?page=553 より筆者作成 (アクセス日は 2011 年 6 月 12 日)。市民的自由の D と F の合計順に並べた。
(注) 政治的権利に関する質問で全てもしくはほとんどがゼロの評価で、かつ付加的質問の答えがネガティブの場合に、政治的権利の合計をマイナスにしている (http://www.freedomhouse.org/report/freedom-world-2010/checklist-questions-and-guidelines) (アクセス日は 2011 年 6 月 12 日)。

の打倒を求める市民社会運動を牽引し、少なからず民主主義体制への移行の原動力となったわけだが、そうした民主化の進展が市民的公共圏と市民社会のさらなるエンパワーメントをもたらした。

　「小さな政府」を目指す新自由主義の浸透も、市民社会の連帯を促進している。アジアの市民社会は、第 4 節でみるように、新自由主義の負の影響に

表 11-3　アジア各国の NGO の数の推移

	1990 年	1995 年	2000 年	2005 年	2010 年
日本	2,448	3,309	3,959	5,954	6,180
インド	2,140	2,859	3,416	5,134	5,422
中国	1,087	1,768	2,311	3,666	4,009
韓国	1,243	1,789	2,306	3,428	3,742
フィリピン	1,392	1,885	2,261	3,385	3,501
タイ	1,143	1,584	1,932	2,958	3,118
マレーシア	1,169	1,612	1,976	2,964	3,099
インドネシア	1,186	1,646	1,991	2,948	3,067
シンガポール	1,055	1,461	1,822	2,842	2,985
台湾	854	1,368	1,742	2,654	2,821
パキスタン	953	1,349	1,618	2,383	2,503
スリランカ	932	1,207	1,390	2,022	2,072
バングラデシュ	672	998	1,202	1,787	1,860
ベトナム	283	576	892	1,456	1,621
ネパール	383	633	839	1,353	1,458
モンゴル	122	226	396	701	802
カンボジア	158	185	363	651	759
ミャンマー	268	331	433	640	667
ブルネイ	182	256	330	483	512
ラオス	93	145	246	422	481
北朝鮮	173	252	256	405	375
モルディブ	72	99	146	222	252
ブータン	66	113	139	225	253
東ティモール	–	–	11	133	164

(出所) Union of International Associations が刊行する *Yearbook of International Organizations* の 1990-1991 年版，1995-1996 年版，2000-2001 年版，2011-2012 年版より筆者作成。

対する懸念からシステムへの対抗力を増大させている。その一方で，市民社会アクターは，縮小する政府サービスを補完するために様ざまな社会経済的サービスを提供することが求められるようになり，非営利セクターとしての市民社会の役割が拡大している。

　これに関連して，NGO の果たす役割の有効性を政府が認知し，何らかの形で非営利セクターの成長を戦略的に支援する姿も各国で見られるようになった (Hasan, Lyons, and Onyx 2008: 3-4)。そのことは，法制度の整備からも

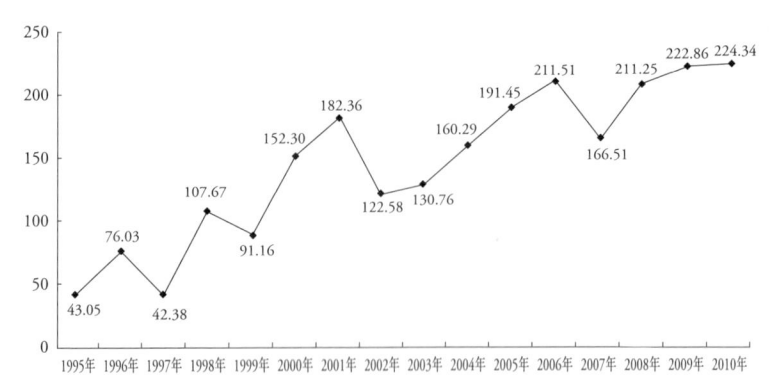

図 11-3　DAC 諸国によるアジア地域への援助額（政府と市民社会関連）の推移（百万ドル）

（出所）http://stats.oecd.org/Index.aspx?DataSetCode=CRSNEW より筆者作成（アクセス日は 2012 年 4 月 3 日）。

端的に窺えよう。例えば，NGO・NPO への高まる期待を受けて，日本では 1998 年に NPO 法，韓国では 2000 年に NPO 支援法が成立している。インドネシアやカンボジアでも，NGO に関する新たな法制定の動きが進んでいる[13]。

以上の要因に加え，海外からの市民社会への支援という国際的な要因も看過できまい。図 11-3 は，DAC 諸国によるアジア地域への援助のうち，政府と市民社会に関する額を抽出したものである。市民社会への支援は，おおむね増加傾向にあることが読み取れよう。

2-2. リージョナル・レベル

アジア域内の国境を越えた市民社会ネットワークの総数を正確に把握することは極めて困難ではあるが，ここでは再び『国際組織年鑑（*Yearbook of International Organizations*）』を参照したい。同年鑑には，同じ地域でメンバー

---

[13] http://www.icnl.org/research/monitor/indonesia.html および http://www.icnl.org/research/monitor/cambodia.html を参照されたい。ただし，カンボジアにおいては，NGO 活動を規制する側面があるとの懸念が NGO から出されている。

図11-4　アジア域内でのNGOネットワークの数
(出所) Union of International Associations が刊行する *Yearbook of International Organizations* の 2001/2002年版から2011/2012年版より筆者作成。

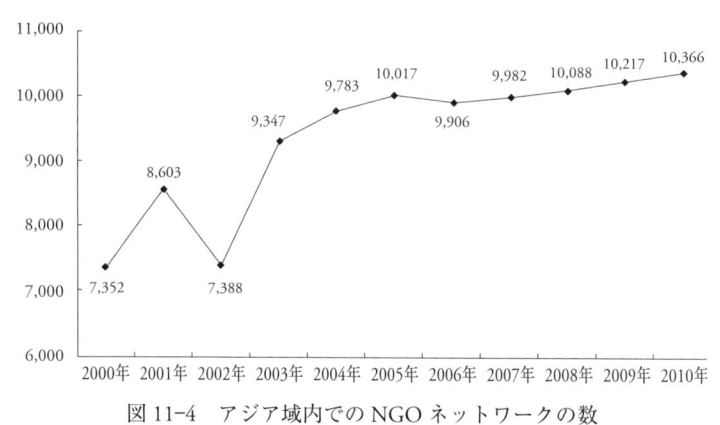

を持つNGOの数が掲載されている。図11-4から，ここ10年でみても，アジア域内でNGOのネットワークが増加していることが窺えよう。

このことを端的に裏づける別の統計資料として，分野は限定されるが，日本国際交流センターが提供するものがある。同センターは，東アジアおよび太平洋地域の安全保障問題に関する非政府間の政策対話，いわゆるトラックIIのモニターを実施している。そのデータによれば，政策対話の数は図11-5のように推移している。別の定量的研究も，アジアが市民生活や社会面・文化面において濃密なネットワークを共有していることを証明している（毛里・森川 2006）。地域内部のTCSアクターの発達を裏づける定性的な研究も蓄積されつつあり（Aviel 1999; Aviel 2000; Piper and Uhlin 2002; Piper 2005; 五十嵐 2005; 五十嵐 2009; 五十嵐 2011b; Igarashi 2011），TCSアクターによる「下」からの地域主義は着実に成長を遂げつつある。

TCSネットワークの成長を促している要因として，第一に急速に進む情報通信革命を挙げられよう（Yue and Lim 2002）。とりわけインターネットの普及は，目的を同じくするNGO同士の国境を超えた連帯をよりに容易し，サイバースペースを利用したアドボカシーをも可能にした（Lai 2004）。

第二に，国境を超えた市民社会の連帯は，環境破壊や移民労働などの一国の枠内では対処が困難な越境的問題の顕在化によって促されている。市民社

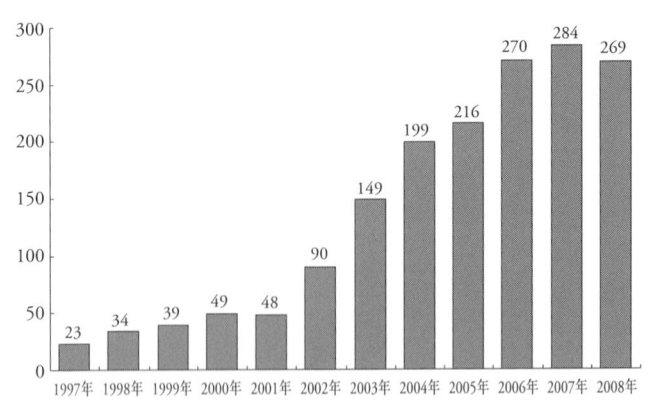

図 11-5　東アジアおよびアジア太平洋における安全保障問題に
　　　　関するトラック II の数
（出所）日本国際交流センターのウェブサイトより筆者作成（http://www.jcie.or.jp/
japan/gt_dm/）（アクセス日は 2011 年 6 月 12 日）。1997 年のみ対象期間が 7
月から 12 月。

会アクターが，イシュー志向と呼ばれる所以である。TCS アクターは特定のイシューを重視しながら，社会正義の実現を求めて，市場優先の「新自由主義型地域主義」とも呼ばれる「上」からの地域主義に修正を迫っている（五十嵐 2010）。

　第三に，アジアを 1 つの共同体とみなす共通意識の存在であり，それはアジアという共通のアイデンティティとも言い換えられよう。そのことは，自身をアジア人だと考える人の割合の高さからも端的に窺えよう（福島・岡部 2007: 373）。アジア諸国が共通の経済的，文化的，政治的目的を分かち合っているという認識が，NGO 間の密接なネットワークの形成を促進している（Yamamoto 1995: 16-17）。このようなネットワークの強化は，さらにアジアというアイデンティティを下方から醸成してゆこう。

　第四の要因は，政府間の地域協力の発達である。図 11-6 が示すように，アジアでは地域協力の枠組みが重層的に形成されている。こうした枠組みを介した地域全体へのフィードバックがより期待できるようになったことから，市民社会アクターは以前にも増して国境を超えたネットワークを形成しながら地域機構等への提言，関与，参画に取り組むようになっている。その

第 11 章　アジアの市民的公共圏と市民社会

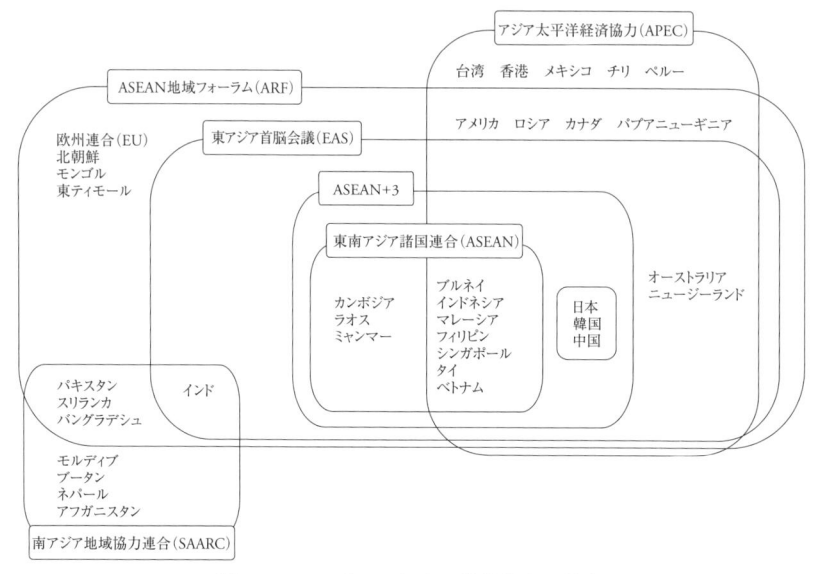

```
┌─────────────────────────────────────────────────────────────┐
│                    アジア太平洋経済協力(APEC)                  │
│  ┌──────────────────────────────────────────────────────┐  │
│  │ASEAN地域フォーラム(ARF)   台湾　香港　メキシコ　チリ　ペルー│  │
│  │                                                        │  │
│  │欧州連合(EU)  ┌─東アジア首脳会議(EAS)─┐ アメリカ ロシア カナダ パプアニューギニア│
│  │北朝鮮        │                        │               │  │
│  │モンゴル      │   ┌─ASEAN+3─────┐     │               │  │
│  │東ティモール  │   │              │     │               │  │
│  │              │   │ ┌東南アジア諸国連合(ASEAN)┐       │  │
│  │              │   │ │               │オーストラリア   │  │
│  │              │   │ │カンボジア ブルネイ│ニュージーランド│  │
│  │              │   │ │ラオス インドネシア│               │  │
│  │              │   │ │ミャンマー マレーシア┌日本┐     │  │
│  │              │   │ │      フィリピン │韓国│       │  │
│  │パキスタン    │インド│      シンガポール│中国│       │  │
│  │スリランカ    │   │ │      タイ       └───┘       │  │
│  │バングラデシュ│   │ │      ベトナム                 │  │
│  │              │   │ └───────────────┘               │  │
│  │モルディブ    │   └──────────────┘                   │  │
│  │ブータン      │                                        │  │
│  │ネパール      │                                        │  │
│  │アフガニスタン│                                        │  │
│  │南アジア地域協力連合(SAARC)                             │  │
│  └──────────────────────────────────────────────────────┘  │
└─────────────────────────────────────────────────────────────┘
```

図 11-6　アジアにおける地域協力の枠組み

(出所) 筆者作成。

最たる例が，第 4 節で取り上げる ASEAN である。

3　アジアの市民社会の成長と停滞

3-1. ピープルパワーと市民社会

　1980 年代後半以降，アジアでは各地でハーバーマスの言う市民的公共圏および市民社会の批判的機能が顕在化した。「ピープルパワー」と呼ばれる市民の結集である。フィリピン (86 年) を皮切りに，韓国 (87 年)，ミャンマー (88 年)，中国 (89 年)，ネパール (90 年)，バングラデシュ (90 年)，タイ (92 年)，インドネシア (98 年)，マレーシア (98 年) を，民主化を求める「ピープルパワー」が席巻した。ミャンマー，中国，マレーシアの「ピープルパワー」は抑圧され民主化は頓挫したが，それ以外の国では民主化という

政治変動を実現させる原動力となった。
　フィリピンでは，1970年代後半から続く経済危機，さらに83年8月のアキノ暗殺事件という政治危機によって，72年から続くマルコス独裁体制の正統性が一気に失墜し，ビジネスの中心地であるマカティで反政府民主化運動が高揚する。この民主化運動は，86年2月に頂点を迎え，とりわけマニラのエドサ通りには100万の市民が集結した。圧倒的な市民の力を前にマルコス大統領は抑圧を断念し，市民革命が成就した（五十嵐 2011a: 126-210）。
　韓国では，1979年12月の粛軍クーデターによって政権を掌握した全斗煥（チョンドゥファン）が，87年になると大統領の任期満了後に院政を敷こうと企てたことに加え，学生運動家の拷問致死事件が発覚したことで，市民の怒りは頂点に達する。学生を中心とする反政府民主化運動への参加者は，100万人にも膨れ上がった。こうした市民による民主化圧力の末，全斗煥の後継指名を受けた盧泰愚（ノテウ）は87年6月29日に「民主化宣言」を打ち出し，民主化移行が実現した（Kim 2000: 77-104）。
　ネパールでは，1962年以来，パンチャヤートと呼ばれる制度の下で国王が政治権力を掌握していた。だが，独裁的統治への不満が次第に鬱積し，90年2月には遂にネパール会議派と統一左翼戦線の主導によりパンチャヤートの破棄と複数政党制の導入を求めるデモが開始される。それには知識人，学生，公務員などが合流し，反政府民主化運動は大きく膨れ上がった。この民主化圧力を受けて国王は，4月にパンチャヤートの破棄を宣言，11月に立憲君主制を謳った新憲法が採択され，複数政党制が導入された（Shresthad 1998）。
　エルシャド大統領の下で事実上の軍事政権にあったバングラデシュでは，主要野党連合がエルシャドの退陣を求めて集結し，それが主導する反政府民主化運動は1990年11月に頂点を迎える。とりわけ首都ダッカで運動は大きな広がりをみせ，都市ブルジョアジーの蜂起とも呼ばれた。これに対してエルシャド政権は，非常事態宣言を出すが，高揚する運動を抑えきれず，エルシャド大統領は辞任する。以降，バングラデシュでは民主的手続きによる政権交代が定着していった（Alam 1995: 144-159）。
　タイでは，1991年2月にクーデターで政権を掌握したスチンダが，総選

挙後も政治的影響力を確保するために，公約を破って92年4月に首相に就任すると，民主化を求める市民の抗議デモが激化してゆく。5月にスチンダ退陣を求める大規模なデモ集会が首都バンコクで開かれると，国軍が発砲して多数の死傷者を出す惨事となった。この事件を受けて国王が収拾に乗り出し，スチンダ首相は辞任，遂には軍部が政治から撤退して民主化が実現した（LoGerfo 1997）。

インドネシアでは，1966年に政権を奪取したスハルト大統領の下で独裁的な統治が行われていた。97年7月から発生したアジア通貨危機がインドネシアにも波及すると，事態を打開できないスハルト政権に対する不満が急速に高まり，学生を中心に改革を求める大規模な民主化運動が形成されてゆく。その運動は98年5月に頂点を迎え，スハルトは大統領辞任を宣言する。後任に副大統領であったハビビが就任し，斬新的に民主化が進められていった（Lee 2009）。

「ピープルパワー」とも呼ばれるこれらの民主化運動は，その求める内容は一様ではなかったものの，自律性が制限されていた市民社会の領域で形成された点で共通していよう。それは，抑圧的な権力（政治システム）に対する市民社会の抵抗に他ならなかった。

市民社会がこれほどのパワーを発揮した要因として，社会経済的条件の変容に伴う中間層の成長を挙げられよう。学生も中間層と考えれば，各国の民主化運動の中心的な担い手は中間層であった点で共通する。しかし，中間層は，必ずしも民主化を求める勢力となるわけではなく，アンビバレントな存在であることにも留意しなければならない（園田 1995: 63; 岩崎 1997b: 25-27）。例えば，経済発展に成功したシンガポールとマレーシアは，フィリピン，タイ，インドネシアよりも中間層の規模は大きいが，民主化の担い手とはなっていない。その理由として，両政府が中間層の利益を調整していることを挙げられよう（Crouch and Morley 1999: 324-325）。中国の中間層についても，民主政治への無関心さや体制による取り込みが指摘されている（Unger 2006; 厳 2011）。中間層は，市民社会の空間を通じて必ずしも民主化の牽引力となるわけではない。政治システムへの恭順性をも併せ持つ存在と言える。

3-2. 弱い国家と市民社会

　前述の民主化を経験した国では，市民社会に対する政治的規制は緩和され，とくに国家が弱い低開発国において国家や市場の代わりに財やサービスを提供する市民社会アクターの役割により期待が寄せられるようになる。ここで言う弱い国家とは，政治，経済，安全保障，社会福祉の分野で政府が十分に中心的責務を遂行できない国を意味する (Rice and Patrick 2008: 8-9)。

　表 11-4 は，ブルッキングス研究所がまとめたアジア諸国の国家の評価である。色が濃いほど評価が低い。アジアには，多くの弱い国家が存在する。弱い国家では，何らかの形で市民社会アクターがその役割を補完する姿が広くみられるが，その程度は国によって異なる。国家が弱いからといって，その役割を補完する強い市民社会が全ての国で涵養されるわけではない。とりわけ政治的規制は，重要な阻害要因の 1 つであろう（例えば，北朝鮮，ミャンマー，パキスタン，ラオス，中国など）。このリストの中で，市民社会が比較的自由な活動を展開しながら，国家の弱さを補完する役割を果たしている典型的な国家は，バングラデシュ，フィリピン，ネパールである。

　バングラデシュは，強大な NGO が数多く活動する NGO 大国である。この背景には，政府による福祉政策の欠如と低開発がある。先進国の NGO がバングラデシュの NGO に対して資金援助を行ってきたことも，NGO セクターの拡大を促した (延末 2001: 42)。バングラデシュが発祥地とも言われるマイクロクレジットは，NGO による政府と市場の代替的機能の最たる例である。マイクロクレジットは，十分な資金のない起業家や貧困状態にあり銀行から融資を受けられない人びとを対象とする小額の融資であり，「グラミン銀行」(Grameen Bank) という NGO が起源と言われている (Khandker 1995)。表 11-5 は，バングラデシュにおける提供者別のマイクロクレジットの総額をまとめたものである。表から明らかなように，マイクロファイナンスの貸し手として NGO は，全体の 69％を占める。このような NGO の活動に鑑み政府は，1990 年にマイクロクレジット事業を行う NGO にその原資を低利で融資する「村落事業支援基金」(Palli Karma Sahayak Foundation = PKSF) を設立した。2009 年 12 月現在，PKSF は，83,107.80 百万タカを NGO に融資

第 11 章　アジアの市民的公共圏と市民社会

表 11-4　アジア諸国の国家の弱さの指標

	順位	経済	政治	安全保障	社会福祉
北朝鮮	15				
ミャンマー	17				
ネパール	22				
パキスタン	33				
カンボジア	34				
東ティモール	43				
ラオス	45				
バングラデシュ	48				
スリランカ	56				
フィリピン	58				
インド	67				
中国	74				
インドネシア	77				
タイ	79				
ベトナム	83				
ブータン	94				
モンゴル	96				
マレーシア	124				

凡例：第1分位／第2分位／第3分位／第4分位／第5分位

（出所）Rice and Patrick（2008）の 39〜42 頁より筆者作成。

表 11-5　バングラデシュにおけるマイクロファイナンスセクターの概況（2009 年 12 月現在）

貸し手	ローン総額（百万タカ）	割　合	回収率
MFI-NGO	1233153.96	68.89%	96.22%
グラミン銀行	498,311.50	27.84%	99.46%
PDBF	34,330.10	1.92%	98.00%
RDS	24,239.00	1.35%	99.00%
合　計	1790034.56		

（出所）InM and CDF（2009）の 3 頁にある Table 1.1 より筆者作成。MFI-NGO はマイクロファイナンスを行う NGO，PDBF は政府組織である Palli Daridra Bimochon Foundation，PDS は民間銀行の Islami Bank Bangladesh が行う Rural Development Scheme を表す。

している (Institute of Microfinance 2009: 3)。国家が弱いバングラデシュでは，マイクロクレジットにみられるように，政府から自律的な NGO が積極的に社会経済サービスに従事し，国家もそうしたサービスを提供する NGO に依存している[14]。

国家と市民社会との協働関係は，同じく弱い国家の典型と言われるフィリピンでも発達している[15]。「ピープルパワー」を通じて民主化を果たしたフィリピンでは，1987 年に制定された新憲法に国家が市民社会アクターの役割を積極的に奨励すると謳った条文があり[16]，NGO の活動が極めて活発である。このためフィリピンは，「最も NGO が組織された国」と評される (Goertzen 1991: 20)。国家と市民社会との協働関係は各分野で発達しており，その代表的な分野の 1 つが農地改革である。フィリピンにおいて農地改革は，解消が急務の社会問題であり続けてきた。著しい貧富の格差が解消されず，その主たる原因が不平等な土地所有構造にあったからである。このため民主化後の 89 年に政府の農地改革省は，NGO と「民衆組織」(People's Organization = PO) とパートナーを組み，迅速な農地改革を目指す「農地改革と農村開発のための三者間協力」(Tripartite Partnership for Agrarian Reform and Rural Development = TriPARRD) と呼ばれるプログラムを開始した。この TriPARRD は，92 年に登場したラモス政権で，「農地改革共同体」(Agrarian Reform Community = ARC) と呼ばれる開発戦略に取り入れられ，以来各バランガイに設置された ARC では三者間協力が積極的に進められている。ARC の数は，2009 年 12 月現在，2,111 にのぼり，1,269 の自治体，9,181 のバランガイを抱括する。この ARC を通じて，194 万 6,065 ヘクタールの農地が

---

[14] 国家の NGO への依存は，民主化以前からみられた。この点をバングラデシュ最大の NGO である「バングラデシュ農業研究評議会」(Bangladesh Agricultural Research Council = BARC) を事例に検証した研究として，カビールのものがある (Kabir 2010)。

[15] フィリピン国家の弱さを指摘する研究は，枚挙にいとまがない。そのいずれもが少数のエリート家族からの国家の自律性の欠如と政策を施行する能力の欠如を指摘している (Magno 1992; Brillantes 1994; Doronila 1994; Villacorta 1994; Abinales 2008)。

[16] 新憲法では，まず第 2 条第 23 節において「国家は，国民の福祉を促進する非政府組織，コミュニティに基礎を置く組織，あるいは部門組織を奨励する」と明記されている。また，第 13 条「民衆組織の役割と組織」の第 15 節では「国家は，人民が民主主義の枠内で正当かつ共同の利益と希望を追求し保護することを可能にする独立した民衆組織の役割を尊重する」と記されている。

110万352人の受益者に分配されている。ARCを介して農地改革省が支援するPOの数も，6,246にまでに増えている（DAR 2010: 11-12）。

ネパールでは民主化後にNGOセクターが拡大し，本来ならば国家が果たすべき役割をNGOが担いつつある（Dhakal 2007: 63）。「世界NGO協会」（The World Association of Non-Governmental Organizations）には，501のNGOが登録されており，その活動は教育，開発，環境，人権，ジェンダーなど多岐に亘る[17]。ネパールでもマイクロクレジットが普及しつつあるが，それに関わる開発銀行が4つ，地域の農村開発銀行が5つしかないのに対して，NGOの数は約15,000にのぼる（Ferrari 2007: 2）。政府とNGOとの協働関係も発達しつつある。例えば，「幼児期発展」（Early Childhood Development＝ECD）の分野では，国際NGOと共同体組織が政府の重要なパートナーになっており，政府はそれらの協力を得て，共同体基盤のECDセンターを運営し，幼児に対する教育支援などを行っている。2003年に政府は，国家行動計画を採択し，2015年までに5歳以下の幼児に対して最低でも1年間の就学前教育を提供することを目標に掲げた。その目標を達成するために，NGOの支援が不可欠であることが行動計画の中で謳われており，NGOとのさらなる協働が進められている（O'gara, Long, Barón 2008: 41-45）。

3-3. 政府管理の市民社会

他方で，民主化を果たしておらず，市民社会の政治的な活動が極めて制限されていても，社会経済的な活動領域が，政府の管理の下で拡大している国がある。中国，ベトナム，ラオスである。

社会主義を標榜する中国では，1980年代後半以降の市場経済の導入と92年に行われた鄧小平による南巡講話以後の改革開放の再加速によって様ざまな民間団体が出現し，政府が公益を独占する一元的な体制が少しずつ変化を示しつつある。非営利セクターとしての市民社会は，政府部門と営利部門に並び社会を構成する3本柱の1つに数えられ，両部門を補完する役割を果

---

[17] http://www.wango.org/resources.aspx?section=ngodir

たすまでに成長しており，貧困救済，家族計画，教育支援，コミュニティ開発，国際交流など多様な分野で NGO が活動している（王・李・岡室 2002: 88-102）。環境分野では政府から自律的な「草の根 NGO」が出現してはいるが[18]，政治的な活動は依然として厳しく制限されており，多くの NGO が「官製 NGO」である。

　同じ社会主義を採るベトナムでも，ドイモイ（刷新）の名の下で，1980 年代後半以降に改革開放と市場経済の導入が進められ，NGO が新たな役割を担うことが期待されている。ベトナムにおいて NGO は，ベトナム大衆組織，ローカル NGO，外国 NGO に区別され，とくに社会開発では外国 NGO の活動が奨励されている。こうした外国 NGO の活動に関わりを持つ住民組織や官製組織がローカル NGO であり，それらに外国 NGO の管理を行わせている。付言するに，外国 NGO は，ローカル NGO をパートナーに持たなければ活動できない。こうして十分な開発資金を持たないベトナム政府は，NGO セクターの力を借りて社会開発を推進している（鈴木　2001: 178-195）。2010 年 12 月現在，約 200 の外国 NGO がベトナムで活動している（VUFO-NGO Resource Centre 2010: 4）。活動分野をみると，保険・医療が 98 件，環境が 58 件，教育が 51 件と多く，それ以外にコミューン開発が 9 件，世帯経済が 12 件となっている（佐野　2008: 11-12）。

　ラオスでも，ラオス版ドイモイとも言われるチンタナカーン・マイ（新思考）の下で，開発援助や人的援助における国際 NGO の役割が拡大しつつある。国際 NGO が活動するには，ベトナムと同様に政府のカウンターパートである大衆組織のパートナーとならなければならない。一党支配体制のラオスでは，国内での NGO の設立は禁止されており，政府による監視の下で共同体組織や大衆組織の一部が NGO の機能を担っている（Asian Development Bank 2009）。『ラオス NGO インターネットディレクトリー』によれば，現在 62 の国際 NGO がラオスで活動しており，その主たる目的としてサービスの提供，コーディネーションの提供，政策対話の促進，ラオスの市民社会の

18）『中国環境ハンドブック』には，環境分野で活動する 20 の「草の根 NGO」の詳細が掲載されている（中国環境問題研究所編　2001: 335-367）。最新の研究として，李のものも参照されたい（李　2008）。

支援が掲げられている。国際 NGO の活動プロジェクトの内訳をみると，人的資源開発が 92，健康管理が 83，教育が 75，共同体開発が 58，農業・林業・漁業が 55，社会開発が 52，データ収集・分析が 50，天然資源・エコロジーが 39，所得創出・経済開発が 25，エネルギー・人道資源が 18 となっている[19]。

　以上のように社会主義国では，市場経済の導入に伴い，政府と市場の役割を補完する非営利セクターとしての市民社会の活動領域が，国際 NGO をも巻き込む形で拡大している。しかし，依然として市民社会は政府の厳しい管理下にあり，政治的な活動領域はほとんど存在していないか，厳しく制限されているのが現状である。

　こうした政治システムによる市民的公共圏と市民社会の監視と抑圧は，コミュニケーション手段として急速に普及するインターネットの管理体制からも窺えよう。例えば，中国のインターネットでは「人権」「台湾独立」「民主主義」を含むフレーズは全てブロックされ，近年さらに規制が強化されつつある（CFR 2005）。2010 年 3 月にグーグルが中国での検索サービスから撤退したのも，中国政府による検閲の強化が最大の理由であった（『朝日新聞』2010 年 3 月 24 日，3 面）。インターネットが急速に普及するベトナムでは，1998 年 5 月に国家インターネット規制委員会が設立され，様ざまな規制が実施されてきた。2009 年には，インターネットやブログに対する規制がさらに強化され，政府に批判的な内容の発信が禁止じられている（Human Rights Watch 2010）。未だ十分にインターネットが普及していないラオスでも，2000 年に設置された国家インターネット委員会が 2002 年から望まない情報をブロックするフィルターを導入しており，共産党政府を批判するニュースを流した場合には刑法による処罰の対象となる（Kelly, Walker, and Dizard 2008: 375）。

19）http://www.directoryofngos.org/pub/sectorindex.php

3-4. 停滞する市民社会

市民社会の活動領域が拡大している諸国がある一方で，依然としてあらゆる面で市民社会の活動が極めて制限されている国もアジアには存在する。ミャンマーと北朝鮮である。

軍部による抑圧的な支配が続くミャンマーでは，国家の市民社会に対する統制は依然として強く，市民社会の自律性は制限され続けている (Steinberg 2001: 109)。軍部が提示した民主化のロードマップに従い，新憲法の制定，総選挙の実施，大統領の選出が進められてきたが，民主化運動の先鋒とも言いうる「国民民主連盟」(National League for Democracy＝NLD) の活動は政府の厳しい監視下にあり，周知のように民主化運動のシンボルであるアウンサン・スー・チーは，その民主化運動への影響力を鑑み長期にわたり自宅軟禁に置かれていた。市民社会の自律的な空間を厳しく制限することに加えて，軍事政権は国家管理による市民社会の形成を進めている。その最たる例が，軍部主導の大衆組織として1993年9月に設立された「連邦団結発展協会」(Union Solidarity of Development Association＝USDA) である。軍事政権は，このUSDAを国民の支持の動員と反政府活動の監視に用いてきた (Kyaw 2004: 406)。また，軍事政権は，厳しい情報統制を敷き，新聞の検閲やインターネットの大幅な規制を行ってきた。近年では，柔軟路線への転換を図っており，少しずつではあるが市民社会と市民的公共圏に対する制限が緩和されつつある。今後の動向が注目される。

北朝鮮でも，自律的な市民社会の空間はほとんど存在しないと言えるだろう。集会の自由は認められておらず，政府によって作られた組織や団体以外の存在は許されない。「チュチェ思想 (主体思想)」というイデオロギーの下で，社会的，経済的，政治的な多元主義は否定され，リンスとステパンによる政治体制の分類を用いるなら全体主義とも言いうる[20]。市民社会の要石

---

20) リンスとステパンの分類によれば，北朝鮮の政治体制はスルタン主義に分類される。確かに，金日成，金正日，金正恩といった世襲主義と個人独裁という特徴をみると，リンツとステパンが体制の峻別に用いる4つのメルクマール (多元主義，イデオロギー，動員，リーダーシップ) のうち，リーダーシップの点で北朝鮮はスルタン主義の特徴を持っている。その一方で，多元主義，イデオロギー，動員という点では，全体主義の特徴を持っていることから，筆者は北朝

とも言える人権の状況については，脱北者や内部告発者から漏れ出る情報から，公開処刑，拷問，強制労働などの実態が徐々に明らかになりつつある（『朝鮮日報』2011年1月13日，4月27日）。市民的公共圏に対する抑圧は，近年のインターネットの利用方法からも窺えよう。北朝鮮では，もともと海外のNGOや政府の貿易機関以外は，海外サイトにアクセスできない。近年の中東地域の民主化の波及を警戒し，北朝鮮で活動するNGOに対してそこで協力して働く北朝鮮市民のインターネット使用禁止の徹底を求める通達を出している（『朝日新聞』2011年4月5日，11面）。

4 トランスナショナルな市民社会の台頭

4-1. ASEAN 憲章制定過程

アジアにおいて TCS ネットワークが発達し，それらによる地域機構への関与が最も進んでいるのは，東南アジアであろう。その動きは，2006年から開始した ASEAN 憲章制定過程で顕著にみられた。そこでは，2006年2月に結成された「アジア民衆によるアドボカシー連帯」(Solidarity for Asian People's Advocacy = SAPA) が TCS の牽引役となった。

SAPA の結成にあたっては，東南アジアを代表する 5 つの TCS 組織が中心的な役割を果たした。すなわち，6 カ国 42 の人権 NGO が加入する「人権と発展のためのアジアフォーラム」(Asian Forum for Human Rights and Development = FORUM-ASIA)，12 カ国でネットワークを構築し農村開発に主たる関心を置く「アジア農村人材開発パートナーシップ」(Asian Partnership for Development of Human Resources in Rural Asia = Asia DHRRA)，NGO のアドボカシー能力の向上を目指して 8 カ国 33 の NGO が参加する「東南アジア政策提言委員会」(South East Asian Committee for Advocacy = SEACA)，マレーシアのペナンを拠点に途上国の問題に取り組む「第三世界ネットワーク」(Third

---

鮮の政治体制を両者のハイブリッド型と考えている（Linz and Stepan 1996: 38-54）。また，北朝鮮を全体主義として論じた研究として，スコベルのものがある（Scobell 2005）。

World Network＝TWN），フィリピン，タイ，インドを拠点に南北問題に関する調査活動や社会運動を展開する「フォーカス・オン・ザ・グローバル・サウス」(Focus on the Global South＝FOCUS）である．SAPA は，「最大利益とネオリベラルな政治経済的イデオロギーによって推し進められる現在の地域統合と経済のグローバリゼーションのプロセスに対するオルターナティブな民衆中心の地域主義」を掲げて（SAPA 2007a），ASEAN 憲章制定過程に関与していった．

2005 年 12 月の第 11 回 ASEAN 首脳会議では，ASEAN 憲章に関する提言書の作成に取り組む「賢人会議」(Eminent Persons Group＝EPG）が設置された．10 人の有識者からなる EPG では，7 回の会合のうち 2006 年 4 月の第 3 回会合と 6 月の第 4 回会合において SAPA が参加を許された．会合への参加を通じて SAPA は，安全保障共同体，経済共同体，社会文化共同体に関する 3 つの提言書を提出する．こうして EPG は，市民社会からの提言を受けながら最終報告書を作成し，それを 2007 年 1 月の第 12 回 ASEAN 首脳会議に提出した．

この EPG の報告書を受けて第 12 回 ASEAN 首脳会議では，政府高官からなる「高級作業部会」(High Level Task Force＝HLTF）が設置され，憲章草案の策定作業が開始された．HLTF は，2007 年 3 月に SAPA の代表と対話を行い，そこで SAPA は EPG に提出した 3 つの提言書を再び強調した．こうして市民社会との対話を経て HLTF は，11 月の第 13 回 ASEAN 首脳会議に最終草案を提出し，加盟 10 カ国がそれに署名する．その後，全加盟国の批准を経て，2008 年 12 月に ASEAN 憲章が発効した．

HLTF のメンバーの多くが EPG の提言の重要性を認識し，それを憲章に反映させたと述べている（Koh, Manalo, and Woon 2009: 4-14, 40-43）．事実，憲章は，EPG の提言を多くの点で踏襲している．このことは，EPG を通じて SAPA の提言も少なからず反映されたことを意味しよう．しかし，HLTF の憲章策定プロセスが閉鎖的であったことに加えて[21]，EPG の報告書にあった重要な項目が削除されていたことから，SAPA は憲章を「期待はずれ」と

---

21) 実際，議長を務めたマナロは，市民社会の意見や提言を取り上げる保障はないとの発言をしている（Chongkittavorn 2007）．

批判した（SAPA 2007）。実際，EPG の報告書から HLTF の最終草案に至るまでに，憲章の内容は保守的な方向へ向かったことは否定できない。例えば，エマーソンは，人権や民主主義などのリベラルな要素と内政不干渉やコンセンサスを意味する「ASEAN 方式」への言及回数の相違（EPG は 2.5 対 1，憲章は 0.8 対 1）を指摘する（Emmerson 2009: 38-39）。このため SAPA は，憲章制定後も「下」からのオルターナティブな地域主義を具象化すべくアドボカシー活動を継続してゆく。その活動の焦点となったのが，人権と移民労働であった。憲章では，人権機関の設置は明記されたものの，その権限条項については保留とされ，移民労働についての条文は削除されていた。

4-2. 人権擁護

　「アジア的価値」という言葉が示すようにアジアは，政府による人権侵害が後を絶たず，人権メカニズムの形成が困難な地域であった。このため，1986 年に誕生した「アジア人権委員会」（Asian Human Rights Commission＝AHRC）や先述した FORUM-ASIA などの NGO は，ネットワークを形成して下方から人権規範の浸透を促してきた。93 年 7 月の第 26 回 ASEAN 外相会議で人権メカニズムの設置を検討するという合意が成立すると，NGO は国内人権機関と議会の代表を招いて一連の会合を開き，95 年に政府，議員，学界，NGO の賛同者からなる「ASEAN 人権メカニズム作業委員会」（Working Group for an ASEAN Human Rights Mechanism＝WG-AHRM）というトラック II を発足させる。以後，この WG-AHRM が，人権メカニズムに関する ASEAN との対話を主導していった（首藤 2002: 81-84）。98 年 5 月には AHRC の主導の下で，200 を超えるアジアの人権 NGO が，人権を軽視するアジアの政治指導者に向けたオルターナティブな宣言文章として「アジア人権憲章」（Asian Human Rights Charter）を発表する（Asian Human Rights Commission 1998）。こうした TCS の活動が，地域内で人権規範を着実に浸透させていった。

　とりわけ東南アジアでは前述の SAPA が，2007 年 8 月に ASEAN と人権に関する第 1 回地域協議会をクアラルンプールで開催し，TCS のアドボカシー

能力の向上を企図して約 50 の NGO からなる「ASEAN と人権に関する作業部会」(Task Force on ASEAN and Human Right＝TFAHR) を下部組織として新たに結成する。TFAHR は，2008 年 5 月から 7 カ国で 11 回の国内協議会を開催する一方，先住民族，女性，児童の権利保護を求める NGO とともに 7 月と 8 月に地域協議会を開催し，人権機関に対する民衆の意識向上に努めていった (FORUM-ASIA and SAPA TFAHR 2009: 8)。

2008 年 7 月の第 41 回 ASEAN 外相会議で人権機関の権限条項を策定する「上級委員会」(High Level Panel＝HLP) が結成されて以降は，TFAHR はそれへの提言を積極的に行ってゆく。8 月には TFAHR の主導によりジャカルタで第 2 回地域協議会が開催され，HLP への 1 つ目の提言が作成された (SAPA TFAHR 2008a)。これを，直後にバンコクで開催された HLP の第 2 回会合の際にタイの HLP メンバーに提出し，HLP の議長に対話を要請する。これを受けて 9 月にマニラで行われた第 3 回会合では，HLP と市民社会との対話が実現した (FORUM-ASIA and SAPA TFAHR 2009: 8-9)。この会合で HLP の議長は，「HLP は人権機関の権限に関する起草過程で市民社会が果たしうる重要な役割を認識した」と述べている[22]。

2008 年 10 月にマレーシアの HLP メンバーが，前文や目的，機能，組織構造など人権機関の 15 項目に関する提言の提出を NGO に呼びかけたことを受け，TFAHR は 2 つ目の提言を作成し，11 月の第 5 回 HLP 会合の際にインドネシアの HLP メンバーに提出する (SAPA TFAHR 2008b)。その一方で，TFAHR は，2008 年 8 月から 2009 年 2 月までに 5 人の HLP メンバーと 8 回の個別会談を行ってゆく。2009 年 1 月からは 7 カ国で各国の人権 NGO と国内協議会を開催し，入手した HLP の非公開草案を配布して，人権機関に関する情報と認識の共有を図っていった (FORUM-ASIA and SAPA TFAHR 2009: 9-11)。

2009 年 3 月の第 9 回 HLP 会合では再び市民社会との対話の場が設けられ，TFAHR は 3 つ目の提言を提出する。その中で TFAHR は，HLP の草案の一

---

22) Press Release by the Chair of the High Level Panel (HLP) on an ASEAN Human Rights Body (AHRB) at the Conclusion on the 3rd Meeting on the HLP on AHRB, 12 September 2008, Manila (http://www.aseansec.org/PR-HLP-3.pdf).

般公開と国際的な人権規範に則った強制力のある人権機関の設置を促すとともに，内政不干渉の原則の削除，国内人権機関との連携，保護メカニズムの明確化，政府からの独立性の確保，市民社会組織の参画などを求めた (SAPA TFAHR 2009)。

こうして HLP が ASEAN 外相会議に提出した最終案に基づき，2009 年 10 月に「ASEAN 政府間人権委員会」(Intergovernmental Commission on Human Rights = AICHR) が誕生した。しかし，その権限条項には，内政不干渉の原則が改めて記され，制裁措置は盛り込まれていない。それゆえ TFAHR は，これらの点の修正に加えて，メンバーの任命過程の不透明性，会議の非公開や予算の不足などの制度上の問題，権限の実行上の問題 (第4条にある 14 の権限のうち 4 つしか取り組んでいない)，市民社会を含む利害関係者との協議の不足などの改善を求めている (SAPA TFAHR 2010: 1-19)。また，AICHR の権限条項には，5 年後の権限の見直しが明記されていることから，これを足掛かりに TFAHR は AICHR の強化を目指している (Wahyuningrum 2009: 79, 81)。

4-3. 移民労働

1960 年代までアジアの移民労働者の大半は，欧州や北米，豪州，日本に向かい，70 年代以降は湾岸地域にも進出するようになった。80 年代から 90 年代になると，急速に成長を果たした「新興工業経済地域」(Newly Industrializing Economies = NIEs)，すなわち香港，台湾，韓国，シンガポールが受入国・地域となる。90 年代後半には，良好な経済成長を果たしたマレーシアとタイが受入国に加わる (Hugo 2004: 30-65; Luan 2006: 31-32)。これに伴い，アジア域内での後発国から成長国への移民労働者の数は増加していった。

一般的に移民労働者は，送出国では送金によって経済の安定をもたらし，受入国では不足する労働力を補完する役割を果たしている。しかし，このような経済的な貢献にもかかわらず，多くの移民労働者，もっぱら非熟練労働者は，送出先で低賃金，差別，搾取などに直面している。とりわけゴイスは，

非正規労働者の過酷な扱い,家庭内労働者の未承認,人身売買,移動と結社の自由の剥奪,家族合流の未承認,帰国に対する支援の不足などの問題を指摘している (Gois 2007: 126-128)[23]。このような移民労働者の増加とそれに伴う諸問題に鑑み,TCS ネットワークは早くから移民労働者の権利保護を訴えてきた。

地域における本格的な TCS ネットワークとしては,まず 1989 年に誕生した「アジア移民労働者センター」(Asian Migrant Center = AMC) を挙げられよう。AMC は,アジアの移民労働に関するリサーチ・ネットワークとして機能しており,事務局は香港にある。この AMC とともにネットワークのハブとして 94 年に結成されたのが,14 カ国 40 の NGO が参加する「アジア移民労働者フォーラム」(Migrant Forum in Asia = MFA) である。MFA は,事務局をフィリピンに置き,主としてアドボカシーやトレーニング,キャパシティ・ビルディングなどの役割を担っている。

以上のネットワークに加えて,ASEAN への関与を目的として 2006 年 4 月に SAPA の下部組織として誕生したのが,「ASEAN 移民労働者作業部会」(Task Force on ASEAN Migrant Workers = TFAMW) である。TFAMW には,FORUM-ASIA,AMC,MFA などの NGO 組織だけでなく,アジア太平洋の 172 の労働組合からなる「ユニオン・ネットワーク・インターナショナル・アジア太平洋地域組織」(Union Network International Asia-Pacific Regional Organization = UNI-APRO),アジア太平洋の 16 カ国の労働者の連帯を進める「アジア太平洋労働者連帯リンク」(Asian Pacific Workers Solidarity Links = APWSL),アジア太平洋の 23 カ国 3 地域の 127 組織が参加する「国際公務労連アジア太平洋」(Public Service International-Asia Pacific Regional Organization = PSI-APRO),アジア太平洋の 18 カ国 72 組織が加盟する「国際建設林業労働組合連盟アジア太平洋」(Building and Wood Workers' International-Asia Pacific Regional Organization = BWI-APRO) などのトランスナショナルな労働運動組織も参加している。

TFAMW は,まず 2006 年 12 月に移民労働者の地域的保護メカニズムの

---

23) なお,人身売買の実態については,高松の研究で詳しく述べられている (高松 2006)。

策定などを含む 15 の提言を記した方針説明書を ASEAN に提出する (TFAMW 2006)。こうした TCS の圧力を受けて，2007 年 1 月の第 12 回 ASEAN 首脳会議では TFAMW の提言の大半を汲み取った「移民労働者の権利の保護と促進に関する宣言」が採択され，7 月には同宣言の実行と国際文書の作成を促す「ASEAN 移民労働者委員会」(ASEAN Committee on Migrant Workers＝ACMW) が設置される。これを受けて 2008 年 4 月のワークショップで TFAMW は，TCS による国際文書の草案作りを開始するとともに，ACMW の速やかな開催と市民社会が参加できる諮問機関の設置を ASEAN 労働大臣会合に求めた (TFAMW 2008a)。11 月には，TCS アクターが作成した国際文書の草案の要約が ASEAN 事務局長に提出される。草案では，全ての移民労働者を対象とすること，受入国と送出国の義務の確認，移民労働者とその家族に対する無差別原則，ジェンダーの重視という 4 つの原則が強調され，受入国には ILO の基準に即した移民労働者の適正な待遇の保障，送出国には職業訓練等の提供，ASEAN には移民労働者の地域的保護が求められた (TFAMW 2008b)。2009 年 4 月に TFAMW は，ACMW で提言を行う機会を与えられ，翌 5 月には 2 年間の協議の末に作成した国際文章の最終案を ASEAN 労働大臣会合に提出する。同草案では，法的拘束力のある文章の作成とともに，上述の 4 原則に基づくコア労働基準の導入や仲裁裁判所の設置などが求められている (TFAMW 2009a)。2009 年 9 月にタイ労働省が主催した第 2 回 ASEAN 移民労働フォーラムには，10 カ国の政府関係者に加え，NGO と労働組合の指導者も参加し，そこでは TCS の草案が主要参照文書として用いられた。同フォーラムで TFAMW は，宣言が法的拘束力を伴うものであることを前提として (TFAMW 2009b)，国内の労働法との調和，社会保護メカニズムの強化，起草プロセスにおける市民社会とのパートナーシップの構築，不安定な雇用下の移民労働者の保護，身分や出自を問わず全ての移民労働者とその家族を保護の対象とすること，地域外の労働者と海事労働基準法で対象となっていない漁民をも対象とすること，関連する国連と ILO の条約における基本的人権の保障と労働基準の遵守を要求している (TFAMW 2009c)。

4-4. 環境保護

　アジアにおいて市民社会によるトランスナショナルな環境保護ネットワークが発達しているのは，東北アジアというサブ・リージョンであろう。東北アジアでは，近年の急速な経済発展によって越境的な大気汚染や酸性雨，二酸化炭素の排出量の増加などが差し迫った問題として認識され，1990年代頃から様ざまな環境協力が政府間で試みられてきた。主要なものとして，北朝鮮を除く域内5カ国による環境政策や環境協力に関する対話フォーラムとして92年から開催されている「北東アジア環境協力会議」(Northeast Asia Conference on Environmental Cooperation＝NEAC)，域内6カ国の外務省高級事務官が参加する「高級事務レベル会議」(Senior Officials Meeting＝SOM) で93年に策定された「北東アジア準地域環境協力プログラム」(Northeast Asian Subregional Programme of Environmental Cooperation＝NEASPEC)，99年に韓国政府の主導で開始した「日中韓三カ国環境大臣会合」(Tripartite Environmental Ministers Meeting＝TEMM) などの多国間の枠組みが存在する。これらに加えて個別の取り組みとして，「東アジア酸性雨モニタリングネットワーク」(Acid Deposition Monitoring Network in East Asia＝EANET) や「北東アジア長距離越境大気汚染共同研究」(Joint Research on Long-Range Transboundary Air Pollutants in Northeast Asia＝LTP) などもある。しかし，このような多様な枠組みが形成されているにもかかわらず，各国間の環境政策の時差もあって，実際の協力は立ち遅れているのが現状である (五十嵐 2005: 25-27; Komoria 2010)。このため90年代後半になると，政府の対応の遅さを補完し，環境問題に関する共通認識を醸成しながら実効的な環境協力を推進しようとする動きが市民社会で本格化し始める。

　継続的かつ組織的な活動として，まず「東アジア環境市民会議」を挙げることができよう。同会議は，日本のNGOである「東アジア環境情報発伝所」(East Asia Environmental Information Express Messenger＝EAEIEM) が韓国と中国の環境NGOと協力して開催している市民社会主導の環境ネットワーク会議である。2002年11月に第1回会議が東京で開催され，インターネットを利用した環境情報の共有・交流事業の拡充，各国一斉の参加型実践活動と人的交

流の促進,そして環境市民会議の定期的な開催などについての合意がなされた(東アジア環境情報発伝所 2003: 82)。インターネット事業に関しては,日中韓 3 カ国語(日本語,韓国語,中国語)による環境情報発信サイトとして ENVIROASIA が開設されている[24]。ENVIROASIA は,各国固有の問題や越境的な大気汚染・海洋汚染問題の解決に有効な情報を集め,情報共有インフラを構築することを目的としたウェブサイトである。サイトでは,3 カ国の環境関連のニュースが適宜掲載され,市民団体の活動も紹介されている。2004 年 11 月には第 2 回会議が韓国のソウルで開かれた。この会議には,NGO 関係者だけでなく自治体関係者も参加し,持続可能な東アジアの実現に向けた市民社会の役割について議論が交わされた[25]。第 3 回会議は,2006 年 9 月に「水と健康」をテーマとして中国の西安で行われ,中国の水汚染問題がクローズアップされた[26]。この会議を踏まえて 2008 年 10 月に日本の新潟で開催された第 4 回会議では,新潟水俣病の経験の共有が図られるとともに(東アジア環境情報発伝所 2009: 87),中国の環境 NGO から「中国水汚染地図」が紹介された。この地図は,政府から環境基準違反を指摘された企業の名前や具体的な違反内容などが掲載されたホームページである。そこには,多国籍企業を含む 5,000 を超える企業がリストアップされている[27]。「企業の社会的責任」(Corporate Social Responsibility=CSR)を問うものであり,この地図への掲載自体がハンディとなることから,改善に取り組む企業も出てきている[28]。第 5 回会議は 2010 年 11 月に韓国の光州で開催され,日中韓の気候変動に関する市民社会と自治体の取り組み事例についての情報共有がなされ,国境を超えた日中韓の気候変動に関する協力事業について議論が行われるとともに,東アジア気候変動ネットワークを発足させることで合意がなされた[29]。

　注目に値するもう 1 つのネットワーク組織は,「アジア太平洋環境 NGO

---

24) http://www.enviroasia.info/
25) http://www.enviroasia.info/news/news_detail.php3/J04111701J
26) http://www.enviroasia.info/news/news_detail.php3/J06092901J
27) http://www.ipe.org.cn/　現在では「中国大気汚染地図」も公表している。
28) http://www.enviroasia.info/news/news_detail.php3/J09121801J
29) http://www.enviroasia.info/conference/gwangju/J/gwangju.html

会議」(Asia-Pacific NGO Environmental Conference = APNEC) である。APNEC を主導してきたのは，学際的研究グループである公害研究委員会のメンバーが 1979 年に設立した日本環境会議である。APNEC には，アジア太平洋の専門家と NGO の指導者が数多く参加しており，相互連帯と相互協力を通じて，アジア各国が共通して抱える環境・公害問題の解決策を考えることを目指している。91 年に第 1 回会議が開催されて以来，現在までに 10 回の会議が開催されている[30]。APNEC の成果の 1 つとして，中国の環境法への影響が挙げられよう。APNEC を通じて，日本の公害被害者救済のための裁判で確立されてきた挙証責任のあり方が，中国の環境法の立法関係者に伝えられた。その結果，2005 年 4 月に施行された固形廃棄物の環境汚染防止法の第 86 条において，「固形廃棄物の環境汚染による損害賠償訴訟は，加害者が法律に規定された免責事由およびその行為と損害の結果との間に因果関係が存在しないことについて挙証責任を負う」と規定されるに至った（日本環境会議 2006: 6）。

4-5. 紛争予防

東北アジアにおいて，TCS ネットワークが発達しているもう 1 つの分野は紛争予防である。冷戦構造が残る東北アジアは，紛争の火種を抱え続けている状況にあり，唯一の多国間協議の場である六者協議も遅々として進んでいない。このような安全保障秩序の変容を目指して 2004 年 2 月に日本,中国,台湾，韓国，モンゴル，ロシアの NGO が結成したのが，「武力紛争予防のためのグローバルパートナーシップ東北アジア」(Global Partnership for the Prevention of Armed Conflict Northeast Asia = GPPAC NEA) という TCS ネットワークである。

GPPAC は，2001 年 6 月にアナン国連事務局長が総会と安保理に提出した報告書に端を発し，市民社会の主導によって紛争予防の実現を目指すグローバルなプログラムである（GPPAC 2004: 6-13）。GPPAC は，15 の地域に分け

---

30) 詳しくは，日本環境会議のウェブサイトを参照されたい (http://www.einap.org/jec/apnec/index.html)。

第 11 章　アジアの市民的公共圏と市民社会

て実行されており，東北アジアを担う GPPAC NEA は 2004 年 2 月に東京で開催された地域協議会で正式に発足した。2005 年 2 月には，東京の国連大学で地域会議が開催され，そこで GPPAC NEA は地域提言を採択する（川崎 2005: 66-68）。以後，GPPAC NEA は，この地域提言で示したビジョンの実現を図るべく，具体的な政策介入と政策提言を目指してゆく。2006 年 3 月には北朝鮮の金剛山と韓国のソウルで地域会議が開催され，共通の行動計画として「GPPAC 東北アジア地域行動計画 2006-2010」が策定される（GPPAC NEA 2006）。2007 年 5 月には，ウランバートルで市民版六者会議として地域会議が開催される（GPPAC NEA 2007）。2008 年 5 月には，地域会議と平行して 9 条世界会議が日本で開催された。この会議には，3 万 5,000 人を超える市民が世界各地から集結した。会議の様子は，国内主要新聞，海外メディアなどで幅広く報道されるとともに，インターネット同時中継も行われ全世界の注目が促された（「9 条世界会議」日本実行委員会 2008）。2009 年 4 月には東北アジアの軍縮に向けて，六者協議と市民社会に焦点を当てた地域会議がソウルで開催される（GPPAC NEA 2009）。2010 年 10 月には，再びウランバートルで地域会議が行われた。この会議では，各フォーカル・ポイントの活動概要が共有されるとともに，これまでの活動の成果の評価が行われ，2011 年から 2015 年の 5 年間の戦略的焦点に向けた行動計画について議論された（GPPAC NEA 2011: 1）。このように GPPAC NEA は，地域会議を通じて認識の共有と戦略の策定を進めているが，とくに力点を置いている活動として，東北アジア非核地帯実現に向けたアドボカシー，グローバル 9 条キャンペーン，トランスナショナルな平和教育活動を挙げられよう。

　GPPAC NEA は，朝鮮半島の非核化を繰り返し求めており，これに関連して提案してきたのが東北アジア非核地帯構想（日本，韓国，北朝鮮，モンゴルを非核地帯とし，周辺の核保有国である米国，中国，ロシアが消極的安全保証を提供する 4＋3 構想やこの構想からモンゴルを除いた 3＋3 構想）である[31]。とりわけ 4＋3 構想の実現に向けて GPPAC NEA は，1998 年に一国非核地位が国

---

31) これらの構想は 1990 年代以降に市民社会の側から提案されてきた（Endicott and Gorowitz 1999; 金子 2000: 183-188; 梅林 2003）。

連総会で承認されたモンゴルの支持を獲得しながら[32]，日本，韓国，北朝鮮が暫定的に一国非核地位を獲得する方法を提起している（エンサイハン 2008: 276）。また，非核地帯の実現には六者協議の進展が不可欠であるという認識から，2010年11月から12月にかけてGPPAC NEAの指導者は，六者協議の担当特使を含む米国の政府高官と面会し，六者協議への市民社会の関与に対する支持を取り付けている。さらに，北朝鮮の政府代表，専門家，市民組織とも会談を行い，六者協議の停滞の解消を促すとともに朝鮮半島問題の平和的解決を求めている（GPPAC NEA 2011: 1, 5）。

日本国憲法9条の平和理念の拡大を目指すグローバル9条キャンペーンは，GPPAC NEAの活動を通じて実現した。GPPAC NEAの結成にあたって，各国のNGOの代表から9条は日本だけでなく東アジアの平和に不可欠な要素であるという意見が相次いだことを受け（GPPAC Japan 2005: 12-13, 17, 20; 吉岡 2008: 122-123），GPPAC NEAでは9条が基本原則に採用された。各フォーカル・ポイントで9条の啓発活動が行われる一方，9条の理念をグローバルに浸透させることを目指してグローバルな運動が形成されている[33]。このキャンペーンにおいて，9条は単なる日本の憲法の一条項ではなく，平和主義，人権，軍縮，非核地帯，紛争予防に向けた国際的な平和メカニズムとして機能すると認識されている[34]。

最後に，平和教育に関連するプログラムとしては，平和で持続可能なアジアの実現を目指して日本のピースボートと韓国の環境財団が実施する「Peace and Green Boat」という船旅がある。この船旅は，2005年8月から開始して現在までに4回の船旅が実施されている。そこでは歴史教育と歴史認識が重要なテーマとなっており，東北アジアの各都市に寄航しながら日韓の市民に自国の歴史と将来の地域協力のあり方を考える機会が提供されている[35]。加えて，2008年9月には地域の平和構築機関として「東北アジア地

---

32) 実際，2007年と2010年にウランバートルで行われた地域会議ではモンゴル外務省のバックアップがあった。
33) http://www.article-9.org/en/activities/index.html
34) グローバル9条キャンペーンのホームページ（http://www.article-9.org/en/global/index.html）。
35) ピースボートのホームページ（http://www.peaceboat.org/cruise/peace_green/index.html）。

域平和構築機関」(Northeast Asia Regional Peacebuilding Institute＝NARPI) が設立されている。NARPI は，冷戦的思考や歴史的葛藤，敵対感情を解消するために，平和の議論と理論を体系的に定立し，平和的に紛争を解消する技術を提供することを目指している (Lee 2008)。2011 年から本格始動しており，8 月にソウルで第 1 回夏季トレーニングが実施された。

おわりに

　本章では，アジアの市民的公共圏と市民社会の全体像を捉えながら，その現状，特徴，機能を俯瞰的に考察した。未だに制限されている国が数多くあるものの，市民的公共圏と市民社会は多くの国で成長を遂げており，サラモンの言う「アソシエーション革命」が (Salamon 1994)，アジアにおいても着実に浸透していることは間違いない。

　とりわけ 1980 年代後半から各国を席巻した「ピープルパワー」は，抑圧的な政治システムに抗する市民的公共圏と市民社会の政治的機能を最もよく表した事象であり，各国で非民主主義体制から民主主義体制への移行の原動力となった。この「ピープルパワー」は，中東の民主化ドミノの影響を受けながら，マレーシアなどで再び表れつつある（『朝日新聞』2011 年 7 月 7 日，10 面）。他方で，社会経済的機能に目を向けるなら，バングラデシュやフィリピンのような弱い国家において，市民社会アクターが政府と市場の役割を補完する機能を果たしていた。それは，中国，ラオス，ベトナムなど民主化を果たしていない非民主主義体制でもみられた。このようにアジアにおける市民的公共圏および市民社会とシステムとの関係は，前者の成長によって大きく変容を遂げつつある。

　こうして各国で成長を遂げる市民社会は，国境を超えた濃密なネットワークを構築しながら，共通の問題の解決に取り組んでいた。このような TCS ネットワークのプレゼンスの拡大は，地域という領域レベルでのシステムと市民社会との関係をも変容させている。本章で考察したように ASEAN では，市民社会の参画と関与の常態化「参加型地域主義」の展開がみられる。

ASEAN が「運転席」と位置づけられる東アジア共同体構想については,「東アジア・スタディ・グループ」(East Asia Study Group = EASG) が 2002 年 11 月の第 6 回 ASEAN + 3 首脳会議に提出した最終報告書をみると,市民社会という言葉が 9 回, NGO という言葉が 27 回も登場している[36]。「南アジア地域協力連合」(South Asian Association for Regional Cooperation = SAARC) も, 2004 年 1 月に採択した SAARC 社会憲章や 2011 年 2 月に採択した SAARC 民主主義憲章の中で,市民社会を強化し,それと協力してゆくことを謳っている[37]。市民社会の重要性が認識されつつある証左であり,それはアジアの地域主義の行く末に影響を与えうる潜在力を蓄えつつある。

本章でみたように,市民社会アクターのアイデンティティの特徴はイシュー志向である。「新自由主義型地域主義」と揶揄されるように,単一の市場経済圏の形成が優先されている現在,市民社会アクターは環境,人権,労働などのイシューに特化した活動を展開し,「新自由主義型地域主義」に下方から修正を迫ろうとしている(五十嵐 2010)。こうした市民社会の動きに目を向けることは,ボトムアップの視座からイシューを通じてアジアの地域主義の現在と将来を問い直すことに通じる。各国で公共性を実現する上で市民社会アクターが欠かせない存在として認識されつつある現在,アジアという地域全体での公共性を論ずる場合でも,市民社会はますます等閑視できない存在となってゆこう[38]。

付記
　　本章は, 2008-2010 年度科学研究費補助金・特別研究促進費 / 基盤研究 (C)
　　(研究課題番号 20539006,研究課題名「東アジアの地域主義と市民社会 ──

---

[36] Final Report of the East Asia Study Group, ASEAN + 3 Summit, 4 November 2002, Phnom Penh, Cambodia.

[37] http://www.saarc-sdmc.nic.in/pdf/social_charter.pdf および http://www.saarc-sec.org/SAARC-Charter-of-Democracy/88/ を参照されたい。

[38] 最近の例として,アジア 6 カ国の政府,企業,NGO が災害時の相互緊急支援のために「アジア太平洋災害支援プラットフォーム」を設立することで合意がなされたことを挙げられよう(『朝日新聞』2011 年 10 月 2 日, 8 面)。

争点志向型地域ガバナンスから東アジア共同体へ」)および2008年度松下国際財団研究助成(研究課題名「東北アジアの紛争予防と市民社会 ── GPPACによる下からの地域安全保障共同体の模索」)による研究成果の一部である。

• 参考文献 •

【日本語】
五十嵐誠一 2005「東北アジアの環境ガバナンスと市民社会 ── NGO / NPO の台頭とそのトランスナショナルなネットワークに注目して」『環日本海研究』(環日本海学会) 11: 16-38。
────── 2009「東南アジアの新しい地域秩序とトランスナショナルな市民社会の地平 ── ASEAN 共同体の形成過程における『下』からのオルターナティブな地域主義に注目して」『国際政治』(日本国際政治学会) 158: 89-103。
────── 2010「ひずみ正す頼もしい NGO」『朝日新聞』2010 年 11 月 17 日。
────── 2011a『民主化と市民社会の新地平 ── フィリピン政治のダイナミズム』早稲田大学出版部。
────── 2011b「東北アジアの新しい安全保障秩序とトランスナショナルな市民社会 ── 批判的国際関係論の視座から」『北東アジア地域研究』(北東アジア学会) 17: 1-20。
岩崎育夫編 1997a『アジアと市民社会 ── 国家と社会の政治力学』アジア経済研究所。
岩崎育夫 1997b「アジア市民社会論」岩崎育夫編『アジアと市民社会 ── 国家と社会の政治力学』アジア経済研究所, 3-38。
梅林宏道 2003「現存する非核地帯と東北アジア非核地帯」ピースデポ編『北朝鮮の NPT 脱退危機と東北アジア ── 戦争ではなく非核地帯を!』ピースデポ, 1-19。
エンサイハン・ジャガルサイハン 2008「モンゴルの非核地位と日本の平和憲法」『世界』773: 272-277。
王名, 李妍焱, 岡室美恵子 2002『中国の NPO ── いま, 社会改革の扉が開く』第一書林。
金子熊夫 2000「北東アジアの平和と核問題」『Human Security』5: 169-194。
川崎哲 2005「GPPAC 地域アジェンダ策定のプロセスと内容 ── 平和のための地域的メカニズムの創造」『法学セミナー』605: 66-69。
岸田眞代編 2006『企業と NPO のパートナーシップ ── CSR 報告書 100 社分析』同文舘出版。
「9 条世界会議」日本実行委員会編 2008『9 条世界会議の記録』大月書店。
厳善平 2011「中国動態 ── 増加する中間層は社会変革を担えるか」『週刊東洋経

済』6365：130-131.
小島廣光, 平本健太編　2011『戦略的協働の本質 ── NPO, 政府, 企業の価値創造』有斐閣.
齋藤純一　2000『公共性』岩波書店.
佐野孝治　2008「ベトナムにおける国際NGOの展開（I） ── 発展プロセスと全体像」『福島大学地域創造』19(2): 6091-6116.
重冨真一　2002「NGOのスペースと現象形態 ── 第3セクター分析におけるアジアからの視角」『レヴァイアサン』31: 38-62.
進藤榮一, 平川均　2006『東アジア共同体を設計する』日本経済評論社.
鈴木千鶴子　2001「ベトナム ── NGOのNGOによるコントロール」重冨真一編『アジアの国家とNGO ── 15カ国の比較研究』明石書店, 178-230.
首藤もと子　2002「東南アジアの国家人権委員会と市民社会」『レヴァイアサン』31: 63-89.
園田茂人　1995「台頭するアジアの中間層 ── 連携と離反」『世界』616: 60-66.
田坂敏雄編　2009『東アジア市民社会の展望』御茶の水書房.
高松郷子　2006「大メコン川流域地域（GMS）おける人身取引」『ジェンダー＆セクシュアリティ』2: 43-64.
多賀秀敏　1999「地方NGOの生成とその意味 ── NVC新潟ボランティアセンターの活動を中心に」『早稲田法学』74(3): 121-142.
中国環境問題研究所編　2001『中国環境ハンドブック　2005-2006年版』蒼蒼社.
長坂寿久　2004『グローバリゼーションとNGO・NPO ──「政府＝NPO＝企業」の新たな協働関係』ディーティーピー出版.
西川潤, 蕭新煌編　2007『東アジアの市民社会と民主化 ── 日本, 台湾, 韓国にみる』明石書店.
日本環境会議／「アジア環境白書」編集委員会編　2006『アジア環境白書〈2006／07〉』東洋経済新報社.
延末謙一　2001「バングラデシュ ── 広大なるサードセクターと巨大NGO」重冨真一編『アジアの国家とNGO ── 15カ国の比較研究』明石書店, 42-67.
花田達朗　1996『公共圏という名の社会空間 ── 公共圏, メディア, 市民社会』木鐸社.
ハーバーマス, ユルゲン著／丸山高司訳　1987『コミュニケイション的行為の理論（下）』未來社.
─────／細谷貞雄, 山田正行訳　1994『公共性の構造転換 ── 市民社会の一カテゴリーについての探求』未來社.
─────／河上倫逸, 耳野健二訳　2003『事実性と妥当性（下） ── 法と民主的法治国家の討議理論にかんする研究』未來社.
東アジア環境情報発伝所　2003『第1回東アジア環境市民会議記録集』東アジア環境情報発伝所.

──── 2009『第4回東アジア環境市民会議記録集』東アジア環境情報発電所。
福島安紀子，岡部美砂 2007「東アジアの地域統合への道を探る」田中明彦，園田茂人，ティムール・ダダバエフ編『アジア・バロメーター　躍動するアジアの価値観 ── アジア世論調査 (2004) の分析と資料』明石書店，371-392。
目加田説子 2003『国境を超える市民ネットワーク ── トランスナショナル・シビルソサエティ』東洋経済新報社。
　　　──── 2009『行動する市民が世界を変えた ── クラスター爆弾禁止運動とグローバル NGO パワー』毎日新聞社。
毛里和子，森川裕二編 2006『東アジア共同体の構築 4 ── 図説ネットワーク解析』岩波書店。
山口定 2003「新しい公共性を求めて」山口定，佐藤春吉，中島茂樹，小関素明編『新しい公共性 ── そのフロンティア』有斐閣，1-29。
　　　──── 2004『市民社会論 ── 歴史的遺産と新展開』有斐閣。
山本武彦，天児慧編 2007『東アジア共同体の構築〈1〉── 新たな地域形成』岩波書店。
山本正編 2000『企業と NPO のパートナーシップ ── アジア太平洋地域 7 カ国の成功事例 10 に学ぶいま求められる企業と NPO の役割』アルク。
吉岡達也 2008『9条を輸出せよ！ ── 非軍事・平和構築の時代へ』大月書店。
李妍焱 2008『台頭する中国の草の根 NGO ── 市民社会への道を探る』恒星社厚生閣。
Council on Foreign Relations (CFR)　2005「インターネット規制をさらに強化した中国 ── 情報大国の野望と政治的検閲のジレンマ」『論座』127: 308-311。
GPPAC Japan　2005「隣人から見た憲法第9条 ── 東北アジア市民共生への道」。
GPPAC Northeast Asia (GPPAC NEA)　2006「GPPAC 東北アジア地域行動計画 2006-2010」2006年3月6日，ソウル (韓国)。
GPPAC Northeast Asia (GPPAC NEA)　2007「GPPAC 東北アジア・ウランバートル声明」2007年5月25日，ウランバートル (モンゴル)。

【英語】

Abinales, Patricio N. 2008. "The Philippines: Weak State, Resilient President." In Daljit Singh (ed.) *Southeast Asian Affairs 2008*, Singapore: Institute of Southeast Asian Studies, 293-312.

Acharya, Amitav. 2003. "Democratization and the Prospects for Participatory Regionalism in Southeast Asia." *Third World Quarterly* 24(2): 375-390.

Alagappa, Muthiah. (ed.) 2004. *Civil Society and Political Change in Asia: Expanding and Contracting Democratic Space*, Stanford: Stanford University Press.

Alam, S. M. Chamsul. 1995. *The State, Class Formation, and Development in Bangladesh*. Lanham: University Press of America.

Asian Development Bank (ADB). 2009. Overview of Civil Society, Lao PDR (http://www.adb.org/Documents/Reports/Civil-Society-Briefs/LAO/CSB-LAO.pdf).
Asian Forum for Human Rights and Development (FORUM-ASIA) and Solidarity for Asian People's Advocacy Task Force on the ASEAN and Human Rights (SAPA TFAHR). 2009. The Process of Drafting the Term of Reference (TOR) on the ASEAN Human Rights Body and Civil Society Involvement, 21 February 2009.
Asian Human Rights Commission. 1998. *Asian Human Rights Charter: A People's Charter*. Hong Kong: Asian Human Rights Commission.
Aviel, JoAnn Fagot. 1999. "The Growing Role of NGOs in ASEAN." *Asia-Pacific Review* 6(2): 78–92.
———. 2000. "Placing Human Rights and Environmental Issues on Asean's Agenda: The Role of Non-Governmental Organizations." *Asian Journal of Political Science* 8(2): 17–34.
Brillantes, Alex B. 1994. "Decentralization: Governance from Below." *Kasarinlan* 10(1): 41–47.
Callahan, William A. 2000. *Pollwatching, Elections and Civil Society in Southeast Asia*. Aldershot: Ashgate.
Camilleri, Joseph A. 2000. *States, Markets and Civil Society in Asia Pacific*. Northampton: Edward Elgar.
Chang, Dae-Oup. 2005. "Neoliberal Restructuring of Capital Relations in East and South-East Asia." in Alfredo Saad Filho and Deborah Johnston (eds.) *Neoliberalism: A Critical Reader*, London: Pluto Press, pp. 251–258.
Chang Kyung-Sup. 2010. "Individualization without Individualism: Compressed Modernity and Obfuscated Family Crisis in East Asia." *Journal of Intimate and Public Spheres* Pilot Issue: 23–39.
Chia Siow Yue. and Jamus Jerome Lim. (eds.) 2002. *Information Technology in Asia: New Development Paradigms*. Singapore: Institute of Southeast Asian Studies.
Chongkittavorn, Kavi. 2007. "ASEAN Drafters Meet Civil Society Groups." *The Nation*, March 29, 2007.
Clarke, Gerard. 1998. *The Politics of NGOs in South-East Asia: Participation and Protest in the Philippines*. London: Routledge.
Cohen, Jean L. and Andrew Arato. 1992. *Civil Society and Political Theory*. Massachusetts: The MIT Press.
Crouch, Harold. and James W. Morley. 1999. "The Dynamics of Political Change." In James W. Morley (ed.) *Driven by Growth: Political Change in the Asia-Pacific Region*, Armonk, N. Y.: M. E. Sharpe, pp. 316–354.
Department of Agrarian Reform (DAR). 2010. Accomplishment Report CY 2009.
Dhakal, Tek Nath. 2007. "Challenges of Civil Society Governance in Nepal." *Journal of Administration and Governance* 2(1): 61–73.

第 11 章　アジアの市民的公共圏と市民社会

Doronila, Amando. 1994. "Reflections on a Weak State and the Dilemma of Decentralization." *Kasarinlan* 10(1): 48–54.
Emmerson, Donald K. 2009. "Critical Terms: Security, Democracy, and Regionalism in Southeast Asia." In Donald K. Emmerson (ed.) *Hard Choice: Security, Democracy, and Regionalism in Southeast Asia*, Singapore: Institute of Southeast Asian Studies, pp. 3–56.
Endicott John E. and Alan G. Gorowitz. 1999. "Track-II Cooperative Regional Security Efforts: Lessons from the Limited Nuclear-Weapons-Free Zone for Northeast Asia." *Pacifica Review* 11(3): 293–324.
Farrington, John. and David J. Lewis. (eds.) 1993. *Non-Governmental Organizations and the State in Asia: Rethinking Roles in Sustainable Agricultural Development*. London: Routledge.
Fawcett, Louise. 2004. "Exploring Regional Domains: A Comparative History of Regionalism." *International Affairs* 80(3): 429–446.
Ferrari, Aurora. 2007. *Access to Financial Services in Nepal*. Washington, D. C.: World Bank.
George, Susan. 2004. *Another World is Possible if…*, London: Verso（杉村昌昭，真田満訳『オルター・グローバリゼーション宣言 ── もうひとつの世界は可能だ！もし……』作品社，2004 年）．
Global Partnership for the Prevention of Armed Conflict (GPPAC). 2004. The Role of Civil Society in the Prevention of Armed Conflict, January.
Global Partnership for the Prevention of Armed Conflict Northeast Asia (GPPAC NEA). 2009. GPPAC Northeast Asia Regional Steering Group Meeting, Seoul, April, Conference Reader.
─────. 2011. GPPAC Northeast Asia Narrative Reporting 2010.
Goertzen, Donald. 1991. "Agents for Change." *Far Eastern Economic Review* 153(32): 20–21.
Gois, William. 2007. "Migration in the ASEAN Region." In Alexander C. Chandra and Jenina Joy Chavez (eds.) *Civil Society Reflections on South East Asian Regionalism*, Quezon City: The South East Asian Committee for Advocacy, 119–132.
Hasan, Samiul. Mark Lyons. and Jenny Onyx. 2008. "Third Sector Organization Governance: Introducing the Themes and the Chapters." In Samiul Hasan and Jenny Onyx, eds., *Comparative Third Sector Governance in Asia: Structure, Process, and Political Economy*, New York: Springer, pp. 1–18.
Hettne, Björrn. 2003. "The New Regionalism Revisited." in Fredrik Söderbaum and Timothy M. Shaw (eds.) *Theories of New Regionalism: A Palgrave Reader*. Hampshire: Palgrave Macmillan, pp. 22–42.
Heyzer, Noeleen. James V. Riker. and Antonio B. Quizon. (eds.) 1995. *Government-NGO Relations in Asia: Prospects and Challenges for People-Centred Development*. New York: St. Martin's Press.
Hugo, Graeme. 2004. "International Migration in Southeast Asia Since World War II." In Aris Ananta and Evi Nurvidya Arifin (eds.) *International Migration in Southeast Asia*,

Singapore: Institute of Southeast Asian Studies, pp. 28–70.

Human Rights Watch. 2010. *Vietnam, January 2010* (http://www.hrw.org/en/world-report-2010-4).

Igarashi, Seiichi. 2011. "The New Regional Order and Transnational Civil Society in Southeast Asia-Focusing on Alternative Regionalism from below in the Process of Building the ASEAN Community." *World Political Science Review* 7(1): 1–31.

Institute of Microfinance (InM) and Credit and Development Forum (CDF). 2009. Bangladesh Microfinance Statistics 2009 (http://www.inm.org.bd/statistics/2009/Chapter%201_Development.pdf).

Juris, Jeffrey S. 2008. *Networking Futures: The Movements against Corporate Globalization*. Durham: Duke University Press.

Kabir, Kazi Shahdat. 2010. *Civil Society in a Weak State: The Case of Bangladesh, 1971–1990*. Kabir. LAP Lambert Academic Publishing.

Kelly, Sanja. Christopher Walker. and Jake Dizard. (eds.) 2008. *At the Crossroads, 2007: A Survey of Democratic Governance*. Lanham: Rowman & Littlefield Publishers, Inc.

Khandker, Shahidur R. 1995. *Grameen Bank: Performance and Sustainability*. Washington, D. C.: World Bank.

Kim, Sunhyuk. 2000. *The Politics of Democratization in Korea: The Role of Civil Society*. Pittsburgh: University of Pittsburgh Press.

Kitley, Philip. ed. 2003. *Television, Regulation and Civil Society in Asia*. London: Routledge-Curzon.

Koh, Tommy. Rosario G. Manalo. and Walter Woon. (eds.) 2009. *The Making of the ASEAN Charter*. Singapore: World Scientific Publishing Co. Pte. Ltd.

Komori, Yasumasa. 2010. "Evaluating Regional Environmental Governance in Northeast Asia." *Asian Affairs: An American Review* 37(1): 1–25.

Kyaw Yin Hlaing. 2004. "Burma: Civil Society Skirting Regime Rules." in Muthiah Alagappa (ed.) *Civil Society and Political Change in Asia: Expanding and Contracting Democratic Space*, Stanford: Stanford University Press, pp. 389–418.

Lai, On-Kwok. 2004. "Transnational Activism and Electronic Communication: Cyber-Rainbow Warriors in Action." in Nicola Piper and Anders Uhlin (eds.) *Transnational Activism in Asia: Problems of Power and Democracy*, London: Routledge: 94–108.

Lee Hock Guan. 2004. *Civil Society in Southeast Asia*. Singapore: Institute of Southeast Asian Studies.

Lee Jae Young. 2008. Northeast Asia Regional Peacebuilding Institute (NAPRI). unpublished manuscript.

Lee, Verena Beittinger-. 2009. *(Un) Civil Society and Political Change in Indonesia: A Contested Arena*. Abingdon: Routledge.

Lim, Shirley Geok-lin. Larry E. Smith. and Wimal Dissanayak. (eds.) 1999. *Transnational*

Asia Pacific: Gender, Culture, and the Public Sphere, Urbana: University of Illinois Press.

Linz, Juan J. and Alfred Stepan. 1996. *Problems of Democratic Transition and Consolidation: Southern Europe, South America, and Post-Communist Europe*. Baltimore: The Johns Hopkins University Press（荒井祐介，五十嵐誠一，上田太郎訳『民主化の理論 ―― 民主主義への移行と定着の課題』一藝社，2005年）.

LoGerfo, James Paul. 1997. Civil Society and Democratization in Thailand, 1973-1992, Ann Arbor, Mich.: UMI Dissertation Information Service.

Luan, Betty. 2006. "Migration and Development." In Asian Migrant Centre (ed.) *Asian Migrant Yearbook 2005*, Hong Kong: Asian Migrant Centre, pp. 31-49.

Luttwak, Edward. 1999. *Turbo-Capitalism: Winners and Losers in the Global Economy*, New York: HarperCollins（山岡洋一訳『ターボ資本主義 ―― 市場経済の光と闇』TBSブリタニカ，1999年）.

Magno, Francisco A. 1992. "Weak State, Ravage Forests: Political Constraints to Sustainable Upland Management in the Philippines." *Philippine Political Science Journal* 33-36: 79-96.

Mittlelman, James H. 2000. *The Globalization Syndrome: Transformation and Resistance*, Princeton: Princeton University Press（田口富久治，松下冽，柳原克行，中谷義和訳『グローバル化シンドローム ―― 変容と抵抗』法政大学出版局，2002年）.

Muni, S.D. 2010. *The Emerging Dimensions of SAARC*. New Delhi: Cambridge University Press India under the Imprint of Foundation Books.

O'gara, Chloe. Lisa Long. and Emily Vargas-Barón. 2008. "Policy Options for Early Childhood Development." in William K. Cummings and James H. Williams (eds.) *Policy-Making for Education Reform in Developing Countries: Policy Options and Strategies*, Lanham: Rowman & Littlefield Education, pp. 27-64.

Paolini, Albert J. Anthony P. Jarvis. and Christian Reus-Smit. eds. 1998. *Between Sovereignty and Global Governance: The United Nations, the State and Civil Society*. New York: St. Martin's Press.

Piper, Nicola. 2005. "Transnational Politics and Organizing of Migrant Labour in South-East Asia: NGO and Trade Union Perspectives." *Asia-Pacific Population Journal* 20(3): 87-110.

―――. and Anders Uhlin. 2002. "Transnational Advocacy Networks and the Issue of Trafficking and Labour Migration in East and Southeast Asia. A Gendered Analysis of Opportunities and Obstacles." *Asian and Pacific Migration Journal* 11(2): 171-195.

―――. and Anders Uhlin. (eds.) 2004. *Transnational Activism in Asia: Problems of Power and Democracy*. London: Routledge.

Quadir, Fahim. and Jayant Lele. eds. 2004. *Globalization, Democracy and Civil Society in Asia*. Basingstoke: Palgrave Macmillan.

Rice, Susan E. and Stewart Patrick. 2008. *Index of State Weakness in the Developing World*, Washington, D. C.: The Brookings Institution.

Rosenau, James N. and Ernst-Otto Czempiel. (eds.) 1992. *Governance without Government: Order and Change in World Politics*, Cambridge: Cambridge University Press.

Sáez, Lawrence. 2011. *The South Asian Association for Regional Cooperation (SAARC): An Emerging Collaboration Architecture*. Oxon: Routledge.

Salamon, Lester M. 1994. "The Rise of the Nonprofit Sector." *Foreign Affairs* 73(4): 109–122.

Schak, David C. (ed.) 2003. *Civil Society in Asia*, Aldershot: Ashgate.

Schulz, Michael, Fredrik Söderbaum, and Joakim Öjendal. 2001. "Key Issues in the New Regionalism: Comparisons from Asia, Africa and the Middle East." in Björn Hettne, Andras Inotai, and Osvaldo Sunkel, eds., *Comparing Regionalisms: Implications for Global Development*. New York: Palgrave: 234–276.

Scobell, Andrew. 2005. "Making Sense of North Korea: Pyongyang and Comparative Communism." *Asian Security* 1(3): 245–266.

Severino, Rodolfo C. 2006. *Southeast Asia in Search of an ASEAN Community: Insights from the Former ASEAN Secretary-General*, Singapore: Institute of Southeast Asian Studies.

Shresthad, Ananda. ed. 1998. *The Role of Civil Society and Democratization in Nepal*, Kathmandu: Nepal Foundation for Advanced Studies.

Solidarity for Asian People's Advocacy (SAPA) 2007a. SAPA Charter of Principles, April 2007.

―――. 2007b. Analysis of the ASEAN Charter, 18 November 2007.

Solidarity for Asian People's Advocacy Task Force on the ASEAN and Human Rights (SAPA TFAHR). 2008a. Submission from the Second Regional Consultation on ASEAN and Human Rights to the High Level Panel on the Establishment of the ASEAN Human Rights Body, 7 August 2008.

―――. 2008b. Proposed Heads of Discussion for the Terms of Reference of the ASEAN Human Rights Commission, 7 November 2008.

―――. 2009. Submission to the High Level Panel on the Establishment of an ASEAN Human Rights during the HLP-Civil Society Dialogue Session during 9th HLP Meeting, 20 March 2009.

―――. 2010. *Hiding behind its Limits: A Performance Report on the First Year of the ASEAN Intergovernmental Commission on Human Rights (AICHR) 2009–2010*. Bangkok: Asian Forum for Human Rights and Development.

Strange, Susan. 1986. *Casino Capitalism*. Oxford: B. Blackwell（小林襄治訳『カジノ資本主義 ―― 国際金融恐慌の政治経済学』岩波書店，1988年).

Steinberg, David I. 2001. *Burma, the State of Myanmar*. Washington, D. C.: Georgetown University Press.

Task Force on ASEAN Migrant Workers (TFAMW). 2006. Civil Society-Trade Union: Position Paper on an ASEAN Instrument on the Protection and Promotion of the Rights of Migrant Workers, 7 December 2006.

. 2008a. Statement of the Task Force on ASEAN Migrant Workers to the Ministers of Labour at the ASEAN Labour Ministers Meeting, 30 April 2008.

　　　　　. 2008b. Development of Engagement Mechanism between ASEAN Committee for Migrant Workers and the Task Force on ASEAN Migrant Workers, 25 November 2008.

　　　　　. 2009a. Final ASEAN Civil Society Proposal for the ASEAN Framework Instrument on the Promotion and Protection of the Rights of Migrant Workers, 12 May 2009.

　　　　　. 2009b. Press Release, The ASEAN Framework Instrument for Migrant Workers Must be Legally Binding, Said Task Force on ASEAN Migrant, 6 August 2009.

　　　　　. 2009c. Recommendation to the ACMW Meeting in Chaing Rai Thailand, 28-29 September 2009, 21 September 2009.

Unger, Jonathan. 2006. "China's Conservative Middle Class." *Far Eastern Economic Review* 169 (3): 27-31.

Villacorta, Wilfrido V. 1994. "The Curse of the Weak State: Leadership Imperatives for the Ramos Government." *Contemporary Southeast Asia* 16(1): 175-192.

VUFO-NGO Resource Centre. 2004. International NGO Partnerships for Development.

Wahyuningrum, Yuyun. 2009. "ASEAN's Road Map towards Creating a Human Rights Regime in Southeast Asia." in Jennifer Mourin (ed.) *Human Rights Milestones: Challenges and Development in Asia*, Bangkok: Asian Forum for Human Rights and Development, pp. 69-82.

World Bank. 2004. *State-Society Synergy for Accountability: Lessons for the World Bank*, Washington, D. C.: World Bank.

Yamamoto, Tadashi. (ed.) 1995. *Emerging Civil Society in the Asia Pacific Community: Nongovernmental Underpinnings of the Emerging Asia Pacific Regional Community*, Tokyo: Japan Center for International Exchange（日本国際交流センター監修『アジア太平洋のNGO ――「地域共同体」の誕生と秘められた可能性』アルク，1998年）.

　　　　　. 1995. "Integrative Report." in Tadashi Yamamoto (ed.) *Emerging Civil Society in the Asia Pacific Community: Nongovernmental Underpinnings of the Emerging Asia Pacific Regional Community*, Tokyo: Japan Center for International Exchange: 1-40（山本正「台頭する民間非営利セクターの全貌」日本国際交流センター監修『アジア太平洋のNGO ――「地域共同体」の誕生と秘められた可能性』アルク，1998年）.

索　引

[A-Z]
APNEC　→アジア太平洋環境 NGO 会議
ARC　→農地改革共同体
ASEAN　→東南アジア諸国連合
ASEAN 移民労働者作業部会（TFAMW）　330-331
ASEAN 憲章　325-326
ASEAN 政府間人権委員会（AICHR）　329
ASEAN と人権に関する作業部会（TFAHR）　328-329
DINK　107-109
ECE 改革法案　252, 256
GPPAC　→武力紛争予防のためのグローバルパートナーシップ
KCTA　257
M 字型就業（就労）　17, 127-128, 133, 137
NGO・NPO　5, 34, 182, 190, 245, 254, 257-259, 300-303, 312, 318-323
OAS　→米州機構
Oaxaca-Blinder 要因分解　162-163, 165, 168
PAAR　→オルタナティブな地域主義に向けた民衆アジェンダ
SAARC　→南アジア地域協力連合
SAPA　→アジア民衆によるアドボカシー連帯
SINK　107-109
SSM 調査　→社会階層と社会移動

[あ行]
（政策の）アイディア　244-246
アジア人権憲章　327
アジア太平洋環境 NGO 会議（APNEC）　334
アジア民衆によるアドボカシー連帯（SAPA）　306, 325-330
圧縮された近代　14, 21, 26-29, 31, 40-43, 72, 75, 84, 87-88, 93-94, 196, 297, 309
（民法上の）「家」　269-270
「家」制度　273
「偉大な社会」　29
移民労働　299, 313, 327, 329-331
失われた 10 年　127
エスピン – アンデルセン　23-24, 87, 129, 189, 191-192, 201-202, 204
エンプロイアビリティ　107, 115
越境結婚　81-82
欧州評議会（CoE）　307
親孝行の下請け　92, 212
オルタナティブな地域主義に向けた民衆アジェンダ（PAAR）　306-307

[か行]
外国人介護労働者　188, 210-212, 215-216
外国人家事労働者　2, 33, 92, 183, 185, 201, 205-212, 217-220, 224-229, 232-237
階層化　129, 236
開発主義　28, 32, 87, 193, 207
家事服務法［台湾］　228
家族化政策　33, 87
家族主義　22-28, 33, 40, 43, 46, 48, 83, 86-92, 127-128, 133, 135, 138, 151, 195, 201-202, 206
　自由主義的―　32, 92-94, 192-194
　個人主義的――　47
　家族主義レジーム　191　→福祉国家
家族中心性　39, 63
家族法　268
家庭裁判所　271
家内性　3, 5-6, 8
韓流　42
逆オリエンタリズム / 自己オリエンタリズム　25
9 条世界会議　335
強家族化　237　→脱家族化
共同体（コミュニティ）　3, 265-267, 274, 301
　知識――　245
　東アジア――　68, 298, 338　→地域主義
近代
　第一の――　1-3, 6-8, 12, 14, 26-29
　第二（の）――　1-3, 10-12, 21, 26, 29, 40　→後期近代
近代化論　21
近代の黄金時代　74
グラミン銀行　318

グローバル9条キャンペーン　335-336
ケア
　　──の社会化　90, 196-197, 203-204, 256
ケアダイアモンド　32, 189-191
ケアワーク　195, 197, 294-295
　　無償の──　289, 293
後期近代　39-40, 45, 48
公共化（publicized）　279, 290
合計特殊出生率　12, 14, 67-68, 72, 103, 113, 178
公的領域　3, 5, 279, 285-287, 291
高負担高福祉社会　152
（少子）高齢化　10, 28-29, 45, 94, 109-113, 139, 195-197, 203, 215, 250, 255, 260
　　──の津波現象　109
　　高齢者扶養率　115
国際結婚　2, 81-82, 92, 94
個人化
　　個人主義なき──　44, 61, 63, 85
　　リスク回避的──　44, 53, 60, 84
　　再建的──　44
　　ノマド的──　43-44
　　制度化された──　43-45
　　人口統計上の──　44
個人主義　44-46, 67, 83, 86, 94
　　──なき個人化　→個人化
子育て　30, 55, 58, 184, 243
　　子育てネットワーク　190
　　──政策の改革　255-
雇用税優遇税制　205, 220
コンピテンシー　119-120

［さ行］
新家父長制　288-290
新自由主義　28, 42, 48-50, 195, 253, 292-293
産業革命　7
ジェンダー
　　──規範　286
　　──秩序　278, 286-293
　　──平等　10-11, 184, 292
自殺　25, 28, 60-63
施設ケア　182, 187
自然死　111
持続不能社会　14, 67
私的領域　3, 5, 277-280, 284-287, 293
市民社会　3, 6, 11, 33-34, 51, 266, 292, 297-303
市民的公共圏　284, 298-302, 307-309, 337
　　トランスナショナル──（TCS）　297　→地球市民社会
社会階層と社会移動（SSM調査）　134
社会サービス雇用　258
社会的ではない時間　232
社会的ネットワーク　177-178, 180, 184-186, 188
社会的排除　85, 94
社会的閉鎖化　156-158, 163, 165, 172
社会投資　32, 91, 243, 254-255, 259-261
社区　186-187, 190, 193　→共同体（コミュニティ）
（女性の）就業継続支援　205, 228
「儒教福祉」国家論　201-202
出生率低下　7, 12-14, 42, 69-74, 82, 179, 196, 250
出生率転換　69
主婦化（housewifization）　9-10, 20, 196, 277
生涯独身　1, 55, 75-79, 82, 93
少子高齢社会委員会［韓国］　250, 258
職業再訓練法［香港］　229
女性運動
　　新しい──　278-280, 285, 291-292
新エンゼルプラン　182, 190
人権　27, 213, 228, 246, 265, 274, 299, 301, 304, 321, 323, 325, 327-329, 336
人口転換
　　第一次──　7, 12, 15
　　第二次──　8, 16, 26, 63, 73, 75, 79, 94, 196
　　東アジア型の第二の──　81
人口置換水準　7, 12, 14, 70, 72, 74, 105, 113, 179, 196
人口ボーナス　30, 88, 100
　　第一の──　102, 120, 122
　　第二の──　99, 102, 120-122
人口オーナス　102, 122
人口の壁　103, 119
親族　3, 4, 15, 24, 32, 82, 179-181, 184-186, 191-195, 221
人的資本　99, 118, 120-121
親密化（intimazed）　290-291
親密圏と公共圏の再編成　1-3, 301　→公的領域，私的領域
親密性　3, 5-6, 79

――の変容　1, 6, 8, 11, 26, 79, 196
――の欠如　79
生活世界の植民地化　299
政策の学習や移転　243-245, 261
生産的福祉（政策）　28, 253, 260
生産年齢人口　11, 30, 88, 100, 103-104, 113-115, 119
脆弱性　212-213
セーフティネット　121, 201, 229, 254, 260
戦後日本型ライフコース　128

[た行]
脱家族化　33, 42-44, 47, 53, 60-63, 87, 152, 204, 206, 237
脱近代　1
脱主婦化　10-11, 17, 196
団塊の世代　134, 151
団塊ジュニア　134, 136
男女共同参画社会　136, 138, 152
地域主義
　参加型――　307, 337
　オルタナティブな――　306-307, 327
　新自由主義型――　306, 310, 314, 338
　自己志向型――　306
　改革型――　306
中間層　178, 182, 230, 309, 317
中国水汚染地図　333
超低出生率　2, 14, 24, 67, 69, 85, 108, 179
賃金抑制効果　155, 159
釣り鐘型（人口ピラミッド）　179
帝国主義　288
できちゃった婚　80-81
天皇制　287-289
東南アジア諸国連合（ASEAN）　106, 299
東北アジア非核地帯構想　335

[な行]
内部労働市場　158, 161, 167
日本型福祉社会　88
日本国憲法　266
農地改革共同体（ARC）　320
盧武鉉政権　243, 250-251, 253, 260

[は行]
ハゴン　252
ハーバーマス　5, 12, 284, 286, 299-300, 306, 315
半圧縮近代　14, 31, 75, 93
半公共圏（semipublics）　33, 280, 284-286
東アジア環境市民会議　332
ビジョン2030　250, 258
非正規雇用　155
非正規労働　21, 107, 155, 163, 249, 330
非伝統的供給国　218
ピープルパワー　315, 317, 320, 337
福祉国家　45, 87
　――の類型　23, 201-203
　――の建設　26-28, 88, 91, 196
福祉ミックス　177, 188, 197
福祉レジーム
　社会民主主義――　23, 129, 132, 191-193, 202, 256
　保守主義――　23, 129, 133, 202
　自由主義――　23, 45, 129, 190, 192
婦人　279, 291
フリーダムハウス　307-309
武力紛争予防のためのグローバルパートナーシップ（GPPAC）　334-336, 339
紛争予防　299, 334, 336
米州機構（OAS）　307, 333
ヘーゲル　3, 7, 9
ベック　1, 6, 42, 44-46, 74
包摂的自由主義　254
暴力　274-275
母性保護運動　290

[ま行]
マイクロクレジット　318, 320-321
全き家　4
南アジア地域協力連合（SAARC）　306, 338
民間保育事業者協会［韓国］　257
民主化運動　202, 306-307, 324
（株の）持ち合い　161-162

[ら行]
離婚　270
リスク回避的個人化　44, 53, 60-61, 84
律令　265

[わ行]
ワークフェア　88-89, 233-234

執筆・翻訳者紹介（執筆・翻訳順，［　］内は担当章）

落合恵美子（おちあい　えみこ）［序章，第2章，第6章］
奥付の「編者紹介」を参照。

張　慶燮（ちゃん　きょんすぷ　Chang Kyung-Sup）［第1章］
ソウル大学社会学科教授。Ph. D（ブラウン大学）。専攻：制度社会学，開発政治学，社会理論。
主な著作：*South Korea under Compressed Modernity: Familial Political Economy in Transition* (London/New York: Routledge, 2010/11); *Contested Citizenship in East Asia: Developmental Politics, National Unity, and Globalization* (co-edited with Bryan S. Turner, London/New York: Routledge, 2012); *Developmental Politics in Transition: The Neoliberal Era and Beyond* (co-edited with Ben Fine and Linda Weiss, Basing Stoke/New York: Palgrave Macmillan, 2012); *Developmental Politics in South Korea: From Developmental Liberalism to Neoliberalism* (Basingstoke/New York: Palgrave Macmillan, 2013); *South Korea in Transition: Politics and Culture of Citizenship* (edited, London/New York: Routledge, 2013).

柴田　悠（しばた　はるか）［第1章翻訳］
京都大学大学院人間・環境学研究科准教授。京都大学大学院人間・環境学研究科博士後期課程修了，博士（人間・環境学）。専攻：社会学。
主な著作：「自殺率に対する積極的労働市場政策の効果 —— OECD26ヵ国1980～2007年のパネルデータ分析」（『社会学評論』（日本社会学会）第65巻第1号116-133頁，2014年）。「積極的労働市場政策は親密性の自殺予防効果を高めるか —— 1980年から2007年における日韓を含むOECD27ヵ国の動学的パネル分析」（太郎丸博編『東アジアの労働市場と社会階層』京都大学学術出版会，2014年）。

パチャラワライ・ウォンブーンシン（Patcharawalai Wongboonsin）
［第3章］
チュラロンコーン大学教授。九州大学大学院法学研究科博士課程修了。Ph. D.（九州大学）。専攻：移民研究，人口学。
主な著作："Asian Labour Migration and Regional Arrangements." In Kristof Tamas and Joakim Palme (eds) *Globalizing Migration Regimes: New Challenges to Transnational Cooperation* (Hampshire, UK: Ashgate Publishing, 2006); "Maximizing the Demographic Dividend via Regional Cooperation in Human Resource Development." (co-authored with Joannis Kinnas). In Kua Wongboonsin and Philip Guest (eds) *The Demographic Dividend: Policy Options for Asia* (Bangkok: Chulalongkorn University Printing House, 2005).

クア・ウォンブーンシン（Kua Wongboonsin）［第3章］
チュラロンコーン大学教授・副学長。Ph. D.（ペンシルヴァニア大学）。専攻：人口学。
主な著作：*The Demographic Dividend: Policy Options for Asia* (co-edited with Philip Guest), (Bangkok: Chulalongkorn University Printing House, 2005); "The Demographic Dividend and M-Curve Labor Force Participation in Thailand." (*Applied Population and Policy* 1(2), 2004).

佐藤綾子（さとう　あやこ，Emily A. Sato）［第3章・第8章翻訳］
翻訳・通訳者，日本獣医生命科学大学非常勤講師。
上智大学大学院文学研究科新聞学専攻修士課程修了。専攻：国際コミュニケーション。
主な訳書：『豊かさの向こうに —— グローバリゼーションの暴力』（監訳，連合出版，2010年），『建築，アートがつくりだす新しい環境』（共訳，ACCESS，2011年）。

岩井八郎（いわい　はちろう）［第4章］
京都大学大学院教育学研究科教授。大阪大学大学院人間科学研究科博士課程単位

取得退学。専攻：教育社会学，ライフコース研究。
主な著作：「高齢者の社会的地位と格差」(佐藤・尾嶋編『格差と多様性』(21世紀の階層システム第1巻) 東京大学出版会，2011年)，「学歴と初期キャリアの動態 ── 戦後日本型ライフコースの変容」(石田・近藤・中尾編『趨勢と比較』(21世紀の階層システム第2巻) 東京大学出版会，2011年)，『現代教育社会学』(近藤博之との共編，有斐閣，2010年) など。

太郎丸博（たろうまる　ひろし）[第5章]
京都大学大学院文学研究科准教授。大阪大学大学院人間科学研究科博士後期課程単位取得退学。専攻：社会階層論。
主な著作：『若年非正規雇用の社会学』(大阪大学出版会，2009年)「社会階層論と若年非正規雇用」(直井優・藤田英典編『講座社会学13 階層』(東京大学出版会，2008年)，「若年非正規雇用・無業とジェンダー ── 性別分業意識が女性をフリーターにするのか？」(『ソシオロジ』52(1), 2007年)。

安里和晃（あさと　わこう）[第7章]
京都大学大学院文学研究科特定准教授。龍谷大学大学院経済学研究科博士課程修了，経済学博士。専攻：移民研究。
主な著作：『労働鎖国ニッポンの崩壊』(編著，ダイヤモンド社，2011年)，「人の国際移動と受け入れ枠組みの形成に関する研究」武川正吾・宮本太郎編『グローバリゼーションと福祉国家』明石書店，2012, pp.71-107. "Nurses from Abroad and the Formation of a Dual Labor Market in Japan", *Southeast Asian Studies*, March, 2012, 642-669.

イト・ペング（Ito Peng）[第8章]
トロント大学教授。Ph. D.（ロンドン・スクール・オブ・エコノミクス）。専攻：比較政治学，比較政策学，福祉国家論。
主な著作："All in the Family? Migrants, Nationhood, and Care Regimes in Asia and North America" (*European Journal of Social Policy*, 22(4) 2012 ── with Sonya Michel), "The Good, The Bad, and The Confused: Political Economy of Social Care in South

Korea" (*Development & Change*, 42(4) 2011), "Social Care Expansion Reforms and their Implications for Care Workers in South Korea" (*International Labour Review*, 149(4)), "East Asia" in Frank Castle, et. al., eds. *The Oxford Handbook of the Welfare State* (Oxford: Oxford University Press. 2010 ― with Joseph Wong) "Institutions and Institutional Purpose: Continuity and Change in East Asian Social Policy" (*Politics and Society*, 36(1) 2009 ― with Joseph Wong), "Postindustrial Pressures, Political Regime Shifts, and Social Policy Reforms in Japan and South Korea", (*Journal of East Asian Studies*, 2004), "Social Care in Crisis: Gender, Demography and Welfare State Restructuring in Japan", (*Social Politics*, 9(3) 2002).

水野紀子（みずの　のりこ）［第 9 章］

東北大学大学院法学研究科教授。東京大学法学部卒，同助手などを経て現職。専攻：民法 / 家族法。
主な著作：『信託の理論と現代的展開』（編著，商事法務，2014 年），『財産管理の理論と実務』（窪田充見と共編著，日本加除出版，2015 年），『相続法の立法的課題』（編著，有斐閣，2016 年）。

イルゼ・レンツ（Ilze Lenz）［第 10 章］

ボッフム大学社会科学部名誉教授。社会学博士（ベルリン自由大学），大学教授資格（ミュンスター大学）。専攻：労働とジェンダー，女性運動，異文化，グローバル化，社会変化に関する日独比較研究。
主な著作：*Die neue Frauenbewegung in Deutschland. Abschied vom kleinen Unterschied. Eine Puellensammlung* (*The new women's movements in Germany. Farewell to the little difference. A source collection*), Wiesbaden, 2008 (Short version in 2009), *Quellensammlung zur Neuen Frauenbewegung in Japan* (*Source collection of the new women's movements in Japan*), Wiesbaden（前みち子との共編，2013 年）, *Gender Orders Unbound. Globalisation, Restructuring, Reciprocity*. Leverkusen: Verlag Barbara Budrich (co-edited with Charlotte Ullrich and Barbara Fersch, 2007).

古谷野郁（こやの　いく）［第10章翻訳］
フリーライター。京都大学大学院文学研究科修士課程修了。
主な著作：修士論文「サルサクラブの社会学 —— コミュニケーションとしての身体接触と「場」の機能に関する一考察」（2011年）。

左海（松沢）陽子（さかい　ようこ）［第10章翻訳］
京都大学野生動物研究センター・特定職員。京都大学大学院文学研究科博士課程中途退学。専攻：ジェンダー論。
主な著作：「『セックス』と『ジェンダー』の入れ子構造 —— 2D / 4D 比の研究から」（『発達』第107: 71-78頁，2006年），de Vaal. F., "Silent Invasion: Imanishi's Primatology and Cultural Bias in Science", 今西・伊谷記念霊長類学講義採録，2002（＝松沢陽子訳「静かな侵入 —— 今西霊長類学と科学における文化的偏見」（『エコソフィア』11: 75-84頁，2003年→『生物科学』57 (4), 2006年）。

五十嵐誠一（いがらし　せいいち）［第11章］
千葉大学法政経学部准教授。早稲田大学大学院社会科学研究科博士後期課程単位取得満期退学。博士（学術）。専攻：国際関係論，アジア研究。
主な著作：『民主化と市民社会の新地平 —— フィリピン政治のダイナミクス』（単著，早稲田大学出版部，2011年，第10回日本NPO学会優秀賞）。主な論文：「東南アジアの新しい地域秩序とトランスナショナルな市民社会の地平 —— ASEAN共同体の形成過程における『下』からのオルターナティブな地域主義に注目して」『国際政治』第158号，2009年（第3回日本国際政治学会奨励賞），「東北アジアの新しい安全保障秩序とトランスナショナルな市民社会 —— 批判的国際関係論の視座から」『北東アジア地域研究』第17号，2011年10月（北東アジア学会優秀論文賞）。

[編者紹介]

落合恵美子（おちあい　えみこ）
京都大学大学院文学研究科教授。
東京大学大学院社会学研究科博士課程単位取得退学。専攻：家族社会学。
主な著作：『21世紀家族へ —— 家族の戦後体制の見かた・超えかた（第3版）』
（有斐閣，2004年），『アジアの家族とジェンダー』（共編，勁草書房，2007年），
『アジア女性と親密性の労働』（共編，京都大学学術出版会，2012年）。
Asia's New Mothers: Crafting Gender Roles and Childcare Networks in East and Southeast Asian Societies. Folkestone: Global Oriental, 2008, co-edited with Barbara Molony.

変容する親密圏／公共圏　1
親密圏と公共圏の再編成 —— アジア近代からの問い　　　© E. Ochiai 2013

2013年2月20日　初版第一刷発行
2020年6月30日　初版第三刷発行

　　　　　　　　編　者　　落合恵美子
　　　　　　　　発行人　　末原達郎
　　発行所　　京都大学学術出版会
　　　　　　　京都市左京区吉田近衛町69番地
　　　　　　　京都大学吉田南構内（〒606-8315）
　　　　　　　電　話（075）761-6182
　　　　　　　FAX（075）761-6190
　　　　　　　URL　http://www.kyoto-up.or.jp
　　　　　　　振替　01000-8-64677

ISBN 978-4-87698-582-1　　　　　印刷・製本　㈱クイックス
Printed in Japan　　　　　　　　　定価はカバーに表示してあります

本書のコピー，スキャン，デジタル化等の無断複製は著作権法上での例外を除き禁じられています。本書を代行業者等の第三者に依頼してスキャンやデジタル化することは，たとえ個人や家庭内での利用でも著作権法違反です。